高等职业教育"十二五"规划教材

全国高职高专土木工程专业系列规划教材

建筑工程施工组织管理与进度控制

赵启雄　主编

马俊文　邵海东　马晓鹏　参编

科 学 出 版 社

北　京

内容简介

本书主要介绍建筑工程施工组织管理与进度控制的有关知识，并根据职业教育的特色以及专业岗位的要求展开教材的内容。全书主要内容有绪论、施工组织方法、网络计划技术、施工准备、施工组织总设计、单位工程施工组织设计、建设工程施工项目管理实务、建设工程进度计划实施中的监测与调整方法、建设工程施工阶段进度控制等。

本书可作为高等职业学校、高等专科学校、成人高校及本科院校举办的二级职业技术学院、继续教育学院和民办高校的土建类各专业教材，也可供相关的工程技术人员及自学人员参考。

图书在版编目(CIP)数据

建筑工程施工组织管理与进度控制/赵启雄主编. —北京：科学出版社，2013

(高等职业教育“十二五”规划教材·全国高职高专土木工程专业系列规划教材)

ISBN 978-7-03-036221-6

Ⅰ.①建… Ⅱ.①赵… Ⅲ.①建筑工程-施工组织-高等职业教育-教材②建筑工程-施工管理-高等职业教育-教材③建筑工程-施工进度计划-高等职业教育-教材 Ⅳ.①TU7

中国版本图书馆CIP数据核字(2012)第308245号

责任编辑：杜 晓/责任校对：王万红

责任印制：吕春珉/封面设计：耕者设计工作室

科学出版社 出版

北京东黄城根北街16号

邮政编码：100717

http://www.sciencep.com

北京中科印刷有限公司印刷

科学出版社发行 各地新华书店经销

*

2013年2月第 一 版 开本：787×1092 1/16

2021年7月第六次印刷 印张：20 1/2

字数：462 000

定价：58.00元

(如有印装质量问题，我社负责调换〈中科〉)

销售部电话 010-62134988 编辑部电话 010-62132124（VA03）

前　言

“建筑工程施工组织管理与进度控制”主要研究建筑工程施工组织的一般规律，将流水施工原理、网络计划技术和施工组织设计融为一体，同时针对建筑工程施工项目管理实务加强对学生综合能力的培养，并能对建设工程实施的各个阶段进度进行控制。

建筑工程施工组织管理与进度控制具有涉及面广、实践性强、综合性大、影响因素多、技术性强、发展快等特点。本书结合高等职业教育培养应用性、实用性、可操作性人才的特点，注重理论联系实际，解决实际问题，既保证全书的系统性和完整性，又体现内容的先进性、实用性、可操作性，特别是与注册建造师考试制度相结合，与现行的国家有关法律、法规、各个专业施工质量验收标准相结合，与安全生产、职业健康卫生、环境保护的有关法律法规相结合，与工程监理专业对应职业能力标准相结合，便于案例教学、实践教学。

全书共9章，主要包括绪论、施工组织方法、网络计划技术、施工准备、施工组织总设计、单位工程施工组织设计、建设工程施工项目管理实务、建设工程进度计划实施中的监测与调整方法、建设工程施工阶段进度控制。

本书由甘肃建筑职业技术学院赵启雄主编，甘肃建筑职业技术学院马俊文、邵海东、马晓鹏参编。本书具体编写分工为：第1章、第4章、第7章由赵启雄编写；第2章、第3章由马俊文编写；第5章、第6章由邵海东编写；第8章、第9章由马晓鹏编写。

由于作者水平有限及编写时间仓促，本书中难免有疏漏之处，敬请读者提出宝贵意见，以便我们进一步修订。

编　者

2012年10月于兰州

目　录

第1章　绪　论

> **学习目标**
>
> 了解建设产品的特点、施工特点和施工组织设计概念，施工企业项目经理的工作性质、任务和职责；熟悉施工项目管理及施工项目管理组织；掌握建设项目的建设程序和施工项目管理程序。
>
> **能力目标**
>
> 具有管理施工项目的初步能力并掌握建设项目的建设程序和施工项目管理程序的有关规定。

1.1 建设项目的建设程序和施工项目管理程序

1.1.1　项目的概念及特征

项目是指一组有起止时间、相互协调的受控活动所组成的特定过程，该过程是要达到符合包括时间、成本和资源等约束条件在内的规定要求的目标。

项目的范围非常广泛，工程项目是项目中数量最大的一类。工程项目按照专业可分为建筑工程、公路工程、水电工程等项目；按照管理者不同可分为建设项目、施工项目等。

项目有以下共同特征。

1. 具有独特性

项目的独特性也可称为单件性或一次性。每个项目都有自己的特定过程，都有自己的产生时间、发展时间和结束时间，在不同的阶段都有特定的目标任务、程序和内容，不存在与该过程完全相同的另外一个过程，因此只能对它进行单件处置（或生产），不能批量生产，不具有重复性。

2. 具有明确的目标和一定的约束条件

项目的目标有成果性目标和约束性目标。成果性目标是指项目应达到的功能性要求，如一个医院的床位数、一所学校可容纳的学生人数、一个宾馆的房间数等；约束性目标是指项目的约束条件，一般项目的约束条件包括限定的时间、限定的资源（包括人员、资金、设施、技术和信息等）和限定的质量标准。凡是项目都有自己的约束条件，项目只有满足约束条件才能成功，因而约束条件是项目目标完成的前提，目标不明确的项目不能叫做项目。

3. 具有独特的生命周期

项目过程的一次性决定了每个项目都具有自己的生命周期，任何项目都有其产生时间、发展时间和结束时间，在不同的阶段都有特定的任务、程序和工作内容。如建设项目的生命周期包括项目建议书、可行性研究、设计工作、施工准备、建筑施工、竣工验收与交付使用；施工项目的生命周期包括投标与签订施工合同、施工准备、施工、竣工验收、回访保修。成功的项目管理是将项目作为一个整体系统，进行全过程的管理和控制，是对整个项目生命周期的系统管理。

4. 管理对象具有整体性

一个项目包含的工作内容非常多，并且它们的活动都是相互关联的，构成一个完整的体系。因此，在项目管理时把项目作为整体进行管理。在配置生产要素时必须以总体效益的提高为标准，做到数量、质量、结构的总体优化。

5. 具有不可逆性

项目按照一定的程序进行，其过程不可逆转，必须一次成功，失败了便不可挽回，因而项目的风险很大，与批量生产过程（重复的过程）有着本质的差别。

6. 工程项目管理的复杂性

工程项目涉及的单位多，各单位之间关系协调的难度和工作量大；工程技术的复杂性不断提高，出现了许多新技术、新材料和新工艺；大中型项目的建设规模大，社会、政治和经济环境对工程项目的影响大，特别是一些跨地区、跨行业的大型工程项目，对其影响越来越大。

1.1.2 建设项目及其组成

工程建设是指土木建筑工程、线路管道和设备安装工程、建筑装饰装修工程等利用国家预算内的资金、自筹资金、国内外基本建设贷款以及其他专项资金进行的以扩大生产能力或新增工程效益为主要目的的建设活动，包括新建、扩建和改建工程及有关工程。

1. 建设项目的定义

建设项目是指需要一定量的投资，经过决策（项目的定义）和实施（立项、设计、施工准备、施工、竣工验收）等一系列程序，在一定的约束条件下以形成固定资产为明确目标的特定性任务。

建设项目具有以下特征。

（1）建设项目的整体性。一个项目应该有一个总体设计或一个初步设计范围内，由一个或若干个单项工程组成，因此应统一计划、统一核算和统一管理。

（2）目标的特定性。建设项目有明确的使用功能、明确的质量标准、确定的工程数量、限定的投资数额、规定的建设工期以及固定的建设单位和工程建设参与单位。

（3）实施的一次性。表现为建设组织的一次性，资金的一次投入，建设地点的一次性固定，设计的唯一性，施工的单件性。

(4) 必须遵守建设程序的过程。一个建设项目从提出建设的设想、建议、方案选择、评估、决策、勘察、设计、施工直到工程竣工投产，是一个有序的过程，在建设过程中任何单位和个人都必须遵守工程建设程序。

工程建设项目的约束条件有：时间约束，即一个建设项目有合理的建设工期目标；资源约束，即一个建设项目有一定的投资总量目标；质量约束，即一个建设项目有预期的生产能力、技术水平或使用效益目标。

2. 工程质量检查验收的项目划分

根据《建筑工程施工质量验收统一标准》(GB 50300—2001) 的规定，建筑工程质量验收应逐级划分为单位（子单位）工程、分部（子分部）工程、分项工程和检验批。

(1) 单位（子单位）工程划分按照下列原则确定：具备独立施工条件并能形成独立使用功能的建筑物或构筑物为一个单位工程；建筑规模较大的单位工程，可将其能形成独立使用功能的部分划分为若干个子单位工程。子单位工程的划分应便于工程验收，建设单位提前使用要求等由参与建设的建设单位、施工单位、监理单位共同确定（通常不是固定的）。如一个学校的一栋教学楼、一个住宅小区的一幢住宅楼等。

室外工程可根据专业类别和工程规模划分单位（子单位）工程。

(2) 分部工程是单位工程的组成部分，能够单独设计、可以独立施工，但完工后不能独立发挥生产能力或效益的部分。分部（子分部）工程的划分应按下列原则确定：分部工程的划分应按专业性质、建筑部位确定；当分部工程较大或较复杂时，可按材料种类、施工特点、施工程序、专业系统及类别等划分为若干个子分部工程（通常不是固定的，因施工管理、工程验收的需要而划分）。如智能建筑分部工程中就包含了火灾及报警消防联动系统、安全防范系统、综合布线系统、智能化集成系统、电源与接地、环境及住宅（小区）智能化系统等分部工程。根据《建筑工程施工质量验收统一标准》(GB 50300—2001) 将建筑工程划分为地基与基础工程、主体结构工程、建筑装饰装修工程、屋面工程、建筑给水排水及采暖工程、建筑电气工程、智能建筑、通风与空调工程、电梯工程九个分部工程。不一定所有的工程项目都有这九个分部工程。

(3) 分项工程应按主要工种、材料、施工工艺、设备类别等划分。如在混凝土结构工程中，按主要工种分为模板工程、钢筋工程、混凝土工程等分项工程。分项工程的具体划分见《建筑工程施工质量验收统一标准》(GB 50300—2001) 规定。

(4) 检验批划分。分项工程可由一个或若干个检验批组成，检验批可根据施工及质量控制和专业验收需要按楼层、施工段、变形缝等进行划分（通常不是固定的，因施工单位的施工方案、施工组织与管理、各种资源供应量等条件而确定）。建筑工程的地基与基础分部工程中的分项工程，按不同工序、施工段可划分为不同的检验批；单层建筑工程中分项工程中按变形缝等划分检验批；多层及高层建筑工程中主体分部的分项工程可按楼层或施工段来划分检验批；其他分部工程的分项工程一般按楼层划分检验批；对于工程量较少的分项工程可统一划为一个检验批。安装工程一般按一个设计系统或组别划分为一个检验批。室外工程统一划为一个检验批，散水、台阶和明沟等含在地面检验批中。

检验批是指“按照同一的生产条件或按规定的方式汇总起来供检验用的，由一定数量样本组成的检验体”。

(5) 室外工程可根据专业类别和工程规模划分单位（子单位）工程。一般室外单位工程可划分为室外建筑环境工程和室外安装工程。

室外单位（子单位）工程、分部（子分部）工程按表 1-1 采用。

表 1-1　室外工程划分

单位工程	子单位工程	分部（子分部）工程
室外建筑环境	附属建筑	车棚、围墙、大门、挡土墙、垃圾收集站
	室外环境	建筑小品、道路、亭台、连廊、花坛、场坪绿化
室外安装	给排水与采暖	室外给水系统、室外排水系统、室外供热系统
	电气	室外供电系统、室外照明系统

1.1.3　建设工程的建设程序

建设程序是指在建设工程的建设中，从决策、实施到验收，及最后的交付使用所经历的全过程，工程建设全过程中各项工作都必须遵守的先后次序是工程建设各环节相互衔接的程序。

工程建设必然要分阶段、按步骤、各项工作按次序进行，这种规律是不可违反的，如人为将工程建设的顺序颠倒，就会造成严重的资源浪费和经济损失。依据我国现行工程建设程序法规的规定，我国工程建设分为六个阶段，即项目决策阶段、设计准备阶段、设计阶段、施工阶段、动用前准备阶段和保修阶段，如图 1-1 所示。

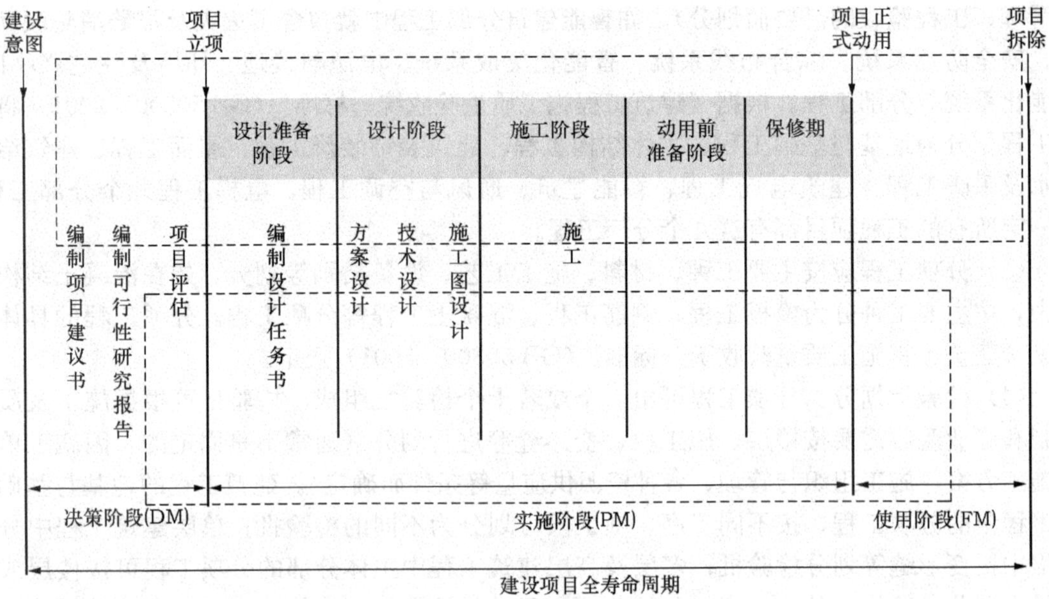

图 1-1　建设程序

1. 项目建议书阶段

项目建议书是对拟建项目提出的初步设想，是向国家有关部门提出建设某建设项目的建议性文件，它通过论述拟建项目建设的必要性、可行性以及获利收益的可能性来推荐建设项目，项目建议书获得批准后即可进行下一步的可行性研究工作了。项目建议书的主要内容包括：拟建项目的必要性及其依据；建设方案、建设规模、建设地点的初步设想，建设条件方面的初步分析；建设项目的投资估算及资金筹措设想；建设项目的进度安排；项目的效益估算。

项目建议书的审批程序：项目建议书按要求编制完成后，按照建设总规模和限额的划分审批权限报批。对于大中型及限额以上的建设项目其项目建议书应先报该行业建设的主管部门，同时抄送国家发改委并要求委托具有相应资质的工程咨询单位评估后才能审批；对于重大建设项目的项目建议书，应由国家发改委报国务院审批，对于小型和限额以下建设项目的项目建议书，按建设项目的隶属关系由部门或地方发改委审批。

2. 可行性研究阶段

可行性研究是指项目建议书获得批准后，对建设项目在技术上是否可行和经济上是否合理进行科学的分析和论证。可行性研究的主要内容包括技术方案是否可行；生产建设条件是否具备；项目建设是否经济合理；项目建成后的经济效益、社会效益、环境效益如何等。

在可行性研究的基础上应选择最优的方案编制可行性研究报告，它是确定建设项目、编制设计文件的重要依据。

各类建设项目的可行性研究报告的内容不尽相同。大中型建设项目一般包括以下几个方面：根据经济预测、市场预测确定的建设规模和产品方案；资源、原材料、燃料、动力、供水、运输条件；建厂条件和选址方案；技术工艺、主要设备选型和相应的技术经济指标；主要单位工程、公用辅助设施、配套工程；城市规划、防震防洪等要求和采取的相应措施方案；企业组织、劳动定员和管理制度；建设进度；资金筹措方式；经济效益和社会效益。

可行性研究报告的审批程序与项目建议书的审批程序基本相同。获得批准后的可行性研究报告是建设项目的最终决策文件，其经审查通过，拟建的建设项目便可正式获准立项。

3. 设计阶段

当建设项目获准立项之后施工之前，要进行工程项目的设计工作。设计单位一般由建设单位通过招投标择优选择或直接委托。在我国建设项目的设计通常分为两个阶段，即初步设计阶段和施工图设计阶段。对于一些复杂的和大型的工程项目，有时需要进行三个阶段设计，即初步设计、技术设计和施工图设计。

1）初步设计

初步设计是根据批准的可行性研究报告和与建设项目相关的设计基础资料，对建设项目进行概略的设计。在指定时间和空间等特定的限制条件下，在批准的可行性研究报告的投资额度和质量要求下，作出技术上可行、经济上合理的设计，同时编制出工程建设项目的总概算。

初步设计的审批程序：与可行性研究报告的审批程序基本相同。必须注意，初步设计阶段不得随意改变已批准的可行性研究报告中所确定的建设规模、建设方案、建设标准、建设地址和投资条件等，如果初步设计提出的总概算超过可行性研究报告确定的投资额度的10%，或者其他主要指标方面需要作出变更时，应重新向原审批单位申报审批。

2）技术设计

技术设计一般是为了解决初步设计阶段中存在的一些重大问题，如建筑结构的确定、设备选型、工艺流程的确定、设计参数的确定等。技术设计的审批程序与初步设计的审批程序基本相同。

3）施工图设计

施工图设计是在前一设计阶段的基础上进行的，完成建筑、结构、设备、智能化系统等全部施工图纸以及设计说明书、结构计算书和施工图预算等内容。

施工图设计的审批程序：根据我国《建设工程质量管理条例》的规定，建设单位应将设计单位设计的施工图设计文件，报当地相应一级建设行政主管部门或其他有关部门进行施工图审查，经审查批准后方可使用，未经审查批准的施工图设计文件不得使用。

4. 施工准备阶段

施工准备阶段是基本建设程序中的一个重要环节。在施工图批准之后、工程开工建设之前，应做好各项施工准备工作，如组建项目法人、征地、拆迁、平整场地、“三通一平”、设备及材料招标与采购、工程报建、委托监理、工程施工的招投标、办理工程质量监督手续、申请施工许可证等。

5. 工程施工阶段

工程项目在办理完开工申请，并取得施工许可证后方可开工。施工阶段的主要内容就是按照施工图进行施工安装，建成工程实体。建设项目进入施工阶段后，建设单位、施工单位、勘察设计单位、监理单位都必须按照国家法律、法规以及工程建设有关规定履行各自的职责。同时，政府相关职能部门也将按照国家法律、法规以及工程建设技术规范、规程的要求，对建设项目及建设项目各责任主体的建设行为进行监督。

建设单位在建设项目施工阶段的主要工作有两个方面：其一，主持建设项目施工阶段与项目建设有关的工作；其二，建设项目建成投产前所做的准备工作。

施工单位在施工阶段的主要任务是：执行国家工程建设有关法律、法规及建筑工程施工强制性条文；严格执行施工合同及设计文件，确保工程质量、进度、成本目标的实现；加强施工安全管理，努力实现安全文明施工；完成工程技术资料的编制，整理和归档。

勘察设计单位在施工阶段的主要任务是：监督勘察设计文件的执行情况，对施工中的重要施工阶段和重要部位进行现场监督，提供其他与勘察设计工作有关的服务。

监理单位在施工阶段的主要任务是：按照《建设工程监理规范》（GB 50319—2000）要求，开展监理工作，执行国家有关工程建设的法律、法规及工程建设的技术标准、规范、规程，实现“四控制、二管理、一协调”，确保工程建设目标的实现。

6. 生产准备阶段

这一阶段是由建设阶段转入生产和经营阶段的重要衔接环节，主要工作内容是进行设备安装、调试、工程竣工验收；签订原料、材料、协作产品、燃料、水、电等供货及运输协议；进行工具、器具、备品、备件等的采购及相关工作。

7. 竣工验收阶段

在工程项目具备竣工验收条件后，建设单位即可组织工程验收，将竣工验收资料按规定到项目所在地的建设工程备案部门备案后才能交付使用。同时，进行工程交接。

竣工验收之后，按照《建设工程质量管理条例》的规定，工程进入保修阶段。

1.1.4 施工项目管理程序

施工项目管理程序是拟建工程项目在整个施工阶段中必须遵循的先后顺序，一般包括以下几个阶段。

1. 承接施工任务，签订施工合同

施工单位一般是通过投标招标的方式承接施工任务的，中标后，施工单位应与建设单位签订施工合同。施工合同应规定承包的内容、要求、工期、质量、造价及材料供应等内容，明确合同双方的权利、义务、责任；施工合同一经签订后，具有法律效力，双方必须共同遵守。

2. 做好施工准备，提出开工报告

签订施工合同后，施工单位应全面做好施工准备工作，施工准备工作包括调查研究收集资料、技术资料准备、物资准备、施工人员准备、施工现场准备、季节性施工准备等。工程具备开工条件后，施工单位向监理单位提出工程开工报告，经审查批准后，工程即可正式开工。

3. 施工阶段

施工单位应该严格按照设计图纸、施工组织设计、施工合同、工程项目管理目标责任书进行施工，重点控制人、材料、施工机械、施工方法、施工环境对工程质量等影响，确保工程质量、降低工程成本、满足合同工期要求和施工安全，做到文明施工。

4. 工程竣工预验收

当施工单位完成了施工合同规定的全部施工任务，并自验收合格，施工有关资料整理齐全有效后，报请工程监理机构进行工程预验收。监理机构组织建设、设计、勘察、施工等单位对工程项目实体质量、功能、安全等项目进行抽样检测；对工程资料的收集与整理等方面进行检查，发现问题让施工单位整改。

5. 工程竣工验收

当工程预验收中提出的所有问题整改符合要求后，施工单位可以向建设单位提出工程竣工验收，建设单位收到工程竣工验收报告后，可以组织有关单位进行工程项目的竣工验收工作。

6. 工程保修阶段

工程经验收合格后，并与建设单位办理了相关手续，工程就进入了保修阶段。

1.2 建筑产品和施工的特点

1.2.1 建筑产品的特点

1. 固定性

建筑产品只能在建造地点固定地使用，无法转移。这种一经建成就在空间固定的属性，称为建筑产品的固定性，固定性是建筑产品与一般工业产品最大的区别。

2. 庞大性

庞大性是指建筑产品的体形远比工业产品庞大。

3. 多样性

多样性是指建筑物的规模、使用要求、建筑设计、结构类型等各不相同，即使是同一类型的建筑物，也因所在地点、环境条件不同而有所不同，所以建筑产品不能像工业产品那样批量生产。

4. 综合性

综合性是指建筑产品是一个完整的固定资产实物体系，不仅在土建工程的艺术风格、建筑功能、结构构造、装饰做法等方面是一种复杂的产品，而且其工艺设备、采暖通风、供水供电、卫生设备、智能系统等各类设施也错综复杂。

1.2.2 建筑施工的特点

1. 流动性

建筑产品的固定性决定了建筑施工具有流动性。生产者和生产设备不仅要随着建筑物建造地点的变更而流动，而且还要随着建筑物的施工部位的改变而在不同的空间流动。这就要求事先有一个周密的施工组织设计，使流动的人、材、机械各要素协调配合，做到连续、均衡施工。

2. 工期长

建筑产品的庞大性决定了建筑施工具有工期长的特点。建筑产品在建造过程中要投入大量的劳动力、材料、机械设备等，因此生产周期较长，少则几个月，多则几年，这仍然需要事先有一个合理的施工组织设计，尽可能缩短工期。

3. 个别性

建筑产品的多样性决定了建筑施工具有个别性。不同的甚至相同的建筑物，在不同的地区、季节及现场条件下，施工准备工作、施工工艺和施工方法等也不尽相同，因此要求施工组织设计应根据每个工程的特点、施工条件等进行编制。

4. 复杂性

建筑产品的综合性决定了建筑施工具有复杂性。建筑施工是露天、高空作业以及地下作业，加上施工的流动性和个别性，必然造成建筑施工的复杂性，这就要求施工组织设计不仅要从质量、技术、组织方面考虑措施，还要从安全等方面综合考虑施工方案，保证建筑工程顺利地进行施工。

1.3 施工项目管理概述

1.3.1 施工项目的概念和特征

施工项目是由施工单位自工程投标开始，直到工程完工保修期满为止的全过程中所完成的项目。施工项目除了具有一般项目的特征外，还具有自己的特征。

(1) 施工项目可以以整个建设项目为施工任务，也可以以其中的单位工程为施工任务。

(2) 施工单位是施工项目的管理主体。

(3) 施工项目的任务范围是由施工合同界定的。

(4) 施工项目的产品具有多样性、固定性、体形庞大等特点。

只有建设项目、单位工程的施工任务才能称为施工项目，因为它们都是施工单位的最终产品。由于分部工程、分项工程不是施工单位的最终产品，其活动过程不能称为施工项目，而是施工项目的组成部分。

1.3.2 施工项目管理的概念和特征

一个工程建设项目通常是由几个参建单位共同建设完成的，而每个参建单位的工作性质、工作任务和利益各有不同，就形成了不同类型的项目管理。常见的项目管理类型有：建设单位的项目管理、设计单位的项目管理、施工单位的项目管理、供货单位的项目管理、工程咨询单位的项目管理。

施工项目管理是指施工单位在完成所承揽的工程建设施工项目的过程中，运用系统的观点和理论以及现代科学技术手段对施工项目进行的计划、组织、监督、控制、协调等全过程管理。

施工项目管理具有以下特征：

(1) 施工项目的管理者是施工单位。建设单位或监理单位进行的工程项目管理中涉及的施工阶段管理仍属于建设项目管理，不能算作施工项目管理。

(2) 施工项目管理的对象是施工项目。

(3) 施工项目管理的内容是按阶段变化的，每个施工项目都应按照建设程序和施工程序进行，施工项目随时间的推移其施工内容要发生变化，因而要求管理内容也随之发生变化。因此，管理者必须做好动态管理工作。

(4) 施工项目管理要求强化组织协调工作。原因有：产生的质量问题难以补救或虽可补救但后果严重；参与施工的人员多，需要采取特殊的流水方式，组织工作量很大；施工在露天进行，工期长，需要的资源多；施工活动涉及复杂的经济关系、技术关系、法律关系、行政关系和人际关系等，因此施工项目管理中的组织协调工作最为复杂、艰难、多变，必须通过合理组织协调来保证施工顺利进行，主要是选择项目经理，建立项目管理机构，配备称职的管理人员，努力实现项目管理工作科学化、信息化，建立起动态的控制体系。

1.3.3 施工项目管理的目标、内容和施工项目管理的全过程

1. 施工项目管理的目标

施工单位作为一个工程建设项目的参建单位之一，它的项目管理主要服务于项目管理整体利益及自身的利益。施工项目管理的目标有阶段性目标和最终目标。施工项目管理的目标主要包括进度目标、质量目标、安全目标和成本目标等。

2. 施工项目管理的内容

施工项目管理的内容包括编制施工项目管理规划大纲和施工项目管理实施规划（或施工组织设计），项目进度控制，项目质量控制，项目安全管理，项目成本控制，项目人力资源管理，项目材料管理，项目机械设备管理，项目投资管理，项目资金管理，项目合同管理，项目信息管理，项目现场管理，项目组织协调，项目竣工验收，项目考核评价和项目回访保修等。

3. 施工项目管理的全过程

施工项目管理的程序为：编制施工项目管理规划大纲→编制投标书并进行投标，签订施工合同→选定项目经理，项目经理接受企业法定代表人的委托组建项目经理部，企业法定代表人与项目经理签订“项目管理目标责任书”→项目经理部编制施工组织设计，进行项目开工前的准备→按施工组织设计组织施工→在项目竣工验收阶段进行竣工结算，清理各种债权债务、移交资料和工程，进行经济分析，做出项目管理总结报告并送企业管理层有关职能部门→企业管理层组织考核委员会对项目管理工作进行考核评价并兑现“项目管理目标责任书”的约定→进行项目回访保修。

施工项目管理的对象是施工项目各个阶段的工作。施工项目可分为五个阶段，构成施工项目管理的全过程。

1）投标签约阶段的管理

这一阶段的目标是建设单位发出招标广告（或邀请函），施工单位见到招标广告（或邀请函）后从做出投标决策至中标签约。这一阶段主要可分为以下工作：①施工单位从经营战略的高度作出是否投标争取承包该项目的决策；②决定投标后，从多方面（企业自身、投标相关单位、市场、业主要求等）获取并掌握大量信息；③编制既能使企业营利，又有竞争力、可望中标的投标书；④如果中标，则与招标方进行谈判，依法签订工程承包合同，使合同符合国家法律法规要求，符合平等互利、等价有偿的原则。

2）施工准备阶段的管理

这一阶段的目标是选择项目经理，组建施工项目经理部，在项目经理部的主持下，准备开工和连续施工的基本条件。这一阶段主要进行以下工作：①成立项目经理部，根据施工项目的规模、结构复杂程度、专业特点、人员素质要求等来确定项目经理部的组织形式，配备管理人员，制定各项规章制度；②制订施工项目管理实施规划（或施工组织设计），以指导施工项目管理活动；③施工现场、技术、物质等准备，具备施工条件，以利于进行连续的安全文明施工；④编写开工申请报告，待批开工。

3）施工阶段的管理

这一阶段的目标是完成施工合同规定的全部施工任务，达到验收、交工的条件。其主要进行以下工作：①按施工组织设计的安排进行施工；②通过施工项目目标管理和动态控制，采取适当的技术措施、经济措施、组织措施、合同措施，保证进度目标、质量目标、安全目标、成本目标的实现；③做好组织协调工作，严格履行施工合同，做好索赔工作；④编制好施工技术资料。

4）竣工验收阶段的管理

这一阶段主要进行以下工作：①自检评定，当达到合格要求时方可申请验收；②参加竣工预验收，并对存在的问题进行整改；③进行竣工结算；④对竣工资料整理归档；⑤提交竣工验收申请报告；⑥参加竣工验收，办理交工手续。

5）回访保修阶段的管理

回访保修的责任应由施工单位承担，施工单位应建立施工项目交工后的回访与保修制度，听取用户意见，提高服务质量，改进服务方式。施工单位应建立与建设单位及用户的服务联系网络，及时取得信息，并按计划、实施、验证、报告的程序，搞好回访与保修工作。保修工作必须履行施工合同的约定和工程质量保修书中的承诺。

1.4 施工项目管理组织

1.4.1 施工项目管理组织的概念和设置原则

1. 施工项目管理组织的概念

施工项目管理组织，也称为项目经理部，是指为了进行施工项目管理、实现组织职能而进行的组织系统的设计与建立、组织运行、组织调整等三个方面工作的总称。它是由项目经理在企业的支持下组建并领导进行项目管理的组织机构。项目经理是企业法定代表人在承包的建设工程施工项目上的委托代理人。

2. 施工项目管理组织机构的设置原则

1）目的性原则

设置目的性原则为了产生组织功能，实现施工项目管理总目标。应因目标设置，因设置机构定编制，按编制设岗位定人员，以职责定制度授权力。

2）精干高效原则

以精干高效原则设置机构时，应尽量简化机构，做到精干高效，人员配置力求一专多能，一人多职。考虑人员使用与学习锻炼相结合，从而提高项目管理组织成员的素质。

3）管理跨度和分层统一的原则

管理跨度也称管理幅度，是指一个主管人员直接管理的下属人员数量。跨度大，管理人员的接触关系增多，处理人与人之间关系的数量随之增大。跨度（N）与工作接触关系数（C）的关系公式为

$$C=N(2^{n-1}+N-1) \tag{1-1}$$

这是一个几何级数，当 $N=10$ 时，$C=5210$。当管理跨度太大时，领导者及下属经常

会出现应接不暇之烦。由于任何管理者的时间和精力都是有限的，它的管理能力也有限，因知识、经验、个性、年龄的不同而不同，不同的管理者应有不同的管理跨度。因此，在组织机构的设计上应根据不同管理者的具体情况，结合工作的性质以及管理者的素质特征来确定适用与本组织和特定管理者的管理跨度，既要做到保证统一指挥，又便于组织内部信息的沟通。然而跨度大小与分层多少有关，层次多，跨度会小，层次少，跨度会大，这就要根据领导者的能力和施工项目的大小进行权衡。

4）业务系统化管理原则

项目组织必须是一个完整的组织结构系统，恰当分层和设置部门，形成一个相互制约、相互联系的有机整体，从而防止产生职能分工、权限划分和信息沟通上相互矛盾或重叠。

5）弹性和流动性原则

由于施工项目的单件性、阶段性、流动性及露天作业等特点，生产对象数量、质量和地点不同；资源配置的品种和数量发生变化，要求管理工作和组织机构随之进行调整，不能一成不变。

6）项目组织与企业组织一体化的原则

施工项目组织是企业组织的有机组成部分，项目组织是由企业组建的。项目管理的人员全部来自企业，项目管理组织解体后，其人员仍归属于企业。因此，不能离开企业的组织形式去谈项目的组织。

1.4.2 施工项目的组织结构模式

施工项目组织结构模式常见的有矩阵组织结构模式、职能组织结构模式、线性组织结构模式。

1. 矩阵组织结构模式

矩阵组织结构模式是一种较新型的组织结构模式，在矩阵组织结构中，最高指挥者（部门）下设纵向和横向两种不同类型的工作部门。纵向工作部门如人、财、物、产、供、销的职能管理部门，或者是计划管理、技术管理、合同管理、财务管理和人事管理部门。横向工作部门是项目部。其结构形式呈矩阵状，项目管理人员由企业有关职能部门派出并进行业务指导，受项目经理的直接领导，如图 1-2 所示。

一个大型建设项目如采用矩阵组织结构模式如图 1-3 所示，其纵向工作部门可以是投资控制、进度控制、质量控制、合同管理、信息管理、人事管理、财务管理和物资管理等部门，其横向工作部门可以是各子项目的项目管理部。矩阵式组织结构适宜用于大的组织系统，在上海地铁和广州地铁一号线建设时都曾采用了矩阵式组织结构模式。

在矩阵式组织结构中，每一项纵向和横向交汇的工作，指令来自于纵向和横向两个工作部门，其指令源有两个。当纵向和横向工作部门的指令发生矛盾时，由该组织系统的最高指挥者（部门），即图 1-4 的 A 进行协调或决策。在矩阵式组织结构中为避免纵向和横向工作部门指令矛盾对工作的影响，可以采用以纵向工作部门指令为主（图 1-5）或以横向工作部门指令为主（图 1-6）的矩阵式组织结构模式，这样也可减轻该组织系统的最高指挥者（部门），即图 1-5 和图 1-6 中 A 的协调工作量。

（1）特征。包括：①施工项目组织机构与职能部门的结合部同职能部门数相同，多个

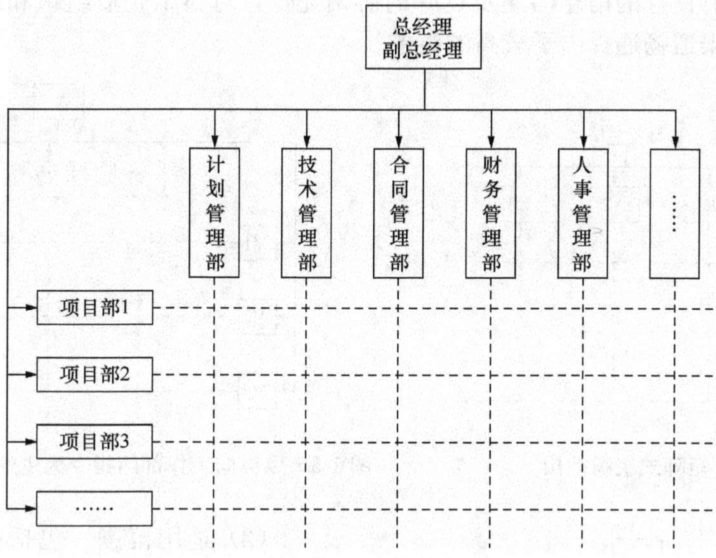

图 1-2 矩阵式施工项目管理组织机构

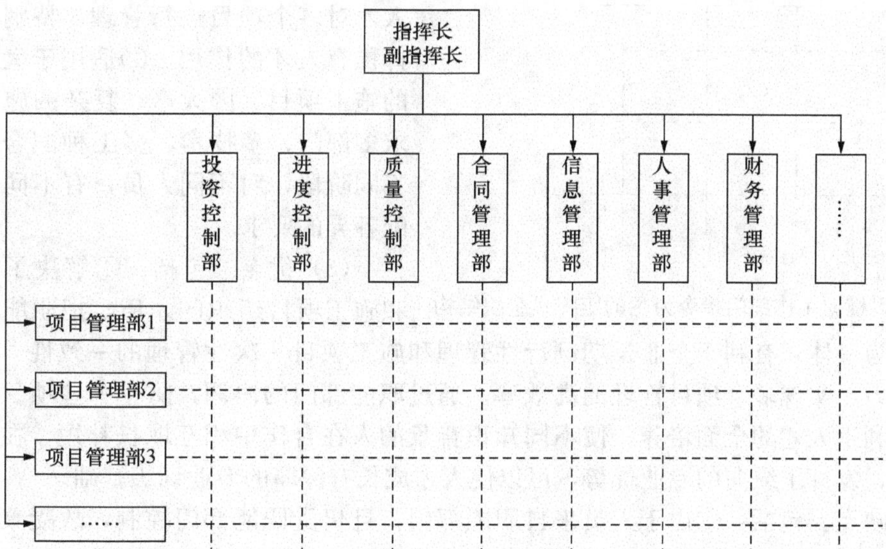

图 1-3 大型项目采用矩阵式施工项目管理组织机构

项目与职能部门的结合部呈矩阵状。②专业职能部门是永久性的，施工项目组织是临时的，项目经理将参与项目组织的职能人员在横向上有效地组织在一起，实现项目目标协同工作。③矩阵中的每个成员或部门下，接受原部门负责人和项目经理双重领导。但部门的控制力大于项目的控制力，部门负责人有权根据不同项目的需要和忙闲程度，在项目之间调配本部门人员，一个专业人员可能同时为几个项目服务。④项目经理对调配到本项目经理部的成员有权控制和使用。当感到人力不足或某些成员不得力时，可以向职能部门要求给予解决。⑤项目经理部的工作有多个职能部门支持，项目经理不涉及人员问题，但要求在水平方向和垂直方向有良好的信息沟通及良好的协调配合，对整个企业组织和施工项目组织的管理水平和组织渠道畅通提出了较高的要求。

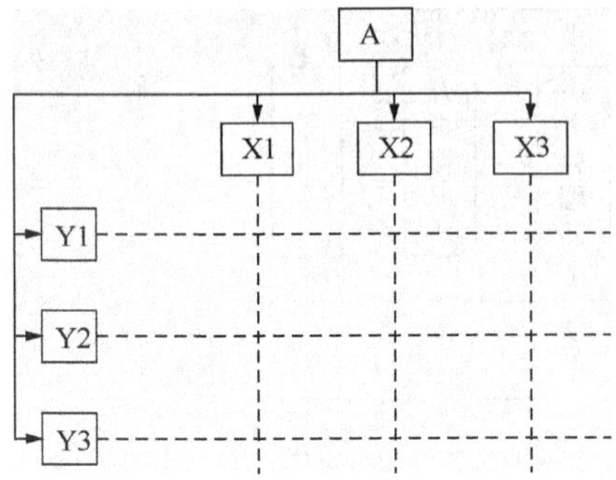

图 1-4 矩阵式组织结构

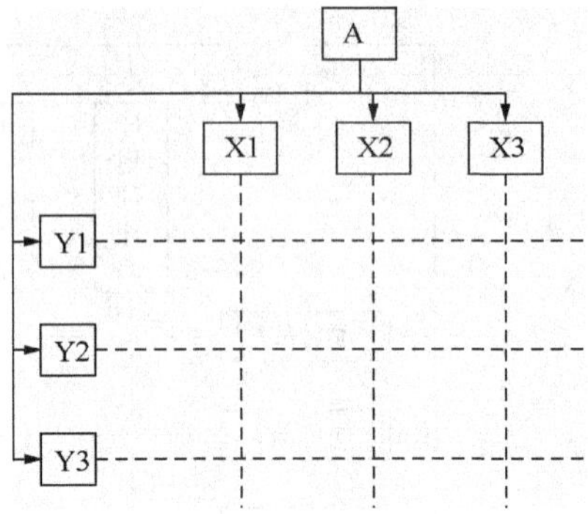

图 1-5 以纵向工作部门指令为主的矩阵式组织结构

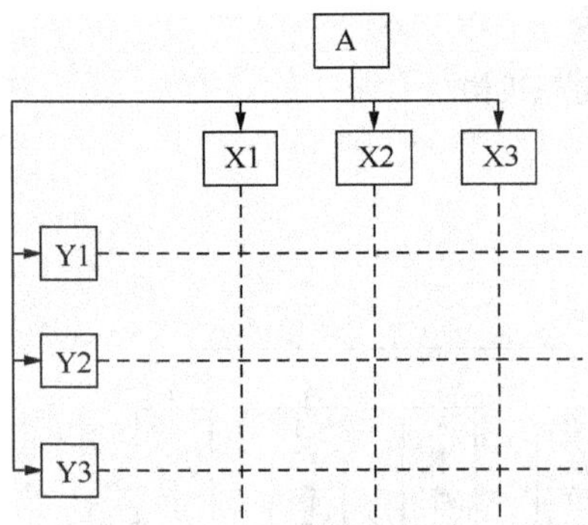

图 1-6 以横向工作部门指令为主的矩阵式组织结构

（2）适用范围。包括：①适用同时承担多个大中型项目进行施工项目管理的企业。在这种情况下，可以充分利用有限的人才对多个项目进行管理，特别有利于发挥稀有人才的作用。②适用于大型、复杂的施工项目。因大型、复杂的施工项目要求多部门、多技术、多工种配合实施，在不同阶段，对不同人员，有不同数量和搭配各异的要求。

（3）优点。包括：①解决了企业组织和施工项目组织的矛盾，把职能原则和对象原则融为一体，有利于企业长期例行性管理和施工项目一次性管理的一致性。②能以尽量少的人力，实现多个项目管理的高效率。通过职能部门的协调，防止一些项目的人才短缺。③有利于人才的全面培养。使不同知识背景的人在合作中相互取长补短，在实践中拓宽知识面；发挥了纵向的专业优势，可以使人才成长有深厚的专业训练基础。

（4）缺点。包括：①由于人员来自职能部门，且仍受职能部门控制，故凝聚在施工项目上的力量减弱，往往使施工项目组织发挥的作用受到影响。②管理人员如果身兼多职管理多个施工项目，往往难以确定管理施工项目的优先顺序，有时难免顾此失彼。③双重领导。施工项目组织中的成员既要接受项目经理的领导，又要接受企业中原职能部门的领导。在这种情况下，如果领导双方意见不一致，乃至有矛盾时，当事人便无所适从。要防止这一问题的产生，必须加强项目经理和部门负责人之间的沟通，还要有严格的规章制度和详细的计划，使工作人员尽可能明确在不同时间内应当干什么工作。如果矛盾难以解决，应以项目经理的意见为主。④矩阵式组织对企业管理水平、施工项目管理水平、领导者的素质、组织机构的办事效率、信息沟通渠道的畅通等均有较高要求，因此要求组织精干、分层授权、疏通渠道、理顺关系。

2. 职能组织结构

在职能组织结构中，每一个职能部门可根据它的管理职能对其直接和非直接的下属工作部门下达工作指令。因此，每一个工作部门可能得到其直接和非直接的上级工作部门下达的工作指令，就会有多个矛盾的指令源。一个工作部门多个矛盾的指令源会影响企业管理机制的运行。

(1) 特征：一般都有三个管理层次，即项目经理部负责施工项目决策管理和调控工作；施工项目专业职能部门负责施工项目内部专业管理业务；施工队组负责施工的具体工作。

(2) 适用范围：一般适合于大规模综合性的施工项目任务。

(3) 优点：有利于实现专业化的管理和统一指挥，有利于集中各方面专业管理力量，积累经验，强化管理。

(4) 缺点：信息传递缓慢和不容易进行适应环境变化的调整。

3. 线性组织结构模式

(1) 特征：在线性组织结构中，每一个工作部门只能对其直接的下属部门下达工作指令，每一个工作部门也只有一个直接的上级部门，因此，每一个工作部门只有唯一的一个指令源，避免了由于矛盾的指令而影响组织系统的运行。线性组织结构是建设项目管理组织系统的一种常用模式，因为一个建设项目的参与单位很多，而线性组织结构模式可确保工作指令的唯一性。

(2) 适用范围：其适用范围是任务种类单一和规模较小的项目，不适用于大规模综合性的施工任务。

(3) 优点：其优点是简单易行、灵活机动和指挥统一。

(4) 缺点：其管理方法比较单一，缺乏专业职能部门，不适应提高专业化工作效率的需要。但在一个较大的组织系统中，由于线性组织结构模式的指令路径过长，有可能会造成组织系统在一定程度上运行的困难。

4. 施工项目组织结构模式的选择

选择什么样的施工项目管理组织形式，应根据施工项目的规模、结构复杂程度、专业特点、人员素质和地域范围确定，并应符合下列规定。

(1) 大型项目宜按矩阵式组织结构设置项目经理部。

(2) 中小型项目宜按职能组织结构设置项目经理部。

(3) 小型项目宜按线性组织结构、职能组织结构设置项目经理部。

(4) 项目经理部的人员配置应满足施工项目管理的需要。

1.5 施工企业项目经理的工作性质、任务和职责

1.5.1 施工企业项目经理和项目经理部

建筑施工企业项目经理，是指受企业法定代表人委托对工程项目施工全过程全面负责的项目管理者，是建筑施工企业法定代表人在工程项目上的代表人。

建造师是一种专业人士的名称，而项目经理是一个工作岗位的名称，应注意这两个概

念的区别和联系。取得建造师执业资格的人员表示其知识和能力符合建造师执业的要求，但其在企业中的工作岗位则由企业视工作需要和安排而定。

1. 施工项目经理的地位

(1) 施工项目经理是施工单位法定代表人在施工项目上负责管理和履行合同的授权代理人，是施工项目实施阶段的第一责任人。项目经理是施工项目目标的全面实现者，既要对建设单位的成果性目标负责，又要对企业效益性目标负责。

(2) 项目经理协调各方面关系，是使之相互紧密协作、配合的桥梁和纽带。项目经理对施工项目管理目标的实现承担着全部责任，即承担合同责任，履行合同义务，执行合同条款，处理合同纠纷。

(3) 项目经理对施工项目进行控制，是各种信息的集散中心。自上、自下、自外而来的信息，通过各种渠道汇集到项目经理处，项目经理又通过报告、指令、计划和协议等形式，对上反馈信息，对下、对外发布信息。通过信息的集散达到控制的目的，使施工项目管理取得成功。

(4) 项目经理是施工责、权、利的主体。项目经理首先必须是施工项目的责任主体，是实现施工项目目标的最高责任者，其次项目经理必须是施工项目的权力主体，权力是确保项目经理能够承担起责任的条件与手段，如果没有必要的权力，项目经理就无法对工作负责。项目经理还必须是施工项目利益的主体，利益是项目经理工作的动力。

2. 施工项目经理部的作用

施工项目经理部是由项目经理在企业的支持下组建并领导、进行项目管理的组织机构。项目经理部是施工项目管理的工作班子，为了充分发挥项目经理部在施工项目管理中的主体作用，必须对项目经理部的机构设置特别重视，设计好、组建好、运转好，从而发挥其应有功能。项目经理部的作用如下：

(1) 项目经理部是企业在施工项目上的管理层，负责施工项目从开工到竣工的全过程的施工生产经营管理，对作业层负有管理与服务的双重职能。

(2) 为项目经理决策提供信息依据，当好参谋，同时又要执行项目经理的决策意图，向项目经理全面负责。

(3) 项目经理部作为一个组织体，应完成企业所赋予的基本任务。施工项目管理任务，要凝聚管理人员的力量，调动其积极性，促进管理人员的合作，协调部门之间、管理人员之间的关系，发挥每个岗位的作用，为共同目标进行工作，实行责任制，搞好管理，沟通部门之间、项目经理部与施工班组之间、与公司之间、与环境之间的关系。

(4) 项目经理部是代表企业履行施工合同的主体，对施工产品和建设单位全面、全过程负责。

3. 建立施工项目经理部的基本原则

(1) 要根据所设计的施工项目组织形式设置项目经理部。

(2) 要根据施工项目的规模、复杂程度和专业特点设置项目经理部。

(3) 项目经理部是一个具有弹性的一次性管理组织，应随工程任务的变化而进行调整，不应搞成一级固定性组织。项目经理部在施工项目开工前建立，在项目竣工验收、审计完成后解体。

(4) 项目经理部的管理人员配置应面向施工现场，满足施工现场的计划与调整、技术与质量、成本与核算、劳务与物资、安全与文明的需要。

(5) 应建立有益于项目经理部高效率运转的工作制度。

4. 项目经理部应按下列步骤建立

(1) 根据企业批准的施工项目管理规划大纲，确定项目经理部的管理任务和组织形式。

(2) 确定项目经理部的层次，设立职能部门与工作岗位。

(3) 确定人员、职责、权限。

(4) 由项目经理根据项目管理目标责任书进行目标分解。

(5) 组织有关人员制定规章制度和目标责任考核、奖惩制度。

5. 施工项目经理部解体应具备的条件

(1) 工程已经竣工验收。

(2) 与各分包单位的账款已经结算完毕。

(3) 已协助企业管理层与发包人签订了工程质量保修书。

(4) 项目管理目标责任书已经履行完成，经企业管理层审计合格。

(5) 与企业管理层办理了有关手续。

(6) 现场最后清理完毕。

1.5.2 施工项目经理的职责、权力和任务

1. 项目经理应履行的职责

(1) 贯彻执行国家和工程所在地政府的有关法律、法规和政策以及强制性标准，执行企业的各项管理制度，维护企业的合法权益。

(2) 执行项目承包合同中由项目经理负责履行的各项条款及“项目管理目标责任书”中规定的职责。

(3) 组织编制施工项目管理实施规划，并对项目目标进行系统管理。

(4) 对进入现场的生产要素进行优化配置和动态管理。

(5) 建立质量管理体系和安全管理体系并组织实施。

(6) 在授权范围内负责与企业管理层、劳务作业层、各协作单位、发包人、分包人和监理工程师等的协调，解决项目中出现的问题。

(7) 按“项目管理目标责任书”规定处理项目经理部与国家、企业、分包单位以及职工之间的利益分配。

(8) 进行现场文明施工管理，发现和处理突发事件。

(9) 参与工程竣工验收，准备结算资料和分析总结，接受审计。

(10) 处理项目经理部的善后工作。

(11) 协助企业进行项目的检查、鉴定和评奖申报。

(12) 对工程项目施工进行有效控制，执行有关技术规范和标准，积极推广应用新技术，确保工程质量和工期，施工安全，文明生产，努力提高经济效益。

2. 施工项目经理应具有的权限

(1) 参与项目招标、投标和合同签订。

(2) 参与组建项目经理部。

(3) 主持项目经理部工作。

(4) 决定授权范围内的项目资金的投入和使用。

(5) 制订内部计酬办法。

(6) 参与选择并使用具有相应资质的分包人。

(7) 参与选择物资供应单位。

(8) 在授权范围内协调与项目有关的内、外部关系。

(9) 法定代表人授予的其他权力。

3. 施工项目经理的主要任务

施工项目经理的主要任务包括项目的行政管理和项目管理两个方面，其在项目管理方面的主要任务如下：

(1) 施工安全管理。

(2) 施工成本控制。

(3) 施工进度控制。

(4) 施工质量控制。

(5) 工程合同管理。

(6) 工程信息管理。

(7) 工程组织协与调等。

1.5.3 施工项目管理制度

1. 建立施工项目管理制度的基本原则

(1) 必须贯彻国家法律、法规、方针、政策以及部门规章，且不得互相矛盾，不得危害公众利益。

(2) 必须实事求是，符合施工项目管理的需要。施工项目最需要的管理制度是有关工程技术、质量、安全、计划、统计、成本核算、现场管理等方面的内容，它们应是制定管理制度的重点。

(3) 管理制度要配套，不留漏洞，形成完整的管理制度和业务体系。

(4) 各种管理制度之间不能产生矛盾，以免职工无所适从。

(5) 管理制度的制定要有针对性，任何一项条款都必须具体明确。词语表达简洁、准确。

(6) 管理制度的颁布、修改和废除要有严格的程序。项目经理是总决策者，凡不涉及企业的管理制度，由项目经理签字决定，报公司备案，凡涉及企业的管理制度，应由公司经理批准方可生效。

2. 施工项目的主要管理制度

(1) 施工项目管理人员岗位责任制度：是规定项目经理部各层次管理人员的职责、权限以及工作内容和要求的文件。

（2）施工项目技术管理制度：具体应包括图纸会审制度、施工组织设计的编制和审查制度、技术组织措施的应用制度以及新材料、新工艺和新技术的推广制度等。

（3）施工项目质量管理制度：主要内容有质量管理规定、质量检查制度、质量事故处理制度以及质量管理体系等。

（4）施工项目安全管理制度：主要内容有安全教育制度、安全保证措施、安全生产制度以及安全事故处理制度、安全事故应急救援制度等。

（5）施工项目计划、统计与进度管理制度：主要内容包括生产计划和劳务、资金等的使用计划、统计工作制度、进度计划、进度控制制度等。

（6）施工项目成本核算制度：是规定施工项目成本核算的原则、范围、程序、方法、内容责任及要求的管理文件。

（7）施工项目材料、机械设备管理制度：是规定施工项目材料和机械设备的采购、运输、仓储保管、保修保养以及使用和回收等工作的管理文件。

（8）施工项目现场管理制度：是规定施工项目现场平面布局，材料、设备的放置，运输线路规划，安全文明施工要求等内容的一系列管理文件。

（9）施工项目分配与奖励制度：是规定施工项目分配与奖励的标准、依据以及实施兑现等工作的管理文件。

（10）施工项目例会及施工日志制度：是规定施工项目管理日常工作例会、现场施工日志和施工记录及资料存档等工作的管理文件。

（11）施工项目分包及劳务管理制度：是规定施工项目分包类型、模式、范围以及合同签订和履行等工作的管理文件。劳务管理制度是规定项目劳务的组织方式、渠道、待遇、要求等工作的管理文件。

（12）施工项目组织协调制度：是规定施工项目内部组织关系、近外层关系和远外层关系等的沟通原则、方法以及关系处理标准等的管理文件。

（13）施工项目信息管理制度：是规定施工项目信息的采集、分析、归纳、总结和应用等工作的程序、方法、原则和标准的管理文件。

复习思考题

1. 简述项目的概念及特征。
2. 简述工程建设项目的概念及其组成。
3. 简述建设工程的建设程序。
4. 建筑产品的特点有哪些？建筑施工的特点有哪些？
5. 简述施工项目管理的概念。施工项目管理的目标有哪些？
6. 简述施工项目管理的内容。
7. 简述施工项目管理的全过程。
8. 施工项目管理组织的主要形式有哪些？
9. 简述建立施工项目经理部的基本原则。
10. 简述施工项目管理制度的作用和施工项目的主要管理制度。
11. 简述施工项目经理的责、权、利。

第 2 章　施工组织方法

学习目标

熟悉常用的施工组织方式及其各自的特点；掌握流水施工各参数的意义和参数确定方法以及常见流水施工的组织方法。

能力目标

具备判别各种施工组织方式优劣的能力；能针对不同的施工过程选择恰当的施工组织方式；具有横道图进度计划的阅读和执行以及编制一般分部（分项）工程横道图进度计划的能力。

2.1 施工组织方法概述

2.1.1　施工组织方式的种类

任何一项工程施工都是由施工过程组成的，而每一个施工过程可以组织一个或多个队来进行施工。施工组织方式主要解决的问题是如何组织各参与施工过程的施工队组的施工顺序和搭接方式，不同的施工顺序和搭接方式构成了不同的施工组织方式。一般来说，施工组织方式有三种，即依次施工、平行施工和流水施工。

依次施工是指将工程对象任务分解成若干个施工过程，按照一定的施工顺序，前一个施工过程完成后，后一个施工过程才开始施工；或前一个施工段完成后，后一个施工段才开始施工的组织方式。

平行施工是指施工过程的施工队组同时开工、同时完成的一种施工组织方式。

流水施工是指所有的施工过程按一定的时间间隔依次投入施工，各个施工过程陆续开工、陆续竣工，使同一施工过程的施工队组保持连续、均衡施工，不同的施工过程尽可能平行搭接施工的组织方式。建筑工程中的流水施工是建筑产品的位置固定不动，由生产工人带着材料和机具等在建筑物的空间上从前一段到后一段进行移动生产形成的。

现分别介绍依次施工、平行施工和流水施工，并绘制其横道图，如图 2-1～图 2-4 所示。

图 2-1　按施工过程依次施工

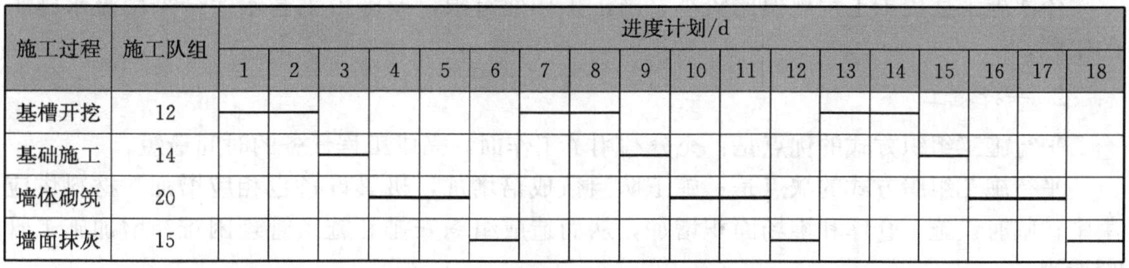

图 2-2　按施工段依次施工

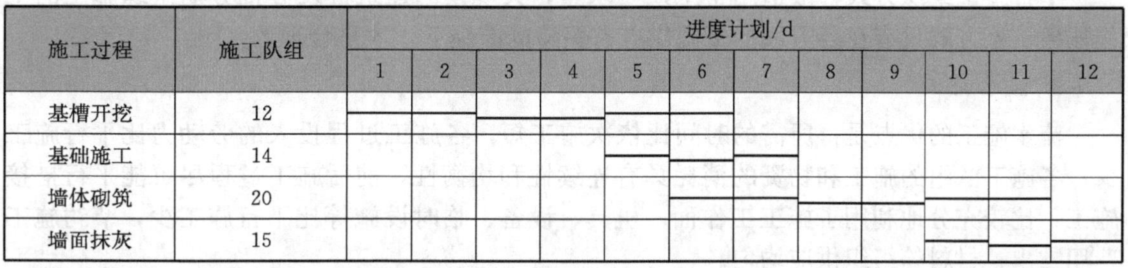

图 2-3　流水施工

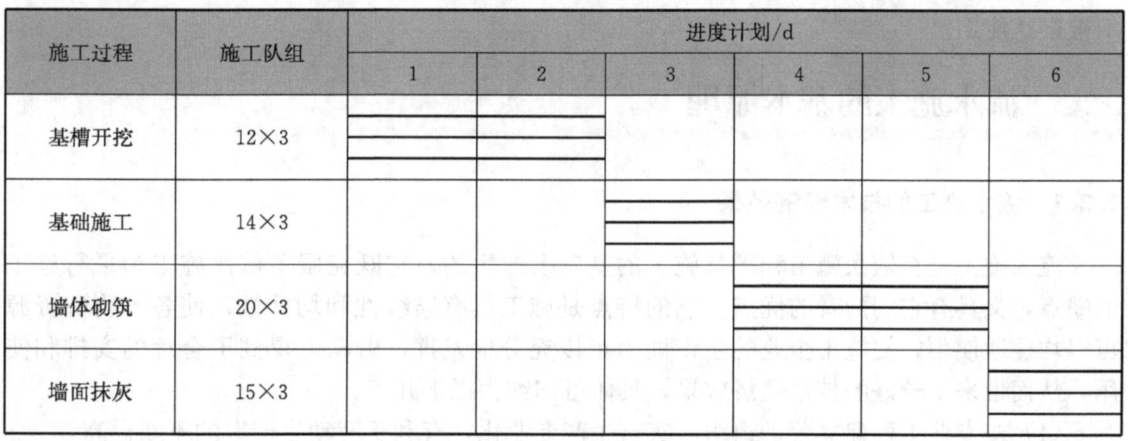

图 2-4　平行施工

2.1.2　施工组织方式的特点及适用范围

通过对以上四个横道图的分析，可以得知组织依次施工、平行施工和流水施工的特点如下。

1. 依次施工

依次施工组织方式的优点是：每天投入的劳动力较少；机具使用不集中；材料供应较单一；施工现场管理简单，便于组织和安排。

依次施工组织方式的缺点是：由于没有充分地利用工作面去争取时间，所以工期长；各队组施工及材料供应无法保持连续和均衡，工人有窝工的情况；不利于改进工人的操作方法和施工机具，不利于提高工程质量和劳动生产率；按施工过程依次施工时，各施工队组虽能连续施工，但不能充分利用工作面，工期长，且不能及时为上部结构提供工作面。

依次施工适用于工程规模比较小，施工工作面有限，或施工工艺不适合采用流水施工的工程。

2. 平行施工

平行施工组织方式的优点是：充分利用了工作面，完成工程任务的时间最短。

平行施工组织方式的缺点是：施工队组数成倍增加，机具设备也相应增加，材料供应集中；临时设施、仓库和堆场面积增加，从而造成组织安排和施工管理困难，增加施工管理费用。

平行施工组织方式一般适用于工期要求紧，大规模的建筑群及分批分期组织施工的工程任务。该方式只有在各方面的资源供应有保障的前提下，才是合理的。

3. 流水施工

流水施工的优点是：所需的时间比依次施工短，各施工过程投入的劳动力比平行施工少；各施工队组的施工和物资的消耗具有连续性和均衡性，前后施工过程尽可能平行搭接施工，比较充分地利用了施工工作面；机具、设备、临时设施等比平行施工少，节约施工费用支出；材料等组织供应均匀。

显然，采用流水施工的组织方式明显优于依次施工和平行施工，因此流水施工在工程中被广泛使用。

2.2 流水施工的基本原理

2.2.1 流水施工的技术经济效果

流水施工是在依次施工和平行施工的基础上产生的，它既克服了依次施工和平行施工的缺点，又具有它们两者的优点。它的特点是施工具有连续性和均衡性，使各种物资资源可以均衡地使用，使施工企业的生产能力可以充分地发挥，劳动力得到了合理的安排和使用，从而带来了较好的技术经济效果，具体可归纳为以下几点：

(1) 按专业工种建立劳动组织，实行生产专业化，有利于劳动生产率的不断提高。

(2) 科学地安排施工进度，使各施工过程在保证连续施工的条件下，最大限度地实现搭接施工，从而减少了因组织不善而造成的停工、窝工损失，合理地利用了施工的时间和空间，有效地缩短了施工工期。

(3) 由于施工的连续性、均衡性，使劳动消耗、物资供应、机械设备利用等处于相对平稳状态，充分发挥管理水平，降低工程成本。

2.2.2　组织流水施工的条件

流水施工的实质是分工协作与成批生产。在社会化大生产的条件下，分工已经形成，由于建筑产品体形庞大，通过划分施工段就可将单件产品变成假想的多件产品。组织流水施工的条件主要有以下几点：

（1）划分分部分项工程。将拟建工程根据工程特点及施工要求，划分为若干个分部工程，每个分部工程又根据施工工艺要求、工程量大小、施工队组的组成情况，划分为若干施工过程（即分项工程）。

（2）划分施工段。根据组织流水施工的需要，将所建工程在平面或空间上，划分为工程量大致相等的若干个施工区段。

（3）每个施工过程组织独立的施工队组。在一个流水组中，每个施工过程尽可能组织独立的施工队组，其形式可以是专业队组，也可以是混合队组，这样可以使每个施工队组按照施工顺序依次地、连续地、均衡地从一个施工段转到另一个施工段进行相同的操作。

2.2.3　流水施工参数的种类

流水施工需要解决的主要问题是施工过程的分解、流水段的划分、施工队组的组织、施工过程间的搭接、各流水段的作业时间等。把这些问题归纳为流水施工的参数，流水施工的参数是组织流水施工的基础，也是绘制横道进度计划的依据。

流水施工的参数根据其性质的不同可划分为三类：工艺参数、空间参数和时间参数。

2.2.4　工艺参数

工艺参数用以表达流水施工在施工工艺上开展顺序及其特征的参数，称为工艺参数。工艺参数包括施工过程数和流水强度两种。

1. 施工过程数

施工过程数是指参与一组流水的施工过程数目，以符号 n 表示。

1）施工过程的分类

（1）制备类施工过程。为了提高建筑产品的装配化、工厂化、机械化和生产能力而形成的施工过程称为制备类施工过程。它一般不占施工对象的空间，不影响项目总工期，因此在项目施工进度表上不表示；只有当其占有施工对象的空间并影响项目总工期时，在项目施工进度表上才列入，如砂浆、混凝土、构配件、门窗框扇等的制备过程。

（2）运输类施工过程。将建筑材料、构配件、（半）成品、制品和设备等运到项目工地仓库或现场操作使用地点而形成的施工过程称为运输类施工过程。它一般不占施工对象的空间，不影响项目总工期，通常不列入施工进度计划中；只有当其占有施工对象的空间并影响项目总工期时，才被列入进度计划中。

（3）安装、砌筑类施工过程。在施工对象空间上直接进行加工，最终形成建筑产品的施工过程称为安装、砌筑类施工过程。它占有施工空间，同时影响项目总工期，必须列入施工进度计划中。

2）施工过程划分的影响因素

施工过程划分的数目多少、粗细程度一般与下列因素有关：

（1）施工计划的性质与作用。对工程施工控制性计划、长期计划及建筑群体、规模大、结构复杂、施工工期长的工程的施工进度计划，其施工过程划分可粗些，综合性大些，一般划分至单位工程或分部工程即可。对中小型单位工程及施工工期不长的工程施工实施性计划，其施工过程的划分可细些、具体些，一般划分至分项工程即可。对月度作业性计划，有些施工过程还可分解为工序，如安装模板、绑扎钢筋等。

（2）施工方案及工程结构。施工过程的划分与工程的施工方案及工程结构形式有关。如厂房的柱基础与设备基础挖土，如同时施工，可合并为一个施工过程，若先后施工，可分为两个施工过程。承重墙与非承重墙的砌筑也是如此。砖混结构、大墙板结构、装配式框架与现浇钢筋混凝土框架等不同结构体系，其施工过程划分及其内容也各不相同。

（3）施工队组的组织形式及劳动量大小。施工过程的划分与施工队组的组织形式有关。如现浇钢筋混凝土结构的施工，如果是单一工种组成的施工班组，可以划分为支模板、安装钢筋、浇混凝土三个施工过程；同时为了组织流水施工的方便或需要，也可合并成一个施工过程，这时劳动班组的组成是多工种混合班组。施工过程的划分还与劳动量大小有关，劳动量小的施工过程，当组织流水施工有困难时，可与其他施工过程合并。如垫层劳动量较小时可与挖土合并为一个施工过程，这样可以使各个施工过程的劳动量大致相等，便于组织流水施工。

（4）施工过程的内容和工作范围。施工过程的划分与其内容和范围有关。如直接在施工现场与工程对象上进行的劳动过程，可以划入流水施工过程，如安装砌筑类施工过程、施工现场制备及运输类施工过程等；而场外劳动内容可以不划入流水施工过程，如部分场外制备和运输类施工过程。

2. 流水强度

流水强度是指某施工过程在单位时间内所完成的工程量，一般以 V_i 表示。

1）机械施工过程的流水强度

$$V_i = \sum_{i=1}^{x} R_i S_i \tag{2-1}$$

式中：V_i——某施工过程 i 的机械操作流水强度；

R_i——投入施工过程 i 的某种施工机械台数；

S_i——投入施工过程 i 的某种施工机械产量定额；

x——投入施工过程 i 的施工机械种类数。

2）人工施工过程的流水强度

$$V_i = R_i S_i \tag{2-2}$$

式中：R_i——投入施工过程 i 的工作队人数；

S_i——投入施工过程 i 的工作队平均产量定额；

V_i——某施工过程 i 的人工操作流水强度。

2.2.5 空间参数

在组织流水施工时，用以表达流水施工在空间布置上所处状态的参数，称为空间参数。

空间参数主要有工作面、施工段数和施工层数。

1. 工作面

某专业工种的工人在从事建筑产品施工生产过程中，所必须具备的活动空间，这个活动空间称为工作面。它的大小是根据相应工种单位时间内的产量定额、工程操作规程和安全规程等要求确定的。工作面确定的合理与否，直接影响到专业工种工人的劳动生产效率。主要工种的工作面见表 2-1。

表 2-1　主要工种的工作面

工 作 项 目	每个工人的工作面	说　　明
砖基础	7.6m/人	以 1 砖半计，2 砖乘以 0.8，3 砖乘以 0.55
砌砖墙	8.55m/人	以 1 砖计，1 砖半乘以 0.7，2 砖乘以 0.57
毛石墙基	3m/人	以 60cm 计
毛石墙	3.3m/人	以 40cm 计
混凝土柱、墙基础	$8m^2$/人	机拌、机捣
混凝土设备基础	$7m^3$/人	机拌、机捣
现浇钢筋混凝土柱	$2.45m^3$/人	机拌、机捣
现浇钢筋混凝土梁	$3.2m^3$/人	机拌、机捣
现浇钢筋混凝土墙	$5m^3$/人	机拌、机捣
现浇钢筋混凝土楼板	$5.3m^3$//人	机拌、机捣
预制钢筋混凝土柱	$3.6m^3$/人	机拌、机捣
预制钢筋混凝土梁	$3.6m^3$/人	机拌、机捣
预制钢筋混凝土屋架	$2.7m^3$/人	机拌、机捣
预制钢筋混凝土平板、空心板	$1.91m^3$/人	机拌、机捣
预制钢筋混凝土大型屋面板	$2.62m^3$/人	机拌、机捣
混凝土地坪及面层	$40m^2$/人	机拌、机捣
外墙抹灰	$16m^2$/人	
内墙抹灰	$18.5m^2$/人	
卷材屋面	$18.5m^2$/人	
防水水泥砂浆屋面	$16m^2$/人	
门窗安装	$11m^2$/人	

2. 施工段数和施工层数

施工段数和施工层数是指工程对象在组织流水施工中所划分的施工区段数目。一般把平面上划分的若干个劳动量大致相等的施工区段称为施工段，用符号 m 表示。把建筑物垂直方向划分的施工区段称为施工层，用符号 r 表示。

划分施工区段的目的，就在于保证不同的施工队组能在不同的施工区段上同时进行施工，消灭由于不同的施工队组不能同时在一个工作面上工作而产生的互等、停歇现象，为流水创造条件。

划分施工段的基本要求：①施工段的数目要合理。②各施工段的劳动量（或工程量）要大致相等（相差宜在15%以内）。③要有足够的工作面，使每一施工段所能容纳的劳动力人数或机械台数能满足合理劳动组织的要求。④要有利于结构的整体性。⑤以主导施工过程为依据进行划分。⑥当组织流水施工的工程对象有层间关系，分层分段施工时每层的施工段数必须大于或等于其施工过程数，即

$$m \geqslant n \tag{2-3}$$

2.2.6 时间参数

在组织流水施工时，用以表达流水施工在时间排列上所处状态的参数，称为时间参数。它包括：流水节拍、流水步距、平行搭接时间、技术与组织间歇时间、工期5个参数。

1. 流水节拍

流水节拍是指从事某一施工过程的施工队组在一个施工段上完成施工任务所需的时间，用符号 t_i 表示。

流水节拍是流水施工主要的参数之一，其表明流水施工的速度和节奏，流水节拍越小，则流水施工速度越快，节奏感也越强。流水节拍也决定着单位时间内资源供应量，同时也是区别流水施工组织方式的主要特征。

1）流水节拍的确定

流水节拍的确定通常有以下三种方法。

（1）定额计算法。这是根据各施工段的工程量和现有能够投入的资源量（劳动力、机械台数和材料量等），按下式计算，即

$$t_i = \frac{Q_i}{S_i R_i N_i} = \frac{P_i}{R_i N_i} \tag{2-4}$$

或为

$$t_i = \frac{Q_i H_i}{R_i N_i} = \frac{P_i}{R_i N_i} \tag{2-5}$$

式中：t_i——某施工过程的流水节拍；

Q_i——某施工过程在某施工段上的工程量；

S_i——某施工队组的计划产量定额；

H_i——某施工队组的计划时间定额；

P_i——在一施工段上完成某施工过程所需的劳动量（工日数）或机械台班量；

R_i——某施工过程的施工队组人数或机械台数；

N_i——每天工作班制。

（2）经验估算法。它是根据以往的施工经验进行估算。一般为了提高其准确程度，往往先估算出该流水节拍的最长、最短和最可能三种时间，然后据此求出期望时间作为某施工队组在某施工段上的流水节拍，按下式计算，即

$$t_i = \frac{a + 4c + b}{6} \tag{2-6}$$

式中：t_i——某施工过程在某施工段上的流水节拍；

a——某施工过程在某施工段上的最短估算时间；

b——某施工过程在某施工段上的最长估算时间；

c——某施工过程在某施工段上的最可能估算时间。

这种方法多适用于采用新工艺、新方法和新材料等没有定额可循的工程。

(3) 工期计算法。对某些施工任务在规定日期内必须完成的工程项目，往往采用倒排进度法，即根据工期倒排进度，确定某施工过程的工作延续时间，然后根据下式，确定该施工过程在某施工段上的流水节拍，即

$$t_i = \frac{T_i}{m} \tag{2-7}$$

式中：t_i——某施工过程的流水节拍；

T_i——某施工过程的工作持续时间；

m——施工段数。

2) 确定流水节拍应考虑的因素

(1) 施工队组人数应符合该施工过程最小劳动组合人数的要求。所谓最小劳动组合，就是指某一施工过程进行正常施工所必须的最低限度的队组人数及其合理组合。如模板安装就要按技工和普工的最少人数及合理比例组成施工队组，人数过少或比例不当都将引起劳动生产率的下降，甚至无法施工。

(2) 要考虑工作面的大小或某种条件的限制。施工队组人数也不能太多，每个工人的工作面要符合最小工作面的要求。否则，就不能发挥正常的施工效率或不利于安全生产。

(3) 要考虑各种机械台班的效率或机械台班产量的大小。

(4) 要考虑各种材料、构配件等施工现场堆放量、供应能力及其他有关条件的制约。

(5) 要考虑施工及技术条件的要求。如为了保证连续浇筑混凝土，有时有必要组织三班制工作的条件决定流水节拍，以确保工程质量。

(6) 节拍值一般取整数，必要时可保留 0.5d（台班）的小数值。

(7) 确定一个分部工程各施工过程的流水节拍时，首先应考虑主要的、工程量大的主导施工过程的节拍，其次确定其他施工过程的节拍值，可以把其他工程量小的施工过程合起来与主导施工过程组织大流水施工。

2. 流水步距

流水步距是指两个相邻的施工过程的施工队组相继进入同一施工段开始施工的最小时间间隔（不包括技术与组织间歇时间），用符号 $K_{i,i+1}$ 表示。流水步距的数目为（$n-1$），n 为参与流水的施工过程数。

流水步距的大小，会影响工期的长短。在施工段不变的条件下，流水步距越大，工期越长；流水步距越小，则工期越短。流水步距还与前后两个相邻施工过程流水节拍的大小、施工工艺技术要求、施工段数目、流水施工的组织方式有关。

确定流水步距时要考虑下列因素：①主要施工队组连续施工的需要。流水步距的最小长度，必须使主要施工专业队组进场以后，不发生停工、窝工现象。②最大限度搭接的要

求。流水步距要保证相邻两个专业队在开工时间上最大限度地、合理地搭接。③满足施工工艺的要求。保证每个施工段的正常作业程序，不发生前一个施工过程尚未全部完成，而后一个施工过程提前介入的现象。④要满足保证工程质量。

确定流水步距常用的方法有公式法和累加数列法。

公式法计算见本章第 2.3 节中的相关内容，而累加数列法适用于各种形式的流水施工，且较为简捷、准确。

累加数列法可表述为："累加数列错位相减取大差"。其计算步骤如下。

(1) 将每个施工过程的流水节拍逐段累加，求出累加数列。

(2) 根据施工顺序，对所求相邻的两累加数列错位相减。

(3) 根据错位相减的结果，确定相邻施工队组之间的流水步距，即相减结果中数值最大者。

【例 2-1】 某项目由 A、B、C、D 四个施工过程组成，在平面上划分成三个施工段，每个施工过程在各个施工段上的流水节拍见表 2-2。试用累加数列法确定相邻专业工作队之间的流水步距。

表 2-2 某项目流水节拍

施工过程 \ 施工段	Ⅰ	Ⅱ	Ⅲ
A	3	3	2
B	2	4	1
C	1	3	4
D	4	2	3

【解】(1) 累加各施工过程的流水节拍（累加数列）为

A：3，6，8

B：2，6，7

C：1，4，8

D：4，6，9

(2) 错位相减：

A 与 B

$$\begin{array}{rrrrr} & 3 & 6 & 8 & \\ - & & 2 & 6 & 7 \\ \hline & 3 & 4 & 2 & -7 \end{array}$$

B 与 C

$$\begin{array}{rrrrr} & 2 & 6 & 7 & \\ - & & 1 & 4 & 8 \\ \hline & 2 & 5 & 3 & -8 \end{array}$$

C 与 D

$$\begin{array}{rrrrr} & 1 & 4 & 8 & \\ - & & 4 & 6 & 9 \\ \hline & 1 & 0 & 2 & -9 \end{array}$$

(3) 取大值求流水步距，流水步距取错位相减所得结果中数值最大者：

$K_{A,B}=\max\{3，4，2，-7\}=4$

$K_{B,C}=\max\{2，5，3，-8\}=5$

$K_{C,D}=\max\{1，0，2，-9\}=2$

3. 平行搭接时间

有时为了缩短工期，在组织流水施工时，在工作面允许的条件下，如果前一个施工队组完成部分施工任务后，能够提前为后一个施工队组提供工作面，使后者提前进入前一个施工段，两者在同一施工段上平行搭接施工，这个搭接时间称为平行搭接时间，通常以 $C_{i,i+1}$ 表示。

4. 技术与组织间歇时间

组织流水施工时，有些施工过程完成后，后续施工过程不能立即投入施工，必须有足够的间歇时间。由建筑材料或现浇构件工艺性质决定的间歇时间称为技术间歇。如现浇混凝土构件的养护时间、抹灰层的干燥时间和油漆层的干燥时间等。由施工组织原因造成的间歇时间称为组织间歇。如回填土前地下管道检查验收，施工机械转移和砌筑墙体前的墙身位置弹线，以及其他作业前的准备工作。技术与组织间歇时间用 $Z_{i,i+1}$ 表示。

5. 流水工期

流水工期是指完成一项工程任务或一个流水组织施工所需的时间，不同的流水组织方式有不同的工期计算公式，一般可采用下列公式计算，即

$$T=\sum K_{i,i+1}+T_n+\sum Z_{i,i+1}-\sum C_{i,i+1} \tag{2-8}$$

式中：T——流水施工工期；

$K_{i,i+1}$——流水施工中各流水步距；

T_n——流水施工中最后一个施工过程的持续时间；

$Z_{i,i+1}$——第 i 个施工过程与第 $i+1$ 个施工过程之间的技术与组织间歇时间；

$C_{i,i+1}$——第 i 个施工过程与第 $i+1$ 个施工过程之间的平行搭接时间。

2.3 流水施工的组织方法

2.3.1 流水施工的基本方式

1. 流水施工的种类

根据组织流水施工的工程对象施工范围的大小，流水施工通常可分为以下几种。

1) 分项工程流水施工

分项工程流水施工也称为细部流水施工。细部流水施工是组织工程流水施工中范围最小的流水施工。它是在一个施工过程内部组织起来的流水施工。例如，砌砖墙施工过程的

流水施工、现浇钢筋混凝土施工过程的流水施工等。

2）分部工程流水施工

分部工程流水施工也称为专业流水施工。分部工程流水施工是组织单位工程流水施工的基础。它是在一个分部工程内部、各分项工程之间组织起来的流水施工。例如，基础工程的流水施工、主体工程的流水施工、屋面工程的流水施工、装饰工程的流水施工。

3）单位工程流水施工

单位工程流水施工也称为综合流水施工，它是在一个单位工程内部、各分部工程之间组织起来的流水施工，如一幢住宅楼、一个厂房等组织的流水施工。单位工程流水施工是分部工程流水施工的扩大和组合，是建立在分部工程流水施工基础之上。

4）群体工程流水施工

群体工程流水施工也称为大流水施工，它是在一个个单位工程之间组织起来的流水施工，是为完成工业或民用建筑群而组织起来的全部单位工程流水施工的总和。

2. 流水施工的基本方式

根据流水施工节奏特征的不同，流水施工的基本方式分为有节奏流水施工和无节奏流水施工两大类，有节奏流水又可分为等节奏流水和异节奏流水，如图 2-5 所示。

- 流水施工
  - 有节奏流水施工
    - 等节奏流水施工（全等节拍流水施工）
    - 异节奏流水施工
      - 等步距异节拍流水施工
      - 异步距异节拍流水施工
  - 无节奏流水施工

图 2-5　流水施工的基本方式

3. 施工进度计划横道图的绘制

横道图是结合时间坐标，用一系列的水平线段分别表示各施工过程施工起止时间及其先后顺序的图表。横道图也称为甘特图，由于其形象直观，且易于编制和理解，因而长期以来被广泛应用于建设工程进度计划之中。

横道图一般包括两个基本部分。左侧为施工过程名称、持续时间、施工队组人数等基本数据；右侧为横道线部分。如图 2-1 所示。

横道图的绘制方法如下：首先绘制时间坐标进度表，根据有关计算，直接在进度表上画出进度线，进度线的水平长度即为施工过程的持续时间。其一般步骤是：先安排主导施工过程的施工进度，然后再安排其余施工过程，它应尽可能配合主导施工过程并最大限度地搭接，形成施工进度计划的初步方案。总的原则应使每个施工过程尽可能早地投入施工。

2.3.2　全等节拍流水

全等节拍流水是指同一施工过程在各施工段上的流水节拍都相等，并且不同施工过程之间的流水节拍也相等的一种流水施工方式。由于其各施工过程的流水节拍均为常数，故也称为等节奏流水或固定节拍流水。

1. 全等节拍流水的特征

(1) 各施工过程在各施工段上的流水节拍彼此相等。

(2) 流水步距彼此相等，而且等于流水节拍值。

(3) 各专业工作队在各施工段上能够连续作业，施工段之间没有空闲时间。

(4) 施工班组数（n_1）等于施工过程数（n）。

2. 全等节拍流水参数的确定

1）施工段数目（m）的确定

(1) 无层间关系时，施工段数按划分施工段的基本要求确定即可。

(2) 有层间关系时，为了保证各施工队组连续施工，应取 $m \geqslant n$。

如果一个楼层内各施工过程间有技术、组织间歇时间，则为了保证各施工队组能连续施工的最小施工段数（m）应为

$$m = n + \frac{\sum Z_1}{K} + \frac{\sum Z_2}{K} \tag{2-9}$$

式中：m——施工段数；

n——施工过程数；

Z_1——各楼层内各施工过程间技术、组织间歇时间之和；

Z_2——各楼层间技术、组织间歇时间；

K——流水步距。

2）流水步距（$K_{i,i+1}$）的确定

全等节拍流水的流水步距彼此相等，而且等于流水节拍值，即

$$K_{i,i+1} = t_i \tag{2-10}$$

3）工期（T）的确定

(1) 无层间关系时，工期可按下式计算为

$$T = \sum K_{i,i+1} + T_n + \sum Z_{i,i+1} - \sum C_{i,i+1}$$

或为

$$T = (m + n - 1)t + \sum Z_{i,i+1} - \sum C_{i,i+1} \tag{2-11}$$

式中：T——流水施工总工期；

m——施工段数；

n——施工过程数；

t——流水节拍；

$Z_{i,i+1}$——两施工过程之间的技术与组织间歇时间；

$C_{i,i+1}$——两施工过程之间的平行搭接时间。

(2) 有层间关系时，工期可按下式计算为

$$T = (m \times r + n - 1)t + \sum Z_1 + \sum C_1 \tag{2-12}$$

式中：r——施工层数；

$\sum Z_1$——同一施工层中技术、组织间歇时间之和；

$\sum C_1$——同一施工层平行搭接时间之和。

其他符号含义同前。

3. 全等节拍流水施工的组织

全等节拍流水施工的组织方法是：首先，划分施工过程，应将劳动量小的施工过程合并到相邻施工过程中去，以使各流水节拍相等；其次，确定主要施工过程的施工队组人数，计算其流水节拍；最后，根据已定的流水节拍，确定其他施工过程的施工队组人数及其组成。

全等节拍流水施工一般适用于工程规模较小，建筑结构比较简单，施工过程不多的房屋或某些构筑物，常用于组织一个分部工程的流水施工。

4. 全等节拍流水施工案例

【例 2-2】 某分部工程划分为 A、B、C 三个施工过程，每个施工过程分四个施工段，各施工过程的流水节拍均为 2d，试组织全等节拍流水施工。

【解】（1）确定流水步距为　　　$K=t=2\text{d}$

（2）计算工期为

$$T=(m+n-1)t+\sum Z_{i,i+1}-\sum C_{i,i+1}$$
$$=(4+3-1)\times 2\text{d}=12\text{d}$$

（3）用横道图绘制流水进度计划，如图 2-6 所示。

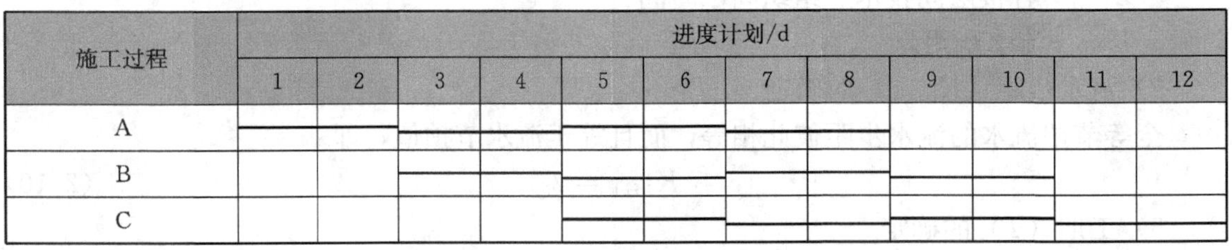

图 2-6　某分部工程全等节拍流水进度计划

【例 2-3】 某工程由 A、B、C、D 四个施工过程组成，划分为两个施工层组织流水施工，各施工过程的流水节拍均为 2d，其中，施工过程 B 与 C 之间有 2d 的技术间歇时间，层间技术间歇为 2d。为了保证施工队组连续作业，试确定施工段数，计算工期，绘制流水施工进度表。

【解】（1）确定流水步距，由全等节拍流水的特征可知

$$K_{A,B}=K_{B,C}=K_{C,D}=K=2\text{d}$$

（2）确定施工段数，本工程分两个施工层，施工段数由式（2-9）确定为

$$m=n+\frac{\sum Z_1}{K}+\frac{\sum Z_2}{K}=4+\frac{2}{2}+\frac{2}{2}=6$$

（3）计算流水工期。由式（2-12）得

$$T=(m\times r+n-1)t+\sum Z_1+\sum C_1$$
$$=[(6\times 2+4-1)\times 2+2-0]\text{d}=32\text{d}$$

（4）绘制流水施工横道图计划表如图 2-7 和图 2-8 所示。

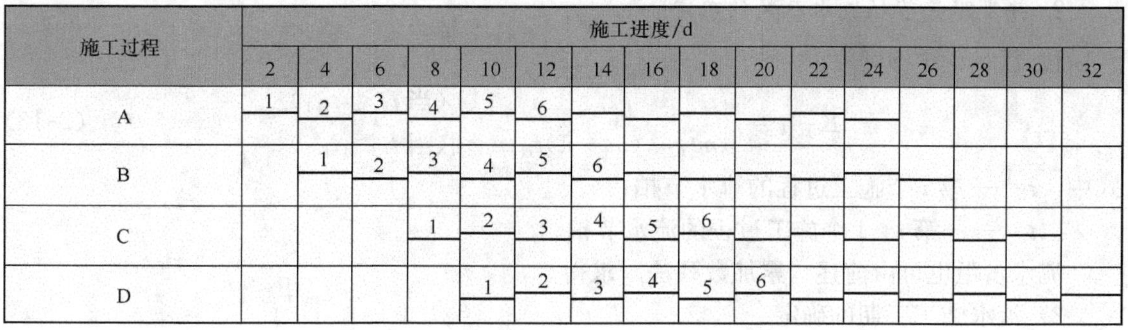

图 2-7　施工层横向排列

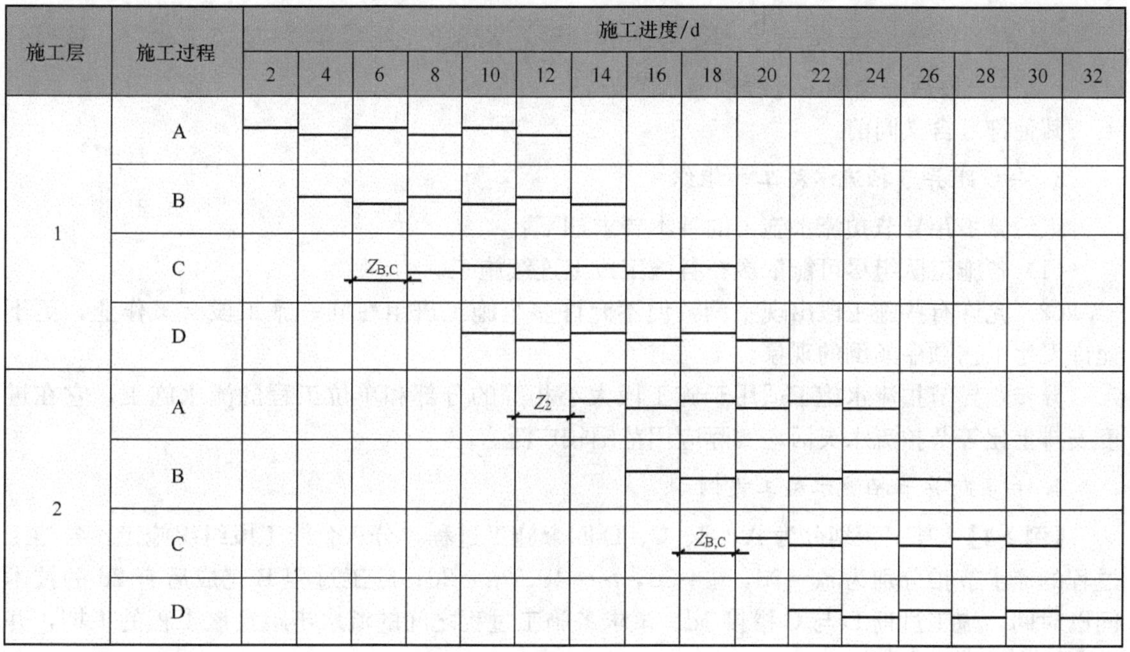

图 2-8　施工层竖向排列

2.3.3　异步距异节拍流水施工

异步距异节拍流水是指同一施工过程在各施工段上的流水节拍都相等，不同施工过程之间的流水节拍不一定相等的流水施工方式。

1. 异步距异节拍流水的特征

(1) 同一施工过程流水节拍相等，不同施工过程之间的流水节拍不一定相等。

(2) 各个施工过程之间的流水步距不一定相等。

(3) 各施工工作队能够在施工段上连续作业，但有的施工段之间可能有空闲。

(4) 施工班组数（n_1）等于施工过程数（n）。

2. 异步距异节拍流水参数的确定

1）流水步距的确定

$$K_{i,i+1}=\begin{cases}t_i & （当 t_i\leqslant t_{i+1}）\\ mt_i-(m-1)t_{i+1} & （当 t_i>t_{i+1}）\end{cases} \tag{2-13}$$

式中：t_i——第 i 个施工过程的流水节拍；

t_{i+1}——第 $i+1$ 个施工过程的流水节拍。

流水步距也可由前述“累加数列法”求得。

2）流水施工工期的确定

$$T=\sum K_{i,i+1}+T_n+\sum Z_{i,i+1}-\sum C_{i,i+1}$$

或为

$$T=\sum K_{i,i+1}+mt_n+\sum Z_{i,i+1}-\sum C_{i,i+1} \tag{2-14}$$

式中：t_n——最后一个施工过程的流水节拍。

其他符号含义同前。

3. 异步距异节拍流水施工的组织

组织异步距异节拍流水施工的基本要求如下：

（1）各施工队组尽可能依次在各施工段上连续施工。

（2）允许有些施工段出现空闲，但不允许多个施工班组在同一施工段交叉作业，更不允许发生工艺顺序颠倒的现象。

异步距异节拍流水施工适用于施工段大小相等的分部和单位工程的流水施工，它在进度安排上比等节拍流水灵活，实际应用范围较广泛。

4. 异步距异节拍流水施工案例

【例 2-4】 某工程划分为 A、B、C、D 四个施工过程，分三个施工段组织施工，各施工过程的流水节拍分别为 $t_A=2d$，$t_B=3d$，$t_C=4d$、$t_D=2d$；施工过程 B 完成后有 2d 的技术间歇时间，施工过程 D 与 C 搭接 1d。试求各施工过程之间的流水步距及该工程的工期，并绘制流水施工进度表。

【解】（1）确定流水步距。根据上述条件及式（2-13），各流水步距计算如下：

$t_A<t_B$

$K_{A,B}=t_A=2d$

$t_B<t_C$

$K_{B,C}=t_B=3d$

$t_C>t_D$

$K_{C,D}=[3\times4-(3-1)\times2]d=8d$

（2）确定流水工期：

$$T=\sum K_{i,i+1}+mt_n+\sum Z_{i,i+1}-\sum C_{i,i+1}$$
$$=[(2+3+8)+3\times2+2-1]d=20d$$

（3）用横道图绘制流水进度计划，如图 2-9 所示。

图 2-9　某工程异步距异节拍流水进度计划

2.3.4　等步距异节奏（成倍节拍）流水

等步距异节奏（成倍节拍）是指同一施工过程在各个施工段上的流水节拍相等，不同施工过程之间的流水节拍不完全相等，但各个施工过程的流水节拍之间存在一个最大公约数。为加快流水施工进度，按最大公约数的倍数组建每个施工过程的施工队组，以形成类似于等节奏流水的成倍节拍流水施工方式，但要注意，只有在资源供给充足的情况下才使用。

1. 等步距异节奏流水的特征

(1) 同一施工过程流水节拍相等，不同施工过程流水节拍之间存在整数倍或公约数关系。

(2) 流水步距彼此相等，且等于流水节拍的最大公约数。

(3) 各专业施工队都能够保证连续作业，施工段没有空闲。

(4) 施工队组数（n_1）大于施工过程数（n）。

2. 等步距异节奏流水参数的确定

(1) 流水步距确定为

$$K_{i,i+1} = K_b \tag{2-15}$$

(2) 每个施工过程的施工队组数确定为

$$b_i = \frac{t_i}{K_b} \tag{2-16}$$

$$n_1 = \sum b_i \tag{2-17}$$

式中：b_i——某施工过程所需施工队组数；

n_1——专业施工队组总数目；

K_b——最大公约数。

其他符号含义同前。

(3) 施工段数目的确定。

① 无层间关系时，可按划分施工段的基本要求确定施工段数目（m），一般取 $m=n_1$。

② 有层间关系时，每层最少施工段数（m）应为

$$m = n_1 + \frac{\sum Z_1}{K_b} + \frac{Z_2}{K_b} \tag{2-18}$$

式中：n_1——施工过程数；

Z_2——楼层间技术、组织间歇时间；

K_b——流水步距。

其他符号含义同前。

(4) 流水施工工期。

① 无层间关系时：

$$T=(m+n_1-1)K_b+\sum Z_{i,i+1}-\sum C_{i,i+1} \tag{2-19}$$

② 有层间关系时：

$$T=(m\times r+n_1-1)K_b+\sum Z_1+C_1 \tag{2-20}$$

3. 成倍节拍流水施工的组织

成倍节拍流水施工的组织方法如下：

(1) 根据工程对象和施工要求，划分若干个施工过程。

(2) 根据各施工过程的内容、要求及其工程量，计算每个施工段所需的劳动量，接着根据施工队组人数及组成，确定劳动量最少的施工过程的流水节拍。

(3) 确定其他劳动量较大的施工过程的流水节拍，用调整施工队组人数或其他技术组织措施的方法，使它们的流水节拍值之间存在一个最大公约数。

成倍节拍流水施工方式比较适用于线形工程（如道路、管道等）的施工，也适用于房屋建筑施工。

4. 成倍节拍流水施工案例

【例 2-5】 某工程由 A、B、C 三个施工过程组成，分四段施工，流水节拍分别为 $t_A=8d$，$t_B=4d$，$t_C=4d$，试组织成倍节拍流水施工，并绘制流水施工进度表。

【解】 (1) 确定流水步距为

$$K=K_b=4d$$

(2) 确定施工过程的施工队组数为

$$b_A=\frac{t_A}{K_b}=\frac{8}{4}\text{个}=2\text{个}$$

$$b_B=1\text{个}\quad b_C=1\text{个}$$

$$n_1=\sum b_i=(2+1+1)\text{个}=4\text{个}$$

(3) 确定流水工期为

$$T=(m+n_1-1)K_b=(4+4-1)\times 4d=28d$$

(4) 用横道图绘制流水进度计划，如图 2-10 所示。

【例 2-6】 某两层现浇钢筋混凝土工程主体施工，其施工过程包括支模板、绑扎钢筋及浇筑混凝土三个过程。其流水节拍分别为：支模板需 2d，绑钢筋需 2d，浇混凝土需 1d。当安装模板工作队转移到第二层第一段施工时，需待第一层第一段的混凝土养护 1d 后才能进行。试组织等步距异节拍流水施工，并绘制流水施工进度表。

【解】 (1) 确定流水步距为

$$K=K_b=1d$$

(2) 确定每个施工过程的工作队数为

$$b_{\text{模板}}=\frac{t_{\text{模板}}}{K_b}=\frac{2}{1}\text{个}=2\text{个}$$

$$b_{\text{绑钢筋}}=\frac{t_{\text{绑钢筋}}}{K_b}=\frac{2}{1}\text{个}=2\text{个}$$

$$b_{\text{浇混凝土}}=\frac{t_{\text{浇混凝土}}}{K_b}=\frac{1}{1}\text{个}=1\text{个}$$

施工队组总数为

$$n_1=（2+2+1）\text{个}=5\text{个}$$

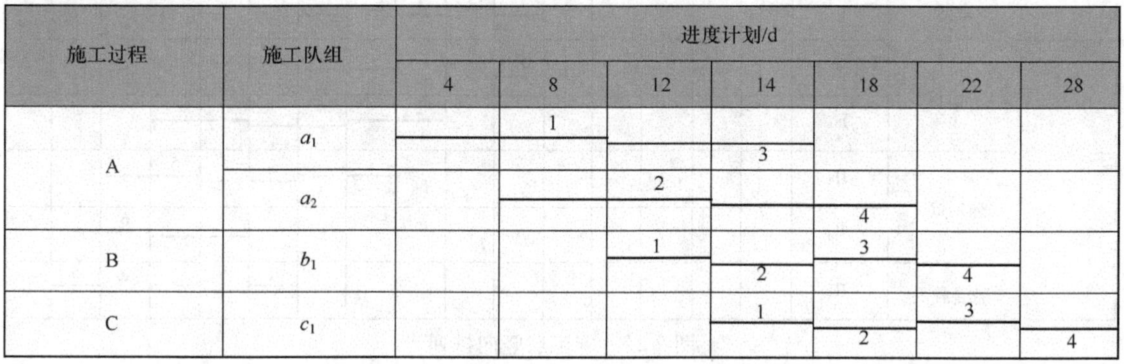

图 2-10　某工程成倍节拍流水进度计划

（3）确定每层的施工段数。为保证各工作队连续施工，其施工段数可按式（2-18）确定为

$$m=n_1+\frac{\sum Z_1}{K_b}+\frac{Z_2}{K_b}$$
$$=(5+0+1)\text{ 段}=6\text{ 段}$$

（4）计算工期为

$$T=(m\times r+n_1-1)K_b+\sum Z_1+C_1$$
$$=[(6\times 2+5-1)\times 1+0+0]\text{d}=16\text{d}$$

（5）绘制流水施工进度计划表如图 2-11 和图 2-12 所示。

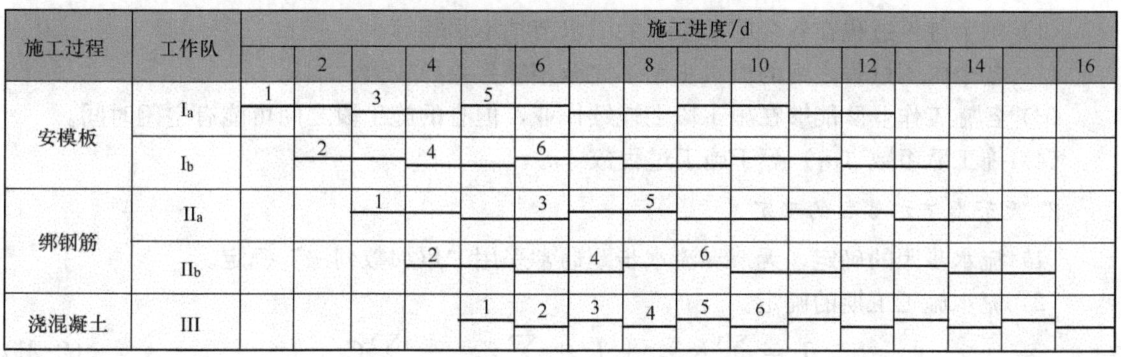

图 2-11　施工层横向排列

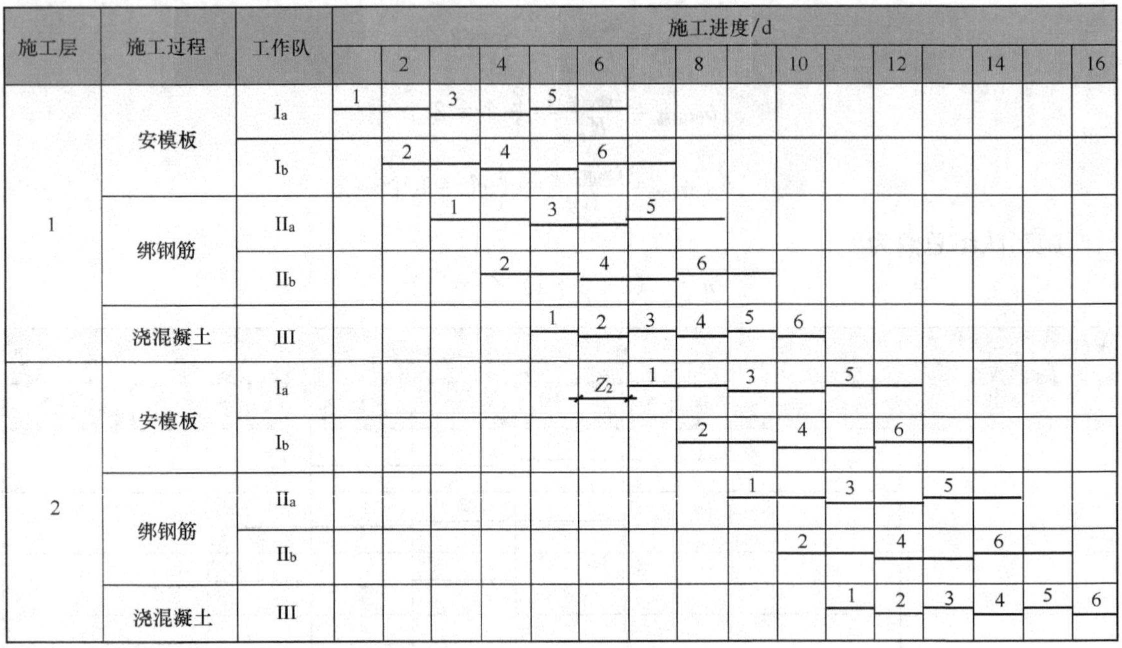

图 2-12　施工层竖向排列

2.3.5　无节奏流水

无节奏流水是指同一施工过程在各个施工段上流水节拍不完全相等的一种流水施工方式。

特别需要说明的是，在实际工程中，通常每个施工过程在各个施工段上的工程量彼此不等，各专业施工队组的生产效率相差较大，导致大多数的流水节拍也彼此不相等，因此有节奏流水，尤其是全等节拍和成倍节拍流水往往是难以组织的。而无节奏流水则是利用流水施工的基本概念，在保证施工工艺、满足施工顺序要求的前提下，按照一定的计算方法，确定相邻专业施工队组之间的流水步距，使其在开工时间上最大限度地、合理地搭接起来，形成每个专业施工队组都能连续作业的流水施工方式，它是流水施工的普遍形式。

1. 无节奏流水的特征

(1) 每个施工过程在各个施工段上的流水节拍不尽相等。

(2) 各个施工过程之间的流水步距不完全相等且差异较大。

(3) 各施工作业队能够在施工段上连续作业，但有的施工段之间可能有空闲时间。

(4) 施工队组数（n_1）等于施工过程数（n）。

2. 无节奏流水参数的确定

(1) 流水步距的确定。无节奏流水步距通常采用“累加数列法”确定。

(2) 流水施工工期的确定：

$$T=\sum K_{i,i+1}+T_n+\sum Z_{i,i+1}-\sum C_{i,i+1} \quad (2\text{-}21)$$

式中：$\sum K_{i,i+1}$——流水步距之和；

T_n——最后一个施工过程的流水节拍之和。

其他符号含义同前。

3. 无节奏流水施工的组织

无节奏流水施工的实质是：各工作队连续作业，流水步距经计算确定，使专业工作队之间在一个施工段内不相互干扰（不超前，但可能滞后），或做到前后工作队之间工作紧紧衔接。因此，组织无节奏流水的关键就是正确计算流水步距。组织无节奏流水施工的基本要求与异步距异节拍流水相同，即保证各施工过程的工艺顺序合理和各施工队组尽可能依次在各施工段上连续施工。

无节奏流水施工不像有节奏流水施工那样有一定的时间规律约束，在进度安排上比较灵活、自由，适用于分部工程和单位工程及大型建筑群的流水施工，实际运用比较广泛。

4. 无节奏流水施工案例

【例 2-7】　某工程有 A、B、C、D 四个施工过程，平面上划分成三个施工段，每个施工过程在各个施工段上的流水节拍见表 2-3。A 与 B 之间有 1d 的平行搭接时间，试编制流水施工方案。

表 2-3　某工程流水节拍

施工过程 \ 施工段	Ⅰ	Ⅱ	Ⅲ
A	1	3	5
B	2	1	3
C	4	2	3
D	3	4	2

【解】(1) 确定流水步距。

累加数列为

A：1，4，9

B：2，3，6

C：4，6，9

D：3，7，9

错位相减计算流水步距为

A 与 B

$$\begin{array}{rrrr} 1 & 4 & 9 & \\ - & 2 & 3 & 6 \\ \hline 1 & 2 & 6 & -6 \end{array}$$

求得：$K_{A,B}=6d$

B 与 C

$$\begin{array}{rrrr} 2 & 3 & 6 & \\ - & 4 & 6 & 9 \\ \hline 2 & -1 & 0 & -9 \end{array}$$

求得：$K_{B,C}=2d$

C与D

$$\begin{array}{rrrrr} & 4 & 6 & 9 & \\ - & & 3 & 7 & 9 \\ \hline & 4 & 3 & 2 & -9 \end{array}$$

求得：$K_{C,D}=4d$

(2) 确定流水工期为

$$T=\sum K_{i,i+1}+T_n+\sum Z_{i,i+1}-\sum C_{i,i+1}=[(6+2+4)+9+0-1]d=20d$$

(3) 用横道图绘制流水进度计划，如图 2-13 所示。

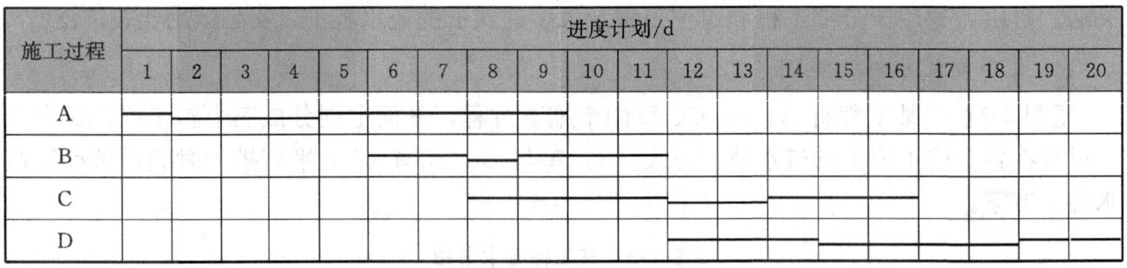

图 2-13　某工程无节奏流水进度计划

2.4 流水施工的应用

2.4.1 流水施工的具体应用

流水施工是工程实践中常用的施工组织方式，那么如何对一个单位工程组织流水施工呢？首先组织分部工程流水施工，然后将分部工程的流水线搭接起来便形成单位工程流水施工。具体步骤如下。

1. 把单位工程划分为若干个分部工程

如一栋房屋的土建工程一般可划分为基础工程、主体工程、屋面及防水工程和装饰工程四个分部工程。

2. 对分部工程组织施工

(1) 把分部工程划分为若干个施工过程（分项工程），并确定其施工顺序。需要注意的是，一个分部工程是由多个细小的分项工程组成的，如果把每一个分项工程都单独划分为一个施工过程，会使施工组织变得烦琐而复杂。因此，需要将一些作业性质相似的分项工程合并成一个大的施工过程，这样一个分部工程就可以从形式上划分为几个主要的施工过程，并根据这些施工过程的主要性质选取一个合适的名称，从而使施工组织变得简单明了。合并施工过程时应以方便施工组织为原则，同时结合定额分项和类似的施工经验来划分。如一般把基础施工划分为挖基坑、做垫层、基础施工和回填土四个施工过程，其中做垫层这个施工过程往往是由原土打夯、灰土垫层、混凝土垫层等多个小的分项工程组成的。

一个分部工程划分为多少个施工过程并没有统一的规定，一般以既能表达一个工程完整的施工过程，又能做到简单明了为划分原则。

(2) 选择分部工程的施工组织方式。每一个分部工程都有自己的工艺特点，在组织分部工程流水时，应根据分部工程的工艺特点和工程的组织特点为各个分部工程选择相应的施工组织方式，如依次施工、平行施工、流水施工。如选择流水施工，还应选择相应的组织流水方式。

(3) 划分施工段。若分部工程采用流水施工或平行施工的方式，则应划分施工段。划分施工段的基本要求见本章第 2.2 节。若采用依次施工，一般可不划分施工段。

(4) 组建施工队组。为每一个施工过程组织一个专业的施工队组（若采用平行施工或成倍节拍流水，每个施工过程的施工队组数目根据具体情况确定），并确定施工队组的人数。

施工队组人数的确定方法：最多人数≥合适人数≥最少人数。

最多人数，指施工段上在满足正常施工的情况下可容纳的最多人数可按下式计算：

最多人数＝最小施工段上的作业面÷每个工人所需要的工作面

最小施工段是指分部工程所划分的施工段中整体工作面最小的施工段；每个工人所需要的工作面见表 2-1。

最少人数，即最小劳动组合人数。

(5) 计算各分部工程的参数，如流水节拍、流水步距、施工过程持续时间等。

(6) 为每个分部工程组织流水施工，并绘制横道进度计划。

3. 将各个分部工程的流水合并

分部工程之间的搭接，根据其工艺和组织特点可以组织流水施工、平行施工或依次施工。

2.4.2　流水施工的综合实例

【例 2-8】　某三层办公楼，基础为钢筋混凝土独立基础，主体工程为全现浇框架结构。施工过程的划分及各分项工程的劳动量见表 2-4。其中，分项工程楼地面及楼梯地砖与分项工程门、窗扇安装之间有 4d 的间歇时间。

表 2-4　某三层办公楼劳动量一览

序　　号	分项工程名称	劳动量/工日或台班
	基 础 工 程	
1	准备	4
2	机械开挖基础土方	4
3	混凝土垫层	25
4	基础钢筋	53
5	基础模板	69
6	基础混凝土	77
7	回填土	51
	主 体 工 程	
8	脚手架	

续表

序　　号	分项工程名称	劳动量（工日或台班）
9	柱筋	101
10	柱、梁、板、楼梯模板	1498
11	柱混凝土	124
12	梁、板、楼梯筋	586
13	梁、板、楼梯混凝土	560
14	拆模	297
15	砌墙	821
	屋 面 工 程	
16	加气混凝土保温隔热层（含找坡层）	83
17	屋面找平层	52
18	屋面防水层	49
	装 饰 工 程	
19	外墙抹灰及面砖	761
20	顶棚、墙面抹灰	1236
21	楼地面及楼梯地砖	685
22	门扇、窗扇安装	62
23	涂料及油漆	327
24	水、暖、电，垂直运输设施，竣工验收	

根据上述步骤，先分别组织各分部工程的流水施工，然后再考虑各分部之间的相互搭接及技术组织间歇时间。具体组织方法如下。

1. 基础工程

基础工程包括基槽挖土、混凝土垫层、绑扎基础钢筋、支设基础模板、浇筑基础混凝土、回填土等施工过程。挖土前有4d的准备时间，基础挖土采用机械开挖，考虑到工作面及土方运输的需要，将机械挖土与其他手工操作的施工过程分开考虑，不纳入流水。混凝土垫层劳动量较小，为了不影响其他施工过程的流水施工，也不纳入流水。回填土工程量转小，也可不参与流水，将其安排在基础混凝土完成之后进行。其余施工过程组织流水施工。

基础工程划分六个施工过程，其中纳入流水的施工过程有基础钢筋、基础模板、基础混凝土三个，即 $n=3$，参与流水的施工过程均划分为两个施工段，组织全等节拍流水施工。

土方机械开挖为 4 个台班，用一台机械二班制施工，不纳入流水，也不分施工段，则作业持续时间为

$$t=\frac{P}{R\times N}=\frac{4}{1\times 2}\text{d}=2\text{d}$$

混凝土垫层 25 个工日，15 人一班制施工，不纳入流水，也不分施工段，其作业持续时间为

$$t=\frac{P}{R\times N}=\frac{25}{15\times 1}\text{d}=1.67\text{d}\ （取 2d）$$

基础绑扎钢筋劳动量为 52 个工日，施工班组人数为 10 人，采用一班制施工，划分两个施工段，其流水节拍为

$$t=\frac{P}{R\times N}=\frac{52}{10\times 1}\text{d}=5.2\text{d}\ (\text{取 }5\text{d})$$

纳入流水施工过程的流水节拍均取 3d，划分两个施工段，其中基础支模板为 69 个工日，采用一班制施工，施工班组人数为

$$R=\frac{P}{t\times N}=\frac{69/2}{3\times 1}\text{人}=11.5\text{ 人}\ (\text{取 }12\text{ 人})$$

浇筑混凝土劳动量为 77 个工日，采用一班制施工，施工班组人数为

$$R=\frac{P}{t\times N}=\frac{77/2}{3\times 1}\text{人}=12.8\text{ 人}\ (\text{取 }13\text{ 人})$$

则纳入流水的工期为

$$T=(m+n-1)\times t=(2+3-1)\times 3\text{d}=12\text{d}$$

回填土可不参与流水施工，劳动量为 51 个工日，施工班组人数为 26 人，采用一班制施工，其流水节拍为

$$t=\frac{P}{R\times N}=\frac{51}{26\times 1}\text{d}=1.96\text{d}\ (\text{取 }2\text{d})$$

则基础工程的工期为

$$T=(4+2+2)\text{d}+T+2\text{d}=22\text{d}$$

2. 主体工程

主体工程包括绑扎柱子钢筋，安装柱、梁、板模板，浇捣柱混凝土，安装梁、板、楼梯钢筋，浇捣梁、板、楼梯混凝土，搭设脚手架，拆模板，砌墙等施工过程，其中后三项施工过程可穿插进行，可根据工艺要求，尽量搭接施工，不必纳入流水。

本工程中平面上划分为两个施工段，主体工程由于有层间关系，要保证施工过程流水且不出现窝工现象，必须使 $m=n$，即 $m=n=2$。根据本节前述施工过程的合并原则，结合本工程实际情况，主导施工过程是柱、梁、板、楼梯模板的安装，要组织主体流水施工，就要保证主导施工过程连续施工，将其他施工过程综合为一个施工过程来考虑流水节拍。具体组织如下。

柱子的钢筋的劳动量为 101 个工日，施工班组人数为 17 人，一班制施工，划分为两段（三层共 6 段），则其流水节拍为

$$t=\frac{P}{R\times N}=\frac{101/6}{17\times 1}\text{d}=0.99\text{d}\ (\text{取 }1\text{d})$$

柱、梁、板、楼梯模板的劳动量为 1498 个工日，施工班组人数为 32 人，一班制施工，划分为两段（三层共 6 段），则其流水节拍为

$$t=\frac{P}{R\times N}=\frac{1498/6}{32\times 1}\text{d}=7.8\text{d}\ (\text{取 }8\text{d})$$

浇捣柱混凝土的劳动量为 124 个工日，施工班组人数为 13 人，一班制施工，划分为两段（三层共 6 段），则其流水节拍为

$$t=\frac{P}{R\times N}=\frac{124/6}{13\times 1}\text{d}=1.59\text{d}\ (\text{取 }2\text{d})$$

梁、板、楼梯筋的劳动量为586个工日，施工班组人数为34人，一班制施工，划分为两段（三层共6段），则其流水节拍为

$$t=\frac{P}{R\times N}=\frac{586/6}{34\times 1}\text{d}=2.87\text{d}\ (\text{取 }3\text{d})$$

浇捣梁、板、楼梯混凝土劳动量为560个工日，施工班组人数为26人，两班制施工，划分为两段（三层共6段），则其流水节拍为

$$t=\frac{P}{R\times N}=\frac{560/6}{26\times 2}\text{d}=1.79\text{d}\ (\text{取 }2\text{d})$$

则纳入流水的工期为

$$T=(m\times r+n-1)\times t=(2\times 3+2-1)\times 8\text{d}=56\text{d}$$

拆模要在混凝土浇捣混凝土7d后或强度满足要求后进行，不纳入流水，其劳动量为297个工日，施工班组人数为26人，一班制施工，划分为两段（三层共6段），则其流水节拍为

$$t=\frac{P}{R\times N}=\frac{297/6}{26\times 1}\text{d}=1.9\text{d}\ (\text{取 }2\text{d})$$

砌墙的劳动量为821个工日，施工班组人数为35人，一班制施工，划分为两段（三层共6段），则其流水节拍为

$$t=\frac{P}{R\times N}=\frac{821/6}{35\times 1}\text{d}=3.91\text{d}\ (\text{取 }4\text{d})$$

考虑技术间歇时间，本工程墙体砌筑可在拆模4d后进行。

则主体工程工期为

$$T=T+(7+2+4+4)\text{d}=73\text{d}$$

3. 屋面工程

屋面工程包括屋面保温隔热层、找平层和防水层三个施工过程。考虑屋面防水要求高，所以不分段施工，即采用依次施工的方式。

屋面保温隔热层劳动量为83个工日，施工班组人数为22人，一班制施工，其施工持续时间为

$$t=\frac{P}{R\times N}=\frac{83}{22\times 1}\text{d}=3.77\text{d}\ (\text{取 }4\text{d})$$

屋面找平层劳动量为52个工日，18人一班制施工，其施工持续时间为

$$t=\frac{P}{R\times N}=\frac{52}{18\times 1}\text{d}=2.89\text{d}\ (\text{取 }3\text{d})$$

屋面找平层完成后，安排7d的养护和干燥时间，方可进行屋面防水层的施工。SBS改性沥青防水层劳动量为49个工日，安排10人一班制施工，其施工持续时间为

$$t=\frac{P}{R\times N}=\frac{49}{10\times 1}\text{d}=4.9\text{d}\ (\text{取 }5\text{d})$$

则屋面工程（依次施工）工期为

$$T=(4+3+7+5)\text{d}=19\text{d}$$

4. 装饰工程

装饰工程包括外墙抹灰及面砖、顶棚、内墙面抹灰，楼地面及楼梯地砖，门窗扇安装，

油漆涂料，水、暖、电，垂直运输设施等。为了节约时间，外墙抹灰及面砖可与室内装饰平行进行，内装饰参与流水的有顶棚、内墙面抹灰，楼地面及楼梯地砖，门窗扇安装三个施工过程，把每层房屋视为一个施工段，共 3 个施工段（$m=3$），组织流水施工。

外墙装修工程可在墙砌完成 7d（或砌筑砂浆满足要求）后采用自上而下的施工顺序，不分施工段。

外墙抹灰及面砖的劳动量为 716 个工日，施工班组人数为 40 人，一班制施工，其流水节拍为

$$t=\frac{P}{R\times N}=\frac{716}{40\times 1}\text{d}=17.9\text{d}\ (\text{取 } 18\text{d})$$

内装饰包括以下内容。

(1) 顶棚、内墙面抹灰的劳动量为 1236 个工日，施工班组人数为 60 人，一班制施工，其流水节拍为

$$t=\frac{P}{R\times N}=\frac{1236/3}{60\times 1}\text{d}=6.87\text{d}\ (\text{取 } 7\text{d})$$

(2) 楼地面及楼梯的劳动量为 685 个工日，施工班组人数为 33 人，一班制施工，其流水节拍为

$$t=\frac{P}{R\times N}=\frac{685/3}{33\times 1}\text{d}=6.9\text{d}\ (\text{取 } 7\text{d})$$

(3) 楼地面及楼梯完成 4d 后，相应施工段门、窗扇安装开始施工。门、窗扇安装 62 个工日，施工班组人数为 7 人，一班制施工，则流水节拍为

$$t=\frac{P}{R\times N}=\frac{62/3}{7\times 1}\text{d}=2.95\text{d}\ (\text{取 } 3\text{d})$$

(4) 涂料及油漆的劳动量为 327 个工日，施工班组人数为 36 人，一班制施工，其流水节拍为

$$t=\frac{P}{R\times N}=\frac{327/3}{36\times 1}\text{d}=3.03\text{d}\ (\text{取 } 3\text{d})$$

本室内装饰工程根据流水节拍 7、7、3、3 的特点，可以组织异步距异节拍的流水施工。

流水步距为

$t_A=t_B$，$K_{A,B}=t_A=7\text{d}$

$t_B>t_C$，$K_{C,D}=[3\times 7-(3-1)\times 3]\text{d}=15\text{d}$

$t_C=t_D$，$K_{B,C}=t_B=3\text{d}$

室内装饰纳入流水施工的工期为

$$T_1=\sum K_{i,i+1}+T_n+\sum E_{i,i+1}-\sum C_{i,i+1}=[(7+15+3)+3\times 3+4]\text{d}=38\text{d}$$

结合本工程特点，水、电、暖工程从混凝土垫层开始一直持续到室内涂料、门窗油漆结束 5d 后完成。

装饰部分的工期为

$$T=T_1+5\text{d}=43\text{d}$$

竣工验收需要 10d 的时间。

序号	分部分项工程名称	劳动量(工日)	每班工作人数	每天工作班数	工作持续天数
	基础工程				
1	准备工作				4
2	土方机械开挖	4台班	10	2	2
3	混凝土垫层	25	15	1	2
4	绑扎基础钢筋	52	10	1	6
5	基础模板	69	12	1	6
6	基础混凝土	77	15	1	6
7	回填土	51	26	1	2
	主体工程				
8	脚手架				
9	柱筋	101	17	1	6
10	柱、梁、板、梯模板	1498	32	1	48
11	柱混凝土	124	13	1	12
12	梁、板、楼梯筋	586	34	1	18
13	梁、板、楼梯混凝土	560	26	2	12
14	拆模	297	26	1	12
15	砌墙	821	35	1	24
	屋面工程				
16	屋面找坡保温层	83	22	1	4
17	屋面找平层	52	18	1	3
18	屋面防水层	49	10	1	5
	装饰工程				
19	外墙抹灰及面砖	716	40	1	18
20	顶棚、内墙抹灰	1236	60	1	21
21	楼地面及楼梯	685	33	1	21
22	门、窗扇安装	62	7	1	9
23	内墙涂料、门窗油漆	327	36	1	9
24	水暖电				
25	垂直运输设备				
26	竣工验收				

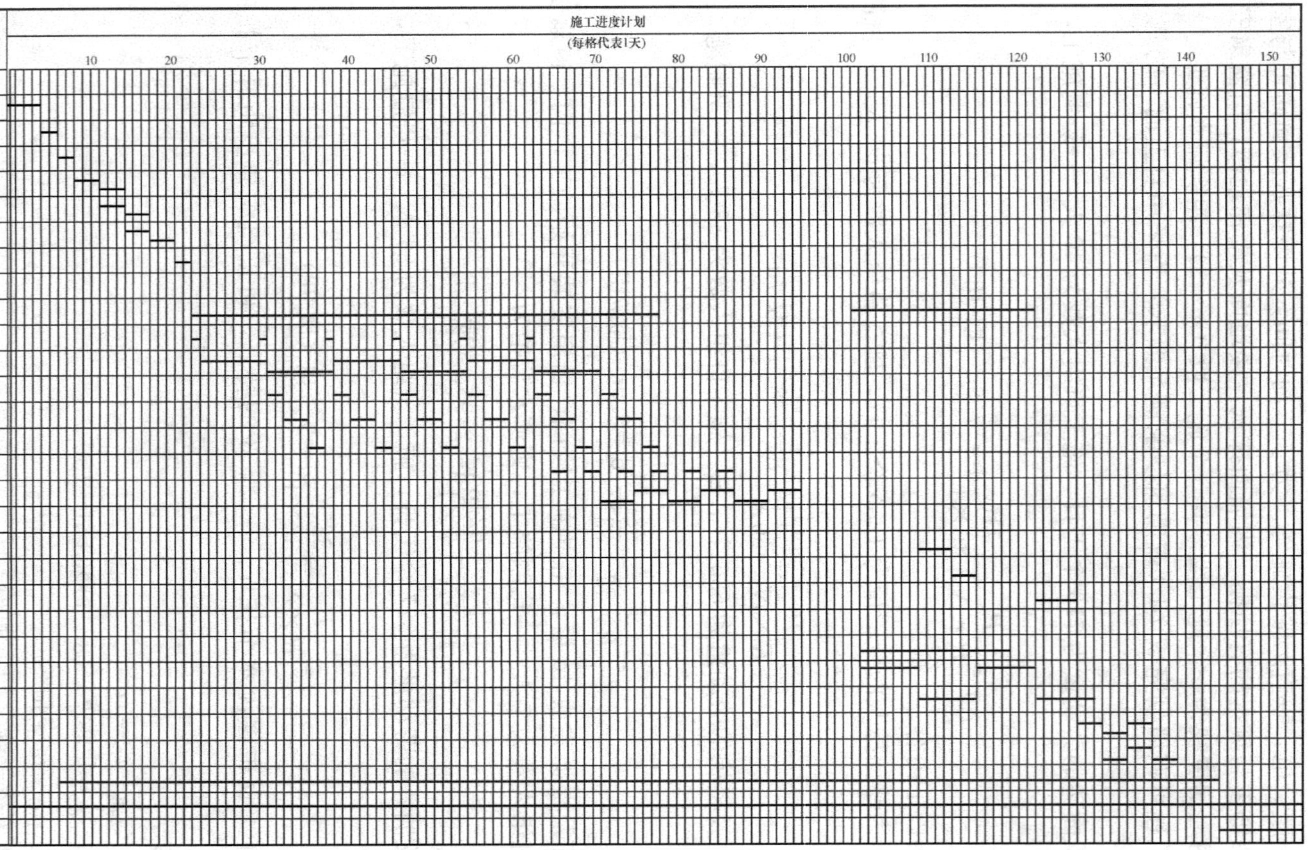

图 2-14　施工进度计划

5. 将分部工程的流水线合并

根据本工程情况，基础工程与主体组织依次施工；主体完工等砌墙完成 7d 后才能开始装饰工程；屋面工程和装饰工程相互不冲突，可并列进行。本工程屋面，不影响工程总工期，可安排到顶层内墙、顶棚抹灰结束后进行。

工程总工期＝基础天数＋主体天数＋间歇时间＋max（屋面、装饰）天数＋竣工验收时间

$$T=(22+73+7+43+10)\mathrm{d}=155\mathrm{d}$$

6. 施工进度计划图

见图 2-14 施工进度计划。

复习思考题

1. 何谓“流水施工”？
2. 常见的施工组织方式有哪几种？
3. 组织流水施工的条件有哪些？
4. 流水施工的主要参数有哪些？
5. 什么叫流水节拍？
6. 什么叫流水步距？
7. 什么叫平行搭接时间？
8. 什么叫技术与组织间歇时间？
9. 流水施工的方式有哪些？
10. 简述组织单位工程流水施工的步骤。

技能训练

1. 已知某工程任务划分为 A、B、C、D、E 五个施工过程，分五段组织流水施工，流水节拍均为 2d，在第 B、D 施工过程结束后分别有 2d 和 4d 的技术与组织间歇时间，试计算其工期并绘制进度计划。

2. 某工程项目由甲、乙、丙、丁四个分项工程组成，它划分为五个施工段。各分项工程在各个施工段上的持续时间依次为：5d、3d、4d 和 3d，试编制异步距异节拍流水施工方案。

3. 某地下工程由挖基槽、做垫层、砌基础和回填土四个分项工程组成，它在平面上划分为六个施工段。各分项工程在各个施工段上的流水节拍依次为：挖基槽 4d、做垫层 2d、砌基础 6d、回填土 2d。垫层完成后，其相应施工段至少应有技术间歇时间 2d。为了加快流水施工速度，试编制工期最短的流水施工方案。

4. 某施工项目由 A、B、C、D 四个施工过程组成，它在平面上划分为六个施工段。各施工过程在各个施工段上的持续时间依次为：6d、4d、6d 和 2d，施工过程完成后，其相应施工段至少应有组织间歇时间 1d。试编制工期最短的流水施工方案。

5. 某施工项目由 A、B、C、D 四个分项工程组成，它在平面上划分为四个施工段。各分项工程在各个施工段上的持续时间见表 2-5。分项工程完成后，其相应施工段至少应有技术间歇时间 2d，组织间歇时间 1d。试编制该工程流水施工方案。

6. 某现浇钢筋混凝土工程由支模、绑钢筋、浇筑混凝土、拆模和回填土五个分项工程组成，它在平面上划分为六个施工段。各分项工程在各个施工段上的施工持续时间见表 2-6。在混凝土浇筑后至拆模板必须有养护时间 2d。试编制该工程流水施工方案。

表 2-5 流水节拍

施工段 / 施工过程	Ⅰ	Ⅱ	Ⅲ	Ⅳ
A	2	3	3	3
B	3	2	4	5
C	4	3	3	2
D	3	4	2	4

表 2-6 流水节拍

施工段 / 施工过程	Ⅰ	Ⅱ	Ⅲ	Ⅳ	Ⅴ	Ⅵ
支模板	3	3	2	2	3	3
绑扎钢筋	4	3	4	4	3	3
浇筑混凝土	2	1	1	2	1	2
拆模板	1	2	1	2	2	1
回填土	2	1	2	1	1	2

第 3 章　网络计划技术

> **学习目标**
>
> 熟悉网络计划的基本概念、分类及表示方法；掌握网络计划的绘制、时间参数的计算及关键线路的确定；了解网络计划优化的基本概念及优化方法。
>
> **能力目标**
>
> 能够根据工作的逻辑关系正确绘制网络图，并且进行时间参数的计算，确定关键线路；能够按工期要求进行网络计划的优化。

3.1 网络计划的基本概念

随着生产的发展和科学技术的进步，自 20 世纪 50 年代以来，国外陆续出现了一些计划管理的新方法，其中最基本的是关键线路法（Critical Path Method，CPM）和计划评审技术（Program Evalution and Revien Techniqne，PERT）。由于这些方法是建立在网络图的基础上，统称为网络计划方法，1956 年由著名数学家华罗庚教授将它引入我国，把它概括为统筹法。经过多年的实践与应用，得到了不断的推广和发展。新颁布的《工程网络计划技术规程》（JGJ/T 121—1999）代替了 1991 年颁发的《工程网络计划技术规程》（JGJ/T 1001—1991），于 2000 年 2 月 1 日开始施行。

3.1.1　网络计划原理、表达方法及分类

1. 网络计划原理

网络计划方法的基本原理是：首先应用网络图形来表达一项计划（或工程）中各项工作的开展顺序及其相互间的关系；然后通过计算找出计划中的关键工作及关键线路；继而通过不断改进网络计划，寻求最优方案，并付诸实施；最后在执行过程中进行有效的控制和监督。

在建筑施工中，网络计划方法主要是用来编制工程项目施工的进度计划和建筑施工企业的生产计划，并通过对计划的优化、调整和控制，达到缩短工期、提高效率、节约劳动

力、降低消耗的项目施工管理目标。

2. 网络计划的表达形式

网络计划的表达形式是网络图。所谓网络图，是指由箭线和节点组成的，用来表示工作流程的有向、有序的网状图形。

网络图中，按节点和箭线所代表的含义不同，可分为双代号网络图和单代号网络图两大类，本书以双代号网络图为主进行介绍。

1）双代号网络图

以箭线及其两端节点的编号表示工作的网络图称为双代号网络图，即用两个节点及一根箭线代表一项工作，工作名称写在箭线上面，工作持续时间写在箭线下面，在箭线前后的衔接处画上节点编号，并以节点编号 i 和 j 代表一项工作名称，如图 3-1 所示。

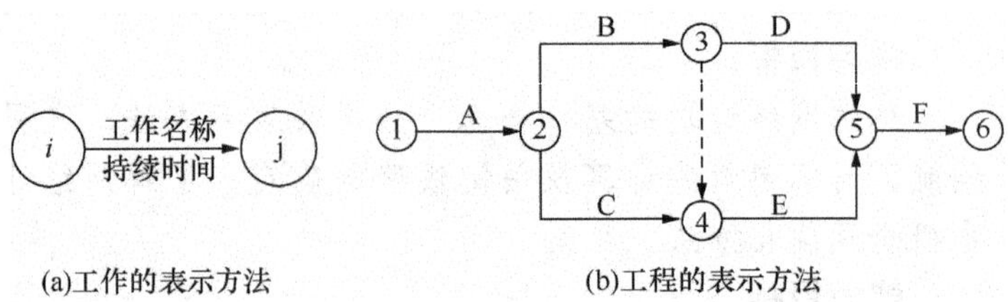

图 3-1　双代号网络图

2）单代号网络图

以节点及其编号表示工作，以箭线表示工作之间的逻辑关系的网络图称为单代号网络图，即每一个节点表示一项工作，节点所表示的工作名称、持续时间和工作代号等标注在节点内，如图 3-2 所示。

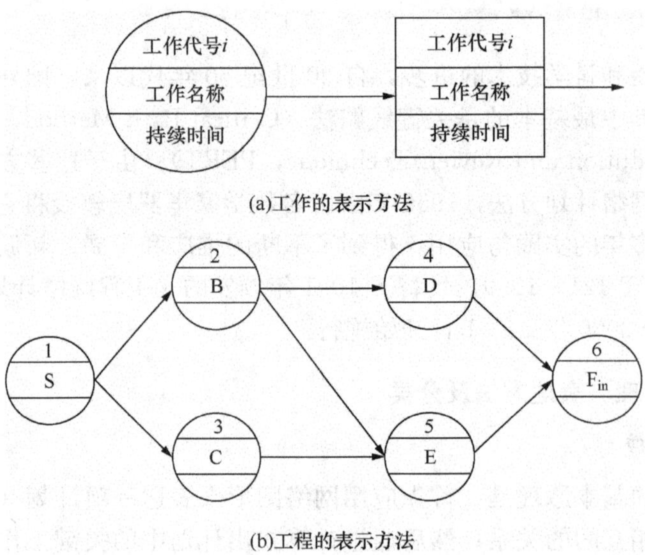

图 3-2　单代号网络图

3. 网络计划的分类

网络计划可以从不同的角度进行分类，具体分类方法如下。

1）按网络计划目标分类

根据计划最终目标的多少，网络计划可分为单目标网络计划和多目标网络计划。

(1) 单目标网络计划。只有一个最终目标的网络计划称为单目标网络计划。

(2) 多目标网络计划。由若干个独立的最终目标与其相互有关工作组成的网络计划称为多目标网络计划。

2）按网络计划层次分类

根据计划的工程对象不同和使用范围大小，网络计划可分为局部网络计划、单位工程网络计划和综合网络计划。

(1) 局部网络计划。以一个分部工程或施工段为对象编制的网络计划称为局部网络计划。

(2) 单位工程网络计划。以一个单位工程为对象编制的网络计划称为单位工程网络计划。

(3) 综合网络计划。以一个建筑项目或建筑群为对象编制的网络计划称为综合网络计划。

3）按网络计划时间表达方式分类

根据网络计划时间表达方式网络计划可分为时标网络计划和非时标网络计划。

(1) 时标网络计划。工作的持续时间以时间坐标为尺度绘制的网络计划称为时标网络计划。

(2) 非时标网络计划。工作的持续时间以数字形式标注在箭线下面绘制的网络计划称为非时标网络计划。

3.1.2 双代号网络图基本要素

1. 基本符号

1）箭线

网络图中一端带箭头的实线即为箭线。在双代号网络图中，它与其两端的节点表示一项工作。箭线表达的内容有以下几个方面。

(1) 一根箭线表示一项工作或表示一个施工过程。根据网络计划的性质和作用的不同，工作既可以是一个简单的施工过程，如挖土、垫层等分项工程或者基础工程、主体工程等分部工程；工作也可以是一项复杂的工程任务，如教学楼土建工程等单位工程或者教学楼工程等单项工程。如何确定一项工作的范围取决于所绘制的网络计划的作用（控制性或指导性）。

(2) 一根箭线表示一项工作所消耗的时间和资源，分别用数字标注在箭线的下方和上方。一般而言，每项工作的完成都要消耗一定的时间和资源，如砌砖墙、浇筑混凝土等；也存在只消耗时间而不消耗资源的工作，如混凝土养护、砂浆找平层干燥等技术间歇，若单独考虑时，也应作为一项工作对待。

(3) 在无时间坐标的网络图中，箭线的长度不代表时间的长短，画图时原则上是任意的，但必须满足网络图的绘制规则。在有时间坐标的网络图中，其箭线的长度必须根据完成该项工作所需时间长短按比例绘制。

(4) 箭线的方向表示工作进行的方向和前进的路线，箭尾表示工作的开始，箭头表示工作的结束。

(5) 箭线可以画成直线、折线或斜线。必要时，箭线也可以画成曲线，但应以水平直线为主，一般不宜画成垂直线。

2) 节点

网络图中箭线端部的圆圈或其他形状的封闭图形就是节点。在双代号网络图中，它表示工作之间的逻辑关系，节点表达的内容有以下几个方面。

(1) 节点表示前面工作结束和后面工作开始的瞬间，所以节点不需要消耗时间和资源。

(2) 箭线的箭尾节点表示该工作的开始，箭线的箭头节点表示该工作的结束。

(3) 根据节点在网络图中位置的不同可以分为起点节点、终点节点和中间节点。起点节点是网络图的第一个节点，表示一项任务的开始。终点节点是网络图的最后一个节点，表示一项任务的完成。除起点节点和终点节点以外的节点称为中间节点，中间节点都有双重的含义，既是前面工作的箭头节点，也是后面工作的箭尾节点。

3) 节点编号

网络图中的每个节点都有自己的编号，以便赋予每项工作以代号，便于计算网络图的时间参数和检查网络图是否正确。

(1) 节点编号必须满足三条基本规则。其一，箭头节点编号大于箭尾节点编号，因此节点编号顺序是：箭尾节点编号在前，箭头节点编号在后，凡是箭尾节点没有编号，箭头节点不能编号。其二，在一个网络图中，所有节点不能出现重复编号，编号的号码可以按自然数顺序进行，不能出现重复的节点编号。其三，编号可以非连续，以便适应网络计划调整中增加工作的需要，编号要留有余地。

(2) 节点编号的方法有两种：一种是水平编号法，即从起点节点开始由上到下逐行编号，每行则自左到右按顺序编号，如图 3-3 所示；另一种是垂直编号法，即从起点节点开始自左到右逐列编号，每列则根据编号规则的要求进行编号，如图 3-4 所示。

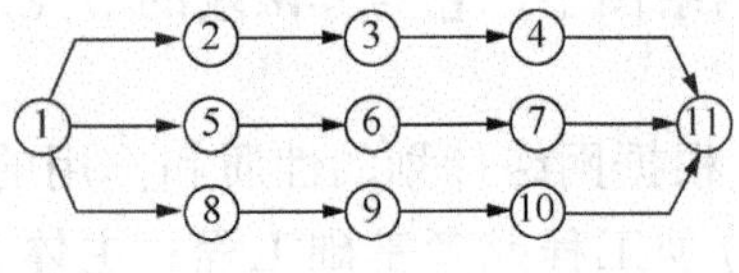

图 3-3 水平编号法

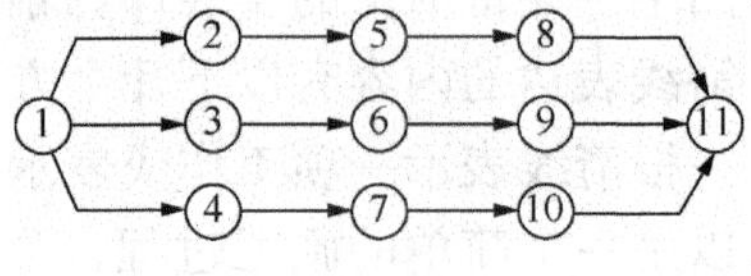

图 3-4 垂直编号法

2. 紧前工作、紧后工作、平行工作

1) 紧前工作

紧排在本工作之前的工作称为本工作的紧前工作。在双代号网络图中，本工作和紧前工作之间可能有虚工作。如图 3-5 所示，槽 1 是槽 2 的组织关系上的紧前工作；垫 1 和垫 2 之间虽有虚工作，但垫 1 仍然是垫 2 的组织关系上的紧前工作；槽 1 则是垫 1 的工艺关系上紧前工作。

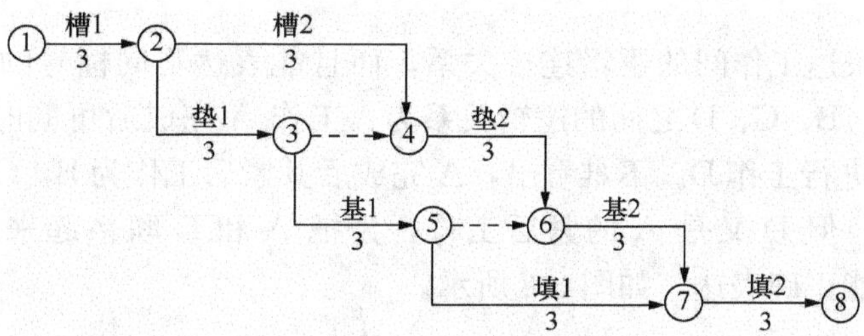

图 3-5　逻辑关系

2）紧后工作

紧排在本工作之后的工作称为本工作的紧后工作。在双代号网络图中，本工作和紧后工作之间可能有虚工作。如图 3-5 所示，垫 2 是垫 1 的组织关系上的紧后工作；垫 1 是槽 1 的工艺关系上的紧后工作。

3）平行工作

可与本工作同时进行的工作称为本工作的平行工作。如图 3-5 所示，槽 2 是垫 1 的平行工作。

3. 内向箭线和外向箭线

1）内向箭线

指向某个节点的箭线称为该节点的内向箭线，如图 3-6 (a) 所示。

2）外向箭线

从某节点引出的箭线称为该节点的外向箭线，如图 3-6（b）所示。

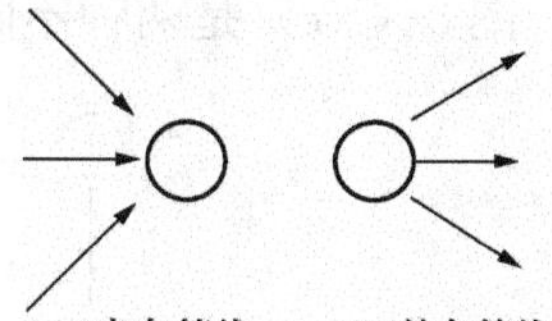

图 3-6　内向箭线和外向箭线

4. 逻辑关系

工作之间相互制约或依赖的关系称为逻辑关系。工作之间的逻辑关系包括工艺关系和组织关系。

1）工艺关系

工艺关系是指生产工艺上客观存在的先后顺序关系，或者是非生产性工作之间由工作程序决定的先后顺序关系。例如，建筑工程施工时，先做基础，后做主体；先做结构，后做装修。工艺关系是不能随意改变的。如图 3-5 所示，槽 1—垫 1—基 1—填 1 为工艺关系。

2）组织关系

组织关系是指在不违反工艺关系的前提下，人为安排工作的先后顺序关系。例如，建筑群中各个建筑物的开工顺序的先后。施工对象的分段流水作业等。组织顺序可以根据具体情况，按安全、经济、高效的原则统筹安排。如图 3-5 所示，槽 1—槽 2、垫 1—垫 2 等为组织关系。

5. 虚工作及其应用

在双代号网络计划中，只表示前后相邻工作之间的逻辑关系，既不占用时间，也不耗用资源的虚拟的工作称为虚工作。虚工作用虚箭线表示，其表达形式可垂直方向向上或向下，也可水平方向向右，如图 3-7 所示，虚工作起着联系、区分、断路三个作用。

1）联系作用

虚工作不仅能表达工作间的逻辑连接关系，而且能表达不同幢号的房屋之间的相互联系。例如，工作 A、B、C、D 之间的逻辑关系为：工作 A 完成后可同时进行 B、D 两项工作，工作 C 完成后进行工作 D。不难看出，A 完成后其紧后工作为 B，C 完成后其紧后工作为 D，很容易表达，但 D 又是 A 的紧后工作，为把 A 和 D 联系起来，必须引入虚工作 2—5，逻辑关系才能正确表达，如图 3-8 所示。

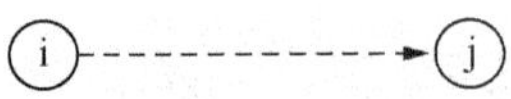

图 3-7　虚工作表示法

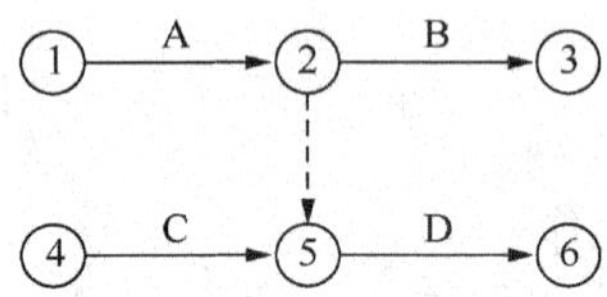

图 3-8　虚工作的应用

2）区分作用

如果两项工作用同一代号，则不能明确表示出该代号表示哪一项工作。因此，不同的工作必须用不同代号。如图 3-9 所示，图 3-9（a）中出现“双同代号”的错误，图 3-9（b）、图 3-9（c）是两种不同的区分方式，图 3-9（d）则多画了一个不必要的虚工作。

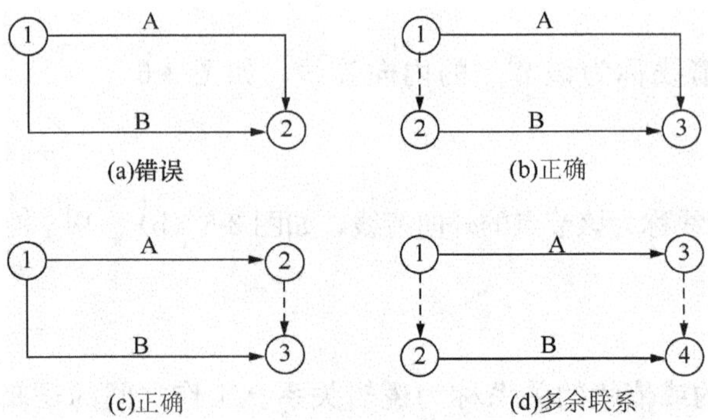

图 3-9　虚工作的区分作用

3）断路作用

图 3-10 所示为某基础工程挖基槽（A）、垫层（B）、基础（C）、回填土（D）四项工作的流水施工网络图。该网络图中出现了 A_2 与 C_1，B_2 与 D_1，A_3 与 C_2、D_1，B_3 与 D_2 四处，把并无联系的工作联系上了，即出现了多余联系的错误。

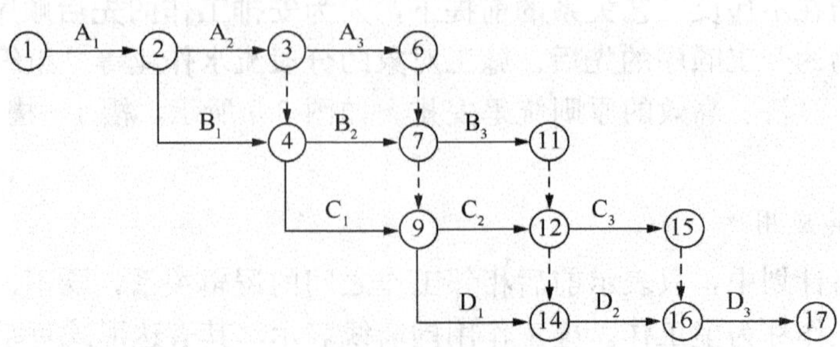

图 3-10　逻辑关系错误的网络图

为了正确表达工作间的逻辑关系，在出现逻辑错误的圆圈（节点）之间增设新节点（即虚工作），切断毫无关系的工作之间的联系，这种方法称为断路法。如图 3-11 所示，增设节点 5，虚工作 4—5 切断了 A_2 与 C_1 之间的联系；同理，增设节点 8、10、13，虚工作 7—8、9—10、12—13 等也都起到了相同的断路作用。然后，去掉多余的虚工作，经调整后的正确网络图如图 3-12 所示。

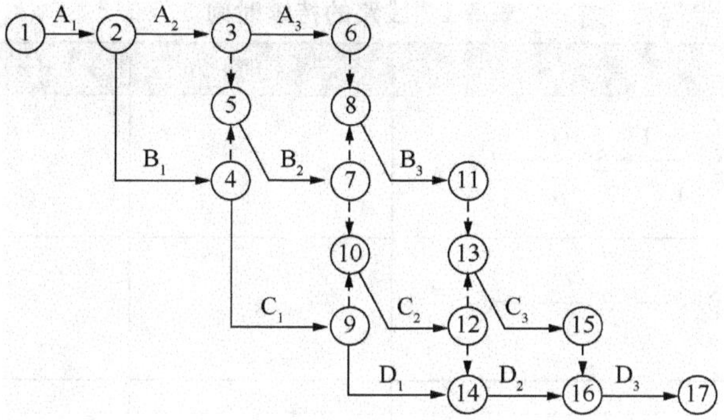

图 3-11 断路法

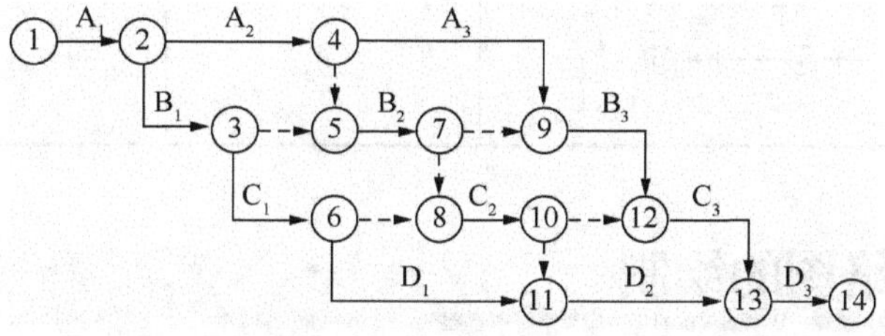

图 3-12 正确网络图

6. 线路、关键线路、关键工作

1）线路

网络图中从起点节点开始，沿箭头方向顺序通过一系列箭线与节点，最后达到终点节点的通路称为线路。一个网络图中，从起点节点到终点节点，一般都存在着许多条线路。

【例 3-1】 如图 3-13 所示中有四条线路，每条线路都包含若干项工作，这些工作的持续时间之和就是该线路的时间长度，即线路上总的工作持续时间见表 3-1。

2）关键线路和关键工作

线路上总的工作持续时间最长的线路称为关键线路。如图 3-13 所示，线路 1—2—3—5—6 总的工作持续时间最长，即为关键线路。其余线路称为非关键线路。位于关键线路上的工作称为关键工作。关键工作完成快慢直接影响整个计划工期的实现。

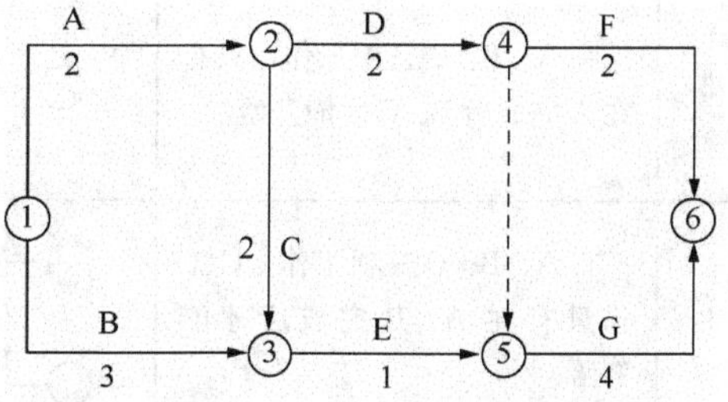

图 3-13 例 3-1 的网络图

一般来说，一个网络图中至少有一条关键线路。关键线路也不是一成不变的，在一定的条件下，关键线路和非关键线路会相互转化。例如，当采取技术组织措施，缩短关键工作的持续时间，或者非关键工作持续时间延长时，就有可能使关键线路发生转移。网络计划中，关键工作的比重往往不宜过大，网络计划愈复杂工作节点就愈多，则关键工作的比重应该越小，这样有利于抓住主要矛盾。

关键线路宜用粗箭线、双箭线或彩色箭线标注，以突出其在网络计划中的重要位置。

表 3-1　线路的持续时间

线　　路	总持续时间/d	关键线路
①—A(2)→②—C(2)→③—E(1)→⑤—G(4)→⑥	9	9d
①—A(2)→②—D(2)→③- - - -→⑤—G(4)→⑥	8	
①—B(3)→③—E(1)→⑤—G(4)→⑥	8	
①—A(2)→②—D(2)→④—F(2)→⑥	6	

3.2 双代号网络图的绘制

3.2.1　双代号网络图的绘制规则

(1) 双代号网络图必须正确表达已定的逻辑关系。双代号网络图常用的逻辑关系模型见表 3-2。

表 3-2　网络图工作逻辑关系表示方法

序号	工作之间的逻辑关系	网络图中表示方法	说　　明
1	有 A、B 两项工作按照依次施工方式进行	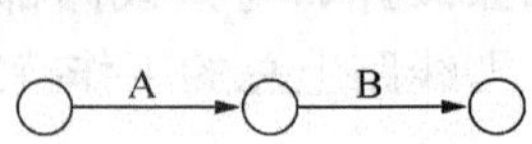	B 工作依赖着 A 工作，A 工作约束着 B 工作的开始
2	有 A、B、C 三项工作，只有在 A 完成后 B、C 才能开始	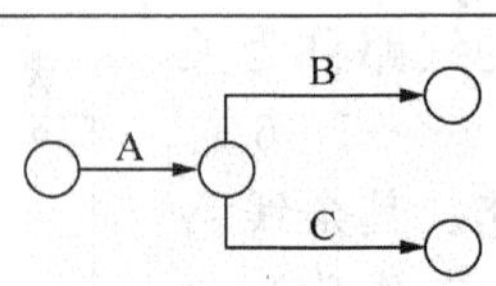	A 工作制约着 B、C 工作的开始。B、C 为平行工作
3	有 A、B、C 三项工作，C 工作只有在 A、B 完成后才能开始	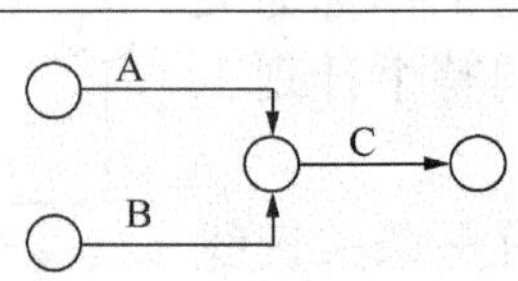	C 工作依赖着 A、B 工作。A、B 为平行工作

续表

序号	工作之间的逻辑关系	网络图中表示方法	说　明
4	有 A、B、C 三项工作同时开始工作	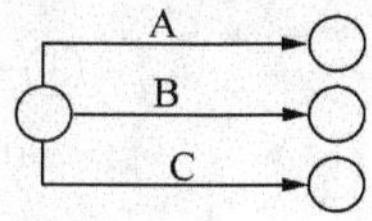	A、B、C 三项工作称为平行工作
5	有 A、B、C 三项工作，同时结束	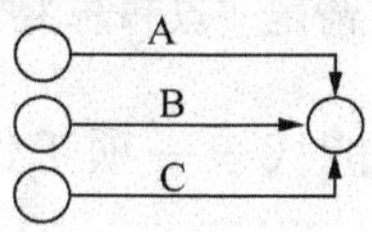	A、B、C 三项工作称为平行工作
6	有 A、B、C、D 四项工作，只有当 A、B 完成后，C、D 才能开始	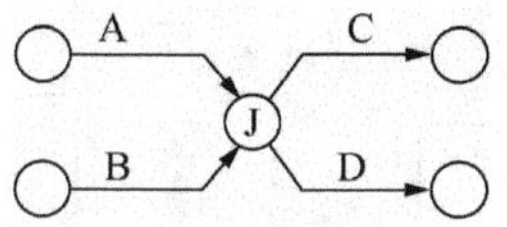	通过中间节点 J 正确地表达了 A、B、C、D 之间的关系
7	有 A、B、C、D 四项，工作 A 完成后 C 才能开始；A、B 完成后 D 才开始	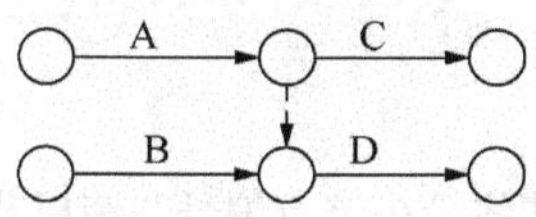	D 与 A 之间引入了逻辑联接（虚工作），只有这样才能正确表达它们之间的约束关系
8	有 A、B、C、D、E 五项工作，A、B 完成后 C 开始	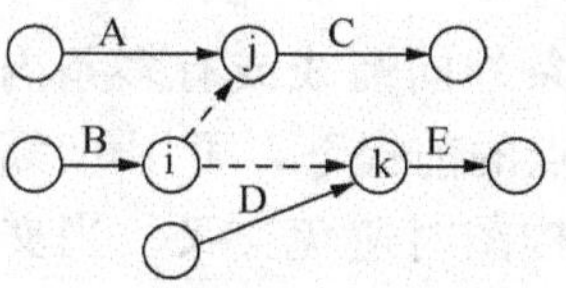	虚工作反映出 C 工作受到 B 工作的约束，虚工作反映出 E 工作受到 B 工作的约束
9	B、D 完成后 E 开始有 A、B、C、D、E 五项工作，A、B、C 完成后 D 才能开始	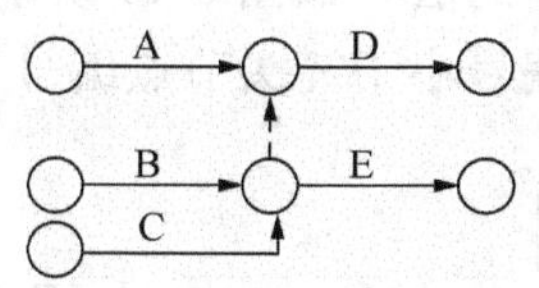	这是前面序号 1、5 的情况通过虚工作连接起来，虚工作表示 D 工作受到 B、C 工作制约
10	B、C 完成后 E 才能开始，A、B 两项工作分三个施工段，平行施工	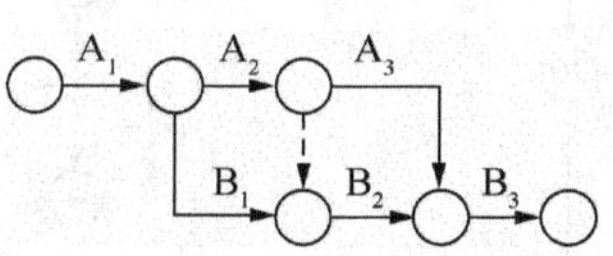	每个工种建立专业工作队，在每个施工段上进行流水作业，不同工种之间用逻辑搭接关系表示

（2）双代号网络图中，严禁出现循环回路。所谓循环回路是指从一个节点出发，顺箭线方向又回到原出发点的循环线路。如图 3-14 所示，就出现了循环回路②—④—⑤—③，成为有循环回路的错误网络图。

（3）在双代号网络图中，在节点之间严禁出现带双向箭头或无箭头的连线，如图 3-15 所示。

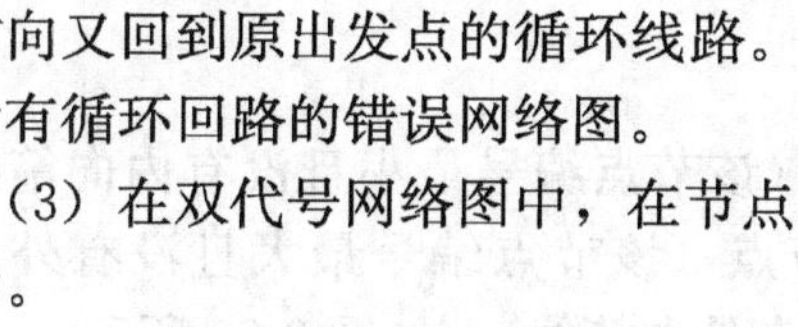

图 3-14　出现循环回路

图 3-15　出现双向箭头连线和无箭头连线

(4) 在双代号网络图中，严禁出现没有箭头节点或没有箭尾节点的箭线，如图 3-16 所示。

(a) 没有箭尾节点的箭线　　(b) 没有箭头节点的箭线

图 3-16　没有箭尾节点和箭头节点的箭线

(5) 双代号网络图中，一条箭线只能代表一项工作，一条箭线箭头节点编号必须大于箭尾节点编号，如图 3-17 所示。

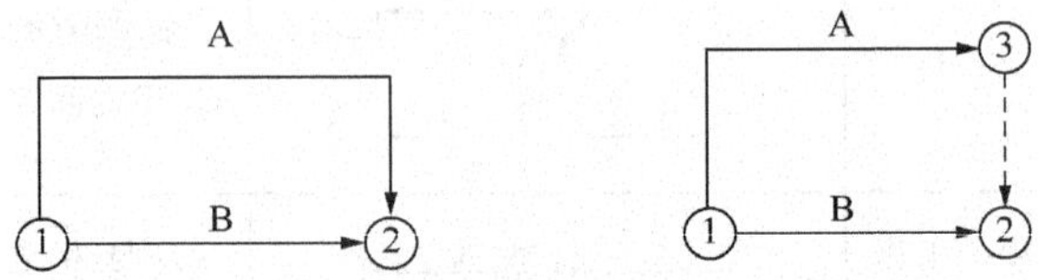

(a) 错误　　(b) 正确

图 3-17　箭线箭头节点编号与箭尾节点编号

(6) 当网络图的某些节点有多条外向箭线或有多条内向箭线时，在保证一项工作应只有唯一的一条箭线和相应的一对节点的前提下，可用母线法绘制，如图 3-18 所示。

(7) 绘制网络图时，尽可能在构图时避免交叉。当交叉不可避免并且交叉较少时，采用过桥法，当箭线交叉过多，使用指向法，如图 3-19 所示。采用指向法时应注意节点编号指向的大小关系，保持箭尾节点的编号小于箭头节点编号。

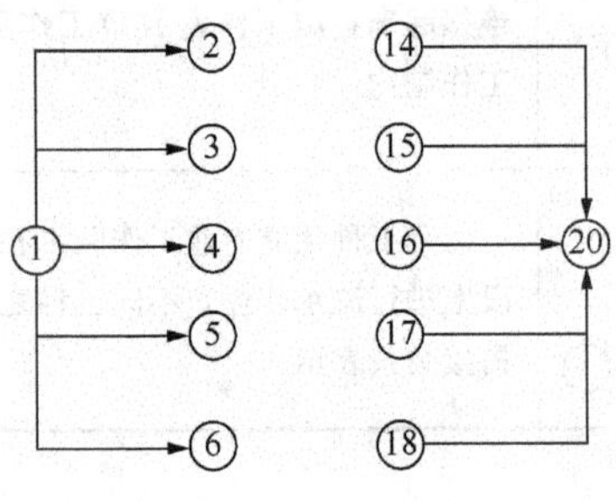

图 3-18　母线法

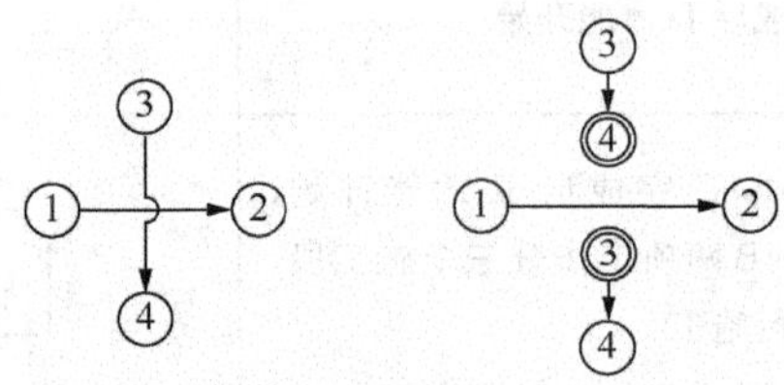

(a) 过桥法　　(b) 指向法

图 3-19　过桥法与指向法

(8) 在双代号网络图中，只允许有一个起点节点（该节点编号最小且没有内向箭线）；不是分期完成任务的网络图中，只允许有一个终点节点（该节点编号最大且没有外向工作）；而其他所有节点均是中间节点（既有内向箭线又有外向箭线），如图 3-20 所示。

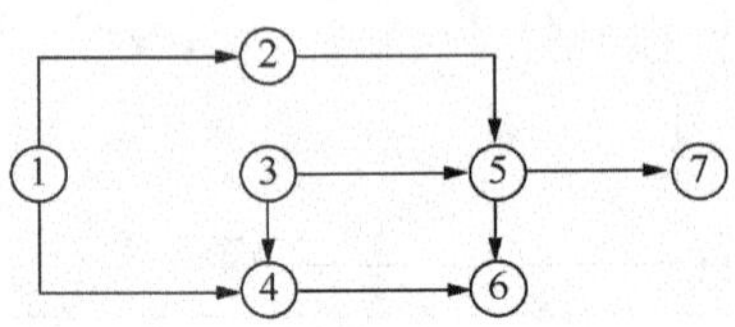

图 3-20　出现多起点和多中点

3.2.2　双代号网络图的绘制方法及注意事项

1. 双代号网络图的绘制方法

双代号网络图绘制方法很多，这里仅介绍逻辑草稿法。

先根据网络图的逻辑关系，绘制出网络图草图，再结合绘图规则进行调整布局，最后形成正式网络图。当已知每一项工作的紧前工作时，可按下述步骤绘制双代号网络图。

(1) 绘制没有紧前工作的工作，使它们具有相同的箭尾节点，即起点节点。

(2) 依次绘制其他各项工作。这些工作的绘制条件是将其所有紧前工作都已经绘制出来。绘制原则如下：

① 当所绘制的工作只有一个紧前工作时，则将该工作的箭线直接画在其紧前工作的完成节点之后即可。

② 当所绘制的工作有多个紧前工作时，应按以下四种情况分别考虑。

a. 如果在其紧前工作中存在一项只作为本工作紧前工作的工作（即在紧前工作栏目中，该紧前工作只出现一次），则应将本工作箭线直接画在该紧前工作完成节点之后，然后用虚箭线分别将其他紧前工作的完成节点与本工作的开始节点相连，以表达它们之间的逻辑关系。

b. 如果在紧前工作中存在多项只作为本工作紧前工作的工作，应先将这些紧前工作的完成节点合并（利用虚工作或直接合并），再从合并后的节点开始，画出本工作箭线，最后用虚箭线将其他紧前工作的箭头节点分别与工作开始节点相连，以表达它们之间的逻辑关系。

c. 如果不存在情况 a、b，应判断本工作的所有紧前工作是否都同时作为其他工作的紧前工作（即紧前工作栏目中，这几项紧前工作是否均同时出现若干次）。如果这样，应先将它们完成节点合并后，再从合并后的节点开始画出本工作箭线。

d. 如果不存在情况 a、b、c，则应将本工作箭线单独画在其紧前工作箭线之后的中部，然后用虚工作将紧前工作与本工作相连，表达逻辑关系。

③ 合并没有紧后工作的箭线，即为终点节点。

④ 确认无误，进行节点编号。

【例 3-2】 已知网络图资料见表 3-3，试绘制双代号网络图。

表 3-3　工作逻辑关系表

工　作	A	B	C	D	E	G	H
紧前工作					A、B	B、C、D	C、D

【解】 (1) 绘制没有紧前工作的工作箭线 A、B、C、D，如图 3-21 (a) 所示。

(2) 按前述原则②中情况 a 绘制工作 E，如图 3-21 (b) 所示。

(3) 按前述原则②中情况 c 绘制工作 H，如图 3-21 (c) 所示。

(4) 按前述原则②中情况 d 绘制工作 G，并将工作 E、G、H 合并，如 3-21 (d) 所示。

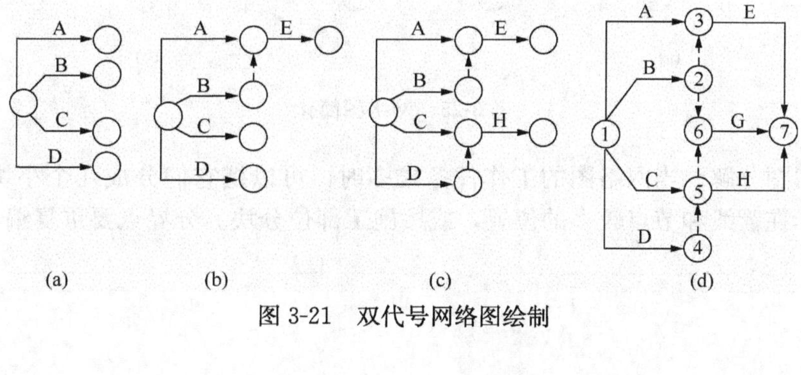

图 3-21　双代号网络图绘制

2. 绘制双代号网络图注意事项

(1) 网络图布局要条理清楚、重点突出。虽然网络图主要用以表达各工作之间的逻辑关系为主，但为了使用方便，布局应条理清楚、层次分明、行列有序，同时还应突出重点，尽量把关键工作和关键线路布置在中心位置。

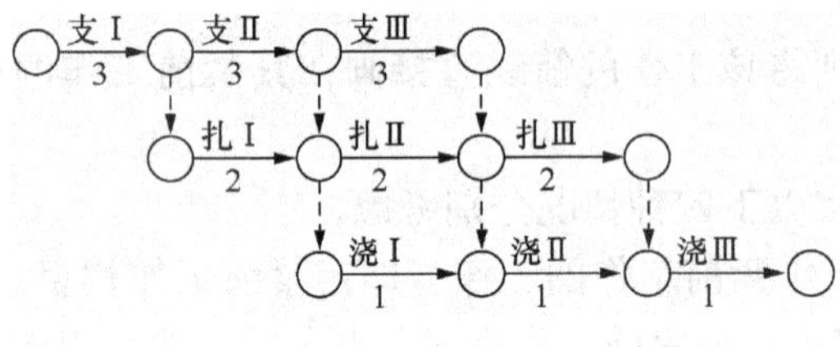

图 3-22　多余联系网络图

(2) 正确应用虚箭线进行网络图的断路。应用虚箭线进行网络图断路，是正确表达工作之间逻辑关系的关键。如图 3-22 所示，某双代号网络图出现多余联系可采用以下两种方法进行断路：一种是在横向用虚箭线切断无逻辑关系的工作之间联系，称为横向断路法，如图 3-23 所示，这种方法主要用于无时间坐标的网络；另一种是在纵向用虚箭线切断无逻辑关系的工作之间的联系，称为纵向断路法，如图 3-24 所示，这种方法主要用于有时间坐标的网络图中。

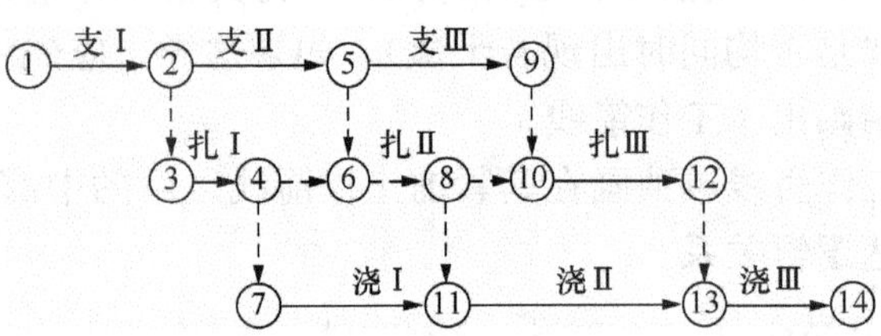

图 3-23　横向短路法

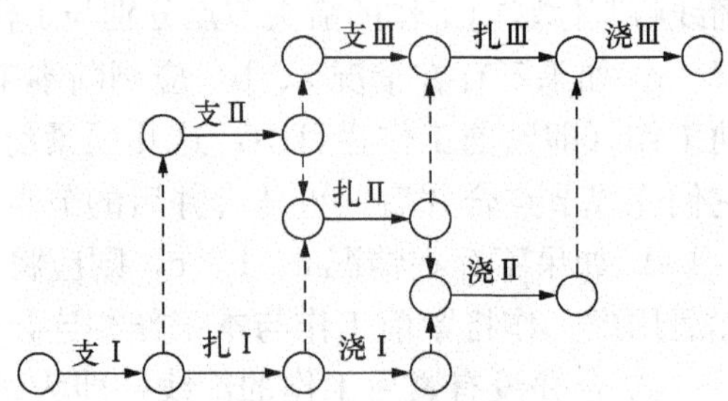

图 3-24　纵向断路法

(3) 力求减少不必要的箭线和节点，如图 3-25 (a) 所示，施工顺序、流水关系及逻辑关系均合理，但太烦琐，去掉不必要的箭线和节点后如图 3-25 (b) 所示。

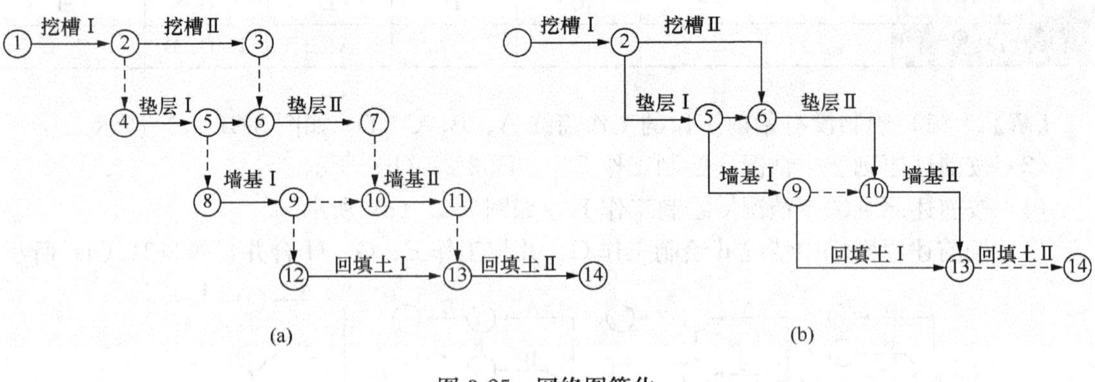

图 3-25　网络图简化

(4) 网络图分解。当网络图的工作任务较多时，可以把它们分成几个小块来绘制。分界点一般选择在箭线和节点较多的位置，或按施工部位分块。分界点要重复编号。

3. 网络图的拼图

(1) 网络图采用正确的排列方式，逻辑关系准确清晰，形象直观，便于计算与调整。主要排列方式如下。

① 混合排列。对于简单的网络图，可根据施工顺序和逻辑关系将各施工过程对称排列，如图 3-26 所示。其特点是构图美观、形象、大方。

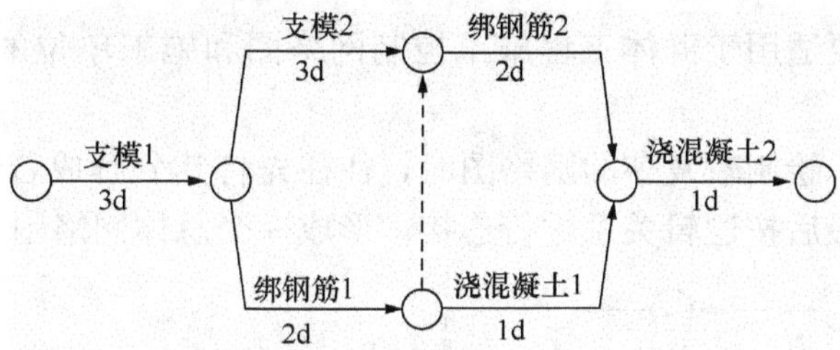

图 3-26 混合排列

② 按施工过程排列。根据施工顺序把各施工过程按垂直方向排列，施工段按水平方向排列，如图 3-27 所示。其特点是相同工种在同一水平线上，突出不同工种的工作情况。

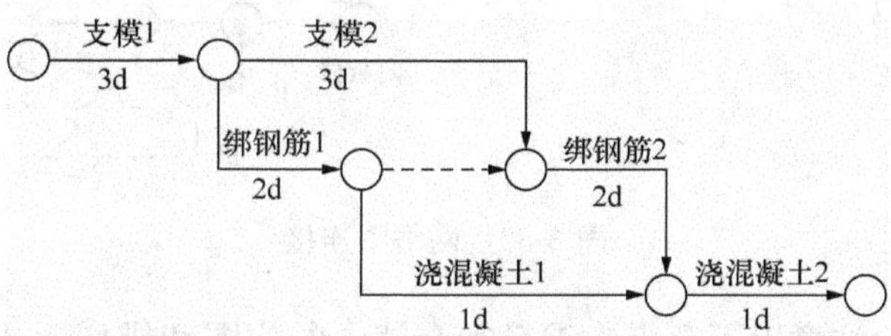

图 3-27 按施工过程排列

③ 按施工段排列。同一施工段上的有关施工过程按水平方向排列，施工段按垂直方向排列，如图 3-28 所示。其特点是同一施工段的工作在同一水平线上，反映出分段施工的特征，突出工作面的利用情况。

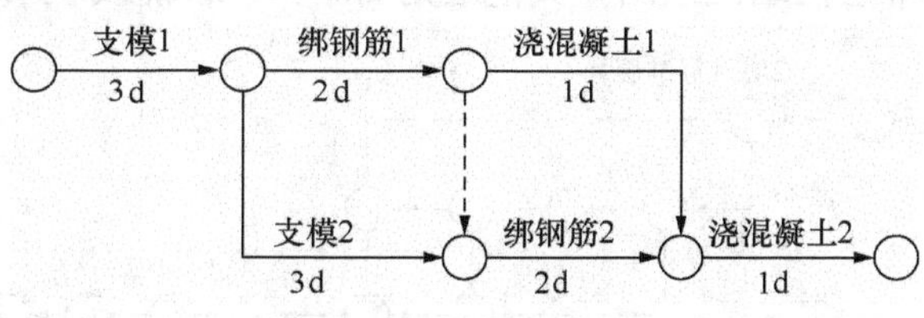

图 3-28 按施工段排列

(2) 网络图的工作合并。为了简化网络图，可将较详细的相对独立的局部网络图变为较概括的少箭线的网络图。

网络图工作合并的基本方法是：保留局部网络图中与外部工作相联系的节点，合并后箭线所表达的工作持续时间为合并前该部分网络图中相应最长线路段的工作时间之和，如图 3-29 所示。

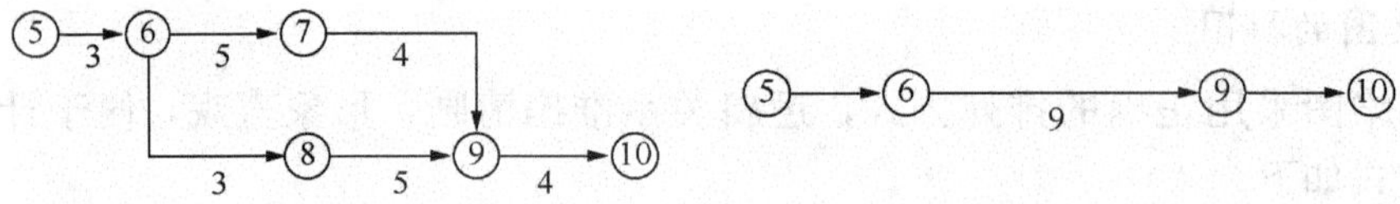

(a) 合并前　　(b) 合并后

图 3-29　网络图的合并

网络图的合并主要适用于群体工程施工控制网络图和施工单位的季度、年度控制网络图的编制。

(3）网络图连接。绘制较复杂的网络图时，往往先将其分解成若干个相对独立的部分，然后各自分头绘制，最后按逻辑关系进行连接，形成一个总体网络图，如图 3-30 所示。

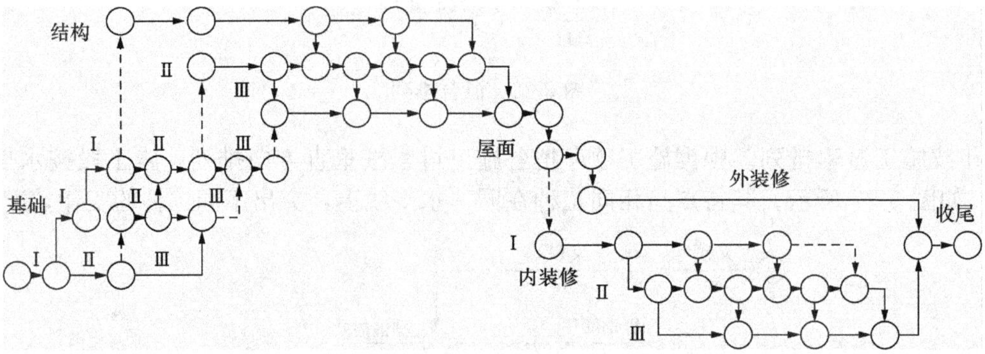

图 3-30　网络图连接

在连接过程中，应注意以下几点：①必须有统一的构图和排列形式；②整个网络图的节点编号要协调一致；③施工过程划分的粗细程度应一致；④各分部工程之间应预留连接节点。

(4）网络图的详略组合。在网络图的绘制中，为了简化网络图图面，更是为了突出网络计划的重点，常常采取“局部详细、整体简略”的绘制方式，称为详略组合。例如，编制有标准层的多高层住宅或公寓、写字楼等工程施工网络计划，可以先将施工工艺过程和工程量与其他楼层均相同的标准层网络图绘出，其他层则简略为一根箭线表示，如图 3-31 所示。

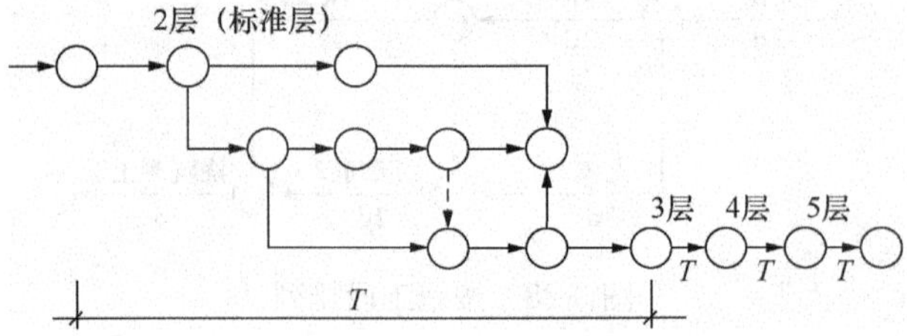

图 3-31　网络图的详略组合

3.2.3　双代号网络计划时间参数的概念及符号

1. 工作持续时间

工作持续时间是指一项工作从开始到完成的时间，用 D 表示。其主要计算方法如下。

(1) 参照以往实践经验估算。

(2) 经过试验推算。

(3) 有标准可查，按定额计算。

2. 工期

工期是指完成一项任务所需要的时间，一般有以下三种工期。

(1) 计算工期：是指根据时间参数计算所得到的工期，用 T_c 表示。

(2) 要求工期：是指任务委托人提出的指令性工期，用 T_r 表示。

(3) 计划工期：是指根据要求工期和计算工期所确定的作为实施目标的工期，用 T_p 表示。

当规定了要求工期时：$T_p \leqslant T_r$。

当未规定要求工期时：$T_p = T_c$。

3. 网络计划中工作的时间参数

网络计划中的时间参数有六个，即最早开始时间、最早完成时间、最迟完成时间、最迟开始时间、总时差和自由时差。

1) 最早开始时间和最早完成时间

最早开始时间是指各紧前工作全部完成后，本工作有可能开始的最早时刻。工作的最早开始时间用 ES 表示。

最早完成时间是指各紧前工作全部完成后，本工作有可能完成的最早时刻。工作的最早完成时间用 EF 表示。

这类时间参数的实质是提出了紧后工作与紧前工作的关系，即紧后工作若提前开始，也不能提前到其紧前工作未完成之前。就整个网络图而言，受到起点节点的控制。因此，其计算程序为：自起点节点开始，顺着箭线方向，用累加的方法计算到终点节点。

2) 最迟完成时间和最迟开始时间

最迟完成时间是指在不影响整个任务按期完成的前提下，工作必须完成的最迟时刻。工作的最迟完成时间用 LF 表示。

最迟开始时间是指在不影响整个任务按期完成的前提下，工作必须开始的最迟时刻。工作的最迟开始时间用 LS 表示。

这类时间参数的实质是提出紧前工作与紧后工作的关系，即紧前工作要推迟开始，不能影响其紧后工作的按期完成。就整个网络图而言，受到终点节点（即计算工期）的控制。因此，其计算程序为：自终点节点开始，逆着箭线方向，用累减的方法计算到起点节点。

3) 总时差和自由时差

总时差是指在不影响总工期的前提下，本工作可以利用的机动时间。工作的总时差用 TF 表示。

自由时差是指在不影响其紧后工作最早开始时间的前提下，本工作可以利用的机动时间。工作的自由时差用 FF 表示。

4. 网络计划中节点的时间参数及其计算程序

1) 节点最早时间

在双代号网络计划中，以该节点为开始节点的各项工作的最早开始时间，称为节点最早时间。节点 i 的最早时间用 ET_i 表示。计算程序为：自起点节点开始，顺着箭线方向，用累加的方法计算到终点节点。

2）节点最迟时间

在双代号网络计划中，以该节点为完成节点的各项工作的最迟完成时间，称为节点的最迟时间，节点 i 的最迟时间用 LT_i 表示。其计算程序为：自终点节点开始，逆着箭线方向，用累减的方法计算到起点节点。

5. 常用符号

设有线路：ⓗ→ⓘ→ⓙ→ⓚ，各个符号的含义如下：

D_{i-j}——工作 i—j 的持续时间；

D_{h-i}——工作 i—j 的紧前工作 h-i 的持续时间；

D_{j-k}——工作 i—j 紧后工作 j-k 的持续时间；

ES_{i-j}——工作 i—j 的最早开始时间；

EF_{i-j}——工作 i—j 的最早完成时间；

LF_{i-j}——在总工期已经确定的情况下，工作 i—j 的最迟完成时间；

LS_{i-j}——在总工期已经确定的情况下，工作 i—j 的最迟开始时间；

ET_i——节点 i 的最早时间；

LT_i——节点 i 的最迟时间；

TF_{i-j}——工作 i—j 的总时差；

FF_{i-j}——工作 i—j 的自由时差。

3.2.4 双代号网络计划时间参数的计算

根据工程对象各项工作的逻辑关系和绘图规则绘制网络图是一种定性的过程，只有进行时间参数的计算，使之成为一个定量的过程，才使网络计划具有实际应用价值。

计算网络计划时间参数的目的主要有三个：第一，确定关键线路和关键工作，便于施工中抓住重点，向关键线路要时间；第二，明确非关键工作及其在施工中时间上有多大的机动性，便于挖掘潜力，统筹全局，部署资源；第三，确定总工期，做到工程进度心中有数。

双代号网络计划时间参数的计算方法通常有工作计算法、节点计算法、图上计算法和表上计算法四种。

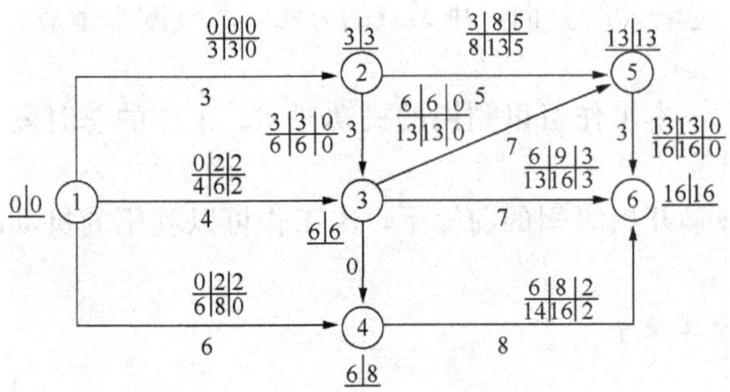

图 3-32 双代号网络计划时间参数

1. 工作计算法

按工作计算法计算时间参数应在确定了各项工作的持续时间之后进行。虚工作也必须视同工作进行计算，其持续时间为零。时间参数的计算结果应标注在箭线之上。

【例 3-3】 下面以某双代号网络计划（图 3-32）为例，说明其计算步骤。

（1）计算各工作的最早开始时间

和最早完成时间：计算口诀为“沿线累加，逢圈取大”。

各项工作的最早完成时间等于其最早开始时间加上工作持续时间，即

$$EF_{i-j}=ES_{i-j}+D_{i-j} \tag{3-1}$$

计算工作最早时间参数时，一般有以下三种情况：

① 当工作以起点节点为开始节点时，其最早开始时间为零（或规定时间），即

$$ES_{i-j}=0 \tag{3-2}$$

② 当工作只有一项紧前工作时，该工作的最早开始时间应为其紧前工作的最早完成时间，即

$$ES_{i-j}=EF_{h-i}=ES_{h-i}+D_{h-i} \tag{3-3}$$

③ 当工作有多个紧前工作时，该工作的最早开始时间应为其所有紧前工作最早完成时间最大值，即

$$ES_{i-j}=\max\{EF_{h-i}\}=\max\{ES_{h-i}+D_{h-i}\} \tag{3-4}$$

在如图 3-32 所示的网络计划中，各工作的最早开始时间和最早完成时间计算如下。

工作的最早开始时间：

$$ES_{1-2}=ES_{1-3}=ES_{1-4}=0$$
$$ES_{2-3}=ES_{1-2}+D_{1-2}=0+3=3$$
$$ES_{2-5}=ES_{2-3}=3$$
$$ES_{3-4}=\max\{ES_{2-3}+D_{2-3}、ES_{1-3}+D_{1-3}\}=\max\{3+3、0+4\}=6$$
$$ES_{3-6}=ES_{3-5}=ES_{3-4}=6$$
$$ES_{4-6}=\max\{ES_{1-4}+D_{1-4}、ES_{3-4}+D_{3-4}\}=\max\{0+6、6+0\}=6$$
$$ES_{5-6}=\max\{ES_{2-5}+D_{2-5}、ES_{3-5}+D_{3-5}\}=\max\{3+5、6+7\}=13$$

工作的最早完成时间：

$$EF_{1-2}=ES_{1-2}+D_{1-2}=0+3=3$$
$$EF_{1-3}=ES_{1-3}+D_{1-3}=0+4=4$$
$$EF_{1-4}=ES_{1-4}+D_{1-4}=0+6=6$$
$$EF_{2-3}=ES_{2-3}+D_{2-3}=3+3=6$$
$$EF_{3-4}=ES_{3-4}+D_{3-4}=6+0=6$$
$$EF_{2-5}=ES_{2-5}+D_{2-5}=3+5=8$$
$$EF_{3-5}=ES_{3-5}+D_{3-5}=6+7=13$$
$$EF_{3-6}=ES_{3-6}+D_{3-6}=6+7=13$$
$$EF_{4-6}=ES_{4-6}+D_{4-6}=6+8=14$$
$$EF_{5-6}=ES_{5-6}+D_{5-6}=13+3=16$$

通过上述计算可以看出，计算工作的最早时间时应特别注意以下三点：一是计算程序，即从起点节点开始顺着箭线方向，按节点次序逐项工作计算；二是要弄清该工作的紧前工作是哪几项，以便准确计算；三是同一节点的所有外向工作最早开始时间相同。

（2）确定网络计划工期。当网络计划规定了要求工期时，网络计划的计划工期应小于或等于要求工期，即

$$T_p\leqslant T_r \tag{3-5}$$

当网络计划未规定要求工期时，网络计划的计划工期应等于计算工期，即以网络计划的终点节点为完成节点的各个工作的最早完成时间的最大值，如网络计划的终点节点的编号为 n，则计算工期 T_c 为

$$T_p = T_c = \max\{EF_{i-n}\} \tag{3-6}$$

图 3-32 所示，网络计划的计算工期为

$$T_c = \max\{EF_{5-6}、EF_{3-6}、EF_{4-6}\} = \max\{16、13、14\} = 16$$

(3) 计算各工作的最迟完成时间和最迟开始时间：计算口诀为“逆线累减，逢圈取小”。

各工作的最迟开始时间等于其最迟完成时间减去工作持续时间，即

$$LS_{i-j} = LF_{i-j} - D_{i-j} \tag{3-7}$$

计算工作最迟完成时间参数时，一般有以下三种情况：

① 当工作的终点节点为完成节点时，其最迟完成时间为网络计划的计划工期，即

$$LF_{i-n} = T_p \tag{3-8}$$

② 当工作只有一项紧后工作时，该工作的最迟完成时间应为其紧后工作的最迟开始时间，即

$$LF_{i-j} = LS_{j-k} = LF_{j-k} - D_{j-k} \tag{3-9}$$

③ 当工作有多项紧后工作时，该工作的最迟完成时间应为其多项紧后工作最迟开始时间的最小值，即

$$LF_{i-j} = \min\{LS_{j-k}\} = \min\{LF_{j-k} - D_{j-k}\} \tag{3-10}$$

在如图 3-32 所示的网络计划中，各工作的最迟完成时间和最迟开始时间计算如下。

工作的最迟完成时间为

$$LF_{3-6} = LF_{4-6} = LF_{5-6} = T_c = 16$$

$$LF_{3-5} = LF_{5-6} - D_{5-6} = 16 - 6 = 13$$

$$LF_{2-5} = LF_{3-5} = 13$$

$$LF_{1-4} = LF_{4-6} - D_{4-6} = 16 - 8 = 8$$

$$LF_{3-4} = LF_{1-4} = 16$$

$$LF_{2-3} = \min\{LF_{3-5} - D_{3-5}、LF_{3-6} - D_{3-6}、LF_{3-4} - D_{3-4}\}$$

$$= \min\{13-7、16-7、8-0\} = 6$$

$$LF_{1-3} = LF_{2-3} = 6$$

$$LF_{1-2} = \min\{LF_{2-3} - D_{2-3}、LF_{2-5} - D_{2-5}\} = \min\{6-3、13-8\} = 3$$

工作的最迟开始时间为

$$LS_{4-6} = LF_{4-6} - D_{4-6} = 16 - 8 = 8$$

$$LS_{5-6} = LF_{5-6} - D_{5-6} = 16 - 3 = 13$$

$$LS_{3-6} = LF_{3-6} - D_{3-6} = 16 - 7 = 9$$

$$LS_{3-5} = LF_{3-5} - D_{3-5} = 13 - 7 = 6$$

$$LS_{2-5} = LF_{2-5} - D_{2-5} = 13 - 5 = 8$$

$$LS_{3-4} = LF_{3-4} - D_{3-4} = 8 - 0 = 8$$

$$LS_{1-3} = LF_{1-3} - D_{1-3} = 6 - 4 = 2$$

$$LS_{2-3} = LF_{2-3} - D_{2-3} = 6 - 3 = 3$$

$$LS_{1-2}=LF_{1-2}-D_{1-2}=3-3=0$$

$$LS_{1-4}=LF_{1-4}-D_{1-4}=8-6=2$$

从上述计算可以看出，工作的最迟时间计算时应特别注意以下三点：一是计算程序，即从终点节点开始逆着箭线方向，按节点次序逐项工作计算；二是要弄清该工作紧后工作有哪几项，以便正确计算；三是同一节点的所有内向工作最迟完成时间相同。

(4) 计算各工作的总时差：计算口诀为"迟早相减，所得之差"。在不影响总工期的前提下，一项工作可以利用的时间范围是从该工作最早开始时间到最迟完成时间，即工作从最早开始时间或最迟开始时间开始，均不会影响总工期。而工作实际需要的持续时间是 D_{i-j}，扣去 D_{i-j}后，余下的一段时间就是工作可以利用的机动时间，即为总时差。所以总时差等于最迟开始时间减去最早开始时间，或最迟完成时间减去最早完成时间，即

$$TF_{i-j}=LS_{i-j}-ES_{i-j} \tag{3-11}$$

或为

$$TF_{i-j}=LF_{i-j}-EF_{i-j} \tag{3-12}$$

在如图 3-32 所示的网络图中，各工作的总时差计算如下：

$$TF_{1-2}=LS_{1-2}-ES_{1-2}=0-0=0$$

$$TF_{1-3}=LS_{1-3}-ES_{1-3}=2-0=2$$

$$TF_{1-4}=LS_{1-4}-ES_{1-4}=2-0=2$$

$$TF_{2-3}=LS_{2-3}-ES_{2-3}=3-3=0$$

$$TF_{2-5}=LS_{2-5}-ES_{2-5}=8-3=5$$

$$TF_{3-4}=LS_{3-4}-ES_{3-4}=8-4=4$$

$$TF_{3-5}=LS_{3-5}-ES_{3-5}=6-6=0$$

$$TF_{4-6}=LS_{4-6}-ES_{4-6}=8-6=2$$

$$TF_{5-6}=LS_{5-6}-ES_{5-6}=13-13=0$$

通过计算不难看出总时差有如下特性：

① 凡是总时差为最小的工作就是关键工作；由关键工作连接构成的线路为关键线路；关键线路上各工作时间之和即为总工期。如图 3-32 所示，工作 1—2、2—3、3—5、5—6 为关键工作，线路 1—2—3—5—6 为关键线路。

② 当网络计划的计划工期等于计算工期时，凡总时差大于零的工作为非关键工作，凡是具有非关键工作的线路即为非关键线路。非关键线路与关键线路相交时的相关节点把非关键线路划分成若干个非关键线路段，各段有各段的总时差，相互没有关系。

③ 总时差的使用具有双重性，它既可以被该工作使用，但又属于某非关键线路所共有。当某项工作使用了全部或部分总时差时，则将引起通过该工作的线路上所有工作总时差重新分配。

(5) 计算各工作的自由时差：计算口诀为"紧后工作的最早开始时间减去本工作的最早完成时间"。在不影响其紧后工作最早开始时间的前提下，一项工作可以利用的时间范围是从该工作最早开始时间至其紧后工作最早开始时间。而工作实际需要的持续时间是 D_{i-j}，那么扣去 D_{i-j}后，尚有的一段时间就是自由时差。其计算如下：

当工作有紧后工作时，该工作的自由时差等于紧后工作的最早开始时间减本工作最早

完成时间，即

$$FF_{i-j}=ES_{j-k}-EF_{i-j} \tag{3-13}$$

或为

$$FF_{i-j}=ES_{j-k}-ES_{i-j}-D_{i-j} \tag{3-14}$$

当以终点节点（$j=n$）为箭头节点的工作，其自由时差应按网络计划的计划工期 T_p 确定，即

$$FF_{i-n}=T_p-EF_{i-n} \tag{3-15}$$

或为

$$FF_{i-n}=T_p-ES_{i-n}-D_{i-n} \tag{3-16}$$

在如图 3-32 所示的网络图中，各工作的自由时差计算如下：

$$FF_{1-2}=ES_{2-3}-EF_{1-2}=3-3=0$$
$$FF_{1-3}=ES_{3-5}-EF_{1-3}=6-4=2$$
$$FF_{2-3}=ES_{3-5}-EF_{2-3}=6-6=0$$
$$FF_{1-4}=ES_{4-6}-EF_{1-4}=6-6=0$$
$$FF_{3-4}=ES_{4-6}-EF_{3-4}=6-4=2$$
$$FF_{2-5}=ES_{5-6}-EF_{2-5}=13-8=5$$
$$FF_{3-5}=ES_{5-6}-EF_{3-5}=13-13=0$$
$$FF_{4-6}=T_p-EF_{4-6}=16-14=2$$
$$FF_{3-6}=T_p-EF_{3-6}=16-13=3$$

通过计算不难看出自由时差有如下特性：

① 自由时差为某非关键工作独立使用的机动时间，利用自由时差，不会影响其紧后工作的最早开始时间。例如，在图 3-32 中，工作 2—5 有 5d 自由时差，如果使用了 5d 机动时间，也不影响紧后工作 5—6 的最早开始时间。

② 非关键工作的自由时差必小于或等于其总时差。

2. 节点计算法

按节点计算法计算时间参数，其计算结果应标注在节点之上，如图 3-33 所示。

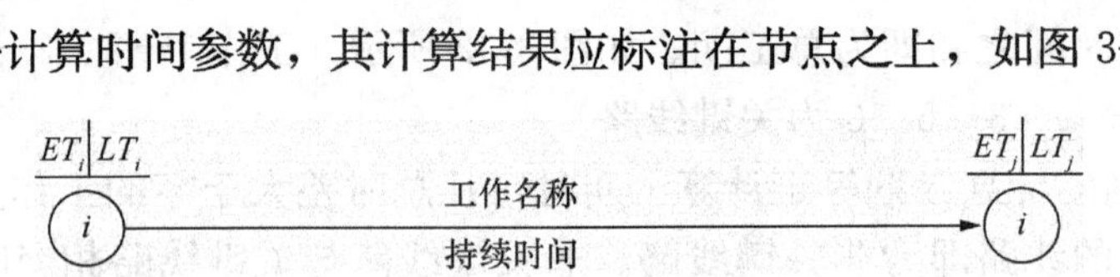

图 3-33　节点计算法标注

1）计算各节点最早时间

节点的最早时间是以该节点为开始节点的工作的最早开始时间，其计算有三种情况。

（1）起点节点 i 如未规定最早时间，其值应等于零，即

$$ET_i=0\ (i=1) \tag{3-17}$$

（2）当节点 j 只有一条内向箭线时，最早时间应为

$$ET_j=ET_i+D_{i-j} \tag{3-18}$$

（3）当节点有多条内向箭线时，其最早时间应为

$$ET_j=\max\{ET_i+D_{i-j}\} \tag{3-19}$$

终点节点 n 的最早时间即为网络计划的计算工期，即

$$T_c=ET_n \tag{3-20}$$

2）计算各节点最迟时间。

节点最迟时间是以该节点为完成节点的工作的最迟完成时间，其计算有三种情况。

（1）终点节点的最迟时间应等于网络计划的计划工期，即

$$LT_n=T_p \tag{3-21}$$

若分期完成的节点，则最迟时间等于该节点规定的分期完成的时间。

（2）当节点 i 只有一个外向箭线时，最迟时间为

$$LT_i=LT_j-D_{i-j} \tag{3-22}$$

（3）当节点 i 有多条外向箭线时，其最迟时间为

$$LT_i=\min\{LT_j-D_{i-j}\} \tag{3-23}$$

在如图 3-34 所示的网络计划中，计算各节点时间如下：

$ET_1=0$

$ET_2=ET_1+D_{1-2}=0+6$

$ET_3=\max\{ET_2=D_{2-3}、ET_1+D_{2-3}\}=\max\{6+0、0+3\}=6$

$ET_4=ET_2+D_{2-4}=6+3=9$

$ET_5=\max\{ET_4+D_{4-5}、ET_3+D_{3-5}\}=\max\{9+0、6+5\}=11$

$ET_6=\max\{ET_{41}+D_{1-6}、ET_4+D_{4-6}、ET_5+D_{5-6}\}=\max\{0+15、9+4、11+3\}=15$

$LT_6=T_p=T_c=ET_6=15$

$LT_5=LT_6-D_{5-6}=15-3=12$

$LT_4=\min\{LT_6-D_{4-6}、LT_5-D_{4-5}\}=\min\{15-4、12-0\}=11$

$LT_3=LT_5-D_{3-5}=12-5=7$

$LT_2=\min\{LT_4-D_{2-4}、LT_3-D_{2-3}\}=\min\{11-3、7-0\}=7$

$LT_1=\min\{LT_6-D_{1-6}、LT_2-D_{1-2}、LT_3-D_{1-3}\}=\min\{15-15、7-6、7-3\}=0$

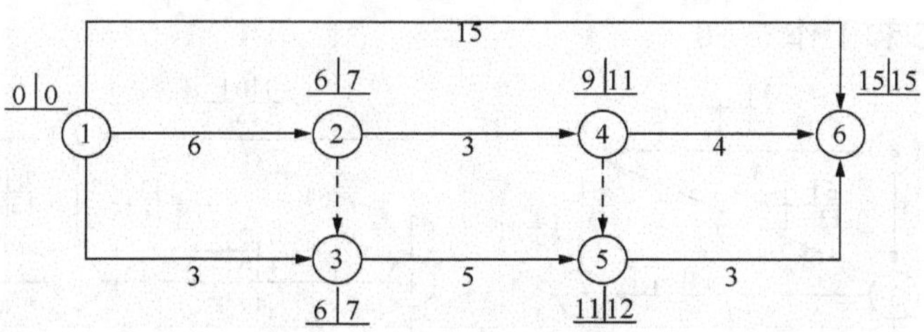

图 3-34　节点时间参数计算

3）根据节点时间参数计算工作时间参数

（1）工作最早开始时间等于该工作的开始节点的最早时间，即

$$ES_{i-j}=ET_i \tag{3-24}$$

（2）工作的最早完成时间等于该工作的开始节点的最早时间加上持续时间，即

$$EF_{i-j}=ET_i+D_{i-j} \tag{3-25}$$

（3）工作最迟完成时间等于该工作的完成节点的最迟时间，即

$$LF_{i-j}=LT_j \tag{3-26}$$

(4) 工作最迟开始时间等于该工作的完成节点的最迟时间减去持续时间，即

$$LS_{i-j}=LT_j-D_{i-j} \tag{3-27}$$

(5) 工作总时差等于该工作的完成节点最迟时间减去该工作开始节点的最早时间再减去持续时间，即

$$TF_{i-j}=LT_j-ET_i-D_{i-j} \tag{3-28}$$

(6) 工作自由时差等于该工作的完成节点最早时间减去该工作开始节点的最早时间再减去持续时间，即

$$FF_{i-j}=ET_j-ET_i-D_{i-j} \tag{3-29}$$

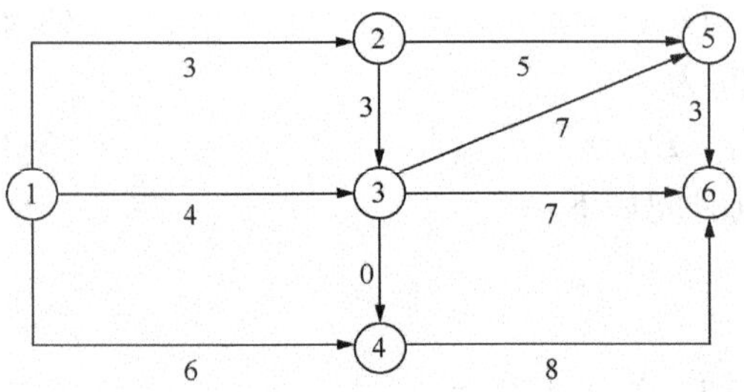

图 3-35 采用图上计算法

3. 图上计算法

图上计算法是根据工作计算法或节点计算法的时间参数计算公式，在图上直接计算的一种较直观、简便的方法。下面以图 3-35 为例进行说明。

1) 计算工作的最早开始时间和最早完成时间

从起点节点为开始节点的工作，其最早开始时间一般记为 0，如图 3-36 所示的工作1－2、工作 1－3 和工作 1－4。其余各工作的最早开始时间可用“沿线累加，逢圈取大”的计算方法求得。即从网络图的起点节点开始，沿每一条线路将各工作的作业时间累加起来，在每一个圈（节点）处，取到达该圆圈的各条线路累计时间的最大值，就是以该节点为开始节点的各工作的最早开始时间。

工作的最早完成时间等于该工作最早开始时间与本工作持续时间之和。将计算结果标注在箭线上方各工作图例对应的位置上，如图 3-36所示。

2) 计算工作的最迟完成时间和最迟开始时间

以终点节点为完成节点的工作，其最迟完成时间就等于计划工期，如图 3-37 所示的工作 3－6、工作 4－6 和工作 5－6。

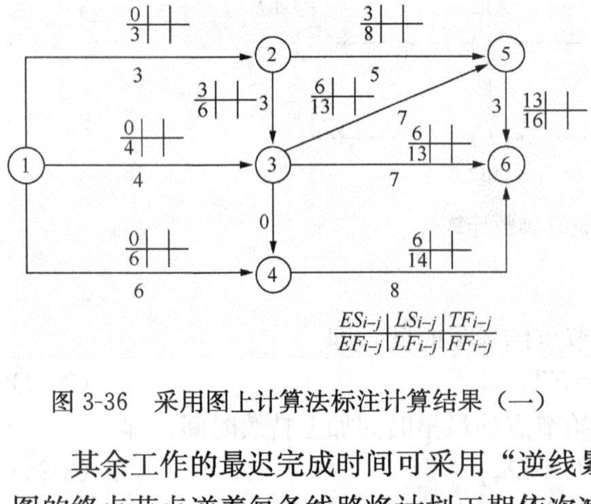

图 3-36 采用图上计算法标注计算结果（一）

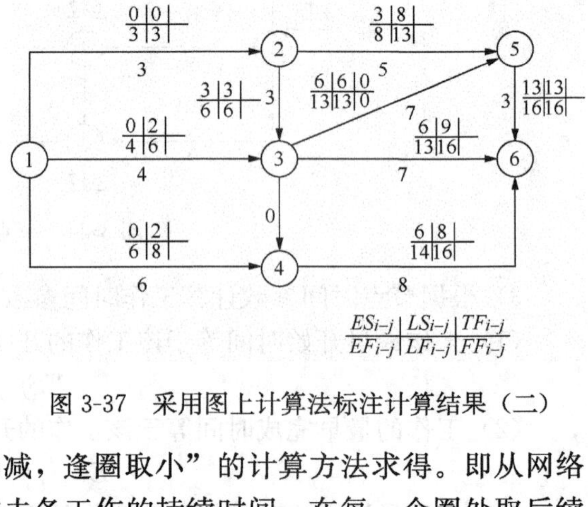

图 3-37 采用图上计算法标注计算结果（二）

其余工作的最迟完成时间可采用“逆线累减，逢圈取小”的计算方法求得。即从网络图的终点节点逆着每条线路将计划工期依次减去各工作的持续时间，在每一个圈处取后续

线路累减时间的最小值，就是以该节点为完成节点的各工作的最迟完成时间。

工作的最迟开始时间等于该工作最迟完成时间与本工作持续时间之差。将计算结果标注在箭线上方各工作图例对应的位置上，如图 3-37 所示。

3）计算工作的总时差

工作的总时差可采用“迟早相减，所得之差”的计算方法求得。即工作的总时差等于该工作的最迟开始时间减去工作的最早开始时间，或者等于该工作的最迟完成时间减去工作的最早完成时间。将计算结果标注在箭线上方各工作图例对应的位置上，如图 3-38 所示。

4）计算工作的自由时差

工作的自由时差等于紧后工作的最早开始时间减去本工作的最早完成时间。可在图上相应位置直接相减得到，并将计算结果标注在箭线上方各工作图例对应的位置上，如图 3-39所示。

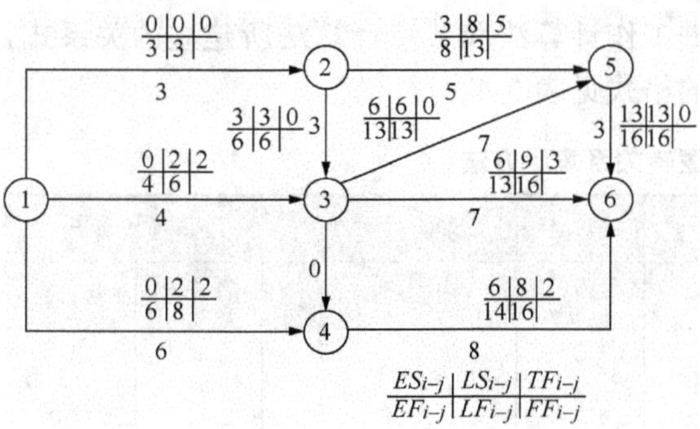

图 3-38 采用图上计算法标注计算结果（三）

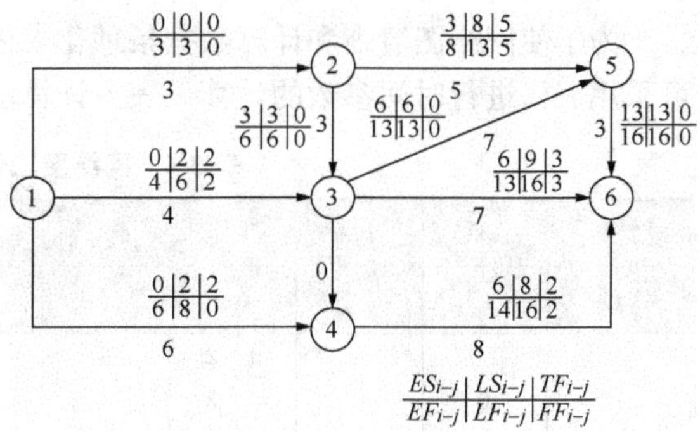

图 3-39 采用图上计算法标注计算结果（四）

5）计算节点最早时间

起点节点的最早时间一般记为 0，其余节点的最早时间也可采用“沿线累加，逢圈取大”的计算方法求得。将计算结果标注在相应节点图例对应的位置上，如图 3-40 所示。

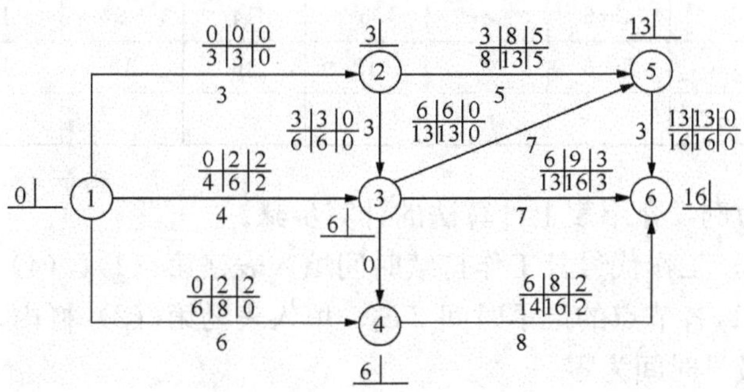

图 3-40 采用图上计算法标注计算结果（五）

6）计算节点最迟时间

终点节点的最迟时间等于计划工期。当网络计划有规定工期时，其最迟时间就等于规定工期；当没有规定工期时，其最迟时间就等于终点节点的最早时间。其余节点的最迟时间也可采用“逆线累减，逢圈取小”的计算方法求得。将计算结果标注在相应节点图例对应的位置上，如图 3-40 所示。

应的位置上，如图 3-41 所示。

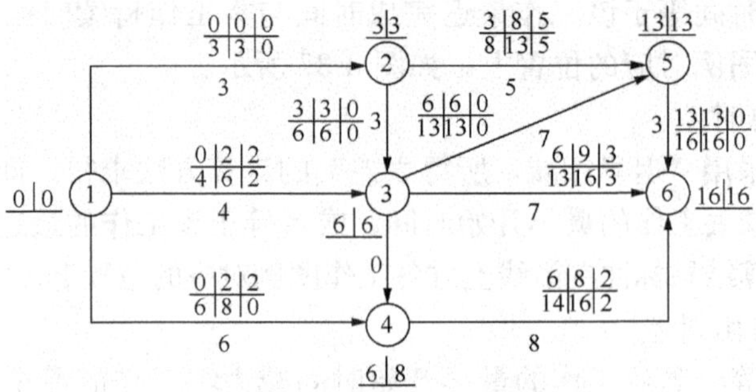

图 3-41　采用图上计算法标注计算结果（六）

4. 表上计算法

为了使网络图清晰和计算数据条理化，依据工作计算法和节点计算法所建立的关系式，可采用表格进行时间参数的计算。表上计算法的格式见表 3-4。

表 3-4　网络图工作逻辑关系表示方法

节点	TE_i	TL_i	工作	D_{i-j}	ES_{i-j}	EF_{i-j}	LS_{i-j}	LF_{i-j}	TF_{i-j}	FF_{i-j}
(1)	(2)	(3)	(4)	(5)	(6)	(7)	(8)	(9)	(10)	(11)
①	0	0	1—2 1—3 1—4	3 4 6	0 0 0	3 4 6	0 2 2	3 6 6	0 2 2	0 2 0
②	3	3	2—3 2—5	3 5	3 3	6 8	3 8	6 13	0 5	0 5
③	6	6	3—4 3—5 3—6	0 7 7	6 6	13 13	6 9	13 16	0 3	0 3
④	6	8	4—6	8	6	14	8	16	2	2
⑤	13	13	5—6	3	13	16	13	16	0	0
⑥	16	16								

现仍以图 3-35 为例，介绍表上计算法的计算步骤。

(1) 将节点编号、工作代号及工作持续时间填入表格第（1）、(4)、(5）栏内。

(2) 自上而下计算各节点的最早时间 TE_i，填入表的第（2）栏内。

① 起点节点的最早时间为零。

② 根据各节点的内向箭线个数及工作持续时间计算其余节点的最早时间：

$$TE_j = \max\{TE_i + D_{i-j}\}$$

(3) 自下而上计算各个节点的最迟时间 TL_i，填入第（3）栏内。

① 设终点节点的最迟时间等于其最早时间，即 $TL_i = TE_n$。

② 根据各节点的外向箭线个数及工作持续时间计算其余节点的最迟时间：

$$TL_i = \min\{TL_j - D_{i-j}\}$$

(4) 计算各工作的最早开始时间 ES_{i-j} 及最早完成时间 Ef_{i-j}，分别填入第 (6)、(7) 栏内。

① 工作 $i-j$ 的最早开始时间等于其开始节点的最早时间，可以从第 (2) 栏相应的节点中查出。

② 工作 $i-j$ 的最早完成时间等于其最早开始时间加上工作持续时间，可将第 (6) 栏与该行第 (5) 栏相加求得。

(5) 计算各工作的最迟完成时间 LF_{i-j}，及最迟开始时间 LS_{i-j}，分别填入第 (8)、(9) 栏内。

① 工作 $i-j$ 的最迟完成时间等于其完成节点的最迟时间，可以从第 (3) 栏相应的节点中查出。

② 工作 $i-j$ 的最迟开始时间等于其最迟完成时间减去工作持续时间，可将第 (9) 栏与该行第 (5) 栏相减求得。

(6) 计算各工作的总时差 TF_{i-j}，填入第 (10) 栏内。工作 $i-j$ 的总时差等于其最迟开始时间减去最早开始时间，可用第 (8) 栏减去第 (6) 栏求得。

(7) 计算各工作的自由时差 FF_{i-j}，填入第 (11) 栏内。工作 $i-j$ 的自由时差等于其紧后工作的最早开始时间减去本工作的最早完成时间，可用紧后工作的第 (6) 栏减去本工作的第 (7) 栏求得。

5. 关键工作和关键线路的确定

1) 关键工作

在网络计划中，总时差为最小的工作为关键工作；当计划工期等于计算工期时，总时差为零的工作为关键工作。

当进行节点时间参数计算时，凡满足下列三个条件的工作必为关键工作：

$$\begin{aligned} LT_i-ET_i&=T_p-T_c \\ LT_j-ET_j&=T_p-T_c \\ LT_j-ET_i-D_{i-j}&=T_p-T_c \end{aligned} \tag{3-30}$$

2) 关键节点

在网络计划中，如果节点最迟时间与最早时间的差值最小，则该节点就是关键节点。当网络计划的计划工期等于计算工期时，凡是最早时间等于最迟时间的节点就是关键节点。

在网络计划中，当计划工期等于计算工期时，关键节点具有如下特性：

(1) 关键工作两端的节点必为关键节点，但两关键节点之间的工作不一定是关键工作。

(2) 以关键节点为完成节点的工作总时差和自由时差相等。

(3) 当关键节点间有多项工作，且工作间的非关键节点无其他内向箭线和外向箭线时，则该线路上的各项工作的总时差相等，除了以关键节点为完成节点的工作自由时差等于总时差外，其他工作的自由时差均为零。

(4) 当关键节点间有多项工作，且工作间的非关键节点存在外向箭线或内向箭线时，该线路段上各项工作的总时差不一定相等，若多项工作间的非关键节点只有外向箭线而无其他内向箭线，则除了以关键节点为完成节点的工作自由时差等于总时差外，其他工作的自由时差为零。

3）关键线路的确定方法

（1）利用关键工作判断。在网络计划中，自始至终全部由关键工作（必要时经过一些虚工作）组成或线路上总的工作持续时间最长的线路应为关键线路。

（2）用关键节点判断。由关键节点的特性可知，在网络计划中，关键节点必然处在关键线路上。

（3）用网络破圈判断。从网络计划的起点到终点顺着箭线方向，对每个节点进行考察，凡遇到节点有两个以上的内向箭线时，都可以按线路段工作时间长短，采取留长去短而破圈，从而得到关键线路。通过考察节点，去掉每个节点内向箭线所在线路段工作时间之和较短的工作，余下的工作即为关键工作，如图 3-42 所示。

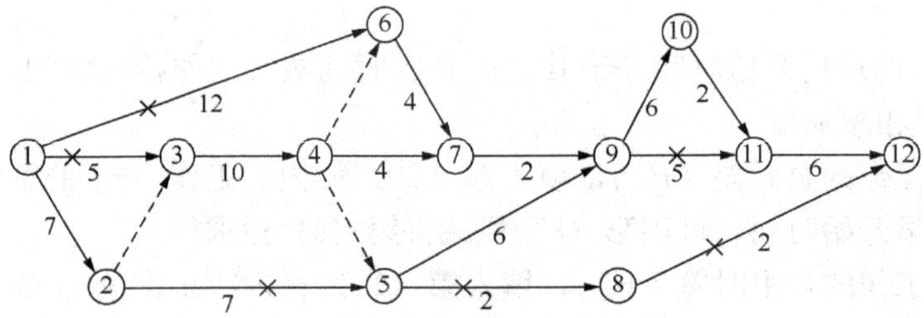

图 3-42　网络破圈法

（4）用标号法判断。标号法是一种快速寻找网络计划工期与关键线路的方法。从如图 3-43所示网络计划为例，介绍使用标号法确定计算工期和关键线路的步骤。

第一步，确定节点标号值（a，b_j）。

① 网络计划起点节点的标号值为零。本例中，节点①的标号值为零，即 $b_i=0$。

② 其他节点的标号值等于以该节点为完成节点的各项工作的开始节点标号值加其持续时间所得之和的最大值，即

$$b_j=\max\{b_i+D_{i-j}\} \tag{3-31}$$

式中：b_j——工作 $i-j$ 的完成节点 j 的标号值；

b_i——工作 $i-j$ 的开始节点 i 的标号值；

D_{i-j}——工作 $i-j$ 的持续时间。

节点的标号宜用双标号法，即用源节点（得出标号值的节点）号作为第一标号，用标号值作为第二标号 b_j。本例中各节点标号值如图 3-43 所示。

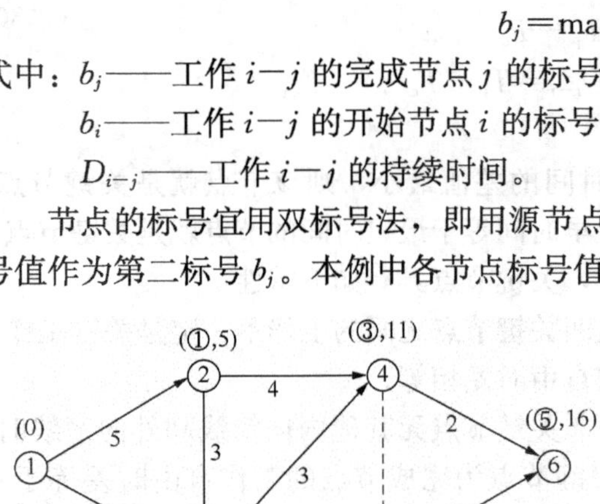

图 3-43　标号法

第二步，确定计算工期。网络计划的计算工期就是终点节点的标号值。本例中，其计算工期为终点节点⑥的标号值 16。

第三步，确定关键线路。自终点节点开始，逆着箭线跟踪源节点即可确定。本例中，从终点节点⑥开始跟踪源节点分别为⑤、④、③、②、①，即得关键线路 1—2—3—4—5—6。

3.2.5 双代号时标网络计划

1. 概念与特点

1） 概念

双代号时标网络计划是以时间坐标为尺度表示工作时间的双代号网络计划。

2） 特点

(1) 清楚地标明计划的时间进程，便于使用。

(2) 直接显示各项工作的开始时间、完成时间、自由时差、关键线路。

(3) 易于确定同一时间的资源需要量。

(4) 手绘图及修改比较麻烦。

2. 绘制

双代号时标网络计划是综合应用横道图的时间坐标和网络计划的原理，是在横道图基础上引入网络计划中各工作之间逻辑关系的表达方法。如图 3-44 所示为双代号网络计划，若改画为时标网络计划，如图 3-45 所示。

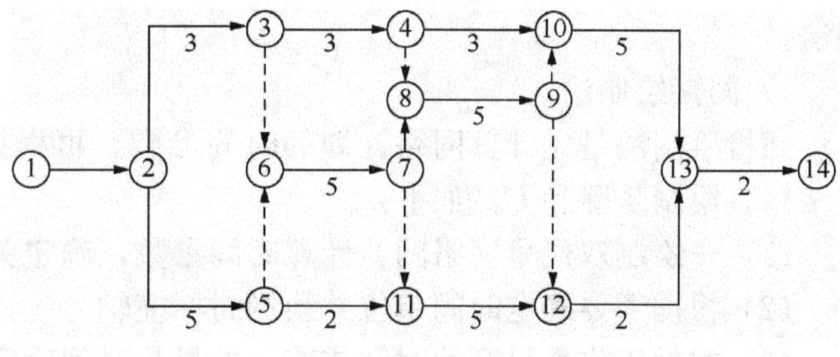

图 3-44 双代号网络计划

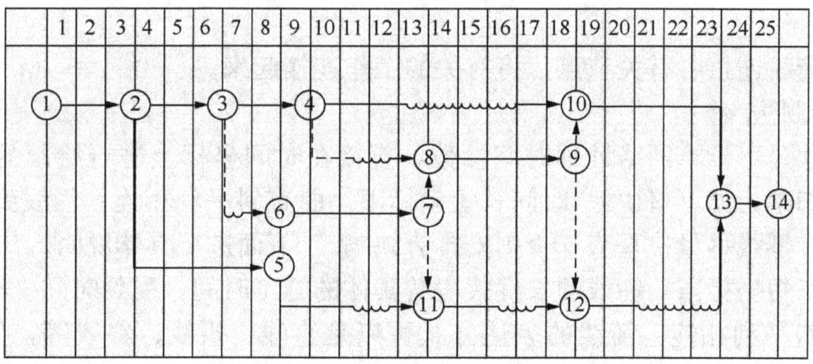

图 3-45 时标网络计划

采用时标网络计划，既解决了横道计划中各项工作关系不明确，时间指标无法计算的缺点，又解决了双代号网络计划时间不直观，不能明确看出各工作开始和完成的时间等问题。绘制时应注意以下问题：

(1) 时标网络计划中，箭线的长短与时间有关。

(2) 可直接显示各工作的时间参数和关键线路，不必计算。

(3) 由于受到时间坐标的限制，所以时标网络计划不会产生闭合回路。

(4) 可以直接在时标网络图的下方绘出资源动态曲线，便于分析，平衡调度。

(5) 由于箭线的长度和位置受时间坐标的限制，因而调整和修改不太方便。

3. 时标网络计划的一般规定

(1) 双代号时标网络计划必须以水平时间坐标为尺度表示工作时间。时标的时间单位应根据需要在编制网络计划之前确定，可为时、天、周、月或季。

(2) 时标网络计划应以实箭线表示工作，以虚箭线表示虚工作，以波形线表示工作的自由时差。

(3) 时标网络计划中所有符号在时间坐标上的水平投影位置，都必须与其时间参数相对应。节点中心必须对准相应的时标位置。虚工作必须以垂直方向的虚箭线表示，自由时差加波形线表示。

4. 时标网络计划的绘制方法

时标网络计划一般按工作的最早开始时间绘制。其绘制方法有间接绘制法和直接绘制法。

1) 间接绘制法

间接绘制法是先计算网络计划的时间参数，再根据时间参数在时间坐标上进行绘制的方法。其绘制步骤和方法如下：

(1) 先绘制双代号网络图，计算时间参数，确定关键工作及关键线路。

(2) 根据需要确定时间单位并绘制时标横轴。

(3) 根据工作最早开始时间或节点的最早时间确定各节点的位置。

(4) 依次在各节点间绘出箭线及时差。绘制时宜先画关键工作、关键线路，再画非关键工作。如箭线长度不足以达到工作的完成节点时，用波形线补足，箭头画在波形线与节点连接处。

(5) 用虚箭线连接各有关节点，将有关的工作连接起来。

2) 直接绘制法

直接绘制法是不计算网络计划时间参数，直接在时间坐标上进行绘制的方法。其绘制步骤和方法可归纳为如下口诀："时间长短坐标限，曲直斜平利相连；箭线到齐画节点，画完节点补波线；零线尽量拉垂直，否则安排有缺陷。"下面进行具体说明。

(1) 时间长短坐标限：箭线的长度代表着具体的施工时间，受到时间坐标的制约。

(2) 曲直斜平利相连：箭线的表达方式可以是直线、折线、斜线等，但布图应合理、直观清晰。

(3) 箭线到齐画节点：工作的开始节点必须在该工作的全部紧前工作都画出后，定位在这些紧前工作最晚完成的时间刻度上。

(4) 画完节点补波线：某些工作的箭线长度不足以达到其完成节点时，用波形线补足。

(5) 零线尽量拉垂直：虚工作持续时间为零，应尽可能让其为垂直线。

(6) 否则安排有缺陷：若出现虚工作占据时间的情况，其原因是工作面停歇或施工作业队组工作不连续。

【例 3-4】 某双代号网络计划如图 3-46 所示，试绘制时标网络图。

按直接绘制的方法，绘制出时标网络计划如图 3-47 所示。

5. 关键线路的确定和时间参数的判读

(1) 关键线路的确定。自终点节点逆箭线方向朝起点节点观察，自始至终不出现波形

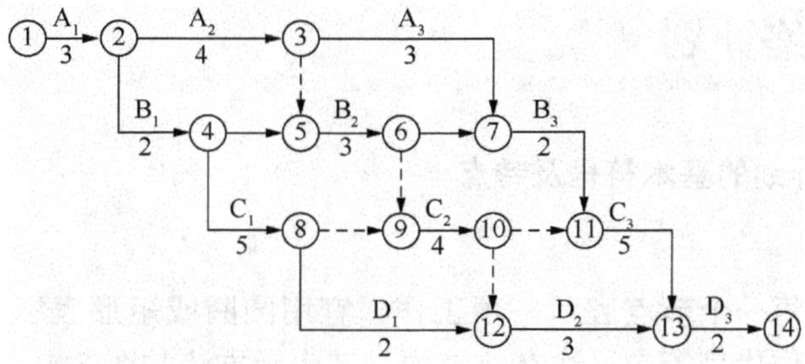

图 3-46　双代号网络计划

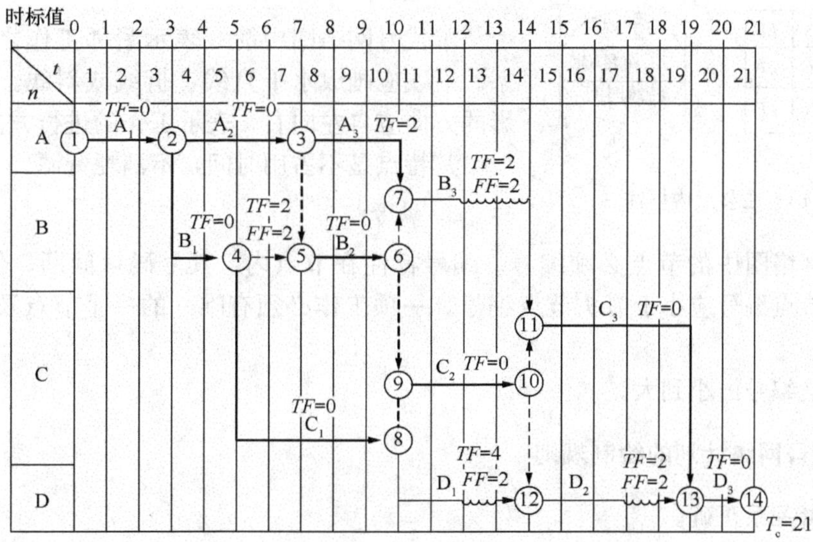

图 3-47　时标网络计划

线的线路为关键线路。

(2) 工期的确定。时标网络计划的计算工期，应是其终点节点与起点节点所在位置的时标值之差。

(3) 时间参数的判读。

① 最早时间参数：按最早时间绘制的时标网络计划，每条箭线的箭尾和箭头所对应的时标值应为该工作的最早开始时间和最早完成时间。

② 自由时差：波形线的水平投影长度即为该工作的自由时差。

③ 总时差：自右向左进行，其值等于该紧后工作的总时差的最小值与本工作的自由时差之和。即

$$TF_{i-j}=\min\{TF_{j-k}\}+FF_{i-j} \tag{3-32}$$

④ 最迟时间参数：最迟开始时间和最迟完成时间应按下式计算：

$$LS_{i-j}=ES_{i-j}+TF_{i-j}$$
$$LF_{i-j}=EF_{i-j}+TF_{i-j} \tag{3-33}$$

如图 3-47 所示的关键线路及各时间参数的判读结果见图中标注。

3.3 单代号网络计划

3.3.1 单代号网络计划的基本符号及特点

1. 节点

单代号网络图中每一个节点表示一项工作，宜用圆圈或矩形表示。节点所表示的工作名称、持续时间和工作代号等应标注在节点内。其表示方法如图 3-48 所示。

其特点是消耗时间和资源。

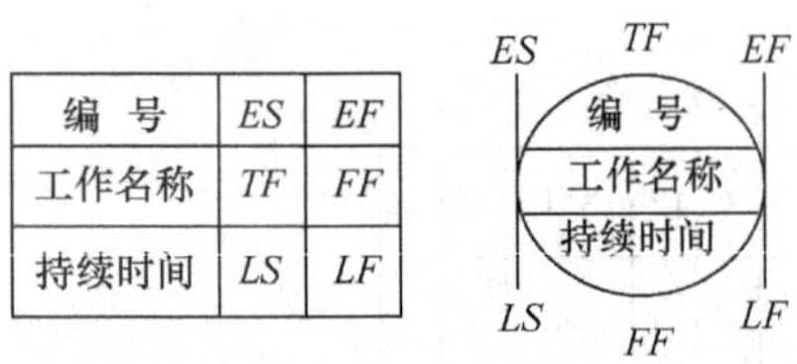

图 3-48 在节点内标注

2. 箭线

单代号网络图中箭线表示紧邻工作之间的逻辑关系。箭线应画成水平直线、折线或斜线。箭线水平投影的方向应自左向右，表示工作的进行方向。

其特点是不占用时间，不消耗资源。

3. 编号

单代号网络图中的节点必须编号。编号标注在节点内，其号码可间断，但严禁重复。箭线的箭尾节点编号应小于箭头节点编号。一项工作必须有唯一的一个节点及相应的一个编号。

其特点是编号由小到大。

3.3.2 单代号网络计划的绘制规则

（1）逻辑关系正确。

（2）不允许出现循环线路。

（3）不允许出现代号相同的工作。

（4）不允许出现双箭头箭线或无箭头的线段。

（5）只能有一个起始节点和一个终了节点。若缺少起始节点或终了节点时，应虚拟补齐。

3.3.3 单代号网络图的计算

单代号网络图的计算，可按照双代号网络图的计算方法和计算顺序进行。也可在计算出最早时间和工期后，先计算各个工作之间的时间间隔，再据其计算出总时差和自由时差，最后计算各项工作的最迟时间。

（1）按照双代号网络图的计算方法计算。

（2）利用间隔时间计算时差后，再求最迟时间。

① 最早时间计算。

a. 最早开始时间为

$$ES_i = \max\{ES_h + D_h\} = \max\{EF_h\} \tag{3-34}$$

开始节点 $ES_i=0$；顺线累加，取大。

b. 最早完成时间为

$$EF_i = ES_i + D_i \tag{3-35}$$

c. 计算工期为

$$T_c = EF_n = ES_n + D_n \tag{3-36}$$

② 相邻两项工作的时间间隔。后项工作的最早开始时间与前项工作的最早完成时间的差值为

$$LAG_{i-j} = ES_j - EF_i \tag{3-37}$$

③ 时差计算。

a. 工作的总时差（逆线计算）为

$$TF_n = 0, TF_i = \min\{LAG_{i-j} + TF_j\} \tag{3-38}$$

b. 工作的自由时差为

$$FF_i = \min\{LAG_{i-j}\} \tag{3-39}$$

④ 最迟时间。

a. 最迟完成时间为

$$LF_n = T_P(\text{计划工期})$$

$$LF_i = \min\{LS_j\} \tag{3-40}$$

b. 最迟开始时间为

$$LS_i = LF_i - D_i \tag{3-41}$$

⑤关键线路。总时差为零的关键工作构成的自始至终的线路，或 LAG_{i-j} 均为零的线路（宜逆箭线寻找）。

【例 3-5】 计算如图 3-49 所示单代号网络计划的时间参数，其计算结果如图 3-50 所示。

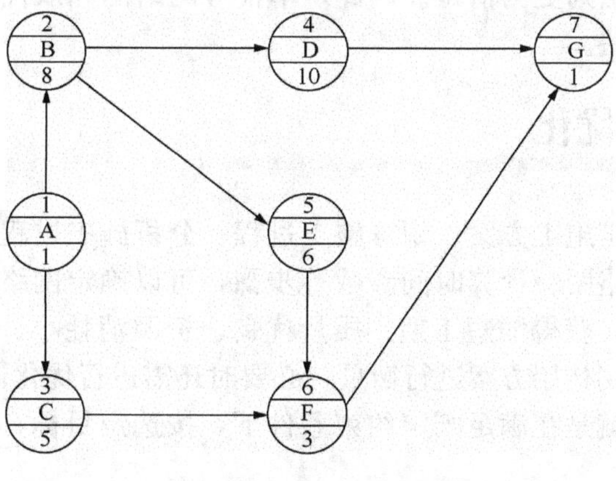

图 3-49　单代号网络计划

3.3.4　单代号网络图与双代号网络图的比较

(1) 单代号网络图绘制方便，不必增加虚工作。在此点上，弥补了双代号网络图的不足。

(2) 单代号网络图具有便于说明，容易被非专业人员所理解和易于修改的优点。这对于推广应用统筹法编制工程进度计划，进行全面科学管理是有益的。

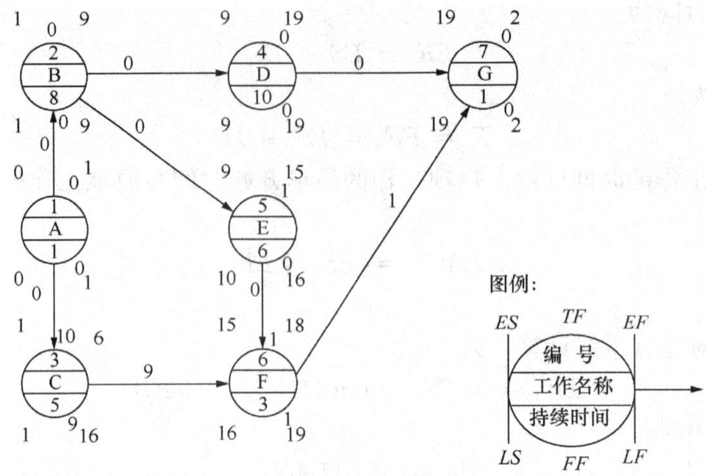

图 3-50　单代号网络计划的计算结果

(3) 双代号网络图表示工程进度比用单代号网络图更为形象，特别是应用在带时间坐标网络图中。

(4) 双代号网络图在应用电子计算机进行计算和优化过程更为简便，这是因为双代号网络图中用两个代号代表一项工作，可直接反映其紧前或紧后工作的关系。而单代号网络图就必须按工作逐个列出其紧前、紧后工作关系，这在计算机中需占用更多的存储单元。

由于单代号和双代号网络图有上述各自的优缺点，故两种表示法在不同情况下，其表现的繁简程度是不同的。有些情况下，应用单代号网络图表示法较为简单；有些情况下，使用双代号网络图表示法则更为清楚。因此，单代号网络图和双代号网络图是两种互为补充、各具特色的表现方法。

3.4 网络计划的优化

经过调查研究、确定施工方案、划分施工过程、分析施工过程间的逻辑关系、编制施工过程一览表、绘制网络图、计算时间参数等步骤，可以确定网络计划的初始方案。然而要使工程计划顺利实施，获得缩短工期、质量优良、资源消耗小、工程成本低的效果，就要按一定标准对网络计划初始方案进行衡量，必要时还需进行优化调整。

网络计划的优化，就是在满足既定约束条件下，按选定目标，通过不断改进网络计划寻求满意方案。

网络计划的优化目标，应按计划任务的需要和条件选定，包括工期目标、费用目标、资源目标。

网络计划的优化，按其优化达到的目标不同，一般分为工期优化、费用优化、资源优化。

3.4.1 工期优化

工期优化是指在满足既定约束条件下，按要求工期目标，通过延长或缩短网络计划初始方案的计算工期，以达到要求工期目标，保证按期完成任务。

网络计划的初始方案编制好后，将其计算工期与要求工期相比较，会出现以下情况。

1. 计算工期小于或等于要求工期

如果计算工期小于要求工期不多或两者相等，则一般不必进行工期优化。

如果计算工期小于要求工期较多，则考虑与施工合同中的工期提前奖等条款相结合，确定是否进行工期优化。若需优化，优化的方法是：延长关键线路上资源占用量大或直接费用高的工作的持续时间（相应减少其单位时间资源需要量）；或重新选择施工方案，改变施工机械，调整施工顺序，再重新分析逻辑关系；编制网络图，计算时间参数；反复多次进行，直至满足要求工期。

2. 计算工期大于要求工期

当计算工期大于要求工期时，可以在不改变网络计划中各项工作之间的逻辑关系的前提下，通过压缩关键工作的持续时间来满足要求工期。压缩关键工作持续时间的方法，有“顺序法”、“加数平均法”、“选择法”等。“顺序法”是按关键工作开工时间来确定需压缩的工作，先干的先压缩。“加数平均法”是按关键工作持续时间的百分比压缩。这两种方法虽然简单，但没有考虑压缩的关键工作所需的资源是否有保证及相应的费用增加幅度。“选择法”更接近实际需要，下面重点介绍。

1）选择应缩短持续时间的关键工作时，应考虑的因素

（1）缩短持续时间对质量和安全影响不大的工作。

（2）缩短有充足备用资源的工作。

（3）缩短持续时间所需增加费用最小的工作。

将所有工作按其是否满足上述三方面要求，确定优选系数，优选系数小的工作较适宜压缩。选择关键工作并压缩其持续时间时，应选择优选系数最小的关键工作。若需要同时压缩多个关键工作的持续时间时，则它们的优选系数之和（组合优选系数）最小者应优先作为压缩对象。

2）工期优化计算的步骤

（1）计算并找出初始网络计划的计算工期 T_c、关键线路及关键工作。

（2）按要求工期 T_r 计算应缩短的时间 ΔT，$\Delta T=T_c-T_r$。

（3）确定各关键工作能缩短的持续时间。

（4）按前述要求的因素选择关键工作，压缩其持续时间，并重新计算网络计划的计算工期。此时要注意，不能将关键工作压缩成非关键工作；当出现多条关键线路时，必须将平行的各关键线路的持续时间压缩相同的数值；否则，不能有效地缩短工期。

（5）当计算工期仍超过要求工期时，则重复以上步骤，直到满足要求工期或工期不能再缩短为止。

（6）当所有关键工作的持续时间都已达到其能缩短的极限而工期仍不能满足要求工期时，应对计划的原技术方案、组织方案进行调整，或对要求工期重新审定。

【例 3-6】 已知某工程双代号网络计划如图 3-51 所示，图中箭线上下方标注内容，箭线上方括号外为工作名称，括号内为优选系数。箭线下方括号外为工作正常持续时间，括号内为最短持续时间。现假定要求工期为 30d，试对其进行工期优化。

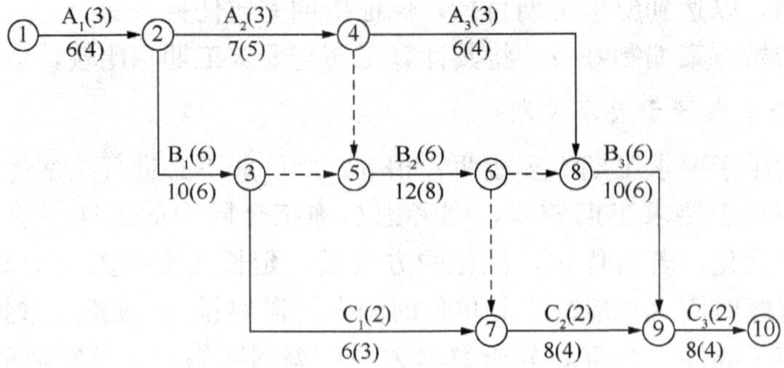

图 3-51　双代号网络计划

【解】 该工程双代号网络计划工期优化可按以下步骤进行。

(1) 用简捷方法计算工作正常持续时间时，网络计划的时间参数如图 3-52 所示，标注工期、关键线路，其中关键线路用粗箭线表示，计算工期 $T_c=46$d。

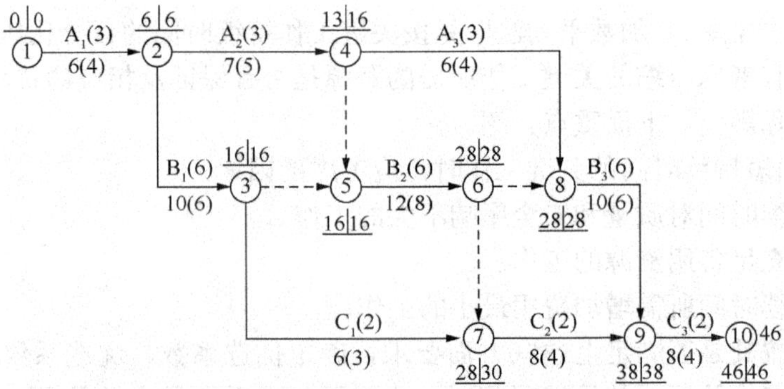

图 3-52　确定出网络计划时间参数

(2) 按要求工期 T_r 计算应缩短的时间 ΔT：

$$\Delta T=T_c-T_r=(46-30)\text{d}=16\text{d}$$

(3) 选择关键线路上优选系数较小的工作，依次进行压缩，直到满足要求工期，每次压缩后的网络计划如图 3-53～图 3-58 所示。

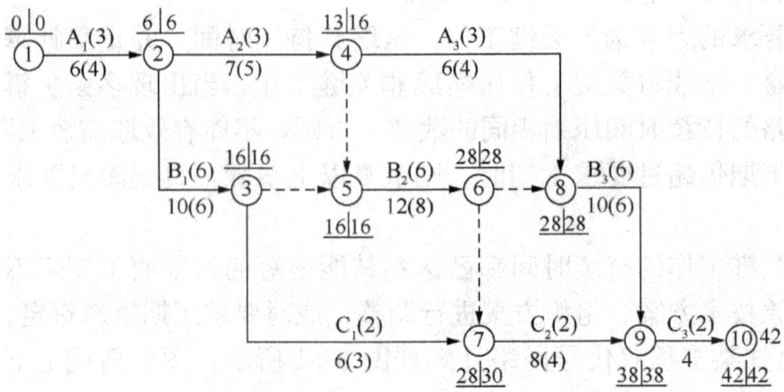

图 3-53　第一次压缩后

① 第一次压缩，根据图 3-52 中数据，选择关键线路上优选系数最小的工作为 9—10 工作，可压缩 4d，压缩后网络计划如图 3-53 所示。

② 第二次压缩，根据图 3-53 中数据，选择关键线路上优选系数最小的工作为 1—2 工作，可压缩 2d，压缩后网络计划如图 3-54 所示。

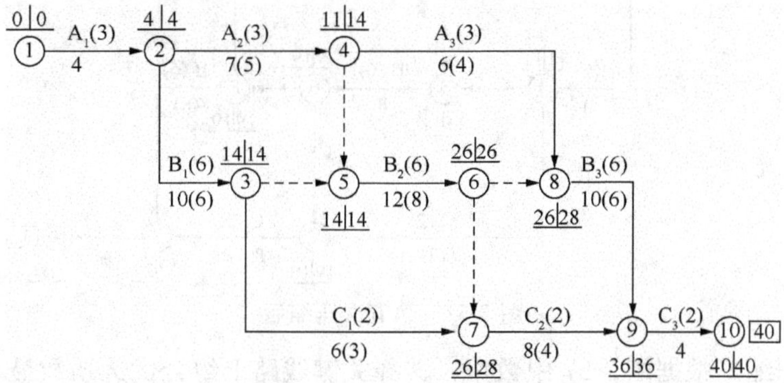

图 3-54　第二次压缩后

③ 第三次压缩，根据图 3-54 中数据，选择关键线路上优选系数最小的工作为 2—3 工作，可压缩 3d，则 2—4 工作也成为关键工作，压缩后网络计划如图 3-55 所示。

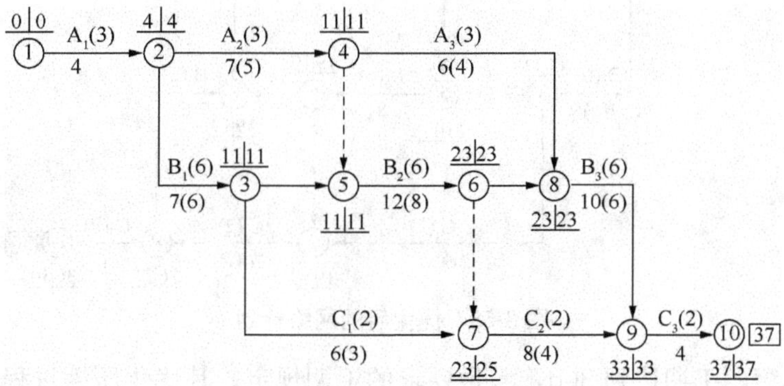

图 3-55　第三次压缩后

④ 第四次压缩，根据图 3-55 中数据，选择关键线路上优选系数最小的工作为 5—6 工作，可压缩 4d，压缩后网络计划如图 3-56 所示。

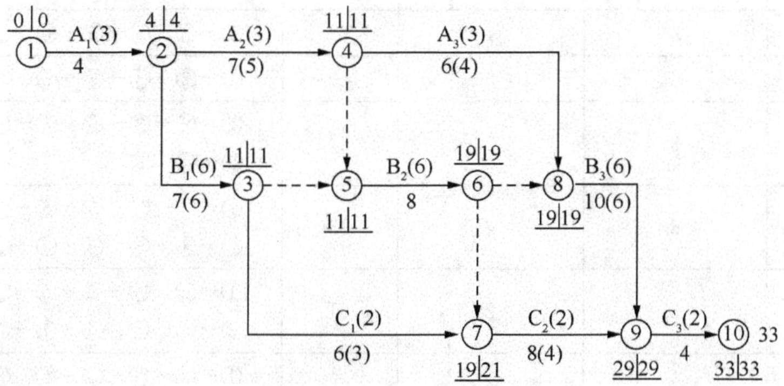

图 3-56　第四次压缩后

⑤ 第五次压缩，根据图 3-56 中数据，选择关键线路上优选系数最小的工作为 8—9 工作，可压缩 2d，则 7—9 工作也成为关键工作，压缩后网络计划如图 3-57 所示。

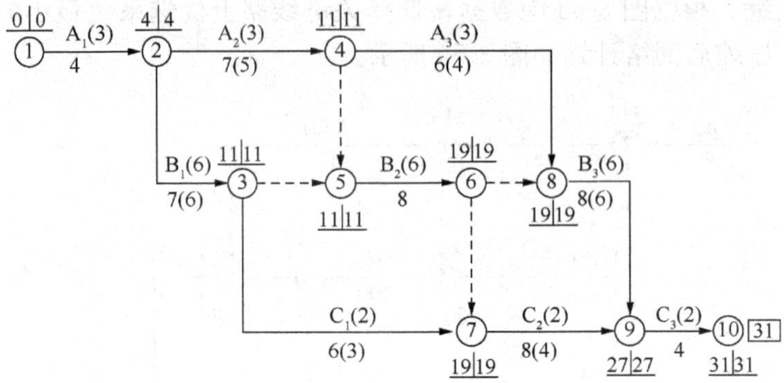

图 3-57　第五次压缩后

⑥ 第六次压缩，根据图 3-57 中数据，选择关键线路上组合优选系数最小的工作为 8—9 和 7—9 工作，只需压缩 1d，则共计压缩 16d，压缩后网络计划如图 3-58 所示。

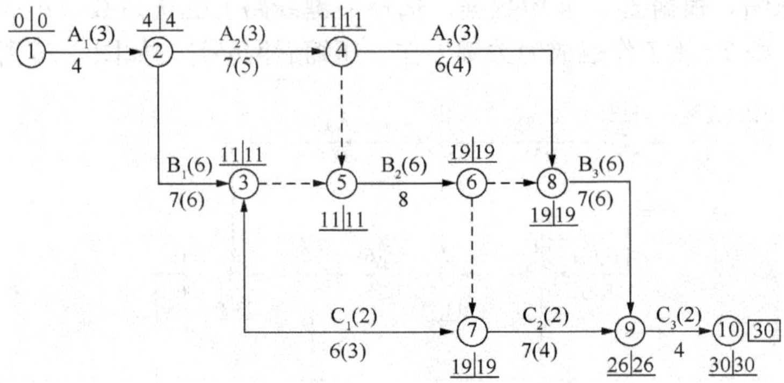

图 3-58　优化后的网络计划

通过六次压缩，工期达到 30d，满足要求的工期规定。其优化压缩过程见表 3-5。

表 3-5　网络计划工期优化压缩过程

优化次数	压缩工序	组合优选系数	压缩天数/d	工期/d	关键工作
0				46	①—②—③—⑤—⑥—⑧—⑨—⑩
1	⑨—⑩	2	4	42	①—②—③—⑤—⑥—⑧—⑨—⑩
2	①—②	3	2	40	①—②—③—⑤—⑥—⑧—⑨—⑩
3	②—③	6	3	37	①—②—③—⑤—⑥—⑧—⑨—⑩、②—④—⑤
4	⑤—⑥	6	4	33	①—②—③—⑤—⑥—⑧—⑨—⑩、②—④—⑤、⑥—⑦—⑨
5	⑧—⑨	6	2	31	①—②—③—⑤—⑥—⑧—⑨—⑩、②—④—⑤、⑥—⑦—⑨
6	⑧—⑨、⑦—⑨	8	1	30	①—②—③—⑤—⑥—⑧—⑨—⑩、②—④—⑤、⑥—⑦—⑨

3.4.2 费用优化

费用优化又称工期成本优化或时间成本优化，是指寻求工程总成本最低时的工期安排，或按要求工期寻求最低成本的计划安排过程。

1. 费用和时间的关系

工程项目的总费用由直接费用和间接费用组成。直接费用由人工费、材料费、机械使用费及现场经费等组成。施工方案不同，则直接费用不同。即使施工方案相同，工期不同，直接费用也不同。间接费用包括企业经营管理的全部费用。

一般情况下，缩短工期会引起直接费的增加和间接费的减少，延长工期会引起直接费的减少和间接费的增加。在考虑工程总费用时，还应考虑工期变化带来的其他损益，包括因拖延工期而罚款的损失或提前竣工而得的奖励，甚至也考虑因提前投产而获得的收益和资金的时间价值等。

工期与费用的关系如图 3-59 所示。图中工程成本曲线是由直接费曲线和间接费曲线叠加而成。曲线上的最低点就是工程计划的最优方案之一，此方案工程成本最低，相对应的工程持续时间称为最优工期。

1）直接费曲线

直接费曲线通常是一条由左上向右下的下凹曲线，如图 3-60 所示。因为直接费总是随着工期的缩短而更快增加的，在一定范围内与时间成反比关系。如果缩短时间，即加快施工速度，要采取加班加点和多班作业，采用高价的施工方法和机械设备等，直接费用也跟着增加。然而工作时间缩短至某一极限，则无论增加多少直接费，也不能再缩短工期，此极限称为临界点，此时的时间为最短持续时间，此时费用为最短时间直接费。反之，如果延长时间，则可减少直接费。然而时间延长至某一极限，则无论将工期延至多长，也不能再减少直接费，此极限为正常点，此时的时间称为正常持续时间，此时的费用称为正常时间直接费。

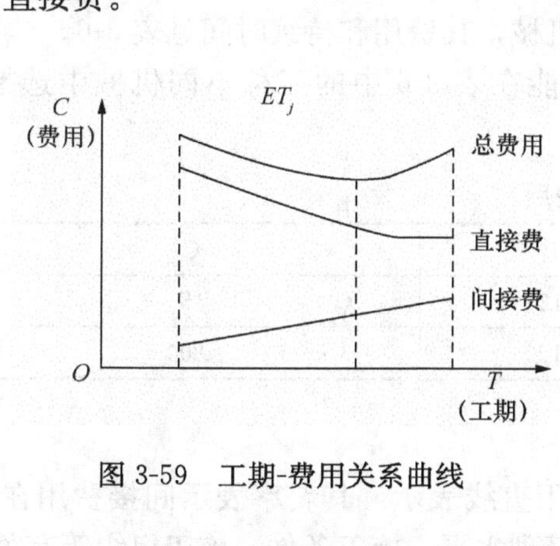

图 3-59 工期-费用关系曲线

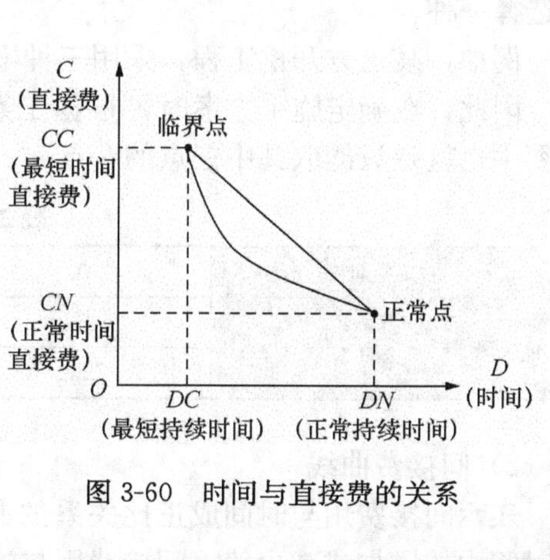

图 3-60 时间与直接费的关系

连接正常点与临界点的曲线，称为直接费曲线。直接费曲线实际并不像图中那样圆滑，而是由一系列线段组成的折线并且越接近最高费用（极限费用），其曲线越陡。为了计算方便，可以近似地将它假定为一条直线，如图 3-60 所示。把因缩短工作持续时间（赶工）每一单位时间所需增加的直接费，简称为直接费用率，按如下公式计算：

$$\Delta C_{i-j}=(CC_{i-j}-CN_{i-j})/(DN_{i-j}-DC_{i-j}) \tag{3-42}$$

式中：ΔC_{i-j}——工作 $i-j$ 的直接费用率；

CC_{i-j}——将工作 $i-j$ 持续时间缩短为最短持续时间后，完成该工作所需的直接费用；

CN_{i-j}——在正常条件下完成工作 $i-j$ 所需的直接费用；

DN_{i-j}——工作 $i-j$ 的正常持续时间；

DC_{i-j}——工作 $i-j$ 的最短持续时间。

从式（3-42）中可以看出，工作的直接费用率越大，则将该工作的持续时间缩短一个时间单位，相应增加的直接费就越多；反之，工作的直接费用率越小，则将该工作的持续时间缩短一个时间单位，相应增加的直接费就越少。

根据各工作的性质不同，其工作持续时间和费用之间的关系通常有以下两种情况。

（1）连续变化型关系。有些工作的直接费用随着工作持续时间的改变而改变，如图 3-60 所示。介于正常持续时间和最短（极限）时间之间的任意持续时间的费用可根据其费用斜率，用数学方法推算出来。这种时间和费用之间的关系是连续变化的，称为连续型变化关系。

例如，某工作经过计算确定其正常持续时间为 10d，所需费用 1200 元，在考虑增加人力、材料、机具设备和加班的情况下，其最短时间为 6d，而费用为 1500 元，则其单位变化率为

$$\Delta C_{i-j}=(CC_{i-j}-CN_{i-j})/(DN_{i-j}-DC_{i-j})=\frac{1500-1200}{10-6}\text{d}=75\text{ 元}/\text{d}$$

即每缩短一天，其费用增加 75 元。

（2）非连续型变化关系。有些工作的直接费用与持续时间之间的关系是根据不同施工方案分别估算的，因此，介于正常持续时间与最短持续时间之间的关系不能用线性关系表示，不能通过数学方法计算，工作不能逐天缩短，在图上表示为几个点，只能在几种情况中选择一种。

例如，某土方开挖工程，采用三种不同的开挖机械，其费用和持续时间见表 3-6。

因此，在确定施工方案时，根据工期要求，只能在表 3-6 中的三种不同机械中选择。在图中也就是只能取其中三点的一点。

表 3-6　时间及费用

机械类别	A	B	C
持续时间/d	8	12	15
费用/元	7200	6100	4800

2）间接费曲线

表示间接费用与时间成正比关系的曲线，通常用直线表示。其斜率表示间接费用在单位时间内的增加或减少值。间接费用与施工单位的管理水平、施工条件、施工组织等有关。

2. 费用优化的方法步骤

费用优化的基本方法：不断地在网络计划中找出直接费用率（或组合直接费用率）最

小的关键工作，缩短其持续时间，同时考虑间接费随工期缩短而减少的数值，最后求得工程总成本最低时的最优工期安排或按要求工期求得最低成本的计划安排。费用优化的基本方法可简化为以下口诀：不断压缩关键线路上有压缩可能且费用最少的工作。

按照上述基本方法，费用优化可按以下步骤进行：

(1) 按工作的正常持续时间确定计算关键线路、工期、总费用。

(2) 计算各项工作的直接费用率。

(3) 当只有一条关键线路时，应找出直接费用率最小的一项关键工作，作为缩短持续时间的对象；当有多条关键线路时，应找出组合直接费用率最小的一组关键工作，作为缩短持续时间的对象。

(4) 对于选定的压缩对象（一项关键工作或一组关键工作），首先比较其直接费用率或组合直接费用率与工程间接费用率的大小。

① 如果被压缩对象的直接费用率或组合直接费用率小于工程间接费用率，说明压缩关键工作的持续时间会使工程总费用减少，故应缩短关键工作的持续时间。

② 如果被压缩对象的直接费用率或组合直接费用率等于工程间接费用率，说明压缩关键工作的持续时间不会使工程总费用增加，故应缩短关键工作的持续时间。

③ 如果被压缩对象的直接费用率或组合直接费用率大于工程间接费用率，说明压缩关键工作的持续时间会使工程总费用增加，此时应停止缩短关键工作的持续时间，在此之前的方案即为优化方案。

(5) 当需要缩短关键工作的持续时间时，其缩短值的确定必须符合下列两条原则：

① 缩短后工作的持续时间不能小于其最短持续时间。

② 缩短持续时间的工作不能变成非关键工作。

(6) 计算关键工作持续时间缩短后相应的总费用变化。

(7) 重复上述 (3)～(6) 步，直至计算工期满足要求工期，或被压缩对象的直接费用率或组合费用率大于工程间接费用率为止，见表 3-7。

表 3-7 费用优化过程

压缩次数	被压缩工作代号	缩短时间/d	直接费率或组合直接率/(万元/d)	费率差（正或负）/(万元/d)	压缩需用总费用（正或负）/万元	总费用/万元	工期/d	备注

下面结合示例说明费用优化的计算步骤。

【例 3-7】 已知某工程计划网络如图 3-61 所示，图中箭线上方为工作的正常时间的直接费用和最短时间的直接费用（以万元为单位），箭线下方为工作的正常持续时间和最短持续时间（d）。其中 2—5 工作的时间与直接费为非连续型变化关系，其正常时间及直接费用为（8d，5.5 万元），最短时间及直接费用为（6d，6.2 万元）。整个工程计划的间接费率为 0.35 万元/d，最短工期时的间接费为 8.5 万元。试对此计划进行费用优化，确定工期费用关系曲线，求出费用最少的相应工期。

【解】 （1）按各项工作的正常持续时间，用简捷方法确定计算工期、关键线路、总费用，如图 3-62 所示。计算工期为 37d，关键线路为 1—2—4—5—6。

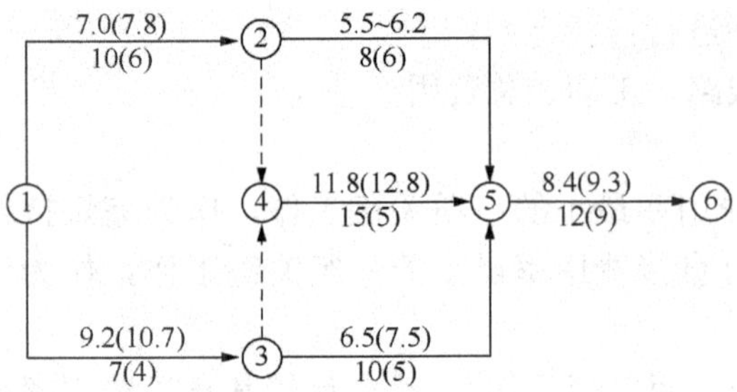

图 3-61　初始网络计划

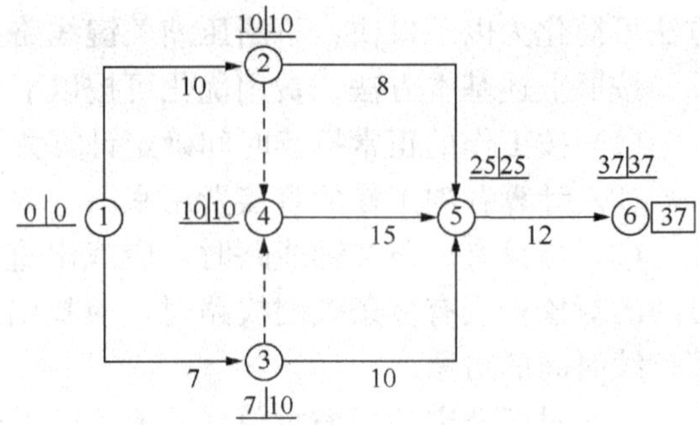

图 3-62　确定计算工期（一）

按各项工作的最短持续时间，用简捷方法确定计算工期，如图 3-63 所示。计算工期为 21d。

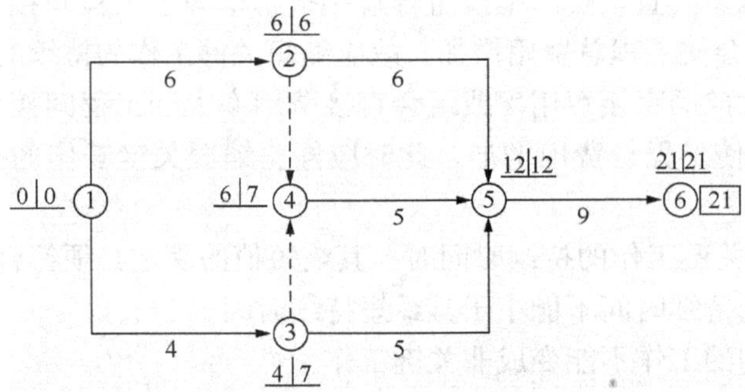

图 3-63　确定计算工期（二）

正常持续时间时的总直接费用＝各项工作的正常持续时间时的直接费用之和

＝(7.0＋9.2＋5.5＋11.8＋6.5＋8.4)万元

＝48.4 万元

正常持续时间时的总间接费用＝最短工期时的间接费＋(正常工期－最短工期)×间接费率

＝[8.5＋0.35×（37－21)]万元

＝14.1 万元

正常持续时间时的总费用＝正常持续时间时总直接费用＋正常持续时间时总间接费用

＝(48.4＋14.1)万元

＝62.5 万元

（2）按式（3-42）计算各项工作的直接费率，见表 3-8。

表 3-8　各项工作直接费用率

工作代号	正常持续时间/d	最短持续时间/d	正常时间直接费用/万元	最短时间直接费用/万元	直接费用率/(万元/d)
①—②	10	6	7.0	7.8	0.2
①—③	7	4	9.2	10.7	0.5

续表

工作代号	正常持续时间/d	最短持续时间/d	正常时间直接费用/万元	最短时间直接费用/万元	直接费用率/(万元/d)
②—⑤	8	6	5.5	6.2	
④—⑤	15	5	11.8	12.8	0.1
③—⑤	10	5	6.5	7.5	0.2
⑤—⑥	12	9	8.4	9.3	0.3

(3) 不断压缩关键线路上有压缩可能且费用最少的工作，进行费用优化。

① 第一次压缩：从图 3-62 可知，该网络计划的关键线路上有三项工作，有三个压缩方案。

a. 压缩工作 1—2，直接费用率为 0.2 万元/d。

b. 压缩工作 4—5，直接费用率为 0.1 万元/d。

c. 压缩工作 5—6，直接费用率为 0.3 万元/d。

在上述方案中，由于工作 4—5 的直接费用率最小，所以选择工作 4—5 作为压缩对象。工作 4—5 直接费用率为 0.1 万元/d，小于间接费用率为 0.35 万元/d，说明压缩工作 4—5 可以使总费用降低。将工作 4—5 的工作时间缩短 7d，则工作 2—5 也成为关键工作，第一次压缩后如图 3-64 所示。

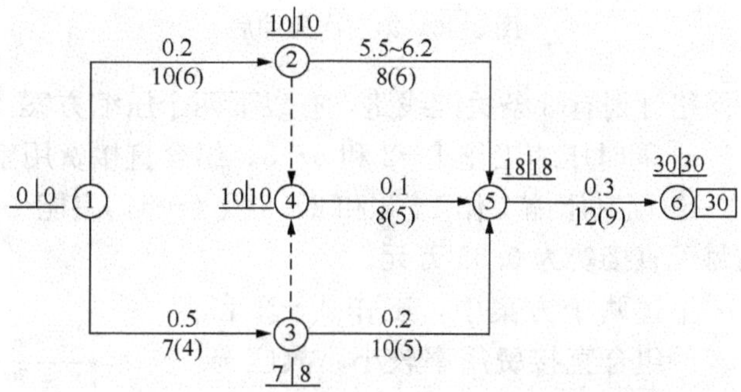

图 3-64　第一次压缩后

② 第二次压缩：从图 3-64 可知，该网络计划有两条关键线路，为了缩短工期，有以下两个压缩方案。

a. 压缩工作 1—2，直接费用率为 0.2 万元/d。

b. 压缩工作 5—6，直接费用率为 0.3 万元/d。

而同时压缩工作 2—5 和 4—5，只能一次压缩 2d，且经分析会使原关键线路变为非关键线路，故不可取。

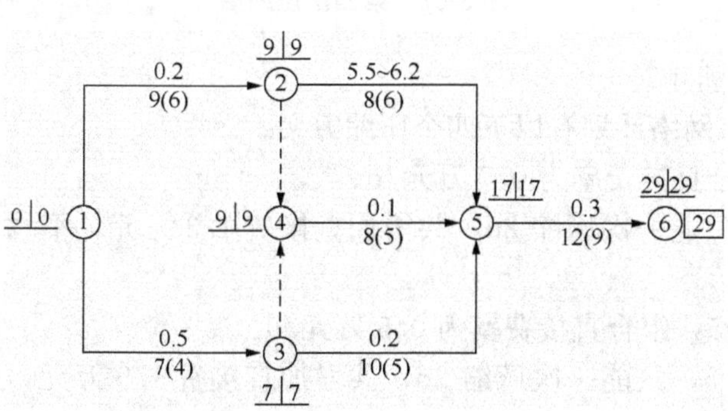

图 3-65　第二次压缩后

上述两个压缩方案中，工作 1—2 的直接费用率较小，故应选择工作 1—2 为压缩对象。工作 1—2 的直接费率为 0.2 万元/d，小于间接费率 0.35 万元/d，说明压缩工作 1—2 可使工程总费用降低，将工作 1—2 的工作时间缩短 1d，则工作 1—3 和 3—5 也成为关键工作。第二次压缩后的网络计划如图 3-65 所示。

③ 第三次压缩：从图 3-65 可知，

该网络计划有 3 条关键线路，为了缩短工期，有以下三个压缩方案。

a. 压缩工作 5—6，直接费用率为 0.3 万元/d。

b. 同时压缩工作 1—2 和 3—5，组合直接费用率为 0.4 万元/d。

c. 同时压缩工作 1—3 和 2—5 及 4—5，只能一次压缩 2d，共增加直接费 1.9 万元，平均每天直接费为 0.95 万元。

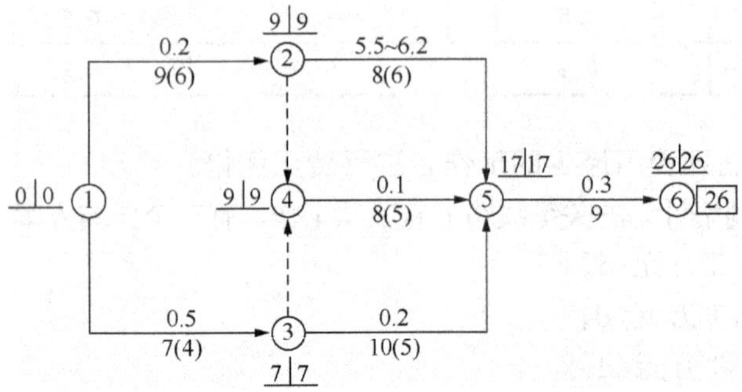

图 3-66　第三次压缩后

上述三个方案中，工作 5—6 的直接费用率较小，故应选择工作 5—6 作为压缩对象。工作 5—6 的直接费率为 0.3 万元/d，小于间接费率 0.35 万元/d，说明压缩工作 5—6 可使工程总费用降低。将工作 5—6 的工作时间缩短 3d，则工作 5—6 的持续时间已达最短，不能再压缩，第三次压缩后的网络计划如图 3-66 所示。

④ 第四次压缩：从图 3-66 可知，该网络计划有 3 条关键线路，有以下两个压缩方案。

a. 同时压缩工作 1—2 和 3—5，组合直接费用率 0.4 万元/d。

b. 同时压缩工作 1—3 和 2—5 及 4—5，只能一次压缩 2d，共增加直接费 1.9 万元，平均每天直接费为 0.95 万元。

上述两个方案中，工作 1—2 和 3—5的组合直接费用率较小，故应选择 1—2 和 3—5 同时压缩。但是由于其组合直接费率为 0.4 万元/d，大于间接费率 0.35 万元/d，说明此次压缩会使工程总费用增加。因此，优化方案在第三次压缩后已得到，如图 3-72所示，即为优化后费用最小的网络计划，其相应工期为 26d，将工作1—2和 3—5 的工作时间同时缩短 2d。第四次压缩后的网络计划如图 3-67 所示。

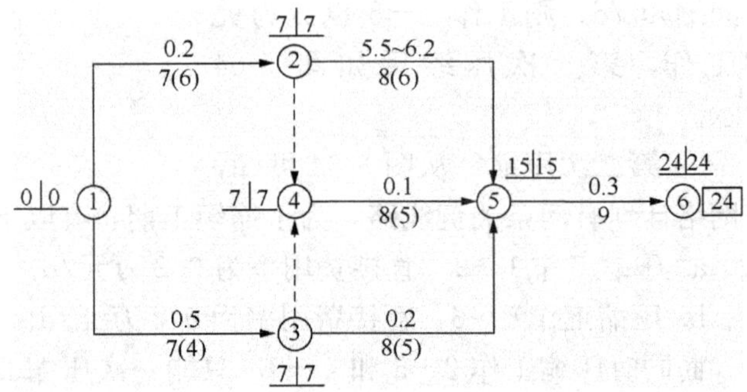

图 3-67　第四次压缩后

⑤ 第五次压缩：从图 3-67 可知，该网络计划有以下四个压缩方案。

a. 同时压缩工作 1—2 和 1—3，组合直接费率为 0.7 万元/d。

b. 同时压缩 2—5、4—5 和 3—5，只能一次压缩 2d，共增加直接费 1.3 万元，平均每天直接费为 0.65 万元。

c. 同时压缩工作 1—2 和 4—5、3—5，组合直接费率为 0.5 万元/d。

d. 同时压缩工作 1—3 和 2—5、4—5，只能一次压缩 2d，共增加直接费 1.9 万元，平均每天直接费为 0.95 万元。

上述四个方案中，同时压缩工作 1—2 和 4—5、3—5 的组合直接费用率较小，所以选择此方案；但由于其组合直接费用率为 0.5 万元/d，大于间接费用率 0.35 万元/d，说明此次压缩总费用增加。第五次压缩后的网络计划如图 3-68 所示。

⑥ 第六次压缩：从图 3-68 可知，该网络计划有以下两个压缩方案。

a. 同时压缩工作 1－3 和 2－5，只能一次压缩 2d，并且会使原关键线路变为非关键线路，故不可取；

b. 同时压缩工作 2－5、4－5 和 3－5，只能一次压缩 2d，共增加直接费 1.3 万元。

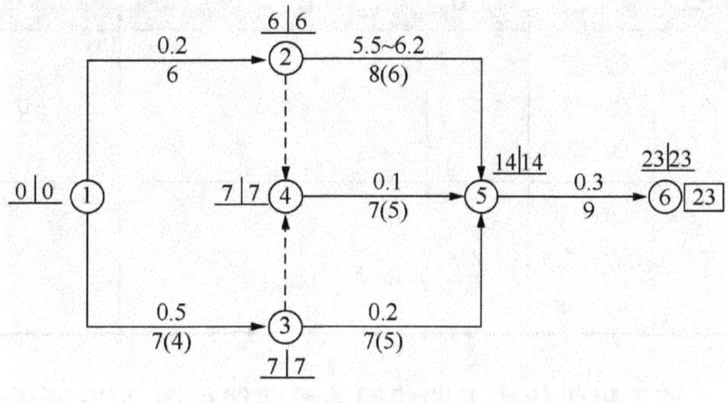

图 3-68　第五次压缩后

故选择第二个方案进行压缩，将该三项工作同时缩短 2d，此时 2－5、4－5 和 3－5 工作的持续时间均已达到极限，不能再压缩，第六次压缩后的网络计划如图 3-69 所示。

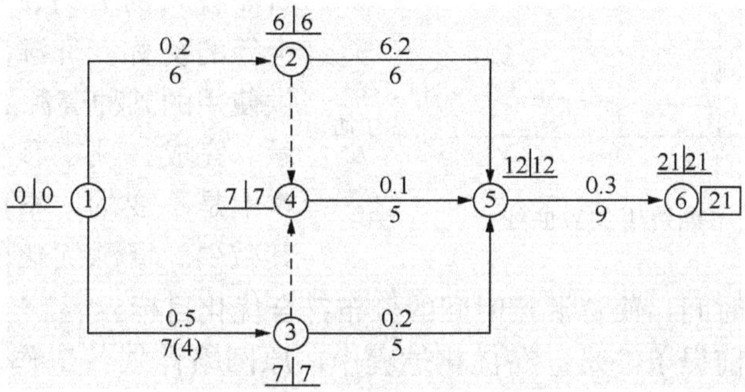

图 3-69　第六次压缩后

优化到此，可以看出只有 1－3 工作还可以继续缩短，但即使将其缩短也只能增加费用而不能压缩工期，所以缩短工作 1－3 徒劳无益，本例题的优化压缩工程到此结束。费用优化过程见表 3-9。

表 3-9　网络计划费用优化过程

压缩次数	被压缩工作代号	缩短时间/d	被压缩工作的直接率或组合直接费率/(万元/d)	费率差（正或负）/(万元/d)	压缩需用总费用（正或负）/万元	总费用/万元	工期/d	备注
0						62.5	37	
1	④－⑤	7	0.1	－0.25	－1.75	60.75	30	
2	①－②	1	0.2	－0.15	－0.15	60.60	29	
3	⑤－⑥	3	0.3	－0.05	－0.15	60.45	26	优化方案
4	①－② ③－⑤	2	0.4	＋0.05	＋0.10	60.55	24	

续表

压缩次数	被压缩工作代号	缩短时间/d	被压缩工作的直接率或组合直接费率/(万元/d)	费率差（正或负）/(万元/d)	压缩需用总费用（正或负）/万元	总费用/万元	工期/d	备注
5	①—② ④—⑤ ③—⑤	1	0.5	+0.15	+0.15	60.70	23	
6	②—⑤ ④—⑤ ③—⑤	2			+0.60	61.30	21	

该工程优化的工期费用关系曲线如图 3-70 所示。

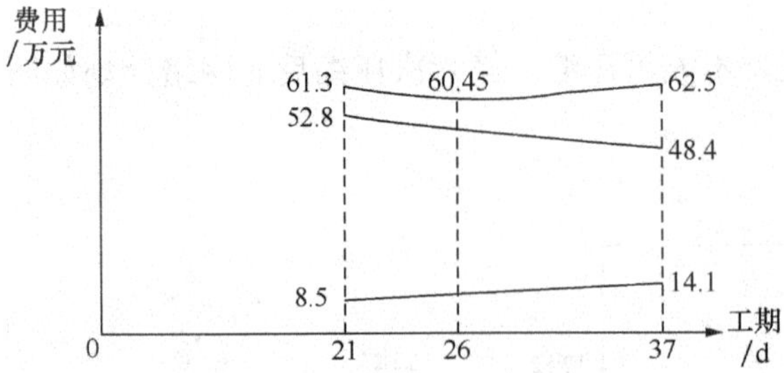

图 3-70　工期费用关系曲线

3.4.3　资源优化

资源优化是指为完成一项工程任务所需投入的人力、材料、机械设备和资金等的统称。资源限量是单位时间内可供使用的某种资源的最大数量，用 R_i 表示。完成一项工程任务，所需资源量基本上是不变的，不可能通过资源优化将其减少。资源优化的目的是通过改变工作的开始时间和完成时间，使资源按时间的分布符合优化目标。

进行资源优化的前提条件是：在优化过程中，原网络计划各工作之间的逻辑关系不改变；在优化过程中，原网络计划的各工作的持续时间不改变；除规定可中断的工作外，一般不允许中断工作，应保持其连续性；网络计划中各工作单位时间的资源需要量为常数，即资源均衡，而且是合理的。

在通常情况下，网络计划的资源优化分为两种，即“资源有限-工期最短”的优化和“工期固定-资源均衡”的优化。前者是在满足资源限制条件下，通过调整计划安排，使工期延长最少的过程；而后者是在工期保持不变的条件下，通过调整计划安排，使资源需用量尽可能均衡的过程。

1. 资源有限、工期最短

1）资源分配原则

（1）关键工作优先满足，按每日资源需要量大小，从大到小顺序供应资源。

（2）非关键工作的资源供应按时差从大到小供应，同时考虑资源和工作是否中断。

2）优化步骤

（1）按照各项工作的最早开始时间绘制时标网络计划，并绘制资源动态曲线，计算网络计划每个时间单位的资源需用量。

（2）从计划开始之日起，逐个检查每一时间资源需要用量是否超过资源限值，找出首先出现超过资源限值的时段，进行优化调整。

分析超过资源限量的时段，按本时段内各工作的调整对工期的影响安排优化顺序。顺序安排的选择标准是工期延长时间最短。当调整一项工作的最早开始时间后仍不能满足要求，就应按顺序继续调整其他工作。

3）绘制网络计划

绘制调整后的网络计划，重复以上步骤，直到满足要求。

2. 工期固定，资源均衡

1）资源均衡的意义和指标

资源均衡可以使各种资源的动态曲线尽可能不出现短时期高峰或低谷，资源供应合理，从而节省施工费用。衡量资源均衡程度一般用不均衡系数和方差表示。

2）优化方法

“工期固定，资源均衡”的优化可以采用削高峰法（利用时差降低资源高峰期）获得资源消耗量，尽可能均衡优化方案。

3.5 网络计划的编制及应用

网络计划在实际工程的具体应用中，由于工程大小、繁简不一，网络计划的体系也不同。对于小型建设工程来讲，可编制一个整体工程的网络计划来控制进度，无需分若干等级。而对于大中型建设工程来说，为了有效地控制大型而复杂的建设工程的进度，有必要编制多级网络计划系统，即建设项目施工总进度网络计划，单项工程（或分阶段）施工进度网络计划，单位工程施工进度网络计划，分部工程施工进度网络计划等，从而做到系统控制，层层落实责任，便于管理，既能考虑局部，又能保证整体。

网络进度计划是施工组织设计的重要组成部分，其体系应与施工组织设计的体系相一致，有一级施工组织设计就必有一级网络计划。

在此仅介绍分部工程网络计划和单位工程网络计划的编制。

无论是分部工程网络计划还是单位工程网络计划，都是其相应施工组织设计文件的重要组成部分，其编制步骤一般如下：

（1）调查研究收集资料。

（2）明确施工方案和施工方法。

（3）明确工期目标。

（4）划分施工过程，明确各施工过程的施工顺序。

（5）计算各施工过程的工程量、劳动量、机械台班量。

（6）明确各施工过程的班组人数、机械台数、工作班数，计算各施工过程的工作持续时间。

（7）绘制初始网络计划。

（8）计算各项时间参数，确定关键线路、工期。

（9）检查初始网络计划的工期是否符合工期目标，资源是否均衡，成本是否较低。

（10）进行优化调整。

（11）绘制正式网络计划。

（12）上报审批。

3.5.1 分部工程网络计划

按现行《建筑工程施工质量验收统一标准》（GB 50300—2001），建筑工程可划分为以下九个分部工程，即地基与基础工程、主体结构工程、建筑装饰装修工程、建筑屋面工程、建筑给水排水及采暖工程、建筑电气工程、智能建筑工程、通风与空调工程和电梯工程。

在编制分部工程网络计划时，要在单位工程对该分部工程限定的进度目标时间范围内，既要考虑各施工过程之间的工艺关系，又要考虑其组织关系，同时还应注意网络图的构图，并且尽可能组织主导施工过程流水施工。

1. 地基与基础工程网络计划

1）钢筋混凝土筏形基础工程的网络计划

钢筋混凝土筏形基础工程一般可划分为土方开挖、地基处理、混凝土垫层、钢筋混凝土筏形基础、砌体基础、防水工程和回填土七个施工过程。当划分为三个施工段组织流水施工时，按施工段排列的网络计划，如图 3-71 所示。

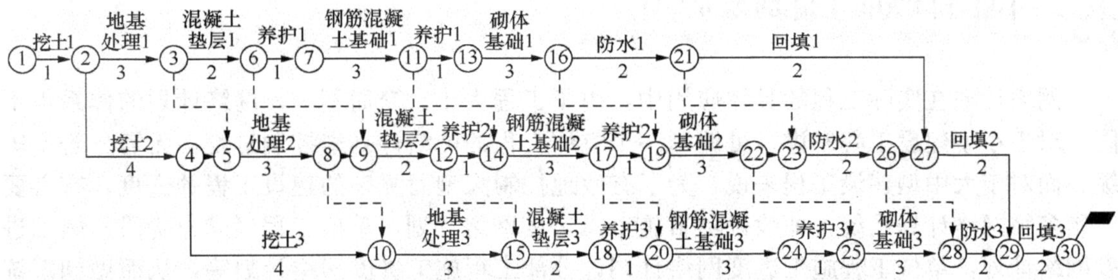

图 3-71　钢筋混凝土筏形基础工程按施工段排列的网络图计划

2）钢筋混凝土杯形基础工程的网络计划

单层装配式工业厂房，其钢筋混凝土杯形基础工程的施工一般可划分为挖基坑、做混凝土垫层、做钢筋混凝土杯形基础和回填土四个施工过程。当划分为三个施工段组织流水施工时，按施工过程排列的网络计划，如图 3-72 所示。

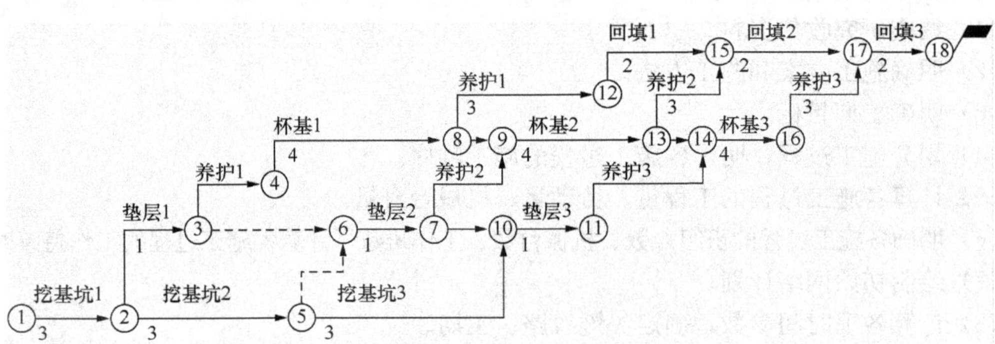

图 3-72　钢筋混凝土杯形基础工程的网络图计划

2. 主体结构工程网络计划

1）砌体结构主体工程的网络计划

当砌体结构主体为现浇钢筋混凝土的构造柱、圈梁、楼板、楼梯时，若每层分三个施工段组织施工，其标准层网络计划可按施工过程排列，如图 3-73 所示。

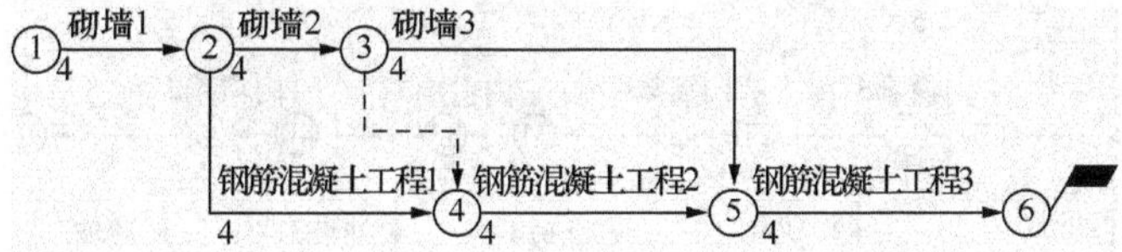

图 3-73　砖体结构主体工程标准层按施工过程排列的网络图计划

2）框架结构主体工程的网络计划

框架结构主体工程的施工一般可划分为安装柱筋，支柱、梁、板、楼梯模，浇筑混凝土，安装梁、板、楼梯筋，浇梁、板、楼梯混凝土，填充墙砌筑六个施工过程。若每层分两个施工段组织施工，其标准层网络计划可按施工段排列，如图 3-74 所示。

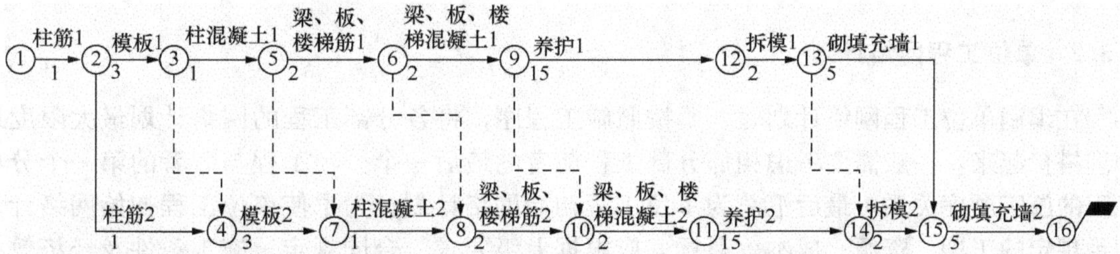

图 3-74　框架结构主体工程标准层按施工段排列的网络图计划

3. 屋面工程网络计划

没有高低层或没有设置变形缝的屋面工程，一般情况下不划分流水段，根据屋面的设计构造层次要求逐层进行施工，如图 3-75 和图 3-76 所示。

图 3-75　柔性防水屋面工程网络图计划

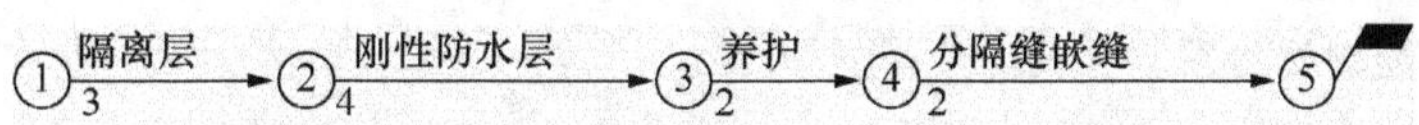

图 3-76　刚性防水屋面工程网络图计划

4. 装饰装修工程网络计划

某 6 层民用建筑的建筑装饰装修工程的室内装修施工，划分为 6 个施工过程，每一层为一个施工段，按施工过程排列的网络计划图如图 3-77 所示。

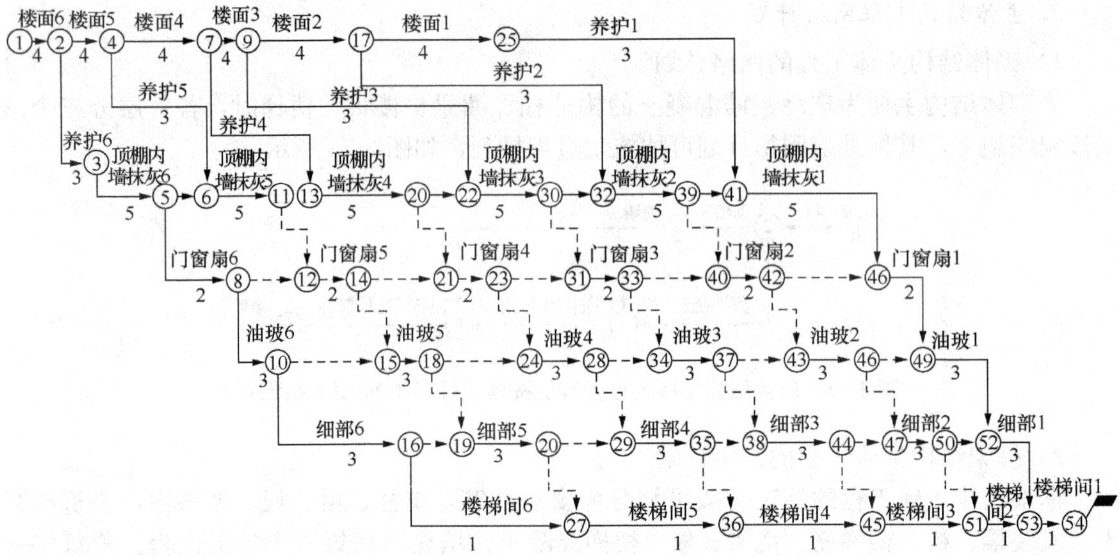

图 3-77 建筑装饰装修工程网络图计划

3.5.2 单位工程网络计划

在编制单位工程网络计划时，要按照施工程序，将各分部工程的网络计划最大限度地合理搭接起来，一般需要考虑相邻分部工程前者的最后一个分项工程与后者的第一个分项工程的施工顺序关系，最后汇总为单位工程初始网络计划。为了使单位工程初始网络计划满足规定的工期、资源、成本等目标，应根据上级要求、合同规定、施工条件及经济效益等，进行检查与调整优化工作，然后绘制正式网络计划，上报审批后执行。

复习思考题

1. 什么是网络图？什么是双代号网络图？
2. 简述虚工作的作用。
3. 什么叫逻辑关系？其作用是什么？
4. 什么叫线路、关键线路、关键工作？
5. 简述网络图绘制原则和方法。
6. 什么叫网络计划优化？分为哪几种？
7. 根据表 3-10 绘制网络图。

表 3-10 第 7 题的表

工　作	A	B	C	D	E	G	H
紧前工作	D、C	E、H	—	—	—	H、D	—

8. 根据表 3-11 和表 3-12 绘制只有竖向虚工作的双代号网络图。

表 3-11　第 8 题的表（一）

工　作	A	B	C	D	E	G
紧前工作	—	—	—	—	B，C，D	A，B，C

表 3-12　第 8 题的表（二）

工　作	A	B	C	D	E	H	G	I	J
紧前工作	E	H，A	J，G	H，I，A	—	—	H，A	—	E

9. 根据表 3-13，先填写紧前工作，绘制双代号网络图，指出关键线路和总工期。

表 3-13　第 9 题的表

工作代号	A	B	C	D	E	F	L	M	N
紧前工作									
紧后工作	D，E，F	E，F	F	L	L	L，M	N	N	—
持续时间	3	5	2	4	6	3	4	3	2

10. 根据表 3-14，绘制双代号网络图，并计算工作时间参数。

表 3-14　第 10 题的表

工 作 代 号	持续时间/d	工 作 代 号	持续时间/d
1—2	4	3—4	0
1—3	2	3—5	4
1—4	5	3—6	5
2—3	3	4—6	7
2—5	3	5—6	4

第4章 施工准备

学习目标

了解施工准备工作的内容和原始资料调查与施工管理有关信息资料的内容；熟悉季节性施工准备，开工条件及开工报告申请的有关内容和规定；掌握技术资料准备、资源准备、施工现场准备、施工技术和安全交底的内容及要求。

能力目标

具备技术资料准备、资源准备、施工现场准备的能力；能正确进行开工条件及开工报告申请。

4.1 施工准备工作的内容

施工准备工作是为拟建工程的施工创造必要的技术、物资条件，统筹安排施工力量和部署施工现场，确保工程施工顺利进行，是建筑企业生产经营管理的重要组成部分。

4.1.1 施工准备工作的分类及内容

1. 施工准备工作的分类

1）按工程所处的施工阶段不同进行分类

（1）开工前的施工准备工作。它是在拟建工程正式开工之前所进行的带有全局性和总体性的施工准备，其作用是为了工程开工创造必要的施工条件。开工前的施工准备既包括全场性的施工准备，又包括单位工程施工条件准备。

（2）各阶段施工前的施工准备。它是在工程开工后，某一单位工程或某个分部（分项）工程或某个施工阶段、某个施工环节施工前所进行的带有局部性和经常性的施工准备。其作用是为每个施工阶段创造必要的施工条件，一方面是开工前施工准备工作的深化和具体化，另一方面，要根据各施工阶段的实际需要和变化情况随时作出补充修正与调整。如一般框架结构建筑的施工，可以分为地基与基础工程、主体结构工程、屋面工程、装饰装修工程等施工阶段，每个施工阶段的施工内容不同，所需要的技术条件、物资条件、组织措施要求和现场平面布置等方面也就不同，因此在每个施工阶段开始之前，都必须做好相应的施工准备。

2）按施工准备工作的范围不同进行分类

(1) 施工总准备（全场性施工准备）。它是以整个建设项目为对象而进行的各项施工准备。其作用是为整个建设项目的顺利施工创造条件，既为全场性的施工活动服务，也兼顾单位工程施工条件的准备。

(2) 单位工程施工条件准备。它是以一个建筑物或构筑物为对象而进行的各项施工准备。其作用是为单位工程的顺利施工创造条件，既为单项（单位）工程做好一切准备，又要为分部（分项）工程施工进行作业条件的准备。

(3) 分部（分项）工程作业条件准备。它是以一个分部（分项）工程或冬雨期施工工程为对象而进行的作业条件准备。

因此，施工准备工作具有整体性与阶段性的统一，且体现出连续性，必须有计划、有步骤、分期分阶段地进行。

2. 施工准备工作的内容

施工准备工作的内容一般可以归纳为以下几个方面：调查研究与收集资料、技术资料准备、资源准备、施工现场准备、技术安全交底、季节性施工准备等内容。

4.1.2　施工准备工作的要求

(1) 施工准备工作应有组织、有计划、分阶段、有步骤地进行。

① 建立施工准备工作的组织机构，明确相应的管理人员。

② 编制施工准备工作计划表，保证施工准备工作按计划落实。

③ 将施工准备工作按工程的具体情况划分为开工前、地基基础工程、主体工程、屋面与装饰装修工程等时间区段、分期分阶段、有步骤地进行。

(2) 建立严格的施工准备工作责任制及相应的检查制度。由于施工准备工作项目多、范围广，因此必须建立严格的责任制，按计划将责任落实到有关部门及个人，明确各级技术负责人在施工准备中应负的责任，使各级技术负责人认真做好施工准备工作。在施工准备工作实施过程中，应定期进行检查，可按周、半月、月度进行检查，主要检查施工准备工作计划的执行情况。如果没有完成计划的要求，应进行分析，找出原因，排除障碍，协调施工准备工作进度或调整施工准备工作计划。检查的方法可采用实际与计划对比法，检查施工准备工作情况，分析产生问题的原因，提出解决问题的方法。

(3) 坚持按基本建设程序办事，严格执行开工报告制度。当施工准备工作情况达到开工条件要求时，应向监理工程师报送工程开工报审表及开工报告等有关资料，由总监理工程师签发，并报建设单位后，在规定的时间内开工。

(4) 施工准备工作必须贯穿施工全过程。施工准备工作不仅要在开工前集中进行，而且工程开工后，也要及时全面地做好各施工阶段的准备工作，贯穿在整个施工过程中。

(5) 施工准备工作要取得各协作单位的友好支持与配合。由于施工准备工作涉及面广，因此，除了施工单位自身努力做好外，还要取得建设单位、监理单位、设计单位、供应单位、银行、行政主管部门、交通运输等单位的协作，以缩短施工准备工作的时间，争取早日开工。

4.1.3 施工准备工作的重要意义

（1）施工准备工作是建筑业企业生产经营管理的重要组成部分。企业管理的重点是生产经营，而生产经营的核心是决策。施工准备工作作为生产经营管理的重要组成部分，对拟建工程目标、资源供应和施工方案及其空间布置和时间排列等诸方面进行了选择和施工决策。

（2）施工准备工作是建筑施工程序的重要阶段。现代工程施工是十分复杂的生产活动，其技术规律和市场经济规律要求工程施工必须严格按照建筑施工程序进行。施工准备工作是保证整个工程施工和安装顺利进行的重要环节，可以为拟建工程的施工建立必要的技术和物质条件，统筹安排施工力量和施工现场。

（3）做好施工准备工作，降低施工风险。由于建筑产品及其施工生产的特点，其生产过程受外界干扰及自然因素的影响较大，施工中可能遇到的风险较多。只有根据周密的分析和多年积累的施工经验，采取有效防范控制措施，充分做好施工准备工作，才能加强应变能力，从而降低风险损失。

（4）做好施工准备工作，提高企业综合经济效益。认真做好施工准备工作，有利于发挥企业优势，合理供应资源，加快施工进度、提高工程质量、降低工程成本、增加企业经济效益、赢得社会信誉、实现企业管理现代化，从而提高企业综合经济效益。

4.2 原始资料调查与施工管理有关信息资料

施工的调查包括：建设前期准备工作调查、自然条件调查、建设地区的资源调查。

4.2.1 对建设前期准备的调查

对建设前期准备的调查包括对建设单位和设计单位进行调查。

1. 对建设单位调查的主要内容

（1）建设项目设计任务书、有关文件。

（2）建设项目性质、规模、生产能力。

（3）生产工艺流程、主要工艺设备名称及来源、供应时间、分批和全部到货时间。

（4）建设期限、开工时间、交工先后顺序、竣工投产时间。

（5）总投资概算、年度建设计划。

（6）施工准备工作的内容、安排、工作进度表。

2. 对设计单位调查的主要内容

（1）建设工程总平面规划。

（2）工程地质勘察资料。

（3）水文勘察资料。

（4）项目建筑规模，建筑、结构、装修的工程概况，总建筑面积、占地面积。

（5）单位工程个数。

（6）设计进度安排。

（7）生产工艺设计特点。

（8）地形测量图。

4.2.2 自然条件的调查

自然条件的调查包括建设地区的气象、建设场地的地形、工程地质和水文地质、施工现场地上和地下障碍物状况、尺寸，周围民宅的坚固程度及其居民的健康状况等项调查，其作用是为制定施工方案、专项技术组织措施、冬雨期施工措施、进行施工平面规划布置等提供依据；为编制施工现场的“七通一平”计划提供依据，如地上建筑物的拆除、高压输电线路的搬迁、地下构筑物的拆除和各种管线的搬迁等项工作。为减少施工公害，如打桩工程应在打桩前，对居民的危房和居民中的心脏病患者采取保护性措施。自然条件调查情况如表4-1所示。

表4-1 气象、地质和水文调查内容表

序号	项目	调查内容	调查目的
1	气温	1. 年平均温度，最高、最低、最冷、最热月的逐月平均温度、结冰期，解冻期 2. 冬、夏期室外温度 3. 小于或等于-3℃、0℃、$+5$℃的天数、起止时间	1. 防暑降温 2. 冬期施工 3. 混凝土、灰浆强度增长 4. 全年正常施工天数
2	降雨	1. 雨期起止时间 2. 全年降水量，昼夜最大降水量，全年各月平均降水量 3. 年雷暴天数	1. 雨期施工 2. 工地排水 3. 防雷
3	风	1. 主导风向及频率 2. 大于或等于5级风的全年天数、时间	1. 布置临时设施 2. 高空作业及吊装措施
4	地形	1. 区域地形图 2. 工程建设地区的城市规划 3. 该区的城市规划 4. 控制桩、水准点的位置 5. 地形地质的特征	1. 选择施工用地 2. 布置施工总平面图 3. 现场平整土方量计算 4. 障碍物及数量，现场清理
5	地震	地震抗烈度大小	1. 对地基影响 2. 施工措施
6	地质	1. 钻孔布置图 2. 地质剖面图（土层特性及厚度） 3. 地质的稳定性、滑坡、流沙、冲沟 4. 物理力学指标：天然含水率、孔隙比、塑性指数，压缩系数等 5. 最大冻土深度 6. 地基土强度等级 7. 地基土破坏情况，深井、枯树、古墓地下构筑物	1. 土方施工方法的选择 2. 地基处理方法 3. 基础施工 4. 障碍物拆除计划 5. 复核地基基础设计
7	地下水	1. 最高最低水位及时间 2. 流向、流速及流量 3. 水质分析 4. 抽水试验	1. 土方施工 2. 基础施工方案的选择 3. 降低地下水位 4. 侵蚀性介质及施工注意事项

续表

序号	项目	调查内容	调查目的
8	地面水	1. 临近的江河湖泊及距离 2. 洪水及枯水时间 3. 流量、水位及航道深度 4. 水质分析	1. 临时给水 2. 航运组织 3. 水工工程
9	周围环境及障碍物	1. 施工区域现有建筑物、构筑物、沟渠、水系、树木、土堆、高压输变电线路等 2. 临近建筑坚固程度及其中人员工作、生活、健康状况	1. 及时拆迁、拆除 2. 保护工作 3. 合理布置施工平面 4. 合理安排施工进度

4.2.3 建设地区的资源调查

建设地区的资源调查包括建设地区建筑生产企业、地方资源、交通运输、水电及其他能源、主要设备三大材料和特种材料，以及它们的生产能力等项目的调查。资源调查情况见表 4-2～表 4-7。

表 4-2 地方建筑生产企业，状况调查内容表

企业名称	产品名称	规格	单位	生产能力	供应能力	生产方式	出厂价格	运距	运输方式	单位价格	备注

表 4-3 地方资源情况调查内容表

材料名称	产地	财储存量	质量	开采量	开采费	出厂价	运距	运费	供应情况

表 4-4 交通运输条件调查内容表

项　目	内　容
公路	1. 主要材料至工地的公路等级，路面构造、路宽及完好情况，允许最大载重量 2. 途经桥涵等级，允许载重量 3. 当地专业运输机构及附近农村能提供的运输能力，如汽车、人、畜力车数量，效率，运费、装卸费和装卸力量 4. 有无汽车修配厂，到工地距离，道路情况，能提供的修配能力
铁路	1. 邻近铁路专用线，车辆至工地距离，运输条件 2. 车站起重能力，卸货线长度，现场存储能力 3. 装载货物的最大尺寸 4. 运费、装卸费和装卸力量
航运	1. 货源至工地邻近河流、码头、港口的距离，道路情况 2. 洪水、平水、枯水期的通航最大船只及吨位，取得船只情况 3. 码头装卸能力、最大起重量、增设码头的可能性 4. 渡口、渡船能力、同时可载汽车，能为施工提供的能力 5. 每吨货物运价、装卸费和渡口费

表 4-5　供水、供电和其他动力条件调查内容表

项目	内　　容
给排水	1. 与工地现场水源连接的可能性，可供水量，接口地点，管径、材料、埋深、水压、水质、水费、至工地距离、地形地貌情况 2. 自选临时江河水源，至工地距离，地形地貌情况；水位，取水方式，水质及处理工日选临时水的水源位置、深度、管径和出水量 3. 利用永久排水设施的可能性，施工排水去向、距离和坡度，洪水影响，现有防洪设施
供电与通信	1. 电源位置，供电的可能性，方向，接线地点至下地的距离，地形地貌情况，允许供电容量、电压、导线截面、电费 2. 建设和施工单位自有发电设备的规格型号、台数、能力 3. 利用邻近电信设备的可能性。电信局至工地距离，可能增设电话、计算机等自动化办公设备和线路情况
蒸汽供应	1. 有无蒸汽来源，可供蒸汽量；管径、埋深、至工地距离；地形地貌情况；蒸汽价格 2. 建设和施工单位自有锅炉设奋规格型号、台数和能力，所需燃料，用水水质 3. 当地和建设单位的压缩空气、氧气的提供能力，至工地距离

表 4-6　主要材料、设备和特殊物资调查内容表

项　　目	内　　容
主要材料	1. 钢材的价格、供应情况 2. 水泥的价格、供应情况 3. 砌体材料等的价格、供应情况
设备	1. 主要工艺设备名称、来源及进口设备 2. 设备分批到货或全部到货时间
特殊材料	1. 需要的品种、规格和数量 2. 进口材料和新材料

表 4-7　参加施工的各单位（含分包）生产能力情况调查内容表

项　　目	内　　容
工人	1. 总数，分工种人数 2. 定额完成的能力 3. 一专多能情况
管理人员	1. 管理人员数，所占比例 2. 其中技术人员、服务人员和其他人员
施工机械	1. 名称、型号、能力、数量 2. 总装备程度（马力/全员） 3. 拟订购的新增加情况
施工经验	1. 在近几年施工过的主要工程项目 2. 习惯采用的施工方法 3. 采用过的先进施工方法 4. 科研成果

续表

项　目	内　容
主要指示	1. 劳动生产率 2. 质量、安全 3. 降低成本 4. 机械化、工厂化程度 5. 机械设备的完好率、利用率

4.3 技术资料准备

技术资料准备即通常所说的“内业”工作，它是施工准备的核心，指导现场施工准备工作，对于保证建筑产品质量，实现安全生产，加快工程进度，提高工程经济效益都具有十分重要的意义。任何技术差错和隐患都可能引起人身安全和质量事故，造成生命财产和经济的巨大损失。因此，必须重视做好技术资料准备，其主要内容包括：熟悉和会审图纸，编制中标后组织施工设计，编制施工预算等。

4.3.1 熟悉与会审图纸

图纸会审是项目施工前的一项重要技术准备工作。施工单位应依据施工图设计、建筑总平面图、城市规划等资料文件，调查搜集的原始资料和其他相关信息与资料，组织有关人员对设计图纸进行学习和会审工作，使参与施工的人员掌握施工图的内容、要求和特点，同时发现施工图中的问题，以便在图纸会审时统一提出，解决施工图中存在的问题，确保工程施工顺利进行。

1. 熟悉图纸

参与工程施工的项目经理部组织有关工程技术人员认真熟悉图纸，了解设计意图与建设单位要求，以及施工应达到的技术标准。熟悉图纸应达到下列要求。

(1) 图纸与说明结合。根据设计总说明和图中的细部说明，核对图纸和说明有无矛盾，规定是否明确，要求是否可行，做法是否合理等。

(2) 先建筑后结构。先看建筑施工图，再看结构施工图；把建筑施工图与结构施工图对照起来看，核对其轴线尺寸、标高是否相符，有无矛盾，查对有无遗漏尺寸、有无构造不合理之处。

(3) 先粗后细。先看平面图、立面图、剖面图，对整个拟建工程有一个大致的了解，对该建筑物的长度、宽度、轴线尺寸、标高、层高、总高有一个大体的印象，然后再看细部做法，核对总尺寸与细部尺寸、位置、标高是否相符，门窗表中的门窗型号、规格、形状、数量是否与建筑平面图相符等。

(4) 先小后大。先看平、立、剖面图，再看大样图，核对在平、立、剖面图中标注的细部做法，与大样图的做法是否相符；所采用的标准图集编号、类型、型号，与设计图纸有无矛盾，索引符号有无漏标之处，大样图是否齐全等。

(5) 先一般后特殊。先看一般的部位和要求，后看特殊的部位和要求。特殊部位一般包括地基处理方法，变形缝的设置，防水处理要求和抗震、防火、保温、隔热、防尘、特殊装修等技术要求。

(6) 土建与安装结合。即看土建图时，有针对性地看一些安装图，核对与土建有关的安装图有无矛盾，预埋件、预留洞（槽）的位置、尺寸是否一致，了解安装对土建的要求，以便考虑在施工中的协作配合。

(7) 图纸要求与实际情况结合。即核对图纸有无不符合施工实际之处，如建筑物相对位置、场地标高、地质情况等是否与设计图纸相符；对一些特殊的施工工艺，施工单位能否做到等。

2. 自审图纸

由施工项目经理部组织各相关工种人员对本工种的有关图纸进行审查，掌握和了解图纸中的细节。在此基础上，由总承包单位内部的土建与水、暖、电等专业，共同核对图纸，消除差错，协商施工配合事项；最后，总承包单位与外分包单位（如桩基施工、装饰工程施工、设备安装施工等）在各自审查图纸基础上共同核对图纸中的差错及协商有关施工配合问题。自审图纸的要求如下。

(1) 审查拟建工程的地点、建筑总平面图同国家、城市或地区规划是否一致，以及建筑物或构筑物的设计功能和使用要求是否符合环卫、防火及美化城市方面的要求。

(2) 审查设计图纸是否完整、齐全以及设计图纸和说明是否符合国家有关技术规范要求。

(3) 审查建筑、结构、设备安装图纸是否相符，有无“错、漏、碰、缺”，内部结构和工艺设备有无矛盾。

(4) 明确拟建工程的结构形式和特点，复核主要承重结构的承载力、刚度和稳定性是否满足要求，审查设计图纸中的形体复杂、施工难度大和技术要求高的分部分项工程或新结构、新材料、新工艺、新技术，在施工技术和管理水平上能否满足质量和工期要求，选用的材料、构配件、设备等能否解决。

(5) 明确建设期限，分期分批投产或交付使用的顺序和时间，以及工程所用的主要材料、设备的数量、规格、来源和供货日期。

(6) 审查地基处理与基础设计同拟建工程地点的工程地质和水文地质等条件是否一致，以及建筑物或构筑物与原地下构筑物及管线之间有无矛盾。深基础的防水方案是否可靠，材料设备能否解决。

(7) 明确建设、设计和施工等单位之间的协作、配合关系，以及建设单位可以提供的施工条件。审查设计是否考虑了施工的需要，各种结构的承载力、刚度和稳定性是否满足设置内爬、附着、固定式塔式起重机等使用的要求。

3. 图纸会审

一般工程由建设单位组织并主持会议，设计单位交底。施工单位、监理单位参加，重点工程或规模较大及结构、装修较复杂的工程，如有必要可邀请各建设主管部门、消防、防疫与协作单位参加。会审的程序是：设计单位作设计交底，介绍设计意图；施工单位对图纸中的有关问题及施工问题向设计单位询问，设计单位作答，最后，有关单位发表意见，与会者讨论、研究、协商逐条解决问题并达成共识，组织会审的单位记录并汇总成文，各单位会签，形成图纸会审纪要，见表4-8。会审纪要作为与施工图纸具有同等法律效力的技术文件使用。

表4-8　图纸会审纪要

工程编号

<table>
<tr><td colspan="2">工程名称</td><td></td><td>会审日期及地点</td><td></td></tr>
<tr><td colspan="2">建筑面积</td><td></td><td>结构类型</td><td></td></tr>
<tr><td rowspan="4">参
加
人
员</td><td>设计单位</td><td colspan="3" rowspan="4"></td></tr>
<tr><td>施工单位</td></tr>
<tr><td>监理单位</td></tr>
<tr><td>建设单位</td></tr>
<tr><td colspan="2">主持人</td><td colspan="3"></td></tr>
<tr><td colspan="2">记录内容</td><td colspan="3">记录人</td></tr>
<tr><td colspan="2">建设单位代表
签章</td><td>监理单位代表
签章</td><td>设计单位代表
签章</td><td>施工单位代表
签章</td></tr>
</table>

审查设计图纸及其他技术资料时，应注意以下问题。

(1) 图纸会审时，应重点审查施工图的有效性、对施工条件的适应性、各专业之间和平、立、剖面图与详图之间的协调一致性。

(2) 建筑、结构、设备安装等设计图纸是否齐全，手续是否完备，设备是否符合国家有关的经济和技术政策、规范、规定。图纸总的做法说明，包括分项工程做法说明，是否齐全、清楚、明确。与建筑、结构、安装图、装饰和节点大样之间有无矛盾，设计图纸平、立、剖、构件布置、节点大样之间相互配合的尺寸是否相符，分尺寸与总尺寸，大、小样图的建筑图与结构图、结构构造图，土建图与水暖电安装图之间互相配合的尺寸是否一致。有无错误和遗漏，设计图纸本身、建筑图与结构构造、结构各构件之间，在立体空间上有无矛盾，预留孔洞、预埋件、大样图或采用标准构配件图的型号、尺寸有无错误和矛盾。

(3) 总图的建筑物坐标位置与单位工程建筑平面图是否一致，建筑物的设计标高是否可行，地基与基础的设计与实际情况是否相符，结构性能如何，建筑物与地下构筑物及管线之间有无矛盾。

(4) 主要结构的设计在强度、刚度、稳定性等方面有无问题，主要部位的建筑构造是否合理，设计能否保证工程质量和安全施工。

(5) 设计图纸的结构方案、建筑装饰与施工单位的施工能力、技术水平、技术装备是否一致，采用的新技术、新工艺，新材料，施工单位有无困难，所需特殊建筑材料的品种、规格、数量能否解决，专用机械设备能否保证。

(6) 安装专业的设备、管架、钢结构立柱、金属结构平台、电缆、电线支架以及设备基础是否与工艺图、电气图、设备安装图和到货的设备相一致，底座与土建基础是否一致等。

施工图会审是一项非常重要的工作，无论设计单位、施工单位、监理单位及建设单位都应该重视，把由于设计图纸中的有关问题解决在施工之前。施工图纸会审是一项比较艰难的工作，既牵扯到施工技术、施工方案的选择，又牵扯到施工安全、文明施工，同时还牵扯到工程质量、工程进度和工程造价。

4.3.2 编制中标后施工组织设计

中标后施工组织设计是施工单位在施工准备阶段编制的指导拟建工程从施工准备到竣工验收乃至保修回访的技术、经济、组织的综合性文件，也是编制施工预算、实行项目管理的依据，是施工准备工作的主要文件。它是在投标书中的施工组织设计的基础上，结合所收集的原始资料和相关信息资料，根据图纸及会议纪要，按照编制施工组织设计的基本原则进行编制的。

施工单位必须在约定的时间内完成中标后施工组织设计的编制与自审工作，主要是由项目技术负责人主持，组织有关专业（如土建、给排水、电气、暖通、安装等专业）工程技术人员、施工人员共同编写的，编制完成后由施工企业的质量技术部门的负责人审批之后，并填写施工组织设计报审表，报送项目监理机构。总监理工程师应在约定的时间内，组织专业监理工程师审查，提出审查意见，由总监理工程师审定批准；需要施工单位修改时，由总监理工程师签发书面意见，退回施工单位修改后再报审，总监理工程师应重新审定，已审定的施工组织设计由项目监理机构报送建设单位。施工单位应按审定的施工组织设计文件组织施工，如需对其内容作较大变更，应在实施前将变更内容书面报送项目监理机构重新审定，对规模大、结构复杂或属新结构、特种结构的工程，专业监理工程师提出审查意见后，由总监理工程师签发审查意见，必要时与建设单位协商，组织有关专家会审。

4.3.3 编制施工预算

施工预算是施工前的一项重要准备工作，施工单位根据施工合同价款、施工图纸及说明，施工组织设计或施工方案、施工定额等文件进行编制的企业内部经济文件，它受施工合同中合同价款的控制。施工预算是施工企业内部控制各项成本支出、考核用工、签发施工任务书、限额领料、基层进行经济核算的依据，它直接受施工图预算控制。在施工过程中，要按施工预算严格控制各项指标，以降低工程成本和提高施工管理水平。其编制程序如下。

1. 列工程项目、计算工程量

通常可直接套用施工图预算的结果，对于一些特殊的施工过程列工程项目时，可能出现个别项目与施工图预算工程项目不符合的情况，此时应按实际施工过程列项、计算。

2. 套用施工定额

利用施工定额手册所确定的消耗标准，具体确定人工、材料、机械设备等所需的数量，将其数据填入相应的表格中。

3. 人工、材料、机具设备消耗量汇总分析

其步骤为：第一，按分部分项工程汇总人工、材料、机具设备等消耗量的种类和数量；第二，按单位工程汇总人工、材料、机具设备等消耗量的种类和数量；第三，确定实际直

接消耗费用。施工预算一般只确定实际直接费消耗，不再进行其他费用计算。

4. 两算对比

将施工预算和施工图预算中的人工、材料、机械台班等消耗的数量和价值按分项工程一一对应，进行对比分析。若有些项目上施工预算超过施工图预算，就应重新研究施工方法和技术措施，防止成本亏损。

5. 编写编制说明书

（略）。

4.4 资源准备

4.4.1 劳动力组织准备

工程项目是否能按目标完成，很大程度上取决于承担这一工程的施工人员的素质与数量。劳动力组织准备包括施工管理层和作业层两大部分，这些人员的合理选择和配备，将直接影响到工程质量与安全，施工进度及工程成本。因此，劳动力组织准备是开工前施工准备的一项重要内容。

1. 项目组织机构的建立

对于实行项目管理的工程，建立项目组织机构就是建立项目经理部。高效率的项目经理部的建立，是为建设工程服务的，也是为项目管理目标服务的，这项工作实施得合理与否很大程度上关系到拟建工程能否顺利进行。

2. 组织精干的施工队伍

（1）组织施工队伍，要认真考虑专业工程的合理配合，技工和普工的比例要满足合理的劳动组织要求。按组织施工方式的要求，确定建立混合施工队组或是专业施工队组，及其数量要求。组建施工队组，要坚持合理、精干的原则，同时制定出该工程的劳动力需用量计划。

（2）集结施工力量，组织劳动力进场。项目经理部确定之后，按照开工日期和劳动力需要量计划组织劳动力进场。

3. 优化劳动组合与技术培训

针对工程施工要求，强化各工种的技术培训，优化劳动组合，主要抓好以下几个方面的工作。

（1）针对工程施工难点，组织工程技术人员和工人队组中的骨干力量，进行类似工程的考察学习。

（2）做好专业工程技术培训，提高对新技术、新工艺、新材料使用操作的适应能力。

（3）强化质量意识，抓好质量教育，增强质量观念。

（4）工人队组实行优化组合，双向选择，动态管理，最大限度地调动职工的积极性。

（5）认真全面地进行施工组织设计计划的落实和技术交底工作。施工组织设计、计划和技术交底的目的是把施工项目的设计内容、施工计划和施工技术等要求，详尽地向施工队组和工人讲解交代，这是落实计划和技术责任制的好办法。

施工组织设计、计划和技术交底的时间在单位工程或分部（分项）工程开工前及时进行，以保证项目严格地按照设计图纸、施工组织设计、安全操作规程和施工验收规范等要求进行施工。

施工组织设计、计划和技术交底的内容有：项目的施工进度计划，月（旬）作业计划；施工工艺、质量标准、安全技术措施、降低成本措施和施工验收规范的要求；新结构、新材料、新技术和新工艺的实施方案和保证措施；图纸会审中所确定的有关部位的设计变更和技术核定等事项。交底工作应该按照管理系统逐级进行，由上而下直到工人队组。交底的方式有书面形式、口头形式和现场示范形式等，施工队组、工人接受施工组织设计、计划和技术交底后，要组织其成员进行认真的分析研究，弄清关键部位、质量标准、安全措施和操作要领。必要时应该进行示范，并明确任务及做好分工协作，同时建立健全岗位责任制和保证措施。

(6) 切实抓好施工安全、安全防火和文明施工等方面的教育。

4. 健全各项管理制度

工地的各项管理制度是否健全，直接影响其各项施工活动的顺利进行。其内容通常包括项目管理人员岗位责任制度；项目技术管理制度；项目质量管理制度；项目安全管理制度；项目计划、统计与进度管理制度；项目成本核算制度；项目材料、机械设备管理制度；项目现场管理制度；项目分配与奖励制度；项目例会及施工日志制度；项目分包及劳务管理制度；项目组织协调制度；项目信息管理制度。项目经理部自行制订的规章制度与企业现行的有关规定不一致时，应报送企业或其授权的职能部门批准。

5. 做好分包安排

对于本企业难以承担的一些专业项目，如深基础开挖和支护、大型结构安装和设备安装等项目，应及早做好分包或劳务安排，与有关单位协调，签订分包合同或劳务合同，以保证按计划施工。

6. 组织好科研攻关

凡是工程中采用带有试验的一些新材料、新产品、新工艺项目，应在建设单位、建设主管部门的参加下，组织有关设计、科研、教学单位共同进行科研工作。要明确相互承担的试验项目、工作步骤、时间要求、经费来源和职责分工。所有科研项目，必须经过技术鉴定后，再用到施工上。

4.4.2 物资准备

1. 物资准备工作内容

(1) 建筑材料准备。根据施工预算的材料分析和施工进度计划的要求，编制建筑材料需要量计划，为施工备料、确定仓库和堆场面积以及组织运输提供依据。

(2) 构（配）件和制品加工准备。根据施工预算所提供的构（配）件和制品加工要求，编制相应计划，为组织运输和确定堆场面积提供依据。

(3) 建筑施工机具准备。根据施工方案和进度计划的要求，编制施工机具需要量计划，为组织运输和确定机具停放场地提供依据。

(4) 生产工艺设备准备。按照生产工艺流程及其工艺布置图的要求，编制工艺设备需要量计划，为组织运输和确定堆场面积提供依据。

2. 物资准备工作程序

(1) 编制各种物资需要量计划。

(2) 签订物资供应合同。

(3) 确定物资运输方案和计划。

(4) 组织物资按计划进场和保管。

4.4.3 施工机械设备准备

1. 施工机具准备

(1) 各种土方机械，混凝土、砂浆搅拌设备，垂直及水平运输机械，钢筋加工设备，木工机械，焊接设备，打夯机，排水设备等应根据施工方案，对施工机具配备的要求、数量以及施工进度安排，编制施工机具需用量计划。

(2) 拟由本企业内部负责解决的施工机具，应根据需用量计划组织落实，确保按期供应。

(3) 施工企业缺少且需要的施工机具，应与有关方面签订订购和租赁合同，以保证施工需要。

(4) 对于大型施工机械（如塔式起重机、挖土机、桩基设备等）的需求量和时间，应向有关方面（如专业分包单位）联系，提出要求，在落实后签订有关分包合同，并为大型机械按期进场做好现场有关准备工作。

(5) 安装、调试施工机具，按照施工机具需要量计划，组织施工机具进场，根据施工总平面图将施工机具安置在规定的地方或仓库。对于施工机具要进行就位、搭棚、接电源、保养、调试工作，对所有施工机具都必须在使用前进行检查和试运转。

2. 生产工艺设备准备

订购生产用的生产工艺设备，要注意交货时间与土建进度密切配合。因为，某些庞大设备的安装往往要与土建施工穿插进行，如果土建全部完成或封顶后，安装会有困难，故各种设备的交货时间要与安装时间密切配合，它将直接影响建设工期。准备时按照施工项目工艺流程及工艺设备的布置图，提出工艺设备的名称、型号、生产能力和需要量，确定分期分批进场时间和保管方式，编制工艺设备需要量计划，为组织运输、确定堆场面积提供依据。

4.5 施工现场准备

施工现场的准备工作，主要是为了给施工项目创造有利的施工条件，是保证工程按计划开工和顺利进行的重要环节，因此必须认真落实做好。施工现场准备的主要内容包括：清除障碍物，“七通一平”，现场的测量放线，现场临时设施的搭设，施工机具和首批建筑材料、构配件的进场和存放，建筑材料的实验申请等工作。

4.5.1 清除障碍物

施工现场内的一切地上、地下障碍物都应在开工前拆除。这项工作一般是由建设单位来完成，但也有委托施工单位来完成的。如果由施工单位来完成这项工作，一定要事先摸清现场情况，尤其是在城市的老城区中，由于原有建筑物和构筑物情况复杂，而且往往资料不全，在拆除前需要采取相应的措施，防止发生事故。

对于房屋的拆除，一般只要把水源、电源切断后即可进行拆除。若房屋较大、较坚固，采用爆破的方法时，必须经有关部门批准，需要由专业的爆破作业人员来承担。

对各种电线电缆的拆除，包括电力、通信、地下电缆的拆除，要与电力部门或通信部门联系并办理有关手续后方可进行。

自来水、污水、煤气、热力等管线的拆除，都应与有关部门取得联系，办好手续后由专业公司来完成。

场地内若有树木，需报园林部门批准后方可砍伐。

拆除障碍物后，留下的渣土等杂物都应清除出场外。运输时，应遵守交通、环保部门的有关规定，运土的车辆要按指定的路线和时间行驶，并采取封闭运输车或在渣土上洒水等措施，以免渣土飞扬而污染环境。

4.5.2 “七通一平”

“七通一平”包括在工程用地范围内接通施工用水、用电、道路、电信、煤气，以及施工现场排水、排污畅通和平整场地的工作。

1. 平整场地

清除障碍物后，即可进行场地平整工作，按照建筑施工总平面图、勘测地形图和场地平整施工方案等技术文件的要求，通过测量，计算出填挖土方工程量，设计土方调配方案，确定平整场地的施工方案，组织人力和机械进行平整场地的工作。应尽量做到挖填方量趋于平衡，总运输量最小，便于机械施工和充分利用建筑物挖方填土，并应防止利用地表土、软弱土层、草皮、建筑垃圾等作填方。

2. 路通

拟建工程开工前，必须按照施工总平面图的要求，修建必要的临时性道路。为节约临时工程费用，缩短施工准备工作时间，尽量利用原有道路设施或拟建永久性道路解决现场道路问题，形成完整畅通的运输网络，使现场施工用道路的布置能确保运输和消防车辆的行驶畅通。临时道路的等级，可根据交通流量和所用车辆确定。

3. 给水畅通

施工用水包括生产、生活与消防用水，应按施工总平面图的规划进行安排，施工给水尽可能与永久性的给水系统结合起来。临时管线的铺设，既要满足施工用水的需用量，又要使施工方便，并且尽量缩短管线的长度，以降低工程的成本。

4. 排水畅通

施工现场的排水也十分重要，特别在雨期，如场地排水不畅，会影响到施工和运输的顺利进行。高层建筑的基坑深、面积大，施工往往要经过雨期，应做好基坑周围的挡土支护工作，防止坑外雨水向坑内汇流，并做好基坑底部雨水的排放工作。

5. 排污畅通

施工现场的污水排放，直接影响到城市的环境卫生，由于环境保护的要求，有些污水不能直接排放，而需进行处理以后方可排放。因此，现场的排污也是一项重要的工作。

6. 电力及电信畅通

电是施工现场的主要动力来源，施工现场用电包括施工生产用电和生活用电。由于建筑工程施工供电面积大，启动电流大，负荷变化多和手持式用电机具多，施工现场临时用电要考虑安全和节能措施。开工前，要按照施工组织设计的要求，接通电力和电信设施，电源首先应考虑从建设单位给定的电源上获得，如其供电能力不能满足施工用电需要，则应考虑在现场建立自备发电系统，应确保施工现场动力设备和通信设备的正常运行。

7. 蒸汽及煤气通畅

施工中如需要通蒸汽、煤气，应按施工组织设计的要求进行安排，以保证施工的顺利进行。

4.5.3 测量放线

建筑施工工期长，现场情况变化大，因此，保证控制网点的稳定、正确，是确保建筑施工质量的先决条件。特别是在城区建设，障碍多，通视条件差，给测量工作带来一定的难度，施工时应根据建设单位提供的由规划部门给定的永久性坐标和高程，按建筑总图上的要求，进行现场控制网点的测量，妥善设立现场永久性标志，为施工全过程的测量投测创造条件。

控制网一般采用方格网，这些网点的位置应按工程范围的大小而定。建筑方格网多由100～200m的正方形或矩形组成，如果土方工程需要，还应测绘地形图，通常这项工作由专业测量队完成，但施工单位还需根据施工的具体需要做一些加密网点等补充工作。

在测量放线时，应校验校正经纬仪、水准仪、全站仪、钢尺等测量仪器；校核轴线桩与水准点；制定切实可行的测量方案。包括平面控制、标高控制、沉降观测和竣工测量等工作。

建筑物定位放线，一般通过设计图中平面控制轴线来确定建筑物位置，即可按照已有坐标方格网测设主轴线，也可利用建筑基线或现场已确定的用地红线、道路中心线，以及利用场地内原有建筑物之间的相互位置关系，采用直角坐标法进行测量定位。施工定位将测量定位工作完成后，项目负责人应按设计要求和《工程测量规范》（GB 50026—2007）中规定的精度要求认真复核。自检合格后，应按规定及时约请监理或建设单位进行检验并填写复测记录，以保证定位的准确性，特别强调的是内部复测和监理复测二者缺一不可，这样可以避免出现重大质量事故。沿红线的建筑物放线后，还要由城市规划部门验线，防止建筑物压红线或超红线，为正常顺利地施工创造条件。

4.5.4 搭建生产和生活用临时设施

现场生活和生产用的临时设施，应按施工平面布置图的要求进行，临时建筑平面图及其中的主要房屋结构图都应报请城市规划、市政、消防、交通、环境保护等有关部门审查批准。

为了施工方便和行人的安全及文明施工，应用围墙将施工用地围护起来，围墙的形式、材料和高度应符合有关标准及市容管理的有关规定和要求，并在主要出入口设置标牌挂图，标明工程项目名称、施工单位、项目负责人等。所有生产及生活用临时设施，包括各种仓库、搅拌站、加工厂作业棚、宿舍、办公房、食堂、文化生活设施等，均应按批准的施工组织设计的要求组织搭设，并尽量利用施工现场或附近原有设施（包括要拆迁但可暂时利用的建筑物）和在建工程本身的部分用房供施工使用，尽可能减少临时设施的数量，以便节约用地，节省投资。

4.5.5　施工现场准备工作的范围及各方职责

施工现场准备工作由两个方面组成，一是建设单位应完成的施工现场准备工作；二是施工单位应完成的施工现场准备工作。建设单位与施工单位的施工现场准备工作都就绪时，施工现场就具备了施工条件。

1. 建设单位施工现场准备工作

建设单位要按合同条款中约定的内容和时间完成以下工作。

(1) 办理土地征用、拆迁补偿、平整施工场地等工作，使施工场地具备施工条件，在开工后继续负责解决以上事项遗留问题。

(2) 将施工所需水、电、电信线路从施工场地外部接至专用条款约定地点，以保证施工期间的需要。

(3) 开通施工场地与城乡公共道路的通道，以及专用条款约定的施工场地内的主要道路，以满足施工运输的需要，保证施工期间的畅通。

(4) 向承包人提供施工场地的工程地质和地下管线资料，对资料的真实性准确性负责。

(5) 办理施工许可证及其他施工所需证件、批件和临时用地、停水、停电、中断道路交通、爆破作业等的申请批准手续（证明承包人自身资质的证件除外）。

(6) 确定水准点与坐标控制点，以书面形式交给承包人，进行现场交验。

(7) 协调处理施工场地周围的地下管线和邻近建筑物、构筑物（包括文物保护建筑）、古树名木的保护工作，承担有关费用。

上述施工现场准备工作，承发包双方也可在合同专用条款内及交由施工单位完成，其费用由建设单位承担。

2. 施工单位现场准备工作

施工单位现场准备工作即通常所说的室外准备，施工单位应按合同条款中约定的内容和施工组织设计的要求完成以下工作。

(1) 根据工程需要，提供和维修非夜间施工使用的照明、围栏设施，并负责安全保卫。

(2) 按专用条款约定的数量和要求，向发包人提供施工场地办公和生活的房屋及设施，发包人承担由此发生的费用。

(3) 遵守政府有关主管部门对施工场地交通、施工噪声以及环境保护和安全生产等的管理规定，按规定办理有关手续，并以书面形式通知发包人，发包人承担由此发生的费用，因承包人责任造成的罚款除外。

(4) 按专用条款约定做好施工场地地下管线和邻近建筑物、构筑物（包括文物保护建筑）、古树名木的保护工作。

(5) 保证施工场地清洁，符合环境卫生管理的有关规定。

(6) 建立测量控制网。

(7) 工程用地范围内的“七通一平”，其中平整场地工作应由其他单位承担，但建设单位也可要求施工单位完成，费用仍由建设单位承担。

(8) 搭设现场生产和生活用的临时设施。

4.6 季节性施工准备

建筑工程施工绝大部分工作是在露天作业，受气候影响比较大，因此，在冬、雨期及夏期施工中，必须从具体条件出发，正确选择施工方法，做好季节性施工准备工作，以保证按期、保质、安全地完成施工任务，取得较好的技术经济效果。

4.6.1 冬期施工准备

1. 组织措施

(1) 合理安排施工进度计划。冬期施工条件差，技术要求高，费用增加，因此，要合理安排施工进度计划，尽量安排保证施工质量并且费用增加不多的项目在冬期施工，如吊装、打桩、室内装饰装修等工程；而费用增加较多又不容易保证质量的项目则不宜安排在冬期施工，如土方、基础、外装修、屋面防水等工程。

(2) 进行冬期施工的工程项目，在入冬前应编制冬期施工方案。编制可依据《建筑工程冬期施工规程》(JGJ 104—2011)，结合工程实际及施工经验等进行。

编制的原则是：确保工程质量，并且增加的费用为最少；所需的热源和材料有可靠的来源；并尽量减少能源消耗；确实能缩短工期。

冬期施工方案应包括：施工程序；施工方法；现场布置；设备、材料、能源、工具的供应计划；安全防火措施；测温制度和质量检查制度等。方案确定后，要组织有关人员学习，并向队组进行交底。

(3) 组织人员培训。进入冬期施工前，对掺外加剂人员、测温保温人员、锅炉司炉工和管理人员，应专门组织技术业务培训，学习本工作范围内的有关知识，明确职责，经考试合格后，方准上岗工作。

(4) 与当地气象台站保持联系，及时接收天气预报，防止寒流突然袭击。

(5) 安排专人测量施工期间的室外气温、暖棚内气温、砂浆及混凝土的温度并做好记录。

2. 图纸准备

凡进行冬期施工的工程项目，必须复核施工图纸是否能适应冬期施工要求，如墙体的高厚比、横墙间距等有关的结构稳定性，现浇混凝土工程结构在零下温度下受冻后强度降低对混凝土质量的影响等问题，应通过图纸会审解决。

3. 现场准备

(1) 根据实物工程量提前组织有关机具、外加剂、保温材料和测温材料进场。

(2) 搭建加热用的锅炉房、搅拌站、敷设管道，对锅炉进行试火试压，对各种加热的材料、设备要检查其安全可靠性。

(3) 计算变压器容量，接通电源。

(4) 对工地的临时给排水管道及石灰膏等材料做好保温防冻工作，防止道路积水成冰，及时清扫积雪，保证运输顺利。

(5) 做好冬期施工混凝土、砂浆及掺外加剂的试配试验工作，提出施工配合比。

(6) 做好室内施工项目的保温，如先完成供热系统、安装好门窗玻璃等，以保证室内其他项目能顺利施工。

4. 安全与防火

(1) 冬期施工时，要采取防滑措施。

(2) 大雪后必须将架子上的积雪清扫干净，并检查马道平台，如有松动下沉现象，务必及时处理。

(3) 施工时如接触汽源、热水，要防止烫伤；使用氯化钙、漂白粉时，要防止腐蚀皮肤。

(4) 亚硝酸钠为剧毒化学品，要严加保管，防止发生误食中毒。

(5) 现场火源要加强管理。使用天然气、煤气时，要防止爆炸，使用焦炭炉、煤炉或天然气、煤气时，应注意通风换气，防止煤气中毒。

(6) 电源开关、控制箱等设施要加锁，并设专人负责管理，防止漏电、触电。

4.6.2　雨期施工准备

(1) 合理安排雨期施工。为避免雨期窝工造成的损失，一般情况下在雨期到来之前，应多安排基础、地下工程、土方工程、室外及屋面工程等不宜在雨期施工的项目，多留些室内工作在雨期施工。

(2) 加强施工管理，做好雨期施工的安全教育。要认真编制雨期施工技术措施（如雨期前后的沉降观测措施，保证防水层雨期施工质量的措施，保证混凝土配合比，浇筑质量的措施，钢筋除锈的措施等），认真组织贯彻实施。加强对职工的安全教育，防止各种事故发生。

(3) 防洪排涝，做好现场排水工作。工程地点若在河流附近，上游有大面积山地丘陵，应有防洪排涝准备，施工现场雨期来临前，应做好排水沟渠的开挖，准备好抽水设备，防止场地积水和地沟、基槽、地下室等浸水，对工程施工造成损失。

(4) 做好物资的储存。雨期到来前，应多储存物资，减少雨期运输量，以节约费用。要准备必要的防雨器材，库房四周要有排水沟渠，防止物资淋雨浸水而变质，仓库要做好地面防潮和屋面防漏雨工作。

(5) 做好机具设备等防护。雨期施工，对现场的各种设施、机具要加强检查，特别是脚手架、垂直运输设备等，要采取防倒塌、防雷击、防漏电等一系列技术措施，现场机具设备中焊机、闸、箱等要有防雨措施。

(6) 做好道路维护，保证运输畅通。雨期前检查道路边坡排水，适当提高路面，防止路面凹陷，保证运输畅通。

4.6.3 夏期施工准备

当室外温度达到30℃及以上时就进入了夏期施工，在夏天高温施工对工人的人身伤害也比较大，同时对建筑工程的施工质量也影响大，因此准备工作有以下两类。

第一类对人的施工准备有：做好工人的防暑降温工作，通过调整工作时间避开白天高温时间工作。

第二类对建筑工程质量方面的准备有：高温对混凝土施工质量的影响较大，这是由于高温加快了混凝土的凝结，影响振捣，混凝土表面容易失水。因此，应该对混凝土的配合比作适当的调整，掺加缓凝剂，降低坍落度损失；做好混凝土的养护的物资准备，如保证养护用水，准备麻袋、塑料膜等保温材料，建立混凝土养护制度，责任落实到人，从而确保混凝土质量。

4.6.4 台风季节施工准备

台风季节的施工准备主要是安全准备，在台风来临之前，停止高空作业，应对机械、脚手架、未安装的模板进行加固，准备必要的物资，并及时对脚手架、墙体、模板等进行检查，发现问题及时处理。

4.7 技术和安全交底

4.7.1 技术交底

技术交底是施工技术管理的重要内容。技术交底的目的，一是使参加施工的工程技术管理人员、作业班组操作人员明确所担负工程任务或作业项目的特点及技术要求、质量标准、采用的施工方法和技术措施、安全环保措施，以便更好地组织施工；二是明确交底人和接受交底人各自的责任，发生工程事故，若属交底人未进行交底或交底不清，则主要是交底人的责任，若属接受交底人未按交底要求施工，则主要是接受交底人的责任。

1. 技术交底的类型

(1) 按工程项目分：技术交底分为单位工程技术交底和分部、分项工程技术交底两类。

(2) 按交底的类别分：有施工组织设计交底、施工图交底及国家有关规范、规程、验收标准、施工工艺等交底。

2. 技术交底的方式

技术交底的方式有书面形式、口头形式、现场示范、样板间等多种形式，最好用书面、示范、样板间等较容易掌握的形式交底。

单位工程技术交底是施工单位技术负责人施工前将工序中的关键技术对有关管理人员进行交底，应与施工组织设计交底一并进行。项目技术负责人向施工管理人员进行技术交底的主要内容和要求如下。

(1) 施工组织设计中的关键施工技术、施工方案、施工顺序和质量保证措施。

(2) 施工作业指导书的技术操作规程和质量控制要点。

(3) 图纸会审内容交底，特别是对图纸中有变动的部分交底。

(4) 施工质量标准及验收规范的有关条文。

(5) 技术交底记录应根据施工过程的变化，及时补充新内容。

(6) 技术交底记录应由交底人、接受交底人签字。

分部、分项工程技术交底的主要内容是：作业条件、施工准备、施工方法、工艺操作流程、技术要求、质量标准、安全环保措施、成品保护措施以及需要交底的其他事项（如工程中关键性施工技术问题；施工图中必须注意的尺寸、标高、轴线及预埋件、预埋孔位置，图纸变更洽商，新工艺、新材料的施工方法、操作要点，质量通病防治，环境保护措施等）。

技术交底要结合工作特点和班组具体情况在施工前进行，要重点突出，结合实际，切忌照抄照搬，流于形式。

4.7.2 安全技术交底

安全技术交底是一项技术性很强的工作，对于贯彻设计意图、严格实施技术方案、按图施工、循规操作、保证施工质量和施工安全至关重要。

1. 安全技术交底的内容

安全技术交底的内容有：本项目的施工作业特点和危险点；针对危险点的具体预防措施；应注意的安全事项；相应的安全操作规程和标准；发生事故后应及时采取的避难和救援措施等。

2. 安全技术交底的要求

项目经理部必须实行逐级安全技术交底制度，纵向延伸到班组全体作业人员；安全技术交底应具体、明确、针对性强；交底的内容应针对分部、分项工程中施工给作业人员带来的危险因素和存在的问题；应优先采用新的安全技术措施；对于涉及“四新”项目或技术含量高、技术难度大的单向技术设计，必须经过两阶段技术交底，即初步设计技术交底和实施性施工图技术设计交底；将工程概况、施工方法、施工程序、安全技术措施等向工长、班组长进行详细交底；定期向由两个以上作业队和多工种进行交叉施工的作业队组进行书面交底；保持书面安全技术交底签字记录。

各级书面安全交底应有交底时间、交底内容及交底人和接受交底人的签字，并保存交底记录。安全交底应针对工程施工作业的特点和危险点，针对危险点应有集体防范措施和应注意的安全事项。应有有关的安全操作规程和标准，一旦发生事故应有及时采取的避难和急救措施。当出现下列情况时，项目经理、项目总工程师或安全员应及时对班组进行安全交底。

(1) 因故改变安全操作规程。

(2) 实施重大和季节性安全措施。

(3) 推广使用新技术、新工艺、新材料、新设备。

(4) 发生因工伤亡事故、机械损坏事故及重大未遂事故。

(5) 出现其他不安全因素、安全生产环境发生较大变化。

安全技术交底的作用是：让一线作业人员了解和掌握该作业项目的安全技术操作规程

和注意事项，减少因违章操作而导致事故的可能；也是安全管理人员在项目管理工作中的重要环节；是安全管理作业的内容要求，同时做好安全技术交底也是安全管理人员自我保护的手段。

4.8 开工条件及开工报告申请

4.8.1 开工条件及开工申请

施工单位在招标、投标后中标，与建设单位签订施工合同，成立施工项目经理部，项目部应及时做好施工前的一切准备工作，确保合同工期的实现。

申请开工的基本条件。

（1）设计施工图纸完成并通过专家评审合格，在开工前进行了施工图会审，图纸上的问题和错误，已由设计单位解决，具备施工技术条件。

（2）施工组织设计已批准并向作业班组进行了技术安全交底；施工预算编制完成。

（3）“七通一平”已完成，满足开工需要。

（4）材料、成品、半成品已进场，且质量符合要求，能满足连续施工要求。

（5）大型临时设施已建成，能满足施工和生活需要。

（6）施工机械、设备已进场，经过检查能保证正常运转。

（7）施工队伍已调集进场，专业、工种的数量和持证上岗等符合规定，并经过必要的技术、安全、防火教育，安全消防设施已具备。

4.8.2 开工申请审批

当施工单位认为其施工准备工作已充分，且具备开工条件时，应当及时填写开工申请报告和工程开工申请表，送项目总监理工程师审查，并上报建设单位和建设主管部门审批，如经审查同意工程开工时，则由总监理工程师签发开工令，工程可正式开工。当然，建设单位办理了施工许可证后，施工单位才可以申请开工，这是由于我国建筑工程实行许可证制度所决定的。

复习思考题

1. 试述施工准备工作的重要性。
2. 简述施工准备工作的分类和主要内容。
3. 熟悉图纸会审应包括哪几个步骤？如何进行图纸会审？
4. 何为“七通一平”？如何建立测量控制网？
5. 资源准备包括哪些方面？
6. 如何做好冬、雨期施工准备工作？
7. 技术交底和安全技术交底的内容有哪些？
8. 生产和生活用临时设施有哪些？如何准备？
9. 开工条件有哪些？如何进行开工申请？

第 5 章　施工组织总设计

学习目标

了解施工组织总设计的基本概念、内容及编制依据；熟悉建设项目施工方案的选择方法，熟悉施工总进度计划及资源需要量计划的编制方法和施工总平面图设计方法。

能力目标

具备在建设项目施工阶段对建设项目施工组织总设计的应用能力；具备一般建设项目施工组织总设计的编制能力。

5.1 施工组织总设计概述

5.1.1 施工组织总设计的概念及作用

施工组织总设计是以一个建设项目或建筑群为对象，根据初步设计或扩大初步设计图纸以及其他有关资料和现场施工条件编制的，用以指导整个施工现场各项施工准备和组织施工活动的技术经济文件。一般由建设总承包单位或工程项目经理部的总工程师编制。

施工组织总设计的主要作用如下。

(1) 为建设项目或建筑群的施工作出全局性的战略部署。

(2) 为做好施工准备工作、保证资源供应提供依据。

(3) 为建设单位编制工程建设计划提供依据。

(4) 为施工单位编制施工计划和单位工程施工组织设计提供依据。

(5) 为组织整个施工作业提供科学方案和实施步骤。

(6) 为确定设计方案的施工可行性和经济合理性提供依据。

5.1.2 施工组织总设计编制依据

为了保证施工组织总设计的质量和编制工作顺利进行，使设计文件更能结合工程实际情况，更好地发挥施工组织总设计的作用，在编制施工组织总设计时，应具备下列编制依据。

1. 建设项目基础文件

(1) 建设项目可行性研究报告及其批准文件。

(2) 建设项目规划红线范围和用地批准文件。

(3) 建设项目勘察设计任务书、图纸和说明书。

(4) 建设项目初步设计或技术设计批准文件，以及设计图纸和说明书。

(5) 建设项目总概算、修正总概算或设计总概算。

(6) 建设项目施工招标文件和工程承包合同文件。

2. 工程建设政策、法规和规范资料

(1) 关于工程建设报建程序有关规定。

(2) 关于动迁工作有关规定。

(3) 关于工程项目实行建设监理有关规定。

(4) 关于工程建设管理机构资质管理有关规定。

(5) 关于工程造价管理的有关规定。

(6) 关于工程设计、施工和验收的有关规定。

3. 建设地区原始调查资料

(1) 地区气象资料。

(2) 工程地形、工程地质和水文地质资料。

(3) 地区交通运输能力和价格资料。

(4) 地区建筑材料、构配件和半成品供应状况资料。

(5) 地区进口设备和材料到货口岸及其转运方式资料。

(6) 地区供水、供电、电信和供热能力和价格资料。

(7) 地区土建和安装施工企业状况资料。

4. 类似施工项目经验资料

(1) 类似施工项目成本控制资料。

(2) 类似施工项目工期控制资料。

(3) 类似施工项目质量控制资料。

(4) 类似施工项目安全、环保控制资料。

(5) 类似施工项目技术新成果资料。

(6) 类似施工项目管理新经验资料。

5.1.3 施工组织总设计编制内容和程序

施工组织总设计编制内容根据工程性质、规模、工期、结构的特点及施工条件的不同而有所不同，通常包括下列内容：工程概况及特点分析，施工部署和主要工程项目施工方案，施工总进度计划，施工资源需要量计划，施工准备工作计划，施工总平面图和主要技术经济指标等。

施工组织总设计的编制程序如图 5-1 所示。

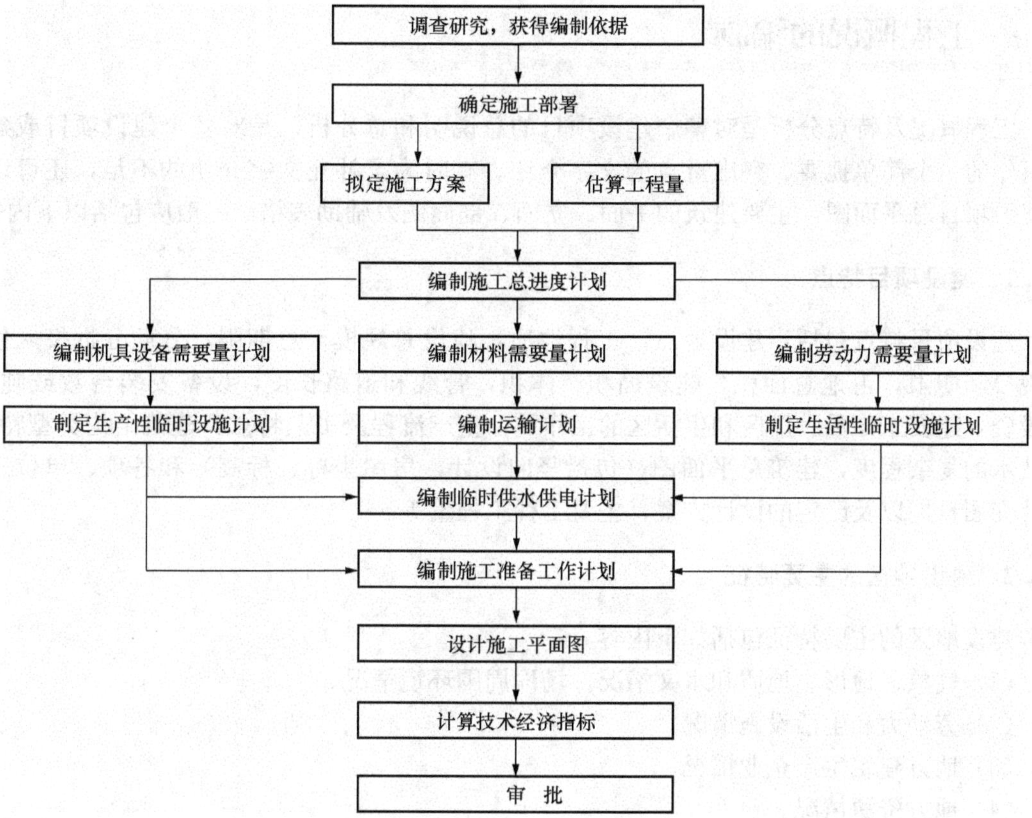

图 5-1 施工组织总设计的编制程序

5.1.4 施工组织总设计的编制原则

(1) 认真贯彻国家工程建设的法律、法规、规程、方针和政策。

(2) 严格执行工程建设程序，坚持合理的施工程序、施工顺序和施工工艺。

(3) 采用现代建筑管理原理、流水施工方法和网络计划技术，组织有节奏、均衡和连续的施工。

(4) 优先选用先进施工技术，科学确定施工方案；认真编制各项实施计划，严格控制工程质量、工程进度、工程成本和安全施工。

(5) 充分利用施工机械和设备，提高施工机械化、自动化程度，改善劳动条件，提高生产率。

(6) 扩大预制装配范围，提高建筑工业化程度；科学安排冬期和雨期施工，保证全年施工均衡性和连续性。

(7) 坚持“安全第一，预防为主”原则，确保安全生产和文明施工；认真做好生态环境和历史文物保护，严防施工震动、噪声、粉尘和垃圾污染。

(8) 尽可能利用永久性设施和组装式施工设施，努力减少施工临时设施建造量；科学地规划施工平面，减少施工用地。

(9) 优化现场物资储存量，合理确定物资储存方式，尽量减少库存量和物资损耗。

5.2 工程概况的编制

工程概况及特点分析是对整个建设项目的总说明和总分析，是对整个建设项目或建筑群所作的一个简单扼要、突出重点的文字介绍。有时为了补充文字介绍的不足，还可以附有建设项目总平面图，主要建筑的平面、立面、剖面图及辅助表格。一般应包括以下内容。

5.2.1 建设项目特点

建设项目特点包括：建设地点，工程性质，建设总规模、总期限，分期分批投入使用的规模和期限，占地总面积，建筑面积、体积，管线和道路长度，设备安装台数或吨数，总投资，建安工作量、厂区和生活区的工作量，生产流程及工艺特点，建筑结构类型特征，新技术的复杂程度，建筑总平面图（包括竖向设计，房屋坐标、标高）和各项、单位工程设计交图日期以及已定的设计方案，主要工种工程量等。

5.2.2 建设地区的主要特征

建设地区的主要特征包括如下内容。

(1) 气象、地形、地质和水文情况，场地周围环境情况。

(2) 劳动力和生活设施情况。

(3) 地方建筑生产企业情况。

(4) 地方资源情况。

(5) 交通运输条件。

(6) 水、电和其他动力条件。

5.2.3 施工条件

施工条件包括以下内容。

(1) 主要设备供应情况。

(2) 主要材料和特殊物资供应情况。

(3) 参加施工的各单位生产能力与技术与管理水平情况。

5.2.4 其他内容

其他内容包括：有关本建设项目的决议、合同或协议；土地征用范围、数量和居民搬迁时间；需拆迁与平整场地的要求等。

5.3 施工部署和施工方案的编制

施工部署是对整个建设项目全局作出的统筹规划和全面安排，主要解决影响建设项目全局的重大施工问题。施工部署由于建设项目的性质、规模和施工条件等不同，其内容主要包括：确定工程开展程序、拟定主要工程项目的施工方案、明确施工任务划分与组织安排等。

5.3.1 工程开展程序

确定建设项目中各项工程的合理开展程序是关系到整个建设项目能否尽快投产使用的关键。对于一些大中型工业建设项目，一般要根据建设项目总目标的要求，分期分批建设，既可使各具体项目尽快建成，尽早投入使用，又可在全局上实现施工的连续性和均衡性，减少临时设施工程数量，降低工程成本。至于分几期施工，每期工程包含哪些项目，则要根据生产工艺要求、建设部门要求、工程规模大小和施工难易程度、资金、技术等情况，由建设单位和施工单位共同研究确定。

对于大中型民用建设项目（如居民小区），一般也应分期分批建设。除考虑住宅以外，还应考虑幼儿园、学校、商店和其他公共设施的建设，以便交付使用后能及早发挥经济效益、社会效益和环境保护效益。

对于小型工业与民用建筑或大型建设项目的某一系统，由于工期较短或生产工艺的要求，也可不必分期分批建设，采取一次性建成投产。

在统筹安排各类项目施工时，要保证重点，兼顾其他，其中应优先安排工程量大、施工难度大、工期长的项目；供施工、生活使用的项目及临时设施；按生产工艺要求，先期投入生产或起主导作用的工程项目等。

5.3.2 主要施工项目的施工方案

施工组织总设计中要拟定一些主要工程项目的施工方案，与单位工程施工组织设计中的施工方案所要求的内容和深度不同。这些项目是整个建设项目中工程量大、施工难度大、工期长，对整个建设项目的完成起关键作用的建筑物或构筑物，以及全场范围内工程量大、影响全局的特殊分项工程。拟定主要工程项目施工方案的目的是为了进行技术和资源的准备工作，同时也为了施工顺利进行和现场的合理布局。它的内容包括施工方法、施工工艺流程、施工机械设备等。

对施工方法的确定要考虑技术工艺的先进性和经济上的合理性；对施工机械的选择，应使主导机械的性能既能满足工程的需要，又能发挥其效能，在各个工程上都能够实现综合流水作业，减少其拆、装、运的次数，对于辅助机械，其性能应与主导施工机械相适应，以便充分发挥主导施工机械的工作效率。

5.3.3 施工任务的划分与组织安排

在明确施工项目管理体制、机构的条件下，划分参与建设的各施工单位的施工任务，明确总包与分包单位的关系，建立施工现场统一的组织领导机构及职能部门，确定综合的和专业化的施工组织，明确各施工单位之间的分工与协作关系，划分施工阶段，确定各施工单位分期分批的主导施工项目和穿插施工项目。

5.4 施工总进度计划

施工总进度计划是施工现场各项施工活动在时间上和空间上的体现。编制施工总进度计划是根据施工部署中的施工方案和施工项目开展的程序，对整个工地的所有施工项目作出时间上和空间上的安排。其作用在于确定各个建筑物及其主要工种、分项工程、准备工作和全工地性工程的施工期限及开工和竣工的日期，从而确定建筑施工现场上劳动力、原材料、成品、半成品、施工机械的需要数量和调配情况，以及现场临时设施的数量、水电供应数量和能源、交通的需要数量等。因此，正确地编制施工总进度计划是保证各项目以及整个建设工程按期交付使用，充分发挥投资效益，降低建筑工程成本的重要条件。

5.4.1 编制施工总进度计划的基本要求

编制施工总进度计划的基本要求是：保证拟建工程在规定的期限内完成，发挥投资效益、施工的连续性和均衡性，节约施工费用。根据施工部署中拟建工程分期分批的投产顺序，将每个系统的各项工程分别划出，在控制的期限内进行各项工程的具体安排。如建设项目的规模不大，也可不按照分期分批投产顺序安排，而直接安排总进度计划。

5.4.2 施工总进度计划的编制步骤

1. 列出工程项目一览表并计算工程量

施工总进度计划主要起控制总工期的作用，因此项目划分不宜过细，可按照确定的主要工程项目的开展顺序排列，一些附属项目、辅助工程及临时设施可以合并列出。在工程项目一览表的基础上，计算各主要项目的实物工程量。计算工程量可按照初步（或扩大初步）设计图纸并根据各种定额手册进行计算。常用的定额资料有以下几种。

1）1 万元、10 万元投资工程量的劳动力及材料消耗扩大指标

这种定额规定了某一种结构类型建筑，每 1 万元或 10 万元投资中，劳动力、主要材料等消耗数量。根据设计图纸中的结构类型，即可计算出拟建工程各分项工程需要的劳动力和主要材料的消耗数量。

2）概算指标或扩大结构定额

概算指标是以建筑物每 $100m^3$ 建筑体积为单位；扩大结构定额是以每 $100m^2$ 建筑面积为单位。查定额时，首先查找与本建筑物结构类型、跨度、高度相类似的部分，然后查出这种建筑物按照定额单位所需要的劳动力和各项主要材料消耗量，从而推算出拟计算建筑物所需要的劳动力和材料的消耗数量。

3）标准设计或已建房屋、构筑物的资料

在缺少上述几种定额手册的情况下，可采用标准设计或已建成的类似房屋实际所消耗的劳动力及材料进行类比，按比例估算。但是，由于和拟建工程完全相同的已建工程是极为少见的，因此在采用已建工程资料时，一般都要进行折算、调整。

除房屋外，还必须计算主要的、全工地性工程的工程量，如场地平整、道路和地下管线的长度等，这些都可以根据建筑总平面图来计算。

将按照上述方法计算的工程量填入统一的工程量汇总表中，见表 5-1。

表 5-1　工程项目工程量汇总表

工程项目分类	工程项目名称	结构类型	建筑面积	幢(跨)数	概算投资	主要实物工程量					
						场地平整	土方工程	桩基工程	砖石工程	钢筋混凝土工程	装饰工程
			$1000m^2$	个	万元	$1000m^3$	$1000m^3$	$1000m^3$	$1000m^3$	$1000m^3$	$1000m^3$
全工地性工程											
主体项目											
辅助项目											
永久住宅											
临时建筑											
合计											

2. 确定各单位工程的施工期限

单位工程的施工期限应根据施工单位的具体条件（施工技术与施工管理水平、机械化程度、劳动力水平和材料供应等）及单位工程的建筑结构类型、体积大小和现场地形、地质、施工条件、现场环境等因素加以确定。此外，也可参考有关的工期定额来确定各单位工程的施工期限。

3. 确定各单位工程的开工、竣工时间和相互搭接关系

根据施工部署及单位工程施工期限，就可以安排各单位工程的开、竣工时间和相互搭接关系。通常应考虑下列因素。

(1) 保证重点，兼顾一般。在安排进度时，要分清主次，抓住重点，同一时期进行的项目不宜过多，以免分散有限的人力和物力。

(2) 要满足连续、均衡的施工要求。应尽量使劳动力、材料和施工机械的消耗在全工地上达到均衡，减少高峰和低谷的出现，以利于劳动力的调度和材料供应。

(3) 要满足生产工艺要求，合理安排各个建筑物的施工顺序，以缩短建设周期，尽快发挥投资效益。

(4) 认真考虑施工总平面图的空间关系。应在满足有关规范要求的前提下，使各拟建临时设施布置尽量紧凑，节省占地面积。

(5) 全面考虑各种条件限制。在确定各建筑物施工顺序时，应考虑各种客观条件限制，如施工企业的施工力量，各种原材料、机械设备的供应情况，设计单位提供图纸的时间，各年度建设投资数量等，对各项建筑物的开工时间和先后顺序予以调整。同时，由于建筑

施工受季节、环境影响较大，经常会对某些项目的施工时间提出具体要求，从而对施工的时间和顺序安排产生影响。

4. 安排施工总进度计划

施工总进度计划可以用横道图和网络图表达。由于施工总进度计划只是起控制性作用，而且施工条件复杂，因此项目划分不必过细。当用横道图表达施工总进度计划时，项目的排列可按施工总体方案所确定的工程展开程序排列。横道图上应表达出各施工项目开、竣工时间及其施工持续时间，见表 5-2。

表 5-2　施工总进度计划

<table>
<tr><th rowspan="3">序号</th><th rowspan="3">工程项目名称</th><th rowspan="3">结构类型</th><th rowspan="3">建筑面积</th><th rowspan="3">总工日</th><th colspan="15">施工进度计划</th></tr>
<tr><th colspan="5">××年</th><th colspan="5">××年</th><th colspan="5">××年</th></tr>
<tr><th></th><th></th><th></th><th></th><th></th><th></th><th></th><th></th><th></th><th></th><th></th><th></th><th></th><th></th><th></th></tr>
<tr><td></td><td></td><td></td><td></td><td></td><td></td><td></td><td></td><td></td><td></td><td></td><td></td><td></td><td></td><td></td><td></td><td></td><td></td><td></td><td></td></tr>
</table>

5. 施工总进度计划的调整和修正

施工总进度计划表绘制完成后，将同一时期各项工程的工作量加在一起，用一定的比例画在施工总进度计划的底部，即可得出建设项目工作量的动态曲线。若曲线上存在较大的高峰和低谷，则表明在该时间内各种资源的需求量变化较大，需要调整一些单位工程的施工速度或开、竣工时间，以便消除高峰和低谷，使各个时期的工作量尽可能达到均衡。

5.5 各项资源需要量及施工准备工作计划

各项资源需要量计划是做好劳动力及物资的供应、平衡、调度、落实的依据，其内容一般包括以下几个方面。

5.5.1　综合劳动力需求量计划

劳动力需要量计划是规划临时设施工程和组织劳动力进场的依据。编制时，首先根据工程量汇总表中分别列出的各个建筑物的主要实物工程量，查预算定额或有关资料，便可得到各个建筑物主要工种的劳动量，再根据施工总进度计划表的各单位工程各工种的持续时间，即可得到某单位工程在某段时间里的平均劳动力数。按同样方法可计算出各个建筑物各主要工种在各个时期的平均工人数。将施工总进度计划表纵坐标方向上各单位工程同工种的人数叠加在一起并连成一条曲线，即为某工种的劳动力动态曲线图。其他工种也用同样方法绘成曲线图，从而根据劳动力曲线图列出主要工种劳动力需要量计划表，见表 5-3。

表 5-3　劳动力需要量计划

<table>
<tr><th rowspan="2">序号</th><th rowspan="2">工程品种</th><th rowspan="2">劳动量</th><th rowspan="2">施工高峰人数</th><th colspan="5">××年</th><th colspan="5">××年</th><th rowspan="2">现有人数</th><th rowspan="2">多余或不足</th></tr>
<tr><th></th><th></th><th></th><th></th><th></th><th></th><th></th><th></th><th></th><th></th></tr>
<tr><td></td><td></td><td></td><td></td><td></td><td></td><td></td><td></td><td></td><td></td><td></td><td></td><td></td><td></td><td></td><td></td></tr>
</table>

5.5.2 材料、构件及半成品需求量计划

根据工程量汇总表所列各建筑物的工程量，查定额或有关资料，便可得出各建筑物所需的建筑材料、构件和半成品的需要量。然后根据施工总进度计划表，大致算出某些建筑材料在某一时间内的需要量，从而编制出建筑材料、构件和半成品的需要量计划，见表 5-4，这是材料供应部门和有关加工厂准备所需的建筑材料、构件和半成品并及时供应的依据。

表 5-4 主要材料、构件和半成品需要量计划

序号	工程名称	材料、构件、半成品名称								
		水泥	砂	砖		混凝土	砂浆		木结构	
		t	m^3	块		m^3	m^3		m^3	

5.5.3 施工机具需求量计划

主要施工机械的需要量是根据施工总进度计划、主要建筑物施工方案和工程量，并套用机械产量定额求得。辅助机械可根据建筑安装工程每 10 万元扩大概算指标求得；运输机具的需要量根据运输量计算。施工机具需要量计划见表 5-5。

表 5-5 施工机具需要量计划

序号	机具名称	规格型号	数量	功率	需要量计划											
					××年				××年				××年			

5.5.4 施工准备工作计划

为了落实各项施工准备工作，加强检查和监督，必须根据各项施工准备工作的内容、时间和人员，编制出施工准备工作计划，见表 5-6。

表 5-6 施工准备工作计划

序号	施工准备项目	内容	负责单位	负责人	起止时间		备注
					××年	××月	

5.6 施工总平面图

施工总平面图是拟建项目施工场地的总布置图。它是按照施工方案和施工总进度计划的要求，将施工现场的交通道路、材料仓库、附属企业、临时房屋、临时水电管线等作出合理的规划布置，从而正确处理全工地施工期间所需各项临时设施和永久建筑以及拟建项

目之间的空间关系。

5.6.1　施工总平面图的内容

（1）建设项目建筑总平面图上一切地上、地下建筑物、构筑物以及其他设施的位置和尺寸。

（2）为全工地施工服务的所有临时设施的布置，包括：①施工用地范围，施工用的各种道路；②加工厂、搅拌站及有关机械的位置；③各种建筑材料、构件、半成品的仓库和堆场的位置，取土弃土位置；④行政管理用房、宿舍、文化生活和福利设施等；⑤水源、电源、变压器位置，临时给排水管线和供电、动力设施；⑥机械站、车库位置；⑦安全、消防设施等。

（3）永久性测量放线标志桩位置。许多规模巨大的建设项目，其建设工期往往很长。随着工程的进展，施工现场的面貌将不断改变。在这种情况下，应按不同阶段分别绘制若干张施工总平面图，或根据工地的实际变化情况，及时对施工总平面图进行调整和修正，以便适应不同时期的需要。

5.6.2　施工总平面图的设计原则

施工总平面图的设计原则包括以下内容。

（1）尽量减少施工用地，少占农田，使平面布置紧凑合理。

（2）合理组织运输，减少二次搬运，保证运输方便通畅。

（3）施工区域的划分和场地的确定，应符合施工流程要求，尽量减少各专业工种和各工程之间的干扰。

（4）充分利用各种永久性建筑物、构筑物和原有设施为施工服务，降低临时设施费用。

（5）各种临时设施应便于生产和生活需要。

（6）满足安全防火、劳动保护、环境保护等要求。

5.6.3　施工总平面图的设计依据

施工总平面图的设计依据如下。

（1）各种设计资料，包括建筑总平面图、地形图、区域规划图及已有和拟建的各种设施位置。

（2）建设地区的自然条件和技术经济条件。

（3）建设项目的概况、施工部署、施工总进度计划。

（4）各种建筑材料、构件、半成品、施工机械需要量一览表。

（5）各构件加工厂、仓库及其他临时设施情况。

5.6.4　施工总平面图的设计方法

1. 场外交通的引入

设计全工地性施工总平面图时，首先应从大宗材料、成品、半成品、设备等进入工地的运输方式入手。当大批材料由铁路运来时，首先要解决铁路的引入问题；当大批材料是由水路运来时，应首先考虑原有码头的运输能力和是否增设专用码头的问题；当大批材料是由公路运入工地时，由于汽车运输线路可以灵活布置，因此，一般先布置场内仓库和加工厂，然后再布置场外交通的引入。

2. 仓库与材料堆场的布置

通常考虑将仓库与材料堆场设置在运输方便、位置适中、运距较短及安全防火的地方，并应根据不同材料、设备和运输方式来设置。如采用公路运输时，仓库布置得较灵活。一般中心仓库布置在工地中央或靠近使用的地方，也可以布置在靠近外部交通连接处。水泥、砂、石、木材等材料的仓库或堆场宜布置在搅拌站、预制场和加工厂附近；砖、预制构件等应该直接布置在施工对象附近，避免二次搬运。

3. 加工厂和搅拌站的布置

各种加工厂布置，应以方便使用、安全防火、运输费用少、不影响建筑安装工程施工的正常进行为原则。一般应将加工厂与相应的仓库或材料堆场布置在同一地区，且多处于工地边缘。

(1) 预制加工厂。尽量利用建设地区永久性加工厂，只有在运输困难时，才考虑在建设场地空闲地带设置预制加工厂。

(2) 钢筋加工厂。一般采用分散或集中布置。对于需要进行冷加工、对焊、点焊的钢筋或大片钢筋网，宜集中布置在中心加工厂；对于小型加工件，利用简单机具成型的钢筋加工，宜分散在钢筋加工棚中进行。

(3) 木材加工厂。应视木材加工的工作量、加工性质和种类决定是集中设置还是分散设置。

(4) 混凝土搅拌站。根据工程具体情况可采用集中、分散或集中与分散相结合的三种方式。当现浇混凝土量大时，宜在工地设置搅拌站；当运输条件较好时，宜采用集中搅拌；当运输条件较差时，宜采用分散搅拌。

(5) 砂浆搅拌站宜采用分散就近布置。

(6) 金属结构、锻工、电焊和机修等车间，由于它们在生产上联系密切，应尽可能布置在一起。

5.6.5　场内道路的布置

根据各加工厂、仓库及各施工对象的相对位置，考虑货物运转，区分主要道路和次要道路，进行道路的规划。

1. 合理规划临时道路与地下管网的施工程序

应充分利用拟建的永久性道路，提前修建永久性道路或先修路基和简易路面，作为施工所需的临时道路，以达到节约投资的目的。

2. 保证运输畅通

应采用环形布置，主要道路宜采用双车道，宽度不小于 6m，次要道路宜采用单车道，宽度不小于 3.5m。

3. 选择合理的路面结构

根据运输情况和运输工具的不同类型而定。一般场外与省、市公路相连的干线，宜建成混凝土路面；场区内的干线，宜采用级配碎石路面；场内支线一般为土路或砂石路。现场内临时道路的技术要求和临时路面的种类、厚度见表 5-7 和表 5-8。

表 5-7　简易道路技术要求

指标名称	单位	技术标准
设计车速	km/h	≤20
路基宽度	m	双车道 6～6.5，单车道 4.4～5，困难地段 3.5
路面宽度	m	双车道 5～5.5，单车道 3～3.5
平面曲线最小半径	m	平原、丘陵地区 20，山区 15，回头弯道 12
最大纵坡	%	平原地区 6，丘陵地区 8，山区 11
纵坡最短长度	m	平原地区 100，山区 50
桥面宽度	m	木桥 4～4.5
桥涵载重等级	t	木桥涵 7.8～10.4（汽—6～汽—8）

表 5-8　临时道路路面种类和厚度

路面种类	特点及其使用条件	路基土	路面厚度/cm	材料配合比
级配砾石路面	雨天照常通车，可通行较多车辆，但材料级配要求严格	砂质土 黏质土 或黄土	10～15 14～18	体积比： 黏土：砂：石子：1：0.7：3.5 重量比： 1. 面层：黏土 13%～15%，砂石料 85%～87% 2. 底层：黏土 10%，砂石混合料 90%
碎（砾）石路面	雨天照常通车，碎（砾）石本身含土较多，不加砂	砂质土	10～18	碎（砾）石>65%，当地土含量≤35%
		砂质土或黄土	15～20	
碎砖路面	可维持雨天通车，通行车辆较少	砂质土	13～15	垫层：砂或炉渣 4～5cm 底层：7～10cm 碎砖 面层：2～5cm 碎砖
		黏质土或黄土	15～8	
炉渣或矿渣路面	可维持雨天通车，通行车辆较少，当附近有此项材料可利用时	一般土	10～15	炉渣或矿渣 75%，当地土 25%
		较松软时	15～30	
砂土路面	雨天停车，通行车辆较少，附近不产石料而只有砂时	砂质土	15～20	粗砂 50%，细砂、粉砂和黏质土 50%
		黏质土	15～30	
风化石屑路面	雨天不通车，通行车辆较少，附近有石屑可利用	一般土	10～15	石屑 90%，黏土 10%
石灰土路面	雨天停车，通行车辆少，附近产石灰时	一般土	10～13	石灰 10%，当地土 90%

5.6.6　临时设施布置

临时设施包括：办公室、汽车库、休息室、开水房、食堂、俱乐部、浴室等。根据工地施工人数，可计算临时设施的建筑面积，应尽量利用原有建筑物，不足部分另行建造。

一般全工地性行政管理用房宜设在工地入口处，以便对外联系；也可设在工地中间，便于工地管理；工人用的福利设施应设置在工人较集中的地方，或工人必经之处；生活区应设在场外，距工地 500～1000m 为宜；食堂可布置在工地内部或工地与生活区之间；临时设施的设计，应以经济、适用、拆装方便为原则，并根据当地的气候条件、工期长短确定其结构形式。

临时设施布置可参考表 5-9～表 5-12。

表 5-9　各类加工厂、作业棚等所需面积

<table>
<tr><th>序号</th><th>名称</th><th>单位</th><th>数量</th><th>备注</th></tr>
<tr><td>1</td><td>木工作业棚</td><td>m²/人</td><td>2</td><td>占地为建筑面积的 2～3 倍</td></tr>
<tr><td rowspan="2">2</td><td>电锯房</td><td>m²</td><td>80</td><td>863～914mm 圆锯 1 台</td></tr>
<tr><td>电锯房</td><td>m²</td><td>40</td><td>小圆锯 1 台</td></tr>
<tr><td>3</td><td>钢筋作业棚</td><td>m²/人</td><td>3</td><td>占地为建筑面积的 3～4 倍</td></tr>
<tr><td>4</td><td>搅拌棚</td><td>m²/台</td><td>10～18</td><td></td></tr>
<tr><td>5</td><td>卷扬机棚</td><td>m²/台</td><td>6～12</td><td></td></tr>
<tr><td>6</td><td>烘炉房</td><td>m²</td><td>30～40</td><td></td></tr>
<tr><td>7</td><td>焊工房</td><td>m²</td><td>20～40</td><td></td></tr>
<tr><td>8</td><td>电工房</td><td>m²</td><td>15</td><td></td></tr>
<tr><td>9</td><td>白铁工房</td><td>m²</td><td>20</td><td></td></tr>
<tr><td>10</td><td>油漆工房</td><td>m²</td><td>20</td><td></td></tr>
<tr><td>11</td><td>机、钳工修理房</td><td>m²</td><td>20</td><td></td></tr>
<tr><td>12</td><td>立式锅炉房</td><td>m²/台</td><td>5～10</td><td></td></tr>
<tr><td>13</td><td>发电机房</td><td>m²/kW</td><td>0.2～0.3</td><td></td></tr>
<tr><td>14</td><td>水泵房</td><td>m²/台</td><td>3～8</td><td></td></tr>
<tr><td rowspan="2">15</td><td>空压机房（移动式）</td><td>m²/台</td><td>18～30</td><td></td></tr>
<tr><td>空压机房（固定式）</td><td>m²/台</td><td>9～15</td><td></td></tr>
</table>

表 5-10　现场机运站、机修间、停放场所所需面积参考资料

<table>
<tr><th rowspan="2">序号</th><th rowspan="2">施工机械名称</th><th rowspan="2">所需场地
/(m²/台)</th><th rowspan="2">存放方式</th><th colspan="2">检修间所需建筑面积/m²</th></tr>
<tr><th>内容</th><th>数量</th></tr>
<tr><td></td><td>一、起重、土方机械类</td><td></td><td></td><td rowspan="6">10～20 台设 1 个检修台位（每增加 20 台增设 1 个检修台位）</td><td rowspan="6">200
（增 150）</td></tr>
<tr><td>1</td><td>塔式起重机</td><td>200～300</td><td>露天</td></tr>
<tr><td>2</td><td>履带式起重机</td><td>100～125</td><td>露天</td></tr>
<tr><td>3</td><td>履带式正铲或反铲、拖式铲运机，轮胎式起重机</td><td>75～100</td><td>露天</td></tr>
<tr><td>4</td><td>推土机、拖拉机、</td><td>25～35</td><td>露天</td></tr>
<tr><td>5</td><td>压路机、汽车式起重机</td><td>20～30</td><td>露天或室内</td></tr>
</table>

续表

序号	施工机械名称	所需场地/（m^2/台）	存放方式	检修间所需建筑面积/m^2	
				内容	数量
	二、运输机械类				
6	汽车（室内） （室外）	20～30 40～60	一般情况下室内不小于10%	每20台设1个检修台位（每增加1个检修台位）	170 （增160）
7	平板拖车	100～150			
8	三、其他机械类 搅拌机、卷扬机、电焊机、电动机、水泵、空压机、油泵等	4～6	一般情况下室内占30%，露天占70%	每50台设1个检修台位（每增加1个检修台位）	50 （增50）

表5-11　临时加工厂所需面积参考资料

序号	加工厂名称	年产量		单位产量所需建筑面积	占地总面积/m^2	备　注
		单位	数量			
1	混凝土搅拌站	m^3 m^3 m^3	3200 4800 6400	0.022（m^2/m^3） 0.021（m^2/m^3） 0.020（m^2/m^3）	按砂石堆场考虑	400L搅拌机2台 400L搅拌机3台 400L搅拌机4台
2	临时性混凝土预制厂	m^3 m^3 m^3 m^3	1000 2000 3000 5000	0.25（m^2/m^3） 0.20（m^2/m^3） 0.15（m^2/m^3） 0.125（m^2/m^3）	2000 3000 4000 小于6000	生产屋面板和中小型梁柱板等，配有蒸汽养护设施
3	半永久性混凝土预制厂	m^3 m^3 m^3	3000 5000 10 000	0.6（m^2/m^3） 0.4（m^2/m^3） 0.3（m^2/m^3）	9000～12 000 12 000～15 000 15 000～20 000	
4	木材加工厂	m^3 m^3 m^3	16 000 24 000 30 000	0.0244（m^2/m^3） 0.0199（m^2/m^3） 0.0181（m^2/m^3）	18 000～3600 2200～4800 3000～5500	进行原木、大方加工
	综合木工加工厂	m^3 m^3 m^3 m^3	200 600 1000 2000	0.30（m^2/m^3） 0.25（m^2/m^3） 0.20（m^2/m^3） 0.15（m^2/m^3）	100 200 300 420	加工门窗、模板、地板、屋架等
	粗木加工厂	m^3 m^3 m^3 m^3	5000 10 000 15 000 20 000	0.12（m^2/m^3） 0.10（m^2/m^3） 0.09（m^2/m^3） 0.08（m^2/m^3）	1350 2500 3750 4800	加工屋架、模板

续表

<table>
<tr><th rowspan="2">序号</th><th rowspan="2">加工厂名称</th><th colspan="2">年产量</th><th>单位产量所需</th><th rowspan="2">占地总面积/m²</th><th rowspan="2">备　注</th></tr>
<tr><th>单位</th><th>数量</th><th>建筑面积</th></tr>
<tr><td rowspan="2">4</td><td>细木加工厂</td><td>万 m³
万 m³
万 m³</td><td>5
10
15</td><td>0.140 (m²/m³)
0.0114 (m²/m³)
0.0106 (m²/m³)</td><td>7000
10 000
14 300</td><td>加工门窗、地板</td></tr>
<tr><td>钢筋加工厂</td><td>t</td><td>200
500
1000
2000</td><td>0.35 (m²/t)
0.25 (m²/t)
0.20 (m²/t)
0.15 (m²/t)</td><td>280～560
380～750
400～800
450～900</td><td>加工、成型、焊接</td></tr>
<tr><td rowspan="3">5</td><td>现场钢筋拉直
或冷拉
拉直场
卷扬机棚
冷拉场
时效场</td><td colspan="4">所需场地（长×宽）
(70～80) × (3～4) (m²)
15～20m²
(40～60) × (3～4) (m²)
(30～40) × (6～8) (m²)</td><td>包括材料及成品堆放
3～5t 电动卷扬机一台，包括材料及成品堆放，包括材料及成品堆放</td></tr>
<tr><td>钢筋对焊
对焊场地
对焊棚</td><td colspan="4">所需场地（长×宽）
(3～40) × (4～5) (m²)
15～24m²</td><td>包括材料及成品堆放，寒冷地区应适当增加</td></tr>
<tr><td>钢筋冷加工
冷拔、冷轧机
剪断机
弯曲机 ϕ12 以下
弯曲机 ϕ40 以下</td><td colspan="4">所需场地/ (m²/台)
40～50
30～50
50～60
60～70</td><td></td></tr>
<tr><td>6</td><td>金属结构加工
(包括一般铁件)</td><td colspan="4">所需场地/ (m²/t)
年产 500t 为 10
年产 1000t 为 8
年产 2000t 为 6
年产 3000t 为 5</td><td>按一批加工数量计算</td></tr>
<tr><td>7</td><td>储灰池
淋灰池
淋灰槽</td><td colspan="4">5m×3m=15m²
4m×3m=12m²
3m×2m=6m²</td><td>每两个储灰池配一套淋灰池和淋灰槽，每 600kg 石灰可消化 1m³ 石灰膏</td></tr>
<tr><td>8</td><td>沥青锅场地</td><td colspan="4">20～24m²</td><td>台班产量
1～1.5t/台</td></tr>
</table>

表 5-12 临时建筑面积

序号	临时房屋名称	指标使用方法	参考指标	序号	临时房屋名称	指标使用方法	参考指标
一	办公室	按使用人数	3～4	2	浴室	按高峰年平均人数	0.07～0.1
二	宿舍			3	理发室	按高峰年平均人数	0.01～0.03
1	单层通铺	按高峰年（季）平均人数	2.5～3.0	4	俱乐部	按高峰年平均人数	0.1
				5	小卖部	按高峰年平均人数	0.03
2	双层床	扣除不在工地居住人数	2.0～2.5	6	招待所	按高峰年平均人数	0.06
				7	托儿所	按高峰年平均人数	0.03～0.06
3	单层床	扣除不在工地居住人数	3.5～4.0	8	子弟学校	按高峰年平均人数	0.06～0.08
				9	其他公用	按高峰年平均人数	0.05～0.10
三	家属宿舍		16～25m²/户	六	小型		
四	食堂	按高峰年平均人数	0.5～0.8	1	开水房		10～40
	食堂兼礼堂	按高峰年平均人数	0.6～0.9	2	厕所	按工地平均人数	0.02～0.07
五	其他合计	按高峰年平均人数	0.5～0.6	3	工人休息室	按工地平均人数	0.15
1	医务所	按高峰年平均人数	0.05～0.07				

5.6.7 临时水电管网及其他动力设施的布置

当有可以利用的水源、电源时，可以将水、电直接接入工地。临时总变电站应设置在高压电引入处，不应放在工地中心；临时水池应放在地势较高处。

当无法利用现有水、电时，为获得电源，可在工地中心或附近设置临时发电设备；为获得水源，可利用地下水或地上水设置临时供水设备（水塔、水池）。施工现场供水管网有环状、枝状和混合式三种形式。过冬的临时水管须埋在冰冻线以下或采取保温措施。

消防栓应设置在易燃建筑物附近，并有通畅的出口和车道，其宽度不小于 6m，与拟建房屋的距离不得大于 25m，也不得小于 5m，消防栓间距不应大于 100m，到路边的距离不应大于 2m。

临时配电线路布置与供水管网相似。工地电力网，一般 3～10kV 的高压线采用环状，沿主干道布置；380/220V 低压线采用枝状布置，通常采用架空布置，距路面或建筑物不小于 6m。

上述布置应采用标准图例绘制在总平面图上，图幅可选用 1～2 号图纸，比例为 1∶1000 或 1∶2000。在进行各项布置后，经分析比较，调整修改，形成施工总平面图，并进行必要的文字说明，标上图例、比例、指北针等。完成的施工总平面图比例要正确，图例要规范，线条粗细分明，字迹端正，图面整洁美观。

复习思考题

1. 简述施工组织总设计的作用和编制依据。
2. 简述施工组织总设计的内容和编制程序。
3. 简述施工组织总平面图的设计方法。
4. 简述施工组织总平面图设计应遵循的原则。
5. 简述施工组织总进度计划的编制原则和内容。

第6章 单位工程施工组织设计

学习目标

了解单位工程施工组织设计的概念及其在建设项目施工阶段的作用；熟悉单位工程施工组织设计的编制内容；掌握单位工程施工组织设计各项内容的编制方法和要求。

能力目标

具有在建设项目施工阶段对单位工程施工组织设计的应用能力；具有编制一般单位工程施工组织设计的能力。

6.1 单位工程施工组织设计概述

施工组织设计是对施工活动实行科学管理的重要手段，具有战略部署和战术安排的双重作用。是指导工程施工全过程活动的重要文件。它确定了工程施工的指导思想和全局部署，贯穿于施工全过程，集技术、经济、管理于一体，是一份全面的施工组织实施规划文件。

6.1.1 单位工程施工组织设计的概念和作用

1. 单位工程施工组织设计的概念

单位工程施工组织设计，是在施工组织总设计的指导下，以单位（子单位）工程为主要对象编制的，对单位（子单位）工程的施工过程起指导和制约作用。单位工程施工组织设计是指导其施工全过程中各项生产技术、经济活动、组织协调，控制质量、安全等各项目标的综合性管理文件。它的内容较施工组织总设计详细和具体，同时它也是施工单位编制月、旬施工计划的依据。

2. 单位工程施工组织设计的作用

单位工程施工组织设计是在相应工程施工承包合同签订之后，开工之前，在施工单位项目经理的组织下，由项目部的技术负责人负责编制，适用于指导单位工程的施工管理。

单位工程施工组织设计在工程施工中具有重要的组织、指导和制约作用，其主要作用有以下几点。①贯彻施工组织总设计，具体实施施工组织总设计对该单位工程的规划内容。②为开工前的施工准备工作作详细的安排。③对整个单位工程全局作出统筹规划和全面安排，并对工程施工中的重大战略问题进行决策。④选择施工方法和施工机械，提出实现项目各项管理目标的具体措施，为项目管理提出技术和组织方面的指导性意见。⑤编制施工进度计划，落实施工顺序、搭接关系及各分部分项工程的施工时间，实现工期目标，为项目部编制作业计划提供依据。⑥为计算各类资源需要量和安排供应工作提供数据和计划。⑦对单位工程的施工现场进行合理设计和布置，统筹合理利用空间，为安全文明施工创造条件，是现场平面管理的依据。

6.1.2 单位工程施工组织设计的编制内容

由于单位工程的性质、规模大小、技术上的复杂程度、现场施工条件和建设单位的要求等各不相同，因此，施工组织设计编制的内容深度和广度也不可能完全相同，每个单位工程施工组织设计的重点也不相同。但是，无论怎样去编写，其内容必须简明扼要，具有规模性及可操作性，并应达到一切从解决实际施工问题出发，在施工中确实起到指导现场施工的作用。

按照《建筑施工组织设计规范》（GB/T 50502—2009）的规定，施工组织设计编制的基本内容包括：编制依据、工程概况、施工部署、施工进度计划、施工准备与资源配置计划、主要施工方法、施工现场平面布置及主要施工管理计划八项基本内容。

6.2 编制依据

6.2.1 编制单位工程施工组织设计的依据

编制单位工程施工组织设计的依据包括如下内容。

(1) 施工合同。

(2) 经审查批准的施工图。

(3) 施工组织总设计。

(4) 建设单位可能提供的条件。

(5) 工程预算文件及有关定额。

(6) 本工程资源配备情况。

(7) 施工现场的勘察资料。

(8) 国家或地方有关规范、标准。

(9) 有关的参考资料及类似工程施工组织设计实例。

6.2.2 编制依据的编写要求

要着重说明主要的编制依据，其内容在编写形式上可采用表格的形式。要求内容完整、正确，不出现错误和遗漏。通常情况下，对编制依据只作简要说明，但当采用的企业标准与国家或行业规范、标准不一致致时，应重点说明。

6.3 工程概况

6.3.1　工程概况的编写要求

对这一部分内容要反映设计图纸的要求、建设单位的要求和工程实际情况，要针对工程特点结合调查资料，进行分析研究，找出关键的问题加以说明。对新技术、新材料、新工艺、新结构及施工的难点应着重说明。编写时应注意内容简洁，语言严谨，层次清楚，力求做到概括性、准确性、完整性。

6.3.2　工程概况的编写内容

工程概况包括工程建设概况，工程建设地点特征，建筑、结构设计概况，施工条件和工程施工特点分析五方面内容。

1. 工程建设概况

工程建设概况主要介绍拟建工程的建设单位、工程名称、性质、用途和建设的目的，资金来源及工程造价，开工、竣工日期，设计单位、施工单位、监理单位、监督单位、施工图纸情况，施工合同是否签订，上级有关文件或要求，以及组织施工的指导思想等，参考表 6-1。

表 6-1　工程建设概况

序　号	项　　目	内　　容	序　号	项　　目	内　　容
1	工程名称		6	施工总承包单位	
2	工程地址		7	合同工期	
3	建设单位		8	合同质量目标	
4	设计单位		……	……	
5	监理单位				

2. 工程建设地点特征

工程建设地点特征主要介绍拟建工程的地理位置、地形、地貌、地质、水文、气温、冬雨期时间、主导风向、风力和抗震设防烈度等。

3. 建筑、结构设计概况

建筑设计概况主要介绍拟建工程的建筑面积、平面形状和平面组合情况、层数、层高、总高、总长、总宽等尺寸及室内外装修的情况，参考表 6-2。

表 6-2 建筑设计概况

<table>
<tr><th>序号</th><th>项目</th><th colspan="4">内容</th></tr>
<tr><td>1</td><td>建筑功能</td><td colspan="4"></td></tr>
<tr><td>2</td><td>建筑特点</td><td colspan="4"></td></tr>
<tr><td rowspan="3">3</td><td rowspan="3">建筑面积</td><td>总建筑面积/m^2</td><td></td><td>占地面积/m^2</td><td></td></tr>
<tr><td>地下建筑面积/m^2</td><td></td><td>地上建筑面积/m^2</td><td></td></tr>
<tr><td>标准层建筑面积/m^2</td><td></td><td></td><td></td></tr>
<tr><td>4</td><td>建筑层数</td><td>地上</td><td></td><td>地下</td><td></td></tr>
<tr><td rowspan="5">5</td><td rowspan="5">建筑层高</td><td rowspan="2">地下部分层高/m</td><td>地下 1 层</td><td colspan="2"></td></tr>
<tr><td>地下 N 层</td><td colspan="2"></td></tr>
<tr><td rowspan="3">地上部分层高/m</td><td>首层</td><td colspan="2"></td></tr>
<tr><td>标准层</td><td colspan="2"></td></tr>
<tr><td>设备层</td><td colspan="2"></td></tr>
<tr><td rowspan="3">6</td><td rowspan="3">建筑高度</td><td>±0.000 绝对标高/m</td><td></td><td>室内外高差/m</td><td></td></tr>
<tr><td>基底标高/m</td><td></td><td>建筑总高/m</td><td></td></tr>
<tr><td>檐口标高/m</td><td></td><td></td><td></td></tr>
<tr><td rowspan="2">7</td><td rowspan="2">建筑平面</td><td>横轴编号</td><td></td><td>纵轴编号</td><td></td></tr>
<tr><td>横轴距离/m</td><td></td><td>纵轴距离/m</td><td></td></tr>
<tr><td>8</td><td>建筑防火</td><td colspan="4"></td></tr>
<tr><td>9</td><td>墙面保温</td><td colspan="4"></td></tr>
<tr><td rowspan="9">10</td><td rowspan="9">内、外装修</td><td>外墙装修</td><td colspan="3"></td></tr>
<tr><td>门窗工程（窗）</td><td colspan="3"></td></tr>
<tr><td>屋面工程</td><td colspan="3"></td></tr>
<tr><td>顶棚工程</td><td colspan="3"></td></tr>
<tr><td>地面工程</td><td colspan="3"></td></tr>
<tr><td>内墙装修</td><td colspan="3"></td></tr>
<tr><td>门窗工程（门）</td><td colspan="3"></td></tr>
<tr><td>楼梯</td><td colspan="3"></td></tr>
<tr><td>公用部分</td><td colspan="3"></td></tr>
<tr><td rowspan="3">11</td><td rowspan="3">防水工程</td><td>地下</td><td colspan="2">防水等级：</td><td>防水材料：</td></tr>
<tr><td>屋面</td><td colspan="2">防水等级：</td><td>防水材料：</td></tr>
<tr><td>厕、浴间</td><td colspan="2">防水等级：</td><td>防水材料：</td></tr>
<tr><td>12</td><td>建筑节能</td><td colspan="4"></td></tr>
<tr><td>13</td><td>其他说明</td><td colspan="4"></td></tr>
</table>

结构设计概况主要介绍基础结构形式、基础埋置深度，设备基础的形式，主体结构形式，墙、柱、梁、板的材料及截面尺寸，预制构件的类型及安装位置，楼梯构造及形式等，参考表 6-3。

表 6-3　结构设计概况

序号	项　　目	内　　容	
1	结构形式	基础结构形式	
		主体结构形式	
2	基础埋置深度土质、水位	基础埋置深度	
		基底以上土质分层情况	
		地下水位标高	
		地下水水质	(有无侵蚀)
3	地基	持力层以下土质类别	
		地基承载力	
		地基土渗透系数	
4	地下防水	混凝土自防水	
		防水材料防水	
5	混凝土强度及抗渗要求	部位	
		部位	
6	抗震设防烈度		
7	结构截面尺寸	基础底板厚度/mm	
		外墙厚度/mm×mm	
		内墙厚度/mm×mm	
		柱截面尺寸/mm	
		梁截面尺寸/mm	
		楼板厚度/mm	
8	主要柱网距离		
9	楼梯结构形式		
10	人防设置等级		
11	其他说明		

4. *施工条件*

施工条件主要介绍“三通一平”的情况，当地的交通运输条件，资源及供应情况，施工现场大小及周围环境情况，预制构件生产及供应情况，施工单位机械、设备、劳动力的落实情况，内部承包方式、劳动组织形式及施工管理水平，现场临时设施、供水、供电问题的解决。

5. *工程施工特点分析*

工程施工特点分析主要介绍拟建工程施工特点和施工中关键问题、难点所在，以便突出重点、抓住关键，使施工顺利进行，提高施工单位的经济效益和管理水平。

6.4 施工部署

6.4.1 施工部署的编写要求

施工组织设计中的施工部署是该工程施工的战略战术性决策意见，施工部署方案应在若干个初步方案的基础上进行筛选优化后确定。

施工部署必须体现出项目经理如何组织施工的指导思想，必须明确项目经理在工程开工前是如何对整个工程施工进行总体布局，而这个布局就是对工程施工所涉及的任务、人力、资源、时间和空间进行构思、总体设计与全面安排。

由于拟建工程的性质、规模、客观条件不同，施工部署的内容和侧重点也各不相同。因此进行施工部署设计时，应结合工程的特点，对具体情况进行具体分析，遵循建筑施工的客观规律，按照合同工期的要求，事先制定出必须遵循的原则，作出切实可行的施工部署。

6.4.2 施工部署的编写内容

施工部署是否合理，是直接影响工程的进度、质量和成本三大目标能否顺利实现的关键。因此，必须引起足够重视。通常情况下，施工部署主要包括以下内容：明确施工管理目标，确定施工部署原则，建立项目经理部组织机构，明确施工任务划分，计算主要项目工程量，明确施工组织协调与配合等。

6.4.3 施工管理目标

施工管理目标应根据施工合同和本单位对工程管理目标的要求确定，当本工程是整个建设项目中的一个单位工程时，其各项目标还应满足施工组织总设计中确定的目标。施工管理目标一般包括进度目标、质量目标、安全目标、成本目标、文明施工目标和消防目标等。

6.4.4 施工部署的原则

施工部署原则体现承包单位在工程实施过程中为完成施工合同和实现预期目标的主导思想，体现项目经理通过什么样的组织手段和技术手段去完成合同的要求。施工部署原则是施工组织设计的核心内容，将影响到整个工程的成败和得失。因此，这项内容的形成应在施工组织设计成文前，由项目经理提出初步意见，然后经过酝酿，反复讨论后，由项目经理作最后决策。

施工部署原则要宏观，可从以下几个方面考虑：

（1）满足业主要求的部署原则。

（2）满足施工程序和总体施工顺序的原则。

（3）满足施工起点流向和施工顺序的原则。

（4）满足时间连续的部署原则。

（5）满足平面、空间占满的部署原则。

(6) 合理的资源配置原则。

(7) 根据工程各个阶段施工的不同特点来安排总体施工部署的原则。

(8) 以科技为先导的部署原则。

(9) 满足流水施工要求的部署原则。

(10) 满足周边环境要求的部署原则。

(11) 以人为本、科学管理的部署原则。

(12) 按创优、创杯和创文明工地为标准的部署原则。

6.4.5　项目经理部组织机构的建立

1. 建立项目组织机构

应根据项目的实际情况，成立一个以项目经理为首的与工程规模及施工要求相适应的组织管理机构——项目经理部。项目经理部职能部门的设置应紧紧围绕项目管理内容的需要确定。

2. 确定组织机构形式

项目经理部人员的组成通常以组织结构图的形式（框图）表示。在项目组织结构框图中应明确三项内容，即项目部主要成员的姓名、行政职务和技术职称或执业资格，使项目的人员构成情况一目了然。

3. 确定组织管理层次

施工组织管理层次可分为决策层、控制层和作业层。项目经理是最高决策者，职能部门是管理控制层，施工班组是作业层。

4. 制定岗位职责

在确定项目部组织机构时，还要明确组织内部的每个岗位人员的分工职责，落实施工责任。责任和权力必须一致，并形成相应规章制度，使各岗位人员各行其职，各负其责。

6.4.6　施工任务划分

在确立了项目施工组织管理体制和机构的条件下，划分参与建设的各单位的施工任务和负责范围，明确总包与分包单位的关系，明确各单位之间的关系。

明确各施工单位负责的范围，即施工总承包合同的范围、业主指定分包范围、由总包管理的施工范围、总包组织外部分包项目、工程物资采购划分、总包与分包的关系，参见表 6-4。

表 6-4　各单位负责范围

序号	负责单位	任务划分范围	序号	负责单位	任务划分范围
1	总包合同范围		3	业主指定分包范围	
2	总包组织外部分包的范围		4	总包对分包管理范围	

6.4.7　计算主要分项工程的工程量

在计算主要项目工程量时，首先应根据工程特点划分项目。然后估算出各主要分项的实物工程量，如挖土方量、防水工程量、钢筋用量、混凝土用量等，宜列表说明，参考表6-5。

表6-5　主要分项工程量

项　目			单位	数量	备　注
土方开挖	开挖土方		m^3		
	回填土方		m^3		
防水工程	地下		m^2		注明防水种类和卷材品种
	屋面		m^2		
	厕、浴间		m^2		
混凝土工程	地上	防水混凝土	m^3		
		普通混凝土	m^3		
	地下	防水混凝土	m^3		
		普通混凝土	m^3		
模板工程	地上		m^2		
	地下		m^2		
钢筋工程	地上		t		
	地下		t		
砌体工程	地上		m^3		注明砌块种类
	地下		m^3		
装饰装修工程	内墙	墙面	m^2		
		地面	m^2		
		吊顶	m^2		
		贴瓷砖	m^2		
		油漆	m^2		
	外墙	门窗	m^2		
		幕墙	m^2		
		面砖	m^2		
		涂料	m^2		
		抹灰	m^2		

6.5 施工进度计划

6.5.1 单位工程施工进度计划的表达方式及组成

单位工程施工进度计划的表达方式一般有横道图和网络图两种，详见第2章、第3章所述。施工进度计划由两部分组成，一部分反映拟建工程所划分施工过程的工程量、劳动量或台班量、施工人数或机械数、工作班次及工作持续时间等计算内容；另一部分则用图表形式表示各施工过程的起止时间、持续时间及各工作间的搭接关系。

6.5.2　单位工程施工进度计划的编制依据

单位工程施工进度计划的编制依据主要包括：施工图、工艺图及有关标准图等技术资料；施工组织总设计对本工程的要求；施工工期要求；施工方案、施工定额以及施工资源供应情况等。

6.5.3　单位工程施工进度计划的编制

施工进度计划初步方案编制后，应根据建设单位和有关部门的要求、合同规定及施工条件等，先检查各施工过程之间的施工顺序是否合理、工期是否满足要求、劳动力等资源消耗是否均衡，然后再进行调整，直至满足要求，正式形成施工进度计划。总的要求是：在合理的工期下尽可能地使施工过程连续施工，这样便于资源的合理安排。单位工程施工进度计划的编制步骤及编制方法详见本书第 2 章内容。

6.6　施工准备与资源配置计划

6.6.1　施工准备与资源配置计划的编写要求

在实际编写这部分内容时，往往与分部（分项）工程的施工作业准备工作内容相混淆，往往把分项工程的施工作业条件准备放在这里（这里指的是开工前的准备），因此有必要对施工组织设计中的施工准备和分部（分项）工程施工作业条件准备作简要说明。按工程所处施工阶段分类，施工准备可分为开工前的施工准备和分部（分项）工程作业条件的施工准备。

开工前施工准备，是指单位工程开工前的施工准备工作。它是在拟建工程正式开工前，所进行的带有全局性和总体性的施工准备，其目的是为单位工程正式开工创造必要的施工条件。分项工程作业条件的施工准备，是指工程开工之后，为某个分部（分项）工程所做的施工准备工作，它带有局部性和经常性。其目的是为分部（分项）工程施工创造必要的施工条件。

6.6.2　施工准备与资源配置计划的编制内容

施工准备是为拟建工程的施工创造必要的技术、物质条件，是完成单位工程施工任务的首要条件，是为工程早日开工和顺利进行所必须做的一些工作。施工准备不仅存在于开工之前，而且贯穿于整个施工过程之中。

施工准备工作的内容包括：技术准备、施工现场准备和资金准备。

资源配置计划的内容包括：劳动力配置计划和物资配置计划。

6.6.3　技术准备

技术准备的主要内容一般包括如下几方面。

（1）一般性准备工作。

(2) 器具配置计划。

(3) 技术工作计划。

(4) 新技术、新工艺、新材料、新设备推广应用计划。

(5) 高程引测与建筑物定位。

(6) 试验室、预拌混凝土供应。

(7) 施工图翻样设计工作。

技术准备的详细内容见本书第 4 章。

6.6.4 施工现场准备

施工现场准备即通常所说的室外准备，也叫现场管理的“外业”，主要是为拟建工程早日开工和顺利进行创造有利的施工条件和物质保障基础。它是保证工程按计划开工和顺利进行的重要环节，因此必须认真做好这项工作。

施工现场准备工作的内容包括障碍物的清除、“三通一平”、现场临水临电、生产生活设施、围墙、道路等施工平面图中所有内容，并按施工平面图所规定的位置和要求布置。这部分内容编写时，应结合实际叙述开工前的现场安排及现场使用。

1. 施工临时供水系统准备计划

施工临时供水主要包括生产用水、生活用水和消防用水三种。生产用水包括工程施工用水、施工机械用水。

1) 现场施工用水量计算

(1) 现场施工用水量可按下式计算：

$$q_1 = K_1 \sum [(Q_1 \cdot N_1)/(T_1 \cdot t)] \cdot [K_2/(8 \times 3600)] \quad (6\text{-}1)$$

式中：q_1——工程施工用水量（L/s）；

K_1——未预计的施工用水系数（1.05～1.15）；

Q_1——年（季）度工程量（以实物计量单位表示）；

N_1——施工用水定额；

T_1——年（季）度有效工作日（d）；

t——每天工作班数（班）；

K_2——现场施工用水不均衡系数（见表 6-6）。

经过计算得到 q_1=______ L/s。

表 6-6 施工用水不均衡系数

符号	用水名称	系数
K_2	现场施工用水	1.5
	附属生产企业用水	1.25
K_3	施工机械、运输机械	2.00
	动力设备	1.05～1.10
K_4	施工现场生活用水	1.30～1.50
K_5	生活区生活用水	2.00～2.50

（2）施工机械用水量计算。施工机械用水量可按下式计算：

$$q_2 = K_1 \cdot \sum Q_2 \cdot N_2 \cdot K_3/(8 \times 3600) \tag{6-2}$$

式中：q_2——机械用水量（L/s）；

K_1——未预计的施工用水系数（1.05～1.15）；

Q_2——同一种机械台数（台）；

N_2——施工机械台班用水定额；

K_3——施工机械用水不均衡系数（见表 6-6）。

经过计算得到 q_2 =______ L/s。

2）施工现场生活用水量计算

施工现场生活用水量可按下式计算：

$$q_3 = (P_1 \cdot N_3 \cdot K_4)/(t \times 8 \times 3600) \tag{6-3}$$

式中：q_3——施工现场生活用水量（L/s）；

P_1——施工现场高峰期人数；

N_3——施工现场生活用水定额；

K_4——施工现场生活用水不均衡系数（见表 6-6）；

t——每天工作班数（班）。

经过计算得到 q_3 =________ L/s。

3）生活区生活用水量计算

生活用水量可按下式计算：

$$q_4 = P_2 \cdot N_4 \cdot K_5/(24 \times 3600) \tag{6-4}$$

式中：q_4——施工现场生活区生活用水量（L/s）；

P_2——生活区人数；

N_4——生活区昼夜全部用水定额，每人每昼夜为 100～120L；

K_5——施工现场生活用水不均衡系数（见表 6-6）。

经过计算得到 q_4 =________ L/s。

4）消防用水量计算

根据消防范围及火灾同时发生次数确定消防用水量（q_5）。最小为 10L/s；施工现场在 25ha 以内时，不大于 15L/s。

5）总用水量计算

（1）当（$q_1+q_2+q_3+q_4$）$\leqslant q_5$ 时，则 $Q=q_5+1/2(q_1+q_2+q_3+q_4)$。

（2）当（$q_1+q_2+q_3+q_4$）$\geqslant q_5$ 时，则 $Q=q_1+q_2+q_3+q_4$。

（3）当工地面积小于 5ha，且 $q_1+q_2+q_3+q_4<q_5$ 时，则 $Q=q_5$。

计算的总用水量还应增加 10%，以补偿不可避免的水管漏水损失。

临时供水计算可参见《建筑施工手册》中的有关内容。

6）供水管径计算书

工地临时供水网路的需用管径，可按下式计算

$$d = \sqrt{4Q/(\pi \cdot v \cdot 1000)} \tag{6-5}$$

式中：d——配水管直径（m）；

Q——施工现场总用水量（L/s）；

v——管网中水流速度（m/s），一般取 $v=1.50\sim2\text{m/s}$。

临时供水应计算生产、生活用水和消防用水，二者比较选择大者。一般工程生产、生活用水量都不会超过消防用水量，故应按消防用水量布置管线即可满足要求。

7）临时供水管线布置

临时供水管线的布置包括：消防设施的布置，生产、生活用水设施的布置，排水系统布置。临时供水管线敷设，可用明管或暗管。在严寒地区，暗管应设在冰冻线以下，明管应加保温层。通过道路部分，应考虑地面上重型机械荷载对埋设管的影响。临时供水管线在施工总平面图中要标明管线位置、水管管径、用水位置。

2. 施工临时供电系统准备计划

（1）说明本工程主要用电设备及现场电源情况，并按现场临电负荷表进行现场临电的负荷计算，校核建设单位所提供的电量是否能够满足现场施工所需电量，如何布置现场临电系统，见表 6-7。

表 6-7　主要施工机械设备用电一览

序号	名称	规格型号	单位	数量	设备容量/kW	进场时间	电容量
1	塔式起重机						
2	施工电梯						
3	交流电焊机						
…	……						
…	施工照明						
…	生活用电						
…	电容量合计	电动机：××kW 电焊机：××kV·A					
		施工照明：××kW　生活用电：××kW					

（2）施工现场安全用电管理，是安全文明施工的重要组成部分，应单独编制详细的临电方案，通过计算确定变压器规格、导线截面，并绘制现场用电线路布置图和系统图。临时供电线路只需在施工总平面图中标明线路位置、用电位置即可。

（3）用电量计算：现场临时供电包括动力用电与照明用电两种，在计算用电量时，应考虑以下因素。

① 全工地使用的机械设备、电气工具和照明用电数量。

② 施工进度计划中，施工高峰阶段同时用电的机械设备最高数量。

③ 各种电力机械设备在工作中的利用情况。

动力用电、照明用电所需容量按下式估算：

$$P = 1.05 \sim 1.10(K_1 \sum P_1/\cos\phi + K_2 \sum P_2 + K_3 \sum P_3 + K_4 \sum P_4) \tag{6-6}$$

式中：P——供电设备总需要容量（kV·A）；

P_1——电动机额定功率（kW）；

P_2——电焊机额定功率（kV·A）；

P_3——室内照明设备用电量（kW）；

P_4——室外照明设备用电量（kW）；

K_1——全部施工用电设备同时使用系数，总数 10 台以内取 0.7，11～30 台取 0.6，30 台以上取 0.55；

K_2——电焊机同时使用系数，3～10 台取 0.6，10 台以上取 0.5；

K_3——室内照明设备同时使用系数，取 0.8；

K_4——室外照明设备同时使用系数，取 1.0；

$\cos\phi$——电动机的平均功率因数，一般建筑工地取 0.75。

求得 P 值，可选择变压器容量。

由于照明用电量所占的比重较动力用电量要小得多，所以在估算总用电量时可以简化，只要在动力用电量之外加 10%作为照明用电量即可。

3. 临时供热准备计划

应根据现场的生产、生活设施的面积和形式，确定供热方式和供热量，并绘制管线设计图。

4. 临时道路及围墙计划

目前很多大型工程往往忽略了道路在施工现场的重要性，要特别注意雨期到来时道路泥泞影响运输，在设计道路做法时，应引起足够的重视。

(1) 根据现场实际情况确定道路做法、宽度和排水方向。

(2) 临时道路和围墙的设置必须符合安全、消防、文明施工标准的规定。

(3) 临时道路应考虑现场既要防止扬尘、满足车辆行走的要求，又要便于今后的施工，除主要车辆行走道路外，尽量减少采用混凝土路面，可采用碎石或可周转使用的水泥方砖。

(4) 围墙一般采用压型钢板及钢骨架组合拼接而成围挡，便于周转使用，减少临建材料投入。

5. 场区排水准备计划

根据现场使用的各类机具及生活用水情况计算用水量，确定排水沟或排水管道的位置、流向和规格，并绘制现场排水线路布置图。在施工总平面中标明排水设施的位置、管径。

6. 生产、生活、卫生临时设施计划

临时设施应本着尽量利用已有或拟建工程为施工服务的原则，按照施工部署和各种资源的需要量计划，认真进行临设工程的规划设计和编制临时设施需要量计划。

根据工程规模、施工人数确定并列出各类临设面积、结构、用途及做法。说明规划现场各类构件、机具、材料存放场地的准备和要求，办公、生活临设布置标准等，参考表 6-8。

表 6-8　临时设施一览

设施名称	结构形式	面积	用途	做法
办公室				
职工宿舍				
食堂				

续表

设施名称	结构形式	面积	用途	做法
厕、浴间				
门卫室				
木工棚				
钢筋棚				
仓库				
电工间				
标养室				
⋮				

6.6.5 资金准备

资金准备应根据施工进度计划及工程施工合同中的相关条款编制资金使用计划，以确保施工各阶段的目标和工期总目标的实现，此项工作应在施工进度计划编制完后、工程开工前完成。

6.6.6 劳动力配置计划

劳动力计划是现场各类资源计划的一部分，是确定和规划临时设施工程规模、组织劳动力进场的依据。在编制劳动力需求计划时，对劳动力的数量、技术水平和各工种的比例应与拟建工程的进度、复杂难易程度和各分部（分项）工程的工程量相适应。

1. 劳动力计划表

根据工程的具体情况、施工方案、施工进度计划和施工预算，依次确定各专业工种进场时间及劳动力数量，然后按施工阶段或月份汇集成表格形式，可作为现场劳动力调配的依据。

2. 劳动力动态管理图

根据劳动力计划表，要绘制以时间为横坐标，人数为纵坐标的劳动力动态管理图进行形象描述，劳动力动态管理图的类型可采用劳动力动态曲线图或柱形图，劳动力动态曲线图反映了人力资源是否均衡。

6.6.7 主要材料、构配件、设备的加工及采购计划

根据施工预算工料分析和施工进度计划制定原材料、构配件、设备的加工及采购计划。

1. 主要材料配置计划

本计划包括建筑工程主要材料计划和建筑安装工程主要材料计划，其中土建主要材料包括原材料和施工周转材料（主要指模板、脚手架用钢管、扣件、脚手板等辅助材料及工具）。

本计划主要作为备料、供料和确定仓库、堆场面积及组织运输的依据，其编制方法是根据施工预算中的工料分析表、施工进度计划表中各施工过程及材料储备定额、消耗定额

编制。

2. 构配件、设备加工订货计划

依据施工图、施工进度计划、施工预算、现场施工情况及现场施工生产条件，编制各种构配件、设备加工订货计划。其编制方法是将施工中所需要的构配件、设备依次确定其品种、规格、数量和进场时间，并参照进场时间和设备厂家的加工周期制定最晚订货时间，以保证现场施工的正常进行。

3. 主要施工机具设备配置计划

依据施工方案和施工进度计划，确定施工机械的类型、数量和进场时间，编制主要机具设备进场计划。

6.7 施工方案

施工方案是以分部（分项）工程或专项工程为主要对象编制的施工技术与组织方案，用以具体指导其施工过程。

施工方案的选择是单位工程施工组织设计中的重要环节，是决定整个工程全局的关键。施工方案选择得恰当与否，将直接影响到单位工程的施工效率、进度安排、施工质量、施工安全、工期长短。因此，必须在若干个初步方案的基础上进行认真分析比较，力求选择出一个最经济、最合理的施工方案。

6.7.1 施工方案的编写要求

(1) 编写这部分内容要反映主要分部（分项）工程或专项工程拟采取的施工手段和工艺，具体要反映施工中的工艺方法、工艺流程、操作要点和工艺标准，对机具的选择与质量检验等内容。

(2) 施工方案的确定应体现先进性、经济性和适用性。具体施工方法的确定应着重于各主要施工方法的技术经济比较，力求达到技术上先进，施工上方便、可行，经济上合理的目的。

(3) 在编写深度方面，要对每个分项工程施工方案进行宏观的描述，要体现宏观指导性和原则性，其内容应表达清楚，决策要简练。

6.7.2 施工方案的编写内容

施工方案的内容包括：确定各分部分项工程的施工顺序；选择施工组织方式、划分施工段；确定主要分部分项工程的施工方法；选择主要分部分项工程适用的施工机械。

1. 施工顺序的确定

在实际工程施工中，施工顺序可以有多种。不仅不同类型建筑物的建造过程有着不同的施工顺序，而且在同一类型的建筑工程施工中，甚至同一幢房屋的施工，也会有不同的施工顺序。因此，在众多的施工顺序中选择出既符合客观规律，又经济合理的施工顺序是关键。

1）确定施工顺序应遵循的基本原则

（1）先地下，后地上。

（2）先主体，后围护。

（3）先结构，后装修。

（4）先土建，后设备。

以上原则并不是一成不变的，在特殊情况下，如在冬期施工之前，应尽可能完成土建和围护工程，以利于施工中的防寒和室内作业的开展，从而达到改善工人的劳动环境、缩短工期的目的。

2）确定施工顺序的基本要求

（1）必须符合施工工艺的要求。

（2）必须与施工方法协调一致。

（3）必须考虑施工组织的要求。

（4）必须考虑施工质量的要求。

（5）必须考虑当地的气候条件。

（6）必须考虑安全施工的要求。

3）多层砌体结构民用房屋的施工顺序

多层砌体结构民用房屋的施工，按照房屋结构各部位不同的施工特点，一般可分为基础工程、主体工程、屋面及装修工程三个施工阶段。

（1）基础工程阶段的施工顺序。基础工程是指室内地面以下的工程。其施工顺序比较容易确定，一般是：挖土方→垫层→基础→回填土。具体内容视工程设计而定。如有桩基础工程，应另列桩基础工程。如有地下室，则施工过程和施工顺序一般是：挖土方→垫层→地下室底板→地下室墙、柱结构→地下室顶板→防水层及保护层→回填土。但由于地下室结构、构造不同，有些施工内容应有一定的配合和交叉。

在基础工程施工阶段，挖土方与做垫层这两道工序，在施工安排上要紧凑，时间间隔不宜太长，必要时可将挖土方与做垫层合并为一个施工过程。在施工中，可以采取集中兵力，分段流水进行施工，以避免基槽（坑）土方开挖后，因垫层施工未能及时进行，使基槽（坑）浸水或受冻害，从而使地基承载力下降，造成工程质量事故或引起工程量、劳动力、机械等资源的增加。同时还应注意混凝土垫层施工后必须有一定的技术间歇时间，使之具有一定的强度后再进行下道工序的施工。各种管沟的挖土、铺设等施工过程，应尽可能与基础工程施工配合，采取平行搭接施工。回填土一般在基础工程完工后一次性分层、对称夯填，以避免基础受到浸泡并为后一道工序施工创造条件。当回填土工程量较大且工期较紧时，也可将回填土分段施工并与主体结构搭接进行，室内回填土可安排在室内装修施工前进行。

（2）主体工程阶段施工顺序。主体工程是指基础工程以上，屋面板以下的所有工程。这一施工阶段的施工过程主要包括：安装起重垂直运输机械设备，搭设脚手架，砌筑墙体，现浇柱、梁、板、雨篷、阳台、楼梯等施工内容。

其中砌墙和现浇楼板是主体工程施工阶段的主导过程。两者在各楼层中交替进行，应注意使它们在施工中保持均衡、连续、有节奏地进行。并以它们为主组织流水施工，根据每个施工段的砌墙和现浇楼板工程量、工人人数、吊装机械的效率、施工组织的安排等计算确定流水节拍大小，而其他施工过程则应配合砌墙和现浇楼板组织流水施工，搭接进行。如脚手架搭设应配合砌墙和现浇楼板逐段逐层进行；其他现浇钢筋混凝土构件的支模、绑扎钢筋可安排在现浇楼板的同时或砌筑墙体的最后一步插入，要及时做好模板、钢筋的加工制作工作，以免影响后续工程的按期投入。

(3) 屋面及装修工程施工顺序。屋面及装修工程是指屋面板完成以后的所有工作。这一施工阶段的施工特点是：施工内容多、繁、杂；有的工程量大而集中，有的工程量小而分散；劳动消耗大，手工作业多，工期较长。因此，妥善安排屋面及装修工程的施工顺序，组织立体交叉流水作业，对加快工程进度有着特别重要的现实意义。

屋面工程的施工，应根据屋面的设计要求逐层进行。例如，柔性屋面的施工顺序按照隔气层→保温层→隔气层→柔性防水层→隔热保护层的顺序依次进行。刚性屋面按照找平层→保温层→找平层→刚性防水层→隔热层的施工顺序依次进行，其中细石混凝土防水层、分仓缝施工应在主体结构完成后尽快完成，为顺利进行室内装修创造条件。为了保证屋面工程质量，防止屋面渗漏，屋面防水在南方做成“双保险”，即既做刚性防水层，又做柔性防水层，同时要精心施工，精心管理。屋面工程施工在一般情况下不划分流水段，它可以和装修工程搭接施工。

装修工程的施工可分为室外装修（檐沟、女儿墙、外墙、勒脚、散水、台阶、明沟、雨水管等）和室内装修（顶棚、墙面、楼面、地面、踢脚线、楼梯、门窗、五金、油漆及玻璃等）两个方面的内容。其中内、外墙及楼、地面的饰面是整个装修工程施工的主导过程，因此，要着重解决饰面工作的空间顺序。

根据装修工程的质量、工期、施工安全以及施工条件，其施工顺序一般有以下几种。

① 室外装修工程。室外装修工程一般采用自上而下的施工顺序，是在屋面工程全部完工后，室外抹灰从顶层至底层依次逐层向下进行。其施工流向一般为水平向下，采用这种顺序的优点是：可以使房屋在主体结构完成后，有足够的沉降和收缩期，从而可以保证装修工程质量，同时便于脚手架的及时拆除。

② 室内装修工程。室内装修自上而下的施工顺序是指主体工程及屋面防水层完工后，室内抹灰从顶层往底层依次逐层向下进行。其施工流向又可分为水平向下和垂直向下两种，通常采用水平向下的施工流向，采用自上而下施工顺序的优点是：可以使房屋主体结构完成后，有足够的沉降和收缩期，沉降变化趋向稳定，这样可保证屋面防水工程质量，不易产生屋面渗漏，也能保证室内装修质量，可以减少或避免各工种操作互相交叉，便于组织施工，有利于施工安全，而且也很方便楼层清理。其缺点是：不能与主体及屋面工程施工搭接，故总工期相应较长。

室内装修自下而上的施工顺序是指主体结构施工到三层及三层以上时（有两层楼板，以确保底层施工安全），室内抹灰从底层开始逐层向上进行，一般与主体结构平行搭接施工。其施工流向又可分为水平向上和垂直向上两种，通常采用水平向上的施工流向，为了防止雨水或施工用水从上层楼板渗漏，而影响装修质量，应先做好上层楼板的面层，再进行本层顶棚、墙面、楼地面的饰面。采用自下而上的施工顺序的优点是：可以与主体结构平行搭接施工，从而缩短工期。其缺点是：同时施工的工序多、人员多、工序间交叉作业多，要采取必要的安全措施；材料供应集中，施工机具负担重，现场施工组织和管理比较复杂。因此，只有当工期紧迫时，室内装修才考虑采取自下而上的施工顺序。

室内装修的单元顺序即在同一楼层内顶棚、墙面、楼地面之间的施工顺序一般有两种：楼地面→顶棚→墙面，顶棚→墙面→楼地面。这两种施工顺序各有利弊。前者便于清理地面基层，楼地面质量易保证，而且便于收集墙面和顶棚的落地灰，从而节约材料，但要注意楼、地面成品保护，否则后一道工序不能及时进行。后者则在楼、地面施工之前，必须将落地灰清扫干净，否则会影响面层与结构层间的黏结，引起楼、地面起壳，而且楼、地面施工用水的渗漏可能影响下层墙面、顶棚的施工质量。底层地面施工通常在最后进行。

楼梯间和楼梯踏步，由于在施工期间易受损坏，为了保证装修工程质量，楼梯间和踏步装修往往安排在其他室内装修完工之后，自上而下统一进行。门窗的安装可在抹灰之前或之后进行，主要视气候和施工条件而定，但通常是安排在抹灰之后进行。而油漆和安装玻璃的次序是应先油漆门窗扇，后安装玻璃，以免油漆时弄脏玻璃，塑钢及铝合金门窗不受此限制。

在装修工程施工阶段，还需考虑室内装修与室外装修的先后顺序，这与施工条件和天气变化有关。通常有先内后外，先外后内，内外同时进行这三种施工顺序。当室内有水磨石楼面时，应先做水磨石楼面，再做室外装修，以免施工时渗漏水影响室外装修质量；当采用单排脚手架砌墙时，由于留有脚手眼需要填补，应先做室外装修，在拆除脚手架后，同时填补脚手眼，再做室内装修；当装饰工人较少时，则不宜采用内外同时施工的施工顺序。一般说来，采用先外后内的施工顺序较为有利。

4）钢筋混凝土框架结构房屋的施工顺序

钢筋混凝土框架结构房屋的施工顺序也可分为基础、主体、屋面及装修工程三个阶段。它在主体工程施工时与砌体结构房屋有所区别，即框架柱、框架梁、板交替进行，也可采用框架柱、梁、板同时进行，墙体工程则与框架柱、梁、板搭接施工。其他工程的施工顺序与砌体结构房屋相同。

上面所述多层砌体结构民用房屋和钢筋混凝土框架结构房屋的施工顺序，仅适用于一般情况。建筑施工顺序的确定既是一个复杂的过程，又是一个发展的过程，它随着科学技术的发展，人们观念的更新而在不断的变化。因此，针对每一个单位工程，必须根据其施工特点和具体情况，合理确定施工顺序。

2. 选择施工组织方式、划分施工段

1）选择施工组织方式

常用的施工组织方式有依次施工、平行施工和流水施工。流水施工根据其节奏特征的不同又分为全等节拍流水、成倍节拍流水、无节奏流水等若干类。建筑物（或构筑物）在组织施工时，应根据工程特点、性质和施工条件选择最经济的施工组织方式。有关施工组织方式选择的内容，本书第2章中已作详尽叙述，此处不再赘述。

2）施工段划分的原则

此部分内容详见本书第2.2节。

3. 确定主要分部分项工程的施工方法

这部分内容是要对一些主要分部（分项）工程和专项工程的施工方法予以拟定。拟定

的分部（分项）工程施工方法通常是指选择那些工程量较大、占用时间较长、对工程质量和工期起着关键作用的主要工种工程的施工方法。

分部（分项）工程施工方法的编写，应根据《建筑工程施工质量验收统一标准》(GB 50300—2001)中分部、分项工程划分，结合工程具体情况，根据各级工艺标准或方法，优化选择相应的施工方法。

1）桩基工程

（1）说明桩基类型，明确选用的施工机械型号。

（2）描述桩基工程施工流程。

（3）入土方法和入土深度控制。

（4）桩基检测。

（5）质量要求等。

2）降水与排水

（1）说明施工现场地层土质、地下水情况，是否需要降水等。如需降水应明确降低地下水位的措施，既可以采用井点降水，也可以采用其他降水措施，或是采用基坑壁外采用止水帷幕的方法。

（2）选择排除地面水、地下水的方法，确定排水沟、集水井或井点的布置及所需设备型号、数量。

（3）说明降水深度是否满足施工要求（注意水位应降至基坑最深部位以下 50cm 的施工要求），说明降水的时间要求。要考虑降水对邻近建筑物可能造成的影响及所采取的技术措施。

（4）应说明日排水量的估算值及排水管线的设计。

（5）说明当工地停电时，基坑降水采取的应急措施。

3）基坑的支护结构

（1）说明工程现场施工条件、邻近建筑物等与基坑的距离、邻近地下管线对基坑的影响、基坑放坡的坡度、基坑开挖深度、基坑支护类型和方法、坑边立塔应采取的措施、基坑的变形观测等。

（2）重点说明选用的支护类型。选择支护结构时应考虑下述因素：①基坑的平面尺寸、开挖深度和施工要求。②各层土的物理、力学性质，地下水情况等条件。③邻近建筑物、构筑物、树木与基坑的距离。④施工阶段，塔式起重机位置与基坑的关系，环形道路与基坑的距离，运输车辆的载重，地面上材料堆放情况。⑤邻近地下管线及其他设施情况，以及对基坑变形的限制。⑥工期和造价的优化等。

4）土方工程

（1）计算土方工程量（挖方、填方）。

（2）根据工程量大小，确定采用人工挖土还是机械挖土。

（3）确定挖土方向并分段、坡道的留置位置、土方开挖步数、每步开挖深度。

（4）确定土方开挖方式，当采用机械挖土时，根据上述要求选择土方机械的型号、数量和放坡系数。

（5）当开挖深基坑土方时，应明确基坑土壁的安全措施，是采用逐级放坡的方法，还是采用支护结构的方法。

(6) 土方开挖与护坡、锚杆、工程桩等工序是如何穿插配合的，土方开挖与降水的配合。

(7) 人工如何配合修整基底、边坡。

(8) 说明土方开挖注意事项，包括安全、环保等方面。

(9) 确定土方平衡调配方案，描述土方的存放地点、运输方法和回填土的来源。

(10) 回填土土质的选择、灰土计量、压实方法及夯实要求，回填土季节施工的要求。

5) 钎探与验槽

(1) 土方挖至槽底时的施工方法说明。

(2) 是否进行钎探及钎探工艺、钎探布点方式、间距、深度、钎探孔的处理方法。

(3) 明确清槽要求。

6) 垫层

明确验槽后对垫层、褥垫层施工有何要求，垫层混凝土的强度等级，是采用预拌混凝土还是现拌混凝土。垫层如果作为防水基层，建议采用一次压光的方法，需说明具体的施工做法。

7) 地下防水工程

目前地下室防水设防体系普遍采用结构自防水+材料防水+构造防水的体系。

(1) 结构自防水的用料要求及相关技术措施。说明防水混凝土的等级、防水剂的类型、掺量及对碱集料反应的技术要求。

(2) 材料防水的用料要求及方法措施。说明防水材料的类型、层数、厚度，明确防水材料的产品合格证、材料检验报告的要求，进场时是否按规定进行外观检查和复试。

当采用防水卷材时应明确所采用的施工方法（外贴法或内贴法）；当采用涂料防水、防水砂浆防水、塑料防水板、金属防水层时，应明确技术要求。说明对防水基层的要求、防水导墙的做法、防水保护层等的做法。

(3) 构造防水用料要求及相关技术措施。地下工程的变形缝、施工缝、后浇带、穿墙管、定位支撑、埋设件等处是整个地下工程防水的薄弱环节，地下工程的渗漏水，除结构本身的缺陷外，大多是由于这些部位处理不当引起的，因此，必须明确细部构造防水施工的方法和要求及应采取的阻水措施。

8) 钢筋工程

(1) 钢筋的供货方式、进场检验及原材料存放。说明钢筋的供货方式、进场验收（出厂合格证、炉号和批量）、钢筋外观检查、复试及见证取样要求、原材料的堆放要求。

(2) 钢筋加工方法。①明确钢筋的加工方式，场内加工还是场外加工。②明确钢筋调直、切断、弯曲的方法，并说明相应加工机具设备型号、加工场面积及位置。③明确钢筋放样、下料、加工要求。④做各种类型钢筋的加工样板。

(3) 钢筋运输方法。说明现场成形钢筋搬运至作业层采用的运输工具。如钢筋在场外加工，应说明场外加工成型的钢筋运至现场的方式。

(4) 钢筋连接方法。①明确钢筋的连接方式，是焊接还是机械连接或是搭接。明确具体采用的接头形式，是电弧焊还是电渣压力焊或是直螺纹套筒联连接。②说明接头试验要求。简述钢筋连接施工要点。

（5）钢筋安装方法。①分别对基础、柱、墙、梁、板等部位的施工方法和技术要点作出明确的描述。②防止钢筋位移的方法及保护层的控制。③如设计墙、柱为变截面，应说明墙体、柱变截面处的钢筋处理方法。

（6）预应力钢筋施工方法。若预应力钢筋采用现场张拉，应说明施工部位，预应力钢筋的加工、运输、安装和检测方法及要求。

（7）钢筋保护。钢筋半成品、成品的保护要求。

9）模板工程

模板作为一种周转性材料，同时又由于其在施工质量中的关键性作用，因此对施工工期、成本投入、质量控制有重要作用。此外模板在设计、安装、拆除施工中还关系到施工安全。因此，在编制施工组织设计时，对模板选型、设计必须考虑到模板分项工程具有质量、安全两个方面的双重特点。

模板分项工程施工方法的选择内容包括：模板及其支架的设计（类型、数量、周转次数)、模板加工、模板安装、模板拆除及模板的水平、垂直运输方案。

（1）模板设计。在进行模板体系设计时，应综合考虑结构形式、工期、质量、安全等方面的因素，根据不同部位的结构特点选用不同的模板体系，模板及其支架应具有足够的承载能力、刚度和稳定性，能可靠地承受浇筑混凝土的重量、侧压力以及施工荷载。模板设计方案要体现出经济、实用、科学、先进性要求。

模板配制原则：在模板的配置上应考虑配置数量同流水段划分相适应，满足施工进度要求；所选择的模板应达到大于周转使用次数要求；模板的配置要综合考虑质量、工期和技术经济效益，减少一次性的投入，降低工程成本。

对有特殊造型要求的混凝土结构，模板设计较为复杂，应明确模板设计要求。

（2）模板加工、制作及验收。①说明各类模板的加工制作方式，是外加工还是现场加工制作。②明确模板加工制作的主要技术要求和主要技术参数。如需委托外加工，应将有关技术要求和技术参数以技术合同的形式向专业模板公司提出加工制作要求。如在现场加工制作，应明确加工场所、所需设备及加工工艺等要求。③模板验收是检验加工产品是否满足要求的一道重要工序，因此要明确验收的具体方法。

（3）模板安装。①明确不同类型模板所选用隔离剂的类型；②确定模板的安装顺序和技术要求；③确定模板安装允许偏差的质量标准；④对所需的预埋件、预留孔洞的要求进行描述。

（4）模板拆除。①模板拆除必须符合设计要求、验收规范的规定及施工技术方案；②明确各部位模板的拆除顺序；③明确各部位模板拆除的技术要求，如侧模板拆除的技术要求（常温、冬施)、底模及其支架拆除的技术要求、后浇带等特殊部位模板拆除的技术要求；④为确保楼板不因过早拆除而出现裂缝的措施。

（5）模板的堆放、维护与修理。说明模板的堆放、清理、维修、涂刷隔离剂的要求。

10）混凝土工程

（1）明确混凝土的供应方式。①明确选用现场拌制混凝土还是预拌混凝土；②若采用现拌混凝土，应确定搅拌站的位置、搅拌机型号与数量；③若采用预拌混凝土，要选择确定预拌混凝土供应商，在签订预拌混凝土供应经济合同时，应同时签订技术合同。

（2）混凝土的配合比设计要求。①对配合比设计的主要参数提出要求：原材料、坍落度、水灰比、砂率；②对外加剂类型、掺合料的种类的要求；③如是现场拌制混凝土，应确定砂石筛选、计量和后台上料方法；④明确对碱含量、氨含量等有害物质的技术指标要求。

（3）混凝土的运输。①明确场外、场内的运输方式（水平运输和垂直运输），并对运输工具、时间、道路及季节性施工加以说明；②当使用泵送混凝土时，应对泵的位置、泵管的设置和固定措施提出原则性要求。

（4）混凝土拌制和浇筑过程中的质量检验。①对现拌混凝土，要明确混凝土拌制质量的抽检要求，如检查原材料的品种、规格和用量，外加剂、掺合料的掺量、用水量、计量要求和混凝土出机坍落度，混凝土的搅拌时间检查及每一工作班内的检查频次。②对预拌混凝土，明确混凝土进场和浇筑过程中对混凝土的质量抽检要求，如现场在接收预拌混凝土时，必须要检查预拌混凝土供应商提供的混凝土质量资料是否符合约定的质量要求，检查到场混凝土出罐时的坍落度，检查浇筑地点混凝土的坍落度，并明确每一工作班内的检查频次。

（5）混凝土的浇筑工艺要求及措施。对混凝土分层浇筑和振捣的要求。

（6）混凝土的浇筑方法。①描述不同部位的结构构件采用何种方式浇筑混凝土（泵送或塔吊运送）；②根据不同部位，分别说明浇筑的顺序和方法（分层浇筑或一次浇筑）；③对楼板混凝土标高及厚度的控制方法；④当使用泵送混凝土时，应按《混凝土泵送施工技术规程》（JGJ/T 10—2011）中有关内容提出泵的选型原则、配管原则等要求；⑤明确对后浇带的施工时间、施工要求以及施工缝的处置；⑥明确不同施工部位、不同构件所使用的振捣设备及振捣的技术要求。

（7）施工缝。确定施工缝留置位置与处理方法。

（8）混凝土的养护制度和方法。明确混凝土的养护方法和时间（水平构件与竖向构件分别描述）。

（9）大体积混凝土。确定大体积混凝土的浇筑方案，制定防止温度裂缝的措施。

（10）混凝土的季节性施工。①制定相应的防冻和降温措施；②明确采用的养护方法及易引起冻害的薄弱环节应采取的技术措施。

（11）试验管理。①明确现场是否设置标养室；②明确混凝土试件制作与留置要求。

（12）混凝土结构的实体验收。为了对混凝土结构的施工质量验收，真实地反映混凝土强度的质量指标，确保结构安全，在混凝土分项工程验收合格的基础上，对结构实体的混凝土强度进行验证性检查。

11）砌体砌筑工程

（1）简要说明砌体工程采用的砌体材料种类、砌筑砂浆强度等级、使用部位。

（2）简要说明砖墙的组砌方法或砌块的排列设计。

（3）明确砌体的施工方法，简要说明主要施工工艺要求和操作要点。

（4）明确砌体砌筑的质量要求。

（5）配筋砌体工程的施工要求。

(6) 砌筑砂浆的质量要求。

(7) 明确砌筑施工中的流水分段和劳动力组合形式等。

(8) 确定脚手架搭设方法和技术要求。

12) 架子工程

要根据不同建筑类型确定脚手架所用材料、搭设方法及安全网的挂设方法。明确采用何种架子系统、如何周转等。具体内容要求如下。

(1) 应系统描述各施工阶段所采用的内、外脚手架的类型。

基础阶段：内脚手架的类型、外脚手架的类型、安全防护架的设置位置及类型和马道的设置位置及类型。

主体结构阶段：内脚手架的类型、外脚手架的类型、安全防护架的设置位置及类型、马道的设置位置及类型和上料平台的设置及类型。

装饰装修阶段：内脚手架的类型和外脚手架的类型。

(2) 明确内、外脚手架的用料要求。

(3) 明确各类型脚手架的搭、拆顺序及要求。

(4) 明确脚手架的安全设施。

(5) 脚手架的验收。

(6) 脚手架工程涉及安全施工，应单独编制专项施工方案，高层和超高层的外架应有计算书，并作为施工方案的组成部分。当外架由专业分包单位分包时，应明确分包形式和责任。

13) 屋面工程

要说明屋面各个分项工程的各层材料的质量要求、施工方法和操作要求。对卷材防水屋面一般有隔气层、隔热层、找坡层、找平层、防水层、保护层或使用面层等项工程，具体的分项工程，应根据设计图纸。

(1) 根据设计要求，说明屋面工程所采用保温隔热材料的品种、防水材料的类型（卷、涂膜、刚性)、层数、厚度及进场要求（外观检查和复试)。

(2) 明确屋面防水等级和设防要求。

(3) 明确屋面工程的施工顺序和各工序的主要施工工艺要求。

(4) 说明屋面防水采用的施工方法和技术要点。当采用防水卷材时，应明确所采用的施工方法（冷粘法、热粘贴、自粘贴、热风焊接)；当采用防水涂膜时，应明确技术要求。

(5) 屋盖系统的各种节点部位及各种接缝的密封防水施工要求。

(6) 说明对防水基层、防水保护层的要求。

(7) 明确试水要求。

(8) 屋面工程各工序的质量要求。

(9) 屋面材料的运输方式。

(10) 依据《建筑节能工程施工质量验收规范》(GB 50411—2007)，明确保温材料各项指标的复验要求。

14) 外墙保温工程

(1) 说明采用外墙保温类型及部位。

(2) 主要的施工方法及技术要求。

(3) 依据《建筑节能工程施工质量验收规范》(GB 50411—2007) 明确外墙保温板施工的现场试验要求。

(4) 依据《建筑节能工程施工质量验收规范》(GB 50411—2007) 明确保温材料进场要求和材料性能要求。

15) 装饰装修工程

(1) 总体要求。①这部分内容编写时，主要确定装饰工程各分项的操作方法及质量要求，有时要做样板间；②说明材料的运输方式，确定材料堆放、平面布置和储存要求，确定所需机具设备；③说明室内外墙面工程、楼地面工程和顶棚工程的施工方法、施工工艺流程与流水施工的安排，装饰材料的场内运输方案。

(2) 地面工程。①简要说明本工程地面做法名称及所在部位；②说明各种地面的做法和技术要点；③地面养护和成品保护要求；④质量要求。

(3) 抹灰工程。依据《建筑装饰装修工程质量验收规范》(GB 50210—2002)，明确以下几个方面内容：①根据设计要求，简要说明本工程采用的抹灰做法及部位；②简要描述主要的施工方法及技术要点；③说明防止抹灰空鼓、开裂的措施；④质量要求。

(4) 门窗工程。依据《建筑装饰装修工程质量验收规范》(GB 50210—2001)、《建筑节能工程施工质量验收规范》(GB 50411—2007)，明确以下几个方面内容。①根据设计要求，说明本工程门窗的类型及部位；②描述主要的施工方法及技术要点。包括放线、固定窗框、填缝、窗扇安装、玻璃安装、清理、验收工艺等；③成品保护；④安装的质量要求；⑤对外墙金属窗、塑料窗的三项指标和保温性能的要求；⑥明确外墙金属窗的防雷接地做法。

(5) 吊顶工程。依据《建筑装饰装修工程质量验收规范》(GB 50210—2002)，明确以下几个方面内容：①采用吊顶的类型、材料选用和部位；②描述主要的施工方法及技术要点；③吊顶工程与吊顶管道和水电设备安装的工序关系；④质量要求。

(6) 轻质隔墙工程。依据《建筑装饰装修工程质量验收规范》(GB 50210—2002)，明确以下几个方面内容：①明确本工程采用何种隔墙及部位；②说明轻质隔墙的施工工艺；③描述主要的安装方法及技术要点；④质量要求；⑤隔墙与顶棚和其他墙体交接处应采取的防开裂措施；⑥成品保护要求。

(7) 饰面板（砖）工程。依据《建筑装饰装修工程质量验收规范》(GB 50210—2002)，明确以下几个方面内容：①明确所采用饰面板的种类及部位；②说明轻饰面板的施工工艺；③主要施工方法及技术要点，重点描述外墙饰面板（砖）的粘结强度试验，湿作业法防止反碱的方法，防震缝、伸缩缝、沉降缝的做法；④外墙饰面与室外垂直运输设备拆除之间的时间关系；⑤质量要求；⑥成品保护。

(8) 幕墙工程。依据《建筑装饰装修工程质量验收规范》(GB 50210—2002)、《建筑节能工程施工质量验收规范》(GB 50411—2007)，明确以下几个方面内容：①采用幕墙的类型和部位；②说明幕墙工程施工工艺；③主要施工方法及技术要点；④成品保护；⑤主要原材料的性能检测报告；⑥玻璃幕墙的四性试验（气密性、水密性、抗风压性、平面内变形性）和节能保温性要求。

(9) 涂饰工程。依据《建筑装饰装修工程质量验收规范》(GB 50210—2002)，明确以下几个方面内容：①采用涂料的类型和部位；②简要说明主要施工方法和技术要求；③按设计要求和《建筑装饰装修工程质量验收规范》(GB 50325—2001) 的有关规定对室内装修材料进行检验的项目。

(10) 裱糊与软包工程。依据《建筑装饰装修工程质量验收规范》(GB 50210—2002)，明确以下几个方面内容：①采用裱糊与软包的类型及部位；②主要施工方法及技术要点。

(11) 厕浴间、卫生间。明确厕浴间、卫生间的墙面、地面、顶棚的做法和主要施工工艺、工序安排、施工要点、材料的使用要求及防止渗漏采取的技术措施和管理措施。

16) 季节性施工

当工程施工跨越冬期或雨期时，就必须制定冬期施工措施或雨期施工措施。其目的是保证工程质量、保证安全、保证进度、减少浪费、降低工程成本。施工措施应根据工程部位及施工内容不同、施工条件的不同进行制定。季节性施工内容包括如下几点。

(1) 冬（雨）期施工部位。说明冬（雨）期施工的具体项目和所在的部位。

(2) 冬期施工措施。根据工程所在地的冬季气温、降雪量的不同，工程部分及施工内容不同，施工单位的条件不同，制定不同的冬期施工措施。如暖棚法，先进行门窗封闭，再进行装饰工程的方法，以及在混凝土中加入防冻剂等方法。

(3) 雨期施工措施。根据工程所在地的雨量、雨期及工程的特点（如深基础、大土方量、施工设备、工程部位）制定措施。

(4) 暑期施工措施。根据台风、暑期高温及工程特点等制定措施。

有关季节性施工的内容应在季节性专项施工方案中细化。

6.8 主要施工管理计划

6.8.1 编写要求

这部分内容要反映保证项目管理目标，实现拟采取的实施性控制方法，而确定这些方法是编制人员带有创造性的工作。制定这些施工管理计划，应从组织、技术、经济、合同及工程的具体情况等方面考虑。同时措施必须有针对性，应针对不同的管理目标制定不同的专业性管理措施。要务必做到既行之有效又切实可行，要讲究实用和效果。

在编制的手法和表达形式上，主要采用罗列的方法，只需将要叙述的内容一项项地列清楚，逐项叙述即可。

6.8.2 编写内容

主要施工管理计划是《建筑施工组织设计规范》(GB/T 50502—2009) 中的提法，目前的施工组织设计中多用管理和技术措施来编制，主要施工管理计划实际上是指在管理和技术经济方面对保证工程进度、质量、安全、成本、环境保护等管理目标的实现所采取的方法和措施。

一般来说，施工组织设计中的施工管理计划应包括进度管理计划、质量管理计划、安全管理计划、环境管理计划、成本管理计划和其他管理计划。

其他管理计划宜包括文明工地管理计划、消防管理计划、现场保卫计划、合同管理计划、分包管理计划和创优管理计划等。

上述各项施工管理计划的编制内容均应包括组织措施、技术措施、经济措施和合同措施。

6.8.3 进度管理计划

这部分内容主要围绕施工进度计划来写，如是网络图，应从关键线路入手，找到关键，从组织上、资源上、计划上、条件上、技术上、经济上和合同上以及针对不同的施工阶段制定进度管理的措施，使编制的思路和具体对策一目了然。具体可以从以下几个方面来考虑。

（1）对项目施工进度总目标进行分解，合理制定不同施工阶段进度控制分目标。

（2）建立施工进度管理的组织机构，明确职责，制定相应的管理制度。

（3）建立完善的生产计划保证体系，制定分级控制进度计划。生产计划体系可以由日、周、月和总控计划四个层次构成。

（4）制定进度管理的相应措施，包括施工组织措施、技术措施、经济措施和合同措施等。如技术工艺的保障，编制施工方案，技术交底，采用先进的施工技术（工程网络计划技术、流水施工方法等），资金保证和落实各类资源等。

（5）建立施工进度动态管理机制，随时掌握工程动态，制定进度纠偏措施。

（6）组织与协调方式。根据项目周边环境特点，如与业主、监理、设计方的合作与协调、与政府社会各方面的协调。

6.8.4 质量管理计划

保证工程质量的关键是明确质量目标，建立质量保证体系，对工程对象经常发生的质量通病制定防范措施。制定质量管理计划，可以从整个单位工程的质量要求提出，也可以按照各主要分项工程的施工质量要求提出。对采用的新技术、新工艺、新材料和新结构，必须制定有针对性的技术措施。质量管理计划可参照《质量管理体系要求》，在施工单位质量管理体系的框架内，按项目具体要求编制。其主要内容可以从以下几个方面考虑。

（1）确定质量目标并进行目标分解。

（2）建立项目质量管理的组织机构（应有组织机构框图），明确职责，认真贯彻。

（3）建立健全各种质量管理制度以保证工程质量（如质量责任制、三检制、奖罚制、否决制等），并对质量事故的处理作出相应规定。

（4）制定保证质量的技术保障和资源保障措施，通过可靠的预防措施，保证质量目标的实现。技术保障措施包括建立技术管理责任制；项目所用规范、标准、图集等有效技术文件清单的确认；图纸会审、编制施工方案和技术交底；试验管理；工程资料的管理等。

（5）制定主要分部（分项）工程和专项工程质量预防控制措施，以分部（分项）工程和专项工程的质量保证单位工程的质量。

（6）其他保证质量的措施，如劳务素质保证措施、成品保护措施等。

6.8.5 安全管理计划

施工组织设计中的安全管理计划是为了确保工程的顺利进行和避免不必要的损失，在吸取以往工程的经验教训的基础上，对预防施工过程中可能发生的一些问题，提出具体的管理和技术方面的措施。

《建设工程安全生产管理条例》第二十六条明确规定："施工单位应当在施工组织设计中编制安全技术措施……"。这是条例对施工组织设计编制内容的强制性要求。

安全管理计划可参照《职业健康安全管理体系要求》(GB/T 28001—2011)，在施工单位安全管理体系的框架内编制。安全管理计划主要从以下几个方面考虑。

(1) 根据项目特点，确定施工现场危险源，制定项目职业健康安全管理目标。

(2) 建立项目安全管理的组织机构并明确职责（应有组织机构框图），认真贯彻。

(3) 建立项目部安全生产责任制及安全管理办法，认真贯彻国家、地方与企业有关安全生产法律、法规和制度。

(4) 建立安全管理制度和职工安全教育培训制度。

(5) 根据项目特点，进行职业健康安全方面的资源配置。

(6) 对各施工方案需编制安全技术措施的要求。依据《建设工程安全生产管理条例》的规定，说明对施工方案的要求。

(7) 对特殊工种的管理。

(8) 分包安全管理。与分包方签订安全责任协议书，将分包安全管理纳入总包管理。

(9) 施工安全技术措施。包括进入施工现场的安全规定、深基坑作业安全技术措施、高处及立体交叉施工安全技术措施、施工用电安全、机械设备的安全使用保证措施、预防因自然灾害促成事故的措施、对采用的新工艺、新材料、新技术和新结构制定的专门安全技术措施和特殊工程安全措施等内容。

6.8.6　环境管理计划

环境管理计划可参照《环境管理体系　要求及使用指南》(GB/T 24001—2004)，在施工单位环境管理体系的框架内编制，并应符合国家和地方政府部门的要求。环境管理计划应包括下列内容。

(1) 确定项目重大环境因素，制定项目环境管理目标。

(2) 建立项目环境管理的组织机构，明确管理职责。

(3) 根据项目特点，进行环境保护方面的资源配置。

(4) 制定各项环境管理制度。

(5) 制定现场环境保护的控制措施。

现场环境保护的控制措施包括防止周围环境污染、大气污染的技术措施；防止水土污染的技术措施；防止噪声污染的技术措施；防止光污染的技术措施；废弃物管理措施；公共卫生管理措施等。

6.8.7　成本管理计划

成本管理计划的内容主要包括制定降低工程成本的组织、技术和经济方面的管理措施。

制定降低成本的措施要依据以下三个原则：全面控制原则、动态控制原则、创收与节约相结合的原则。成本管理计划可以从以下几个方面考虑。

(1) 根据项目施工预算，制定项目施工成本目标。

（2）建立施工成本管理的组织机构，明确职责，制定相应的管理措施。

（3）制定降低成本的具体措施。具体措施应从技术、经济、合同和组织管理等方面描述，包括降低材料、人工、机械设备费用、工具费用的措施；降低现场经费、临时设施的措施；加速资金周转、减少贷款的措施；施工项目成本核算制的建立；制定必要的纠偏措施和风险控制措施等。

6.8.8 分包管理计划

项目管理的核心环节是对现场各分包商的管理和协调。针对具体工程的特点和运作模式以及各分包商的情况，从以下几个方面考虑。

（1）建立对分包的管理制度，制定总包对分包的管理办法和实施细则。

（2）对各分包商的服务与支持。

（3）与分包方鉴定安全消防协议。

（4）协调总包与分包、分包与分包关系。

（5）加强合同管理。

（6）加强对劳动力的管理。

6.8.9 消防管理计划

消防管理计划应根据工程的具体情况编写，一般从以下几个方面考虑。

（1）制定消防管理目标。

（2）建立消防管理组织机构并明确职责。

（3）贯彻国家与地方有关法规、标准，建立消防责任制。

（4）制定消防管理制度，如消防检查制、巡逻制、奖罚制和动火证制。

（5）制定教育与培训计划。

（6）签订总分包消防责任协议书。

（7）其他消防工作的要求，现场消火栓设置，临时生活设施的消防要求等。

6.8.10 现场保卫计划

（1）成立现场保卫组织管理机构。

（2）建立项目部保卫工作责任制，明确责任。

（3）建立现场保卫制度，如建立门卫值班、巡逻制度、凭证出入、保卫奖惩制度、保卫检查制度等。

（4）对分包管理及对外协调。

6.8.11 文明施工管理计划

文明施工是保持施工现场良好的作业环境、卫生环境和工作秩序。文明施工的本质是科学施工。文明施工管理计划应根据国家、地方、行业等关于现场施工管理的有关法律、法规文件和管理办法，结合工程的实际情况来制定。文明施工措施一般从以下几方面考虑。

（1）确定文明施工目标。

（2）建立文明施工管理组织机构（应有组织机构框图）。

（3）建立文明施工管理制度。

（4）施工平面布置管理要点。

（5）现场场容管理。

（6）现场料具管理。

（7）其他管理措施。

（8）协调与周边居民关系。

6.9 施工现场平面图

施工现场平面布置即在施工用地范围内，对各项生产、生活设施及其他辅助设施等进行规划和布置。施工现场平面布置的内容一般包括下列内容：施工平面图说明，施工平面图，施工平面图管理规划。本节主要介绍施工平面图的绘制。

6.9.1　绘制要求

（1）平面布置力求紧凑合理，尽量减少施工用地。

（2）尽量利用原有建筑物或构筑物，降低施工设施建造费用。

（3）合理组织运输，保证现场运输道路畅通，尽量减少场内二次运输费用，最大限度地减少材料搬运次数和缩短工地内部运距。

（4）尽量采用装配式施工设施，减少搬迁损失，提高施工设施安装速度。

（5）各项临时设施布置考虑全面周到，合理有序，方便生产和生活，便于管理，利于“标准化”并符合安全、防火要求。

（6）满足绿色施工、文明施工和劳动保护的要求。

6.9.2　绘制内容

施工平面图图纸通常包含如下具体内容。

（1）绘制施工现场的范围。包括用地范围，拟建建筑物位置、尺寸及与已有地上、地下的一切建筑物、构筑物、管线和场外高压线等设施的位置关系尺寸，测量放线标桩的位置、出入口及临时围墙。

（2）大型起重机械设备的布置及开行线路位置。如塔式起重机位置、塔机中心线与建筑物的距离、塔式起重机型号、立塔高度、回转半径、最大最小起重量。

（3）施工电梯、龙门架等垂直运输设施的位置。施工电梯的位置，应考虑使施工人员上下和物料集散便利，由电梯口至各施工处的平均距离应最近，便于安装附墙装置。

井架、龙门架的位置应布置在窗口处为宜，以避免砌墙留槎和减少井架拆除后的修补工作。

（4）场内临时施工道路的布置。为便于工程施工材料的运输，应围绕拟建建筑物、准备布置的仓库及堆场，按有关要求布置临时施工道路。

（5）确定混凝土搅拌机、砂浆搅拌机或混凝土输送泵及泵车的位置。主要由材料的水平运输和垂直运输的要求所决定，应按方便原材料和半成品的运输进行布置。

(6) 确定材料堆场和仓库。内容包括材料、加工半成品、构件和机具堆场、垃圾堆放位置，以及搅拌站、钢筋棚、木工棚、仓库等。应明确位置和面积。

(7) 确定办公及生活临时设施的位置。应明确办公区、职工宿舍、食堂、厕所等临设的位置和面积。

(8) 确定水源、电源的位置。确定变压器、供电线路、供水干管、泵房、消火栓等的位置。

(9) 现场排水系统布置。

(10) 确定安全防火设施位置。

(11) 其他临设布置。

6.9.3 设计施工平面图的步骤

施工平面图的设计步骤如下：确定起重机械的位置→确定搅拌站、加工棚、仓库、材料及构件堆场的尺寸和位置→布置运输道路→布置临时设施→布置水电管网→布置安全消防设施→调整优化。

以上步骤在实际设计时，不是独立进行的，往往互相牵连，互相影响，因此，需要多次反复进行才能确定下来。除研究在平面上布置是否合理外，还必须考虑它们的空间条件是否合理，特别要注意安全问题。

6.9.4 绘制施工平面图的注意事项

(1) 施工现场平面图反映了施工阶段现场平面的规划布置，由于施工是分阶段进行的(如地基与基础工程、主体结构工程、装饰装修工程)，有时根据需要分阶段绘制施工平面图，这对指导组织工程施工更具体、更有效。

(2) 绘制施工平面图要求层次分明，比例适中，图例、图形规范，线条粗细分明。图面要整洁美观，同时要符合国家有关制图标准，并应详细反映平面的布置情况。

(3) 施工平面图应按常规内容标注齐全，平面布置应有具体的尺寸和文字。比如塔吊要标明回转半径，最大起重量、最大可能的吊重，塔吊具体位置坐标，平面总尺寸、建筑物主要尺寸及模板、大型构件、主要料具堆放区、搅拌站、料场、仓库、大型临建、水电等，能够让人一眼看出具体情况，力求避免用示意图，走形式。

(4) 绘制基础图时，应反映出基坑开挖边线，深支护和降水的方法。

(5) 红线外围环境对施工平面布置影响较大，施工平面图中不能只绘红线内的施工环境，还要对周边环境表述清楚，如原有建筑物的使用性质、高度和距离等，这样才能判断所布置的机械设备等是否影响周围，是否合理。

(6) 绘图时，图幅大小和绘图比例要根据施工现场大小及布置内容多少来确定，通常图幅不宜小于A3，应有图框、比例、图签、指北针、图例。

(7) 绘图比例一般常用1∶100～1∶500，视工程规模大小而定。

(8) 施工现场平面图应配有编制说明及注意事项。如文字说明较多时，可在平面图外单独说明。

6.10 某教学楼工程施工组织设计案例

6.10.1　编制依据

（1）工程承包合同。

（2）工程施工图纸文件（包括图纸审查意见通知书、设计交底、设计变更等）。

（3）与工程建设有关的国家、行业和地方的法律、法规、规范、标准及图集，见表 6-9。

表 6-9　与工程建筑有关的规范、规程及标准

序　号	规范、规程及标准名称	编　号
1	建筑工程施工质量检验评定统一标准	GB 50300—2001
2	建筑装饰装修工程质量验收规范	GB 50210—2002
3	混凝土结构工程施工质量验收规范	GB 50204—2011
4	砌体工程施工质量验收规范	GB 50203—2002
5	钢筋焊接及验收规范	JGJ 18—2003
6	冷轧带肋钢筋混凝土结构技术规程	JGJ 95—2003
7	工程测量规范	GB 50026—2007
8	钢筋焊接接头试验方法标准	JGJ/T 27—2001
9	建筑地基基础设计规范	GB 50007—2002
10	建筑地基基础工程施工质量验收规范	GB 50202—2002
11	屋面工程质量验收规范	GB 50207—2002
12	建筑桩基技术规范	JGJ 94—2008
13	建筑地面工程施工质量验收规范	GB 50209—2002
14	建筑工程监理规范	GB 50319—2000
15	建筑给水、排水及采暖工程施工质量验收规范	GB 50242—2002
16	建设工程质量管理条例	国务院令第 279 号
17	建设工程项目管理规范	GB/T 50326—2006
18	建设工程文件归档整理规范	GB/T 50328—2001
19	建筑施工安全检查标准	JGJ 59—1999
20	建筑施工扣件式钢管脚手架安全技术规范	JGJ 130—2001
21	建筑机械使用安全技术规程	JGJ 33—2001
22	施工现场临时用电安全技术规范	JGJ 46—2005
23	民用建筑工程室内环境污染控制规范	GB 50325—2001
24	全国统一建筑安装工程工期定额	LD/72.1～11—2008

（4）企业技术标准与管理文件。

（5）工程预算文件和有关定额。

(6) 施工条件及施工现场勘查资料等。

6.10.2 工程概况

1. 基本概况

××市××小学工程1号、2号教学楼建造位置位于××市田园区块，机场路南侧，规划光明路东侧，南临柳汀河。总建筑面积为7410.8m²。

本工程各单体主体结构均为现浇钢筋混凝土框架结构。各单体桩基础均采用钻孔灌注桩，桩型为ZKZ-D600-21-16（B1）-C35，以7-1、10-3（中风化泥岩）土层为桩尖持力层。1号、2号楼桩数为171根。本工程外观设计简洁、实用。外立面采用文化石结合涂料，内设25mm厚挤塑聚苯乙烯泡沫塑料保温板。内部装饰根据使用功能不同采用了多种装饰材料，其中内墙饰面有瓷砖、乳胶漆等，楼地面为防滑地砖、花岗岩、抛光砖、水磨石、强化木地板等，顶棚为内墙涂料、轻钢龙骨纤维吸声板吊顶。门窗采用铝合金中空断桥隔热门窗等。水电安装工程配合土建施工。

2. 场地及地质情况

本工程现为空地，场地南侧4号楼离柳汀河约36m。场内目前已经平整，地坪标高相对于±0.000标高为－0.800m。本场地地下水主要为赋存在浅部填土与黏土层中的空隙潜水，地下水位在地表下0.7～2.8m，受大气降水影响。

本工程地质勘探深度范围内，地层可分为8大层，细分为16亚层，主要土层自上而下分布如下。

① 杂填土：杂色，湿，松散。含有少量植物根茎，含较多砾石。

② 素填土：灰黄色，松散。含有少量植物根茎，含少量砾石。

③ 黏土：灰黄色，可塑。含少量云母片，局部含少量砾石，干强度高。

④ 淤泥质黏土及淤泥：灰色，流塑，含腐殖质、有机质，夹少量粉土。

⑤ 黏土夹砾石：黄绿色、硬可塑，含氧化铁质，砾石含量为20%～30%。

其余层土层情况详见“岩土勘查报告”。

3. 气象条件

施工期间主导风向偏东，雨季为7～9月，冬季最低气温为＋5℃。

4. 建筑设计

本工程为教学用房，建筑层数为4层，各楼之间有连廊相接。具体各单体建筑参数如表6-10。

表6-10 各单体建筑参数

楼号	功能	结构	层数	层高/m	建筑高度/m	建筑面积/m²
1号、2号	教室	框架	4	3.9	16.2	7410.8

本工程各单体抗震设防烈度为6度；建筑消防和耐火等级为地上二级、地下一级；建筑防水等级为Ⅱ级。

5. 建筑节能设计

(1) 屋面采用40mm厚挤塑聚苯乙烯泡沫塑料保温板隔热层。

（2）外墙采用 25mm 厚挤塑聚苯乙烯泡沫塑料保温板隔热层。

（3）门窗采用铝合金断热型材推拉（平开）门窗，玻璃采用 6＋12A＋6 中透低辐射中空玻璃。

6. 施工关键和重点控制

基于工程概况、特点，并根据多年来学校工程的施工经验，经研究讨论认为本工程具有以下难点、重点，施工中将充分关注并重点加以控制。

（1）混凝土。本工程施工总工期为 245 日历天，总建筑面积为 7410.8m^2，由两幢单体建筑组成。施工包括桩基、主体结构、装修以及安装等。在整个工期控制上，必须合理安排，合理对群体工程进行施工分区，齐头并进，抓住重点部位，特别是桩基和主体结构的施工工期，两者占用总工期较长。

（2）水磨石地面的质量控制。

（3）屋面防水控制，尤其是细部节点处理，保证防水的耐久性。

（4）混凝土保护层和楼板厚度控制及现浇楼板防裂措施。

6.10.3 施工部署

1. 工程总目标

（1）质量目标：符合国家施工验收规范规定的合格标准，争创“省优质工程奖”。

（2）工期目标：总工期为 245 日历天。开工日期以开工令为准。

（3）安全文明施工目标：安全第一，预防为主。杜绝重伤、死亡事故，减少一般事故，杜绝重大施工机械设备损坏事故，杜绝重大火灾事故。创“××市安全文明标准化工地”。

（4）环境管理目标：严格控制水、粉尘、光、噪声的污染，杜绝持续严重超标排放的环境污染事故。

（5）项目管理目标：保证 ISO 9001、ISO 14001、GB/T 28001 三合一管理体系的有效运行；对专业分包单位实行同标准的质量控制，做好总分包管理配合工作。

2. 部署原则

充分发挥公司的管理优势和技术装备优势，贯彻项目法施工原理，依靠生产规模和企业实力，以 ISO 9001 质量认证体系为保证，本着急业主之所急，为建设单位的经济效益和社会效益着想的精神，信守合同，竭诚服务，以“优质、高速”为整体工程施工的出发点和根本目的并贯穿施工的全过程，精心组织、精心施工，为业主提供一流的建筑产品。

3. 工程项目组织机构

工程项目组织机构如图 6-1 所示。

4. 施工总体安排

1）施工规划

根据××市××小学工程的结构特点，在工程实际施工中，时间、空间立体交叉，特别要保证人力、物力、财力的投入。按照工程实际情况，将 1 号、2 号楼划分两个施工段，组织流水施工，混凝土工程将全部采用商品混凝土泵送，这将大大缩短了施工作业时间；

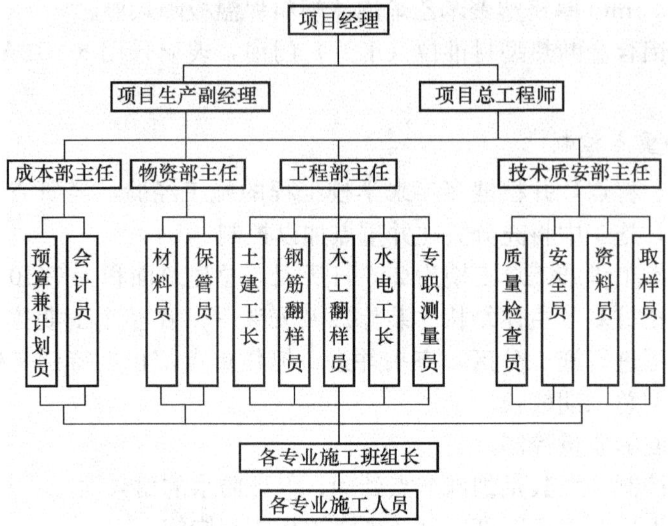

图 6-1　工程项目组织机构框图

垂直运输机械准备投入 1 台 QTZ60 型塔吊、2 台型钢井架以提高垂直运输的工作效率；公司配备多名高级和中级专业技术人员进行工程技术管理，配备一名二级项目经理进行施工管理；资金投入采用专款专用，项目部配备专业财务会计人员及项目工程核算人员。确保基础工程与主体工程早日结束，留有较充足的时间保证装饰工程精工细做。施工过程中将科学合理地安排各工序的先后搭接关系，其他附属分项工程依次穿插施工，计划于 2010 年 6 月 17 日完成 1 号楼、2 号楼工程，确保本工程管理目标的全面实现。

2）施工段的划分

本工程分为两个施工段，分别是 1 号楼为第 1 施工段，2 号楼为第 2 施工段。施工段间相互搭接，结构施工时充分考虑时空效应，对各种要素资源配置，如劳动力、机具、材料、机械设备、周转材料等进行平行配置。结构施工时进行平行的流水施工。

3）施工顺序

总体施工顺序为：1 号楼→2 号楼。

单体施工流程为：施工准备→工程桩施工→土方开挖→桩基验收→上部主体结构→组织中间结构验收→屋面工程→内外粉刷→内外装饰→安装（与土建同步）、调试→修整扫尾→竣工。施工顺序遵循先地下后地上，先主体后装饰，抓紧主体施工进度，提前进入装饰施工阶段，为确保工程质量提供条件。装饰施工阶段，由上至下的施工顺序，先顶棚，后墙面，再楼地面，室内、室外同时进行。

4）合理穿插搭接

施工过程中将科学合理地安排各工序的先后搭接关系，紧抓结构工程的施工，为水、电、暖等专业单位的施工留出较为充裕的时间精工细做，保证工程质量和进度目标的实现。水、电、暖通等安装要紧密配合，预制、预埋与土建工程穿插进行。有条不紊地组织多工种施工，关键在于准备充分，指挥有力，统一协调。

6.10.4　施工进度计划

根据合同要求本工程目标，工期为 245d，计划于 2009 年 10 月 15 日开工计至 2010 年 6 月 17 日竣工（实际开工日期以开工令为准）。各单体工程阶段性目标如表 6-11 所示。

表 6-11　各单体工程阶段性目标

单体	桩基完	主体封顶	安装基本完	装饰基本完	竣工
1、2 号楼	2009.12.30	2010.3.23	2010.5.6	2010.5.30	2010.6.17

本工程经仔细研究图纸后，得出以下施工节点：①桩基工程；②主体结构工程；③屋面结构及防水工程；④砌筑工程；⑤室内外装修工程；⑥水、电、暖安装工程；⑦竣工扫尾。

在实际施工中将严格按照以上施工节点来控制施工总工期，分步分阶段制定施工节点进度计划，排出严密的施工节点网络计划图，见表 6-12。在有计划的前提下，项目部管理人员将严格按照施工计划来执行工程施工，届时可根据施工进度及工程实际需要经业主、监理同意后作适当的调整，但这是在工程总工期不变的前提下。

表 6-12　主要施工节点工期安排

序号	工　序	工作日	开始时间	结束时间
	1 号楼、2 号楼			
1	桩基施工	70d	2009 年 10 月 22 日	2009 年 12 月 30 日
2	主体 4 层结构施工	120d	2009 年 11 月 26 日	2010 年 2 月 28 日
3	砌筑工程施工	32d	2010 年 2 月 2 日	2010 年 3 月 23 日
4	瓦屋面施工	14d	2010 年 1 月 25 日	2010 年 3 月 7 日
5	内墙施工	24d	2010 年 2 月 25 日	2010 年 5 月 18 日
6	楼地面施工	24d	2010 年 3 月 9 日	2010 年 5 月 30 日
7	外墙面装饰	60d	2010 年 2 月 17 日	2010 年 5 月 6 日
8	水电暖卫管线预埋	110d	2009 年 11 月 26 日	2010 年 4 月 6 日
9	水、电、暖卫设备安装调试	30d	2010 年 3 月 24 日	2010 年 5 月 6 日
10	室外附属工程	14d	2010 年 5 月 31 日	2010 年 6 月 13 日
11	竣工验收	3d	2010 年 6 月 14 日	2010 年 6 月 16 日

6.10.5　施工准备与资源配置计划

施工准备工作从内容上分组织准备、技术准备、物资准备、施工现场准备、劳动力组织准备五部分。

1. 组织准备

组织准备见表 6-13。

表 6-13　组织准备

工作内容	完成时间	执行部门或执行人
1. 建立项目总承包组织机构并人员到位	项目部成立后 5d	公司人力资源、经营部门
2. 统筹项目总承包 CI 形象宣传	项目部成立后 30d	项目部安全科
3. 建立项目总承包的各项管理制度	项目部成立后 25d	项目经理、质量科、安全科
4. 项目分包任务划分及分包单位评审、确认	项目部成立后 10d	项目部、公司、业主、监理
5. 作业班组的评审、确认	各分包项目部成立 20d 内	项目部
6. 办理施工许可证和各种施工手续	项目部成立后 20d	项目部
7. 建立与环卫、派出所、街道等周边关系	项目部成立后 15d	项目部
8. 确定作业班组（队伍）有序进场时间	随工程进度	项目部
9. 合同及项目监理实施细则交底	项目部成立后 10d 内	项目部

2. 技术准备

1）熟悉和审查施工图纸

这部分内容包括：①检查施工图纸是否完整和齐全，施工图纸是否符合国家有关工程设计和施工的规范、要求；②施工图纸与其说明在内容上是否一致，施工图纸的各组成部分间是否有矛盾；③建筑图同其相关的结构图，在尺寸、坐标、标高和说明方面是否一致，技术要求是否明确；④基础设计同建造地点的工程地质和水文地质条件是否一致，同周边建筑物在施工时是否有影响，弄清有没有原有的地下管线、地下构筑物，如有，是否会对新造建筑施工有影响；⑤掌握拟建工程的建筑和结构的形式、特点，需要采取哪些新技术。对于技术含量高、施工难度大的分部（项）工程，要审查现有的施工技术和管理水平是否能满足工期、质量要求。

2）原始资料调查分析

这部分内容包括：①自然条件调查分析，调查建设地区的气象、地形、工程地质、水文地质、施工场地地下和地上障碍物。②技术经济条件调查分析，调查建材生产企业、地方资源的生产供应情况，交通运输和水电供应情况。③根据施工图纸所确定的工作量，施工组织设计拟定施工方法和建筑工程预算定额，编制施工图预算。

3. 物资准备

1）材料的准备

这部分内容包括：①根据施工组织设计中的施工进度计划和施工预算中的工料分析，编制工程所需材料用量计划，作为备料、供料和确定仓库、堆场面积及组织运输的依据；②根据材料需求量计划，做好材料的申请、订货和采购工作，使计划得以落实；③组织材料按计划进场，并做好验收保管工作。

2）构配件及设备加工订货准备

这部分内容包括：①根据施工进度计划及施工预算所提供的各种构配件及设备数量，做好翻样加工工作，并编制相应的需求量计划；②根据需求量计划，向有关厂家提出加工订货计划要求，并签订定订货合同；③组织构配件和设备按计划进场，按施工平面布置图做好存放及保管工作。

3）施工机具的准备

这部分内容包括：①根据施工组织设计中确定的施工方法、施工机具配备要求、数量及施工进度安排，编制施工机具需求量计划；②对大型施工机械（如塔吊、施工电梯、挖土机等），提出需求量和时间要求，并提前通知专用设备进场时间和衔接工作，准时运抵现场，并做好施工现场准备工作；③运输的准备，根据上述三项需求量计划，编制运输需求量计划，并组织落实运输工具，并与外界进行协调，确定合理的运输路线。

4. 施工现场准备

（1）施工现场控制网测量。根据给定的永久性坐标和高程，按照建筑总平面图要求，进行施工场地控制网测量，设置场区永久性控制测量标桩。

（2）做好“三通一平”，认真设置消火栓。

（3）建造施工设施。按照施工平面图和施工设施需要量计划，建造各项施工设施，为正式开工准备好用房。

（4）组织施工机具进场。根据施工机具需要量计划，按施工平面图要求，组织施工机械、设备和工具进场，按规定地点和方式存放，并应进行相应的保养和试运转等各项工作。

（5）组织建筑材料进场。根据建筑材料、构（配）件和制品需要量计划，组织其进场，按规定地点和方式储存或堆放。

（6）拟定有关试验，试制新技术、新材料的计划。建筑材料进场后，应进行各项材料的试验、检验。对于采用新技术的项目，应拟定相应试制和试验计划，并均应在应用前实施。

（7）做好季节性施工准备。按照施工组织设计要求，认真落实冬期、雨期和高温季节施工设施和技术组织措施。

5. 劳动力组织准备

（1）建立施工项目领导机构。根据工程规模、结构特点和复杂程度，确定施工项目领导机构的人选和名额；遵循合理分工与密切协作、因事设职与因职选人的原则，建立有施工经验、有开拓精神和工作效率高的施工项目领导机构。

（2）建立精干的工作队组。根据采用的施工组织方式，确定合理的劳动组织，建立相应的专业或混合工作队组。

（3）集结施工力量，组织劳动力进场。按照开工日期和劳动力需要量计划，组织工人进场，安排好职工生活，并进行安全、防火和文明施工等教育。

（4）做好职工入场教育工作。为落实施工计划和技术责任制，应按管理系统逐级进行交底。交底内容通常包括：工程施工进度计划和月、旬作业计划，各项安全技术措施、降低成本措施和质量保证措施，质量标准和验收规范要求，设计变更和技术核定事项等，都应详细交底，必要时进行现场示范，同时健全各项规章制度，加强遵纪守法教育。

6. 施工准备工作计划落实

施工准备工作需分阶段、有组织、有计划、有步骤地进行，为了保证施工准备工作的顺利进行，应编制施工准备工作计划，明确其完成的时间、内容及责任人员，并纳入年度、月度施工计划中，认真贯彻执行。

6.10.6 施工方案

下面以主体工程施工方案为例进行说明。

1. 模板工程

1）柱模

本工程柱模采用预拼胶合板模板。先在楼面上弹出纵横轴线和四周边线，立柱模，以确保柱模下口牢固，精确定位和水平。梁柱节点模板采用胶合板模，根据设计图纸要求尺寸另行制作，拼缝处采用白铁皮盖缝或宽胶带粘贴。支模时要在底部留清扫口，混凝土施工前应派专人清扫封口。柱模间隔1～2m高度应留设一道施工口，以便混凝土入模及振捣。柱箍每隔700mm一道，采用ϕ48钢管及十字扣件拉紧，柱模支撑采用ϕ48钢管抱箍，间距不大于800mm，与承重满堂架连成一体。在柱顶标高处布设空中钢丝坐标网，采用18号钢丝分别绑于柱位纵横坐标系杆（钢管）的定点缝内，拉紧固定，并将纵向钢丝压入各托线杆的定点缝内，绑扎固定，形成与底板上柱坐标相吻合的空中钢丝坐标控制网，柱上口位置即可按控制网精确控制。

2）板梁模

梁、板模均采用胶合板。根据梁截面高度，钢管横楞间距为500～600mm，板采用60mm×80mm方木横楞，间距为300mm。为确保模板刚度，横楞可根据施工实际情况适当加密。高度大于700mm的梁，侧模采用铁片纵横间距250～300mm拉结，以防胀模。梁支模可先支一边，待钢筋绑扎完毕验收合格后，再封另一侧模板。

跨度大于4m的钢筋混凝土梁板，木模起拱1.5‰～3‰。为防止梁柱节点质量通病，梁底模铺排时，从梁两端退向中间，使嵌木被安排在梁中间位置。

3）楼梯支模

楼梯支模主要采用胶合板模板。楼梯底模采用胶合板平铺在斜杆上，侧模使用木模，踏步也用木模，另加一道反扶梯牵杆与加三角支撑定位，板底支撑使用钢管排架形式。施工前应根据实际层高放样，先安装休息平台梁模板，再安装楼梯模板斜楞，然后铺设楼梯底模，安装外帮侧模和踏步模板。安装时要特别注意斜向支柱（斜撑）的固定，防止浇筑混凝土时模板移动。其支模的一般示意图见图6-2。

4）拆模

梁板跨度小于8m，悬臂构件跨度小于2m的承重结构需达到75%强度后拆模，跨度大于8m和悬挑结构大于2m需达到100%强度后拆模。模板拆模后，利用塔吊与井架作为垂直运输，清理后刷脱模剂备用。模板拆除时，应将支承件和连接件逐件拆卸，模板应逐块拆卸传递，拆时不得损伤模板和混凝土的表面。

2. 钢筋工程

1）采购与进场

钢筋采购严格实行质量控制，采购的钢筋需有出厂质保书、试验报告，并按规定作机械性能试验和外观检查。热轧钢筋表面不得有裂缝、结疤和折叠。进场钢筋必须有明确的标识，严格按批分别堆放，不得混堆，并应避免锈蚀和污染。

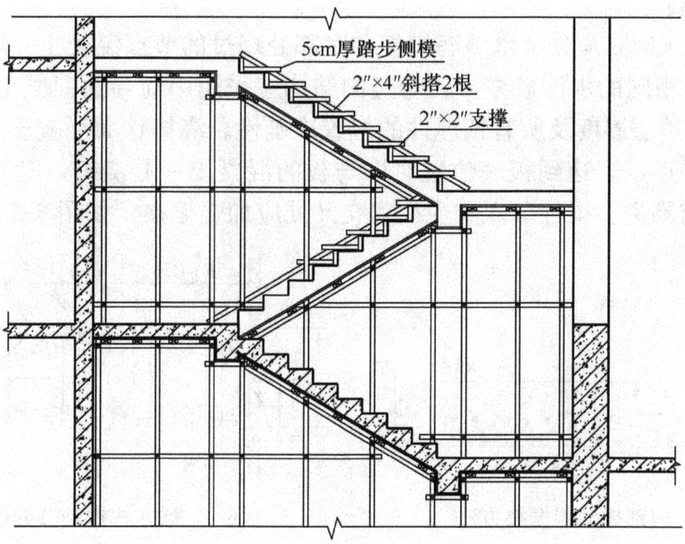

图 6-2　楼梯排架剖面示意图

2）配料与制作

配料计算要考虑钢筋的形状和尺寸，长度应控制准确。在满足设计要求的前提下，要有利于加工安装。用切断机或手动液压切断器切断钢筋，采用钢筋弯曲机对钢筋弯曲成型。钢筋焊接一般采用闪光对焊，墙柱主筋直径大于或等于 16mm 的采用竖向电渣压力焊。

3）绑扎与安装

钢筋绑扎前应校对成品钢筋的型号、直径、形状、尺寸和数量等是否与实际相符，并准备好必要数量的钢丝和保护层垫块。

钢筋安装就位前应先划出位置线。平板或墙板的钢筋在模板上划线；柱的箍筋在两根对角主筋上划点；梁的箍筋在架立筋上划点。钢筋接头位置应根据来料的规格，按照规范对有关接头位置、数量的规定，错开布置，在模板上划线标明。

混凝土保护层垫块间距采用 1000mm×1000mm，以保证保护层厚度符合设计及规范要求，混凝土浇捣前还应当作一次修正。

钢筋要通长垂直，间距均匀。楼板主筋按短向在下，长向在上的要求摆设。

混凝土浇捣时，操作人员不能直接踩在楼面钢筋上作业，应派专人监督以保证上皮筋的有效高度。

4）其他

施工前，钢筋翻样应就施工顺序、操作方法和要求等对操作人员进行交底，施工时应对钢筋进行复核检查。钢筋绑扎好后，经钢筋班组自检后，由项目经理部、施工员、质量员进行复查，进行隐蔽工程验收后方可进入下道工序施工。

3. 混凝土工程

1）材料控制

混凝土各项材料的采购、使用均应符合相关要求。混凝土拌和必须严格按配合比进行并保证混凝土各种成分计量准确。

2）混凝土浇捣

开始浇筑混凝土时，应先浇水湿润模板和底部处理过的节点混凝土并填以5～10cm厚与混凝土内砂浆成分相同的水泥砂浆，柱等竖向结构应采用串筒导送混凝土，在浇筑过程中，要注意检查钢筋保护层厚度及所有预埋件的位置准确性。浇捣楼面混凝土时，先将梁根据高度分层浇捣成阶梯形，当达到板底位置时即与板的混凝土一起浇捣，随着阶梯形的不断延长，则可连续向前推进。梁柱节点和主次梁交叉处应加强振捣。如图6-3和图6-4所示。

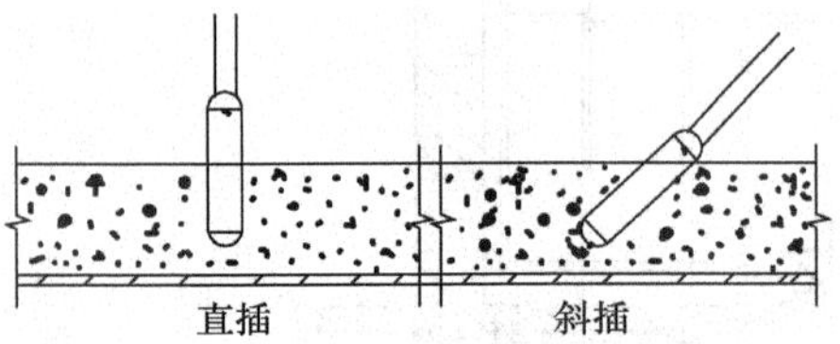

图6-3 内部振动器振捣方法

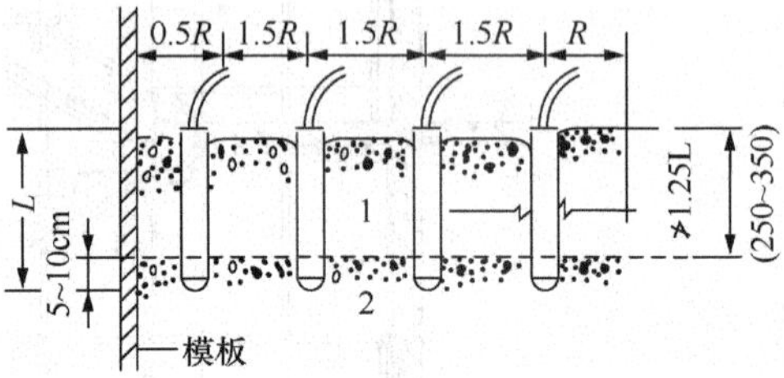

图6-4 插入式振动器的插入深度

1—新灌筑的混凝土；

2—下层已振捣但尚未初凝的混凝土；

R—有效作用半径；L—振动棒长

3）混凝土养护

混凝土养护应在浇筑完毕后12h内进行，派专人看护并浇水湿润，视气温情况，按施工规范进行养护。养护时间不少于10d，对具有抗渗要求的混凝土，养护时间不少于14d。

4）抗裂措施

选用稳定性好的大厂生产的水泥，严格控制水灰比，掺加水泥量为5%～10%的Ⅰ级优质粉煤灰和高效减水剂，以尽量降低混凝土水化热。严格控制粗、细骨料的含泥量，规定石子、黄沙含泥量均不得大于1%，减少混凝土的干缩。浇筑混凝土时做好泌水处理，在模板上留出泌水孔，以提高混凝土的质量和抗裂性能。加强混凝土的早期养护。保持混凝土表面14d湿润，保持内外温差在25℃以内。

5）施工缝的留设与处理

施工缝的位置应在混凝土浇筑前确定，并宜留置在结构受剪力较小且便于施工的部位。一般宜留置在柱底、梁跨中1/3处。在已硬化的混凝土表面上继续浇筑混凝土前，应清除垃圾、表面积水、松动砂石和软弱混凝土层，同时还应加以凿毛，用水冲洗干净，并充分湿润。在施工缝位置附近回弯钢筋，要做到钢筋周围的混凝土不松动和损坏。钢筋上的油污、水泥砂浆及浮锈等杂物应清除。浇筑前在水平施工缝上应先铺上50～100mm厚与混凝土内砂浆成分相同的水泥砂浆。从施工缝处开始继续浇筑混凝土时，要注意避免直接靠近缝边下料。机械振捣时，宜向接缝处逐渐推进，并在距80～100mm处停止振捣，但应加强对接缝的捣实工作，使其紧密结合。

4. 墙体工程

1）施工工艺

墙体工程施工工艺流程如图6-5所示。

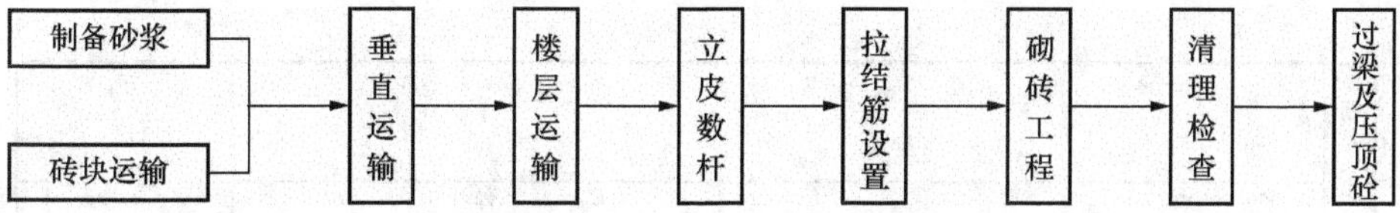

图 6-5　墙体工程施工工艺流程

2）施工要求

砌体应上下错缝、内外搭砌，宜采用一顺一丁或梅花丁的砌筑形式。砖柱不得采用包心砌法。砌体灰缝应横平竖直，砂浆饱满。水平灰缝和竖向灰缝宽度可为 10mm，但不应小于 8mm，也不应大于 12mm。竖向灰缝宜用内外临时夹板夹住后灌缝，使其砂浆饱满，其饱满度不应低于 80%，严禁用水冲浆灌缝，不得出现瞎缝、透明缝，填充墙纵横交接处及转角处均应错缝搭砌。无构造柱处用钢筋拉结。砌筑用砂浆应随拌随用。水泥砂浆和水泥混合砂浆必须分别在拌后 3h 和 4h 内使用完毕；如施工期间最高气温超过 30℃，必须分别在拌成后 2h 和 3h 内使用完毕。砂浆拌合后和使用时，均应盛入储灰器内。如砂浆出现泌水现象，应在砌筑前在储灰器内再次拌合。

砌体宜采用“三一”砌砖法砌筑，即一铲灰、一块砖、一挤揉，并随手将挤出的砂浆刮去。操作时砖块要放平、跟线，并经常进行自检，如发现有偏差及时纠正，严禁事后撞砖修正。采用铺浆法砌筑时，铺浆长度不得超过 500mm。砌筑砌体时，多孔砖的孔洞应垂直于受压面，砌筑前应试摆。临时间断处的高度差，不得超过一步脚手架的高度。砌体接槎时，必须将接槎处的表面清理干净，浇水湿润，并应填实砂浆，保持灰缝平直。砌筑时应注意及时预埋木砖。木砖应经防腐处理，预埋时小头在外，大头在内，数量按洞口高度确定。洞口高度在 1.2m 以内时，每边放 2 块；高度为 2～3m 时每边放 4 块。预埋木砖部位一般在洞口上下四皮砖处开始，中间均匀分布。冬期施工时，尚应符合冬期施工的有关规定。墙砌体要当天砌筑，当天检查验收。砌筑时还要与水电、消防、暖通密切配合，接口处理正确。

6.10.7　主要施工管理计划

主要施工管理计划见图 6-6。

6.10.8　施工现场平面布置

本工程场地的平面布置须经业主、监理认可，总、分包单位统一协调安排。场地布置详见如图 6-7 所示的施工场地总平面布置图。

1. 平面布置原则

（1）根据现场地形实际情况及达到市级标化的要求分设施工作业区、办公及相对独立的生活区。

（2）根据项目场地实际情况及总体布局，本工程北面办公区作为标化宣传区域，体现企业的施工形象；办公室西侧设置生活区和材料仓库、工具间等；建筑物间设置生产加工车间。

（3）在场地的北面设置一扇大门，大门采用砖墙砌筑，在大门口醒目位置设置现场导引图，包括安全通道、主要通道、“四口”临边位置、危险处、消防设施放置处、安全标识张挂处等。大门进出处设冲洗站，净车出场。

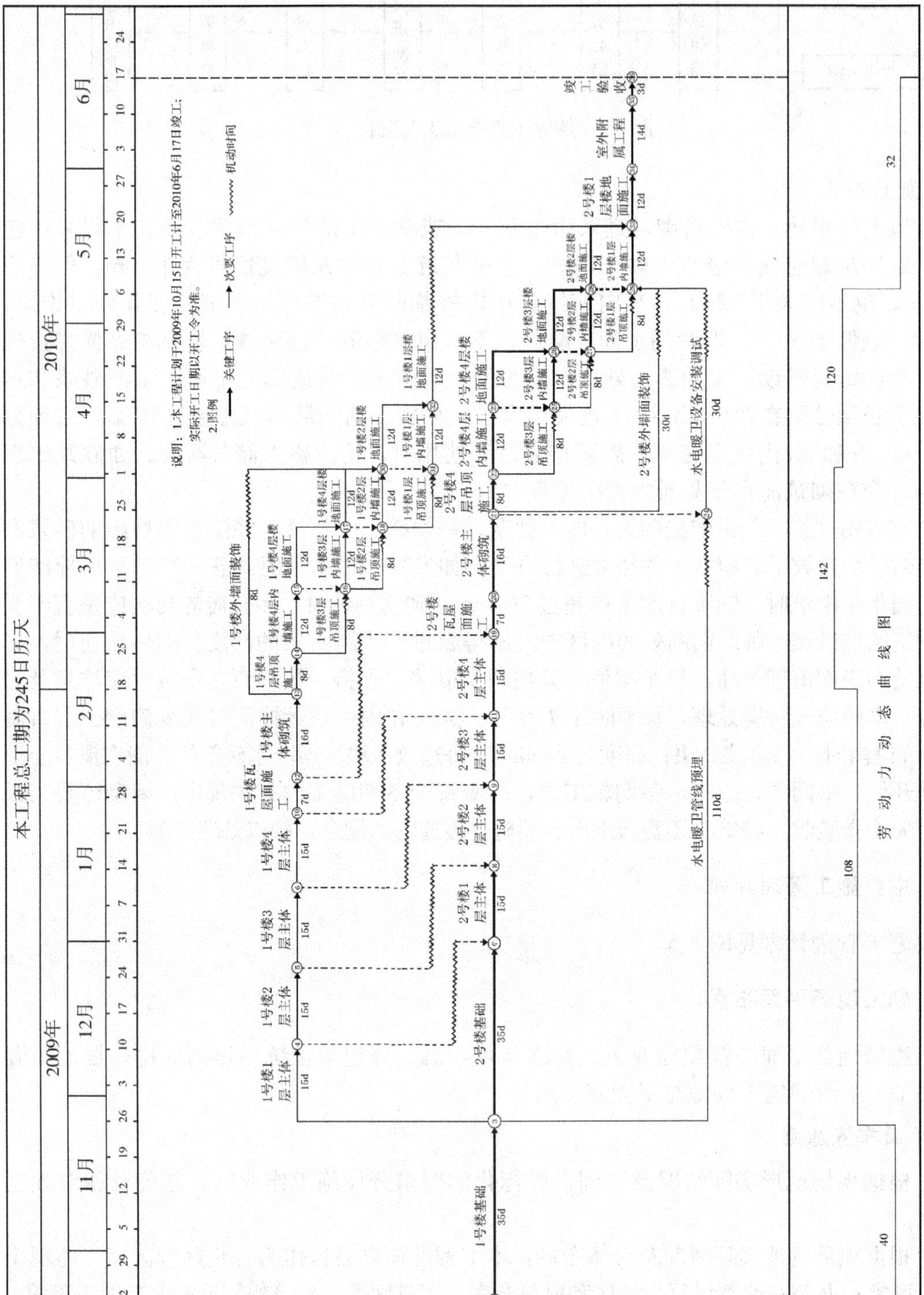

图 6-6 ××市××小学项目施工总进度计划双代号网络图

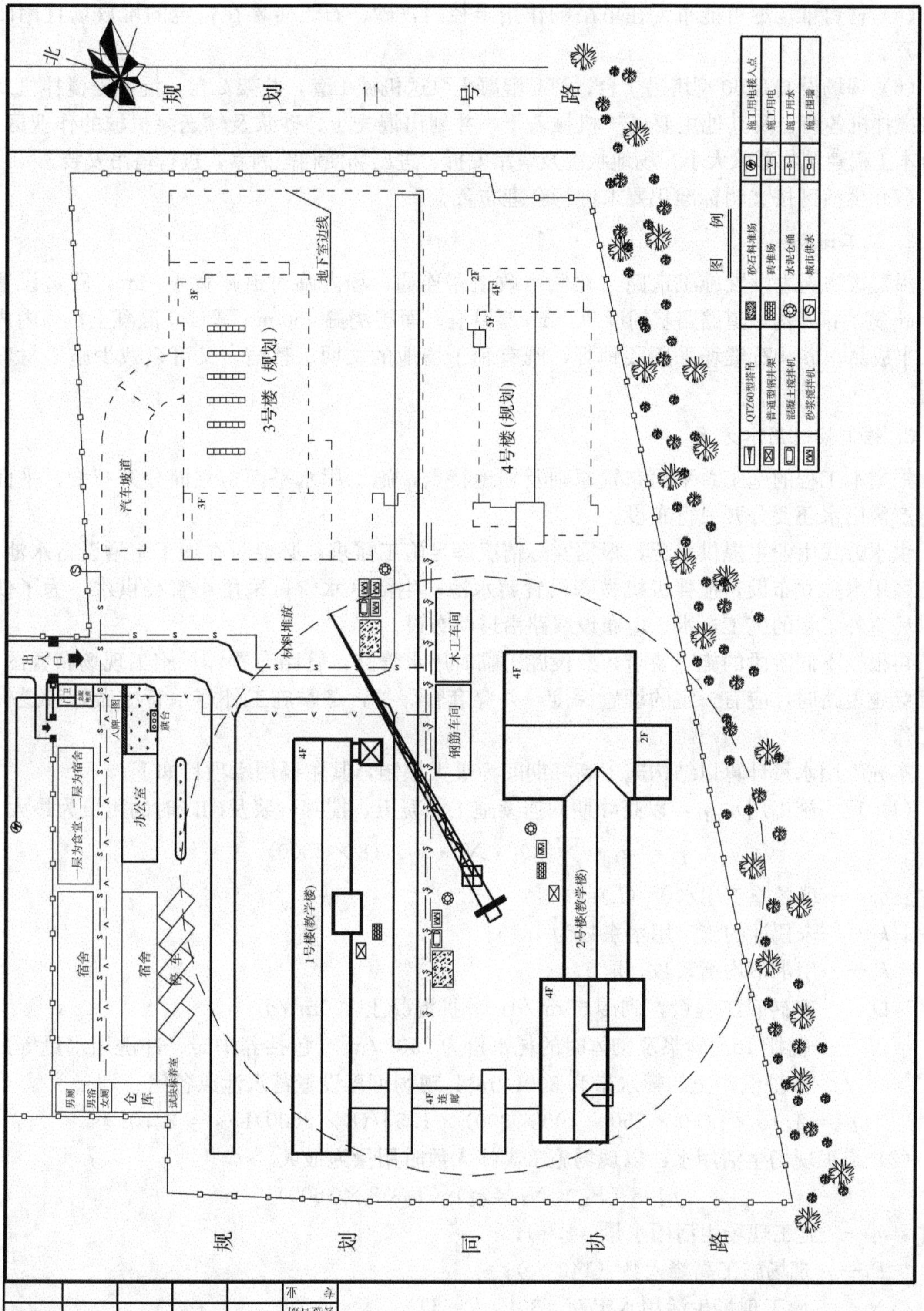

图 6-7　××市××小学工程施工现场总平面布置图

(4) 沿建筑物周边设置环行道路及排水沟，便于车辆通行与场地排水。

(5) 材料堆场尽可能布置在塔吊的作用半径内，砂、石、砖堆在指定的堆放场且用砖砌隔开。

(6) 现场设 QTZ60 型塔吊 1 台，商品混凝土泵送机械 1 套，井架 2 台，混凝土搅拌机及砂浆搅拌机各两台及其他主要施工机械若干，并划出混凝土、砂浆及输送泵机械的作业区。结合本工程建筑物形状大小、场地状况及塔吊安拆、进出场便利等因素，进行塔吊安装。

(7) 生活区按文明标准化要求进行合理布置。

2. 施工道路

沿建筑物周边设置施工道路与北侧市政道路连通，场内临时道路宽 4～5m，路边设置 300mm 宽的排水沟，道路路基铺设 300mm 厚道渣，面层浇捣 150mm 厚 C20 混凝土，场内成品、半成品、砂、石堆场采用硬地坪，既有利于场地的文明、整洁，又可以减少施工材料损耗。

3. 施工临时用水方案

根据本工程的施工总平面布置原则及场地特点，施工用水平面与立面分开布设，平面上生产区用水还要分开另行布设。

供水方式由业主提供水源，根据实际情况满足施工需求，必要时在地下室增设蓄水池。生产区用水独立布设，搅拌机机械旁设置蓄水池；生活区水管可采用小管径供水。为了便于以后室外工程的施工，水、电布设线路沿道路布设。

再根据不同阶段的施工要求，敷设施工临时用水管路，管路布置详见施工现场布置图，水管穿越道路时，应有一定的埋置深度，并穿套管保护，冬季施工外露水管应做好管道保温工作。

本施工用水量计算以结构施工高峰期间为最大控制，其主要用水项目如下。

(1) 现场施工用水 q_1：以高峰期间连续施工混凝土、搅拌砂浆及砌砖时的用量为最大。

$$q_1 = k_1 \cdot \sum (Q_1 \cdot N_1 \cdot k_2)/(8 \times 3600)$$

式中：q_1——现场施工用水量（L/s）；

k_1——未预计的施工用水系数为 1.15；

k_2——用水不均衡系数，取 1.5；

Q_1——砌砖日工程量，砌砖 $60m^3/d$；养护混凝土 $100m^3/d$；

N_1——搅拌 $1m^3$ 砂浆及砌体时的耗水量为 $250L/m^3$（包括养护砖、冲洗用水量等），养护混凝土的耗水量为 $300L/m^3$，现场可再设置蓄水池以备用。

$$q_1 = 1.15 \times [(60 \times 250 + 100 \times 300) \times 1.5]/(8 \times 3600) L/s = 2.70 L/s$$

(2) 施工现场生活用水：以现场施工高峰人数时用量为最大。

$$q_2 = (P_1 \times N_2 \times k_3)/(T \times 8 \times 3600)$$

式中：q_2——施工现场生活用水量（L/s）；

P_1——现场施工高峰人数（142 人）；

N_2——施工现场生活用水定额（30L/人·班）；

K_3——用水不均衡系数，取 1.4；

T——每天工作班数（班）。

$$q_2 = 142 \times 30 \times 2 \times 1.4/(2 \times 8 \times 3600)\text{L/s} = 0.207\text{L/s}$$

（3）生活区生活用水：以生活区居住高峰人数时用量为最大。

$$q_3 = (P_2 \cdot N_3 \cdot k_4)/(24 \times 3600)$$

式中：q_3——生活区生活用水量（L/s）；

P_2——生活区居住高峰人数（142 人）；

N_3——生活区昼夜全部生活用水定额（100L/人）；

k_4——用水不均衡系数，取 2.0。

$$q_3 = 142 \times 100 \times 2.0/(24 \times 3600)\text{L/s} = 0.329\text{L/s}$$

（4）施工机械用水：考虑对焊机的耗用水量为

$$q_4 = k_1 \cdot \sum (Q_2 \cdot N_4 \cdot k_5)/(8 \times 3600)$$

式中：q_4——机械用水量（L/s）；

k_1——未预计的施工用水系数为 1.1；

Q_2——同一种机械台数（台）；

N_4——施工机械台班用水定额（300 台・h）；

k_5——用水不均衡系数，取 2.0。

$$q_4 = 1.1 \times 2 \times 2400 \times 2/(8 \times 3600)\text{L/s} = 0.37\text{L/s}$$

（5）消防用水 q_5：根据现场实际情况，消防用水确定为 10L/s。

（6）现场施工用水总量：

$$q_5 = q_1 + q_2 + q_3 + q_4 = (2.70 + 0.207 + 0.329 + 0.38)\text{L/s}$$

$$= 3.616 < q_5 = 10\text{L/s}(\text{且现场占地面积小于 5ha})$$

$$Q_{总} = q_5 \times (1 + 0.1) = 11.0\text{L/s}$$

$$D = (4Q/\pi \times V \times 1000)^{1/2} = [(4 \times 11.0/3.14 \times 2.5 \times 1000)]^{1/2}\text{m} = 0.075\text{m}$$

经以上计算，业主需提供 $DN80$ 管径的水源才能完全满足施工要求。在实际施工时，为防止突发性的城市停水，现场在 3 号楼地下室消防水池暂时作为施工用的蓄水池，并加装 80m 扬程增压泵，以便应急之用，同时兼供应楼层施工及消防用水。

供水线路详见施工场地平面布置图。主要施工要点如下：①施工现场管网水平安装按实际需要，可遍布整个施工现场。主线路上每隔 20m 设三通龙头，以方便接水。建筑物高处水平供水采用水平管与橡皮管结合；②根据施工要求派专人对用水线路作定期的检查和保养维修；③生活用水与施工用水分设管道，所有管道铺设均由专业施工人员完成，并统一受现场管理人员调配。

4. 施工临时用电方案

根据本工程的施工总平面布置原则及场地特点，施工用电平面与立面分开布设，平面上生活区用电还要分开另行布设。考虑到室外工程的施工，用电线路沿施工道路布设，避免室外工程施工时二次翻设，影响工期。

施工用电的总电源应达到施工用电的总容量需求，届时施工单位只需从业主提供的电源位置拉接即可。生产区内供电线路分为五路：两路连接塔吊、井架，一路连接钢筋对焊机，一路连接搅拌机械及钢筋、木工加工机械，一路连接 1 号楼、2 号楼楼层施工及照明用电。生活供电线路也分为两路：一路为施工现场生产办公室用电，另一路为生活区照明及其他用电。

为了方便夜间施工管理，在生产区域四周布置若干只照明灯。楼梯内照明使用低压电源。

本工程对结构施工高峰阶段的用电量进行控制，主要设备用电量如表 6-14 所示。

表 6-14　主要设备用电量

编号	名称型号	规格	台数
1	塔吊 QTZ60	31kW	1
2	井架卷扬机 SSB100	5.5kW	2
4	混凝土搅拌机 JZM350	7.5kW	1
5	砂浆机 VJ200	3kW	2
6	钢筋切断机 GQ-40A	3kW	1
7	钢筋弯曲机 GW-40A	3kW	1
8	钢筋机调直机 GJ4/4	3kW	1
9	木工平刨机 MB503	4kW	1
10	木工轧刨机 MB104CD	4kW	1
11	木工圆盘锯 MJ160	5.5kW	1
12	插入振动器 ZN70C	1.5kW	8
13	平板振动机 ZW	1.5kW	2
电动机总功率$\sum P_1$：93kW			
编号	名称型号	规格	台数
1	钢筋对焊机 UN1-100	75kW	1
2	交流电焊机 BX3-300-3	32kW	2
3	电渣压力焊机 EDH-36	34kW	1
电焊机总容量$\sum P_2$：173kW			

1）现场 $P_{总}$、$P_{最大}$、$P_{平均}$用电量计算

(1) 整个工程的供电设备总需用量 $P_{总}$，电动机总功率为

$$\sum P_1 = 93\text{kW}$$

电焊机总容量为

$$\sum P_2 = 173\text{kW}$$

本工程总动力用电容量为

$$P_a = 1.05\times(0.5\times 93/0.75 + 0.5\times 173)\text{kW} = 156\text{kW}$$

由于照明用电量所占的比重较动力用电量要少得多，一般为动力用电量的 10%，所以取室内照明用电为

$$P_b = 156\times 10\%\text{kW} = 15.6\text{kW}$$

因此，整个工程的供电设备总需用量为

$$P_{总} = P_a + P_b = (156 + 15.6)\text{kW} = 171.6\text{kW}$$

(2) 整个工程的供电设备最大用量 $P_{最大}$。施工最大用电量应在主体结构与砌筑施工阶

段，按表 6-14 中部分机械计算，即塔吊 1 台、井架 2 台、砂浆机 2 台、振动机 8 台、对焊机 1 台、钢筋与木工机械 1 套、电焊机 2 台、电渣压力焊 1 台计算。

电动机总功率为

$$\sum P_1' = 73.5\text{kW}$$

电焊机总容量为

$$\sum P_2' = 98\text{kW}$$

本工程最大动力用电容量为：

$$P_a' = 1.05 \times (0.5 \times 73.5/0.75 + 0.5 \times 98)\text{kW} = 102.9\text{kW}$$

由于照明用电量所占的比重较动力用电量要少得多，一般为动力用电量的 10%，所以取室内照明用电为

$$P_b' = 102.9 \times 10\%\text{kW} = 10.3\text{kW}$$

因此，整个工程的供电设备最大用量为：

$$P_{最大} = P_a' + P_b' = 102.9 + 10.3\text{kW} = 113.2\text{kW}$$

（3）整个工程的供电设备平均用量 $P_{平均}$。本工程的供电设备平均需用量为总需用量 $P_{总}$ 的 1/2。因此，整个工程的供电设备平均用量为

$$P_{平均} = P_{总} \times 0.5 = (P_a + P_b) \times 0.5\text{kW} = 85.8\text{kW}$$

2）变压器容量计算

$$P_{总} = 1.4P_{最大} = (113.2 \times 1.4)\text{kW} = 158.48\text{kW}$$

业主已提供一台 400kVA 的变压器，能完全满足施工需求。

5. 临时设施的布置

1）场地、道路

根据设计总平面图和实际场地勘测，经过综合考虑，在北侧布置办公区，办公区西侧布置职工生活区（包括宿舍、食堂及厕所浴室），建筑物之间布置木工、钢筋加工车间和搅拌车间及部分材料堆场。进场后应以标准化要求进行布置，体现绿色环保工地的特征，在生活区和办公区局部摆放绿色植物。场地的北面作为标准化宣传区域，体现企业的施工形象。施工使用场地内浇筑混凝土硬地坪，并设置排水沟、沉淀池，将积水排入市政管道，确保整个施工期间场地不积水。为便于施工场地内车辆通行，在建筑物四周设置环行道路。场地内施工道路采用塘渣基层和混凝土浇筑面层。道路边开挖排水明沟，局部排水沟设钢筋盖板，排水沟通往沉淀池。

2）大门、围墙

考虑到场地实际情况，场内道路设置环行交通，宽 4～5m，采用塘渣垫层面浇 150mm 厚 C20 混凝土路面。在北面开设一扇大门，作为人员、材料、车辆出入口。场地围墙采用砖砌，高 2.5m，设顶灯、标语。大门口设置灯箱、五牌一图，标明工程概况、组织体系、安全措施等内容，以扩大工程影响，接受社会监督。

3）办公生活区

场内空间宽裕，办公与生活分开布置。办公区布置在北侧围墙边，生活区布置在办公区西侧。

办公室拟搭建2层12间彩钢房，内设施工各科室（经理室、项目技术负责人、施工生产科、质量科、安全科、核算财务科等）及会议室、资料文印室等，安装及各专业分包单位的管理人员办公室也设在此处。

现场拟搭设2层职工宿舍两幢，共24间。每间宿舍放4张双层床，可住8人，总计可入住192人，可基本满足施工高峰期员工住宿要求。宿舍门口挂标牌，注明居住人员及守则。

在现场临设内建造男女厕所、浴室，厕所下设临时化粪池。厕所浴室内墙面贴白瓷砖，地面满铺地砖，并设专人打扫，定时喷洒空气清新剂，保持环境整洁。浴室靠门边设洗衣池。

临设内设食堂，供给业主、监理、施工人员用餐。食堂内墙面贴白瓷砖，地面铺地砖。食堂内供给饮用开水，气温高时在施工场地内设置临时茶水棚和茶水桶供应开水。计划搭建6间房屋，2间用于伙房，3间用于餐厅，1间用于零售便利店。

食堂内餐厅兼做活动室。内配置29英寸彩电、报纸杂志及配套桌椅等。总之，对临设工程按场布统一布置，做到安全、经济、合理、整齐划一。并在临设工程中考虑设置一定的绿色植物、茶水亭、书报亭、宣传栏、黑板报，美化环境，为员工提供文明整齐的工作和生活环境。

现场的临时设施除办公室、职工宿舍、食堂外其余均采用砖混结构，按标准化要求搭建。

现场实行全封闭管理，设置材料、车辆及人员的主要进出口，保安人员24h值班，现场安排巡视值班人员，对场容、场貌、场地布置进行严格管理。

4）生产作业区

（1）加工车间：现场设钢筋和木工加工车间一处，并且在塔吊的旋臂覆盖范围内。为保证操作环境良好及实行环保施工，加工车间采用钢管搭设加盖石棉瓦，以避免风、雨、雪对钢筋焊接质量等的影响。

（2）搅拌棚：现场设两处搅拌场地，设置在1号楼南侧和2号楼附近。

（3）材料堆场：临时堆场主要布置在建筑物周边。将土建、安装、装修堆场分开管理。材料堆放地要挂牌明示，必要时架空遮盖。

（4）其他：根据工程的施工规格，还在施工现场设置混凝土标准养护室。

6. 临时设施计划表

本工程的临时设施布置计划见表6-15。

表6-15　本工程的临时设施布置计划

序号	临设名称	平面尺寸/m	面积/m^2	构造
1	办公室	3.6×6×12	259.2	彩钢活动房
2	职工宿舍	3.6×6×24	518.4	彩钢活动房
3	浴、厕所	5×10	50	砖混
4	食堂	3.6×6×6	129.6	彩钢活动房
5	钢筋加工车间	15×6×1	90	钢管棚
6	木工加工车间	15×6×1	90	钢管棚
7	仓库	5×8	40	砖混
8	门卫室	3.6×3	10.8	彩钢板
9	混凝土养护室	4×2.5	10	砖混
10	总配房	3.6×3	10.8	彩钢板
		合计	1208.8	

临设总体布置详见图 6-7。

7. 大型施工机械的场地布置

1）塔吊

塔吊安装的位置经综合水平运输现状及其作业范围后，在 1 号楼、2 号楼中间设置 1 台 QTZ60 型塔吊，回转半径为 50m，作业范围为全部建筑物（局部有盲区）及材料堆场、混凝土（砂浆）搅拌区、钢筋加工车间。

2）施工井架

各单体均配备 1 台施工井架，主要承担砌筑和装修材料的运输任务。施工井架的布置采用材料运输就近的原则与建筑物垂直运输能一步到位的原则。本工程的垂直运输机械的基座均采用 C20 混凝土基座，按机械生产厂家的图纸进行施工，并经监理验收及做好书面资料记录。

3）混凝土、砂浆搅拌机

由于本工程的混凝土采用商品混凝土泵送，故项目部设置 1 台 JZM350 型搅拌机以备应急和零星混凝土搅拌。设置砂浆机 2 台。机械的布置按照砂、石、水泥等材料运输就近的原则与建筑物垂直输送、建筑物平面水平输送能一步到位的原则，分两处设置。其混凝土搅拌机及砂浆机械的基座均采用 C20 混凝土地坪，旁边设置砖砌的蓄水池及污水沉淀池等。

4）泵送机械

按照建筑物垂直输送、平面水平输送能一步到位的原则，根据本工程建筑高度，计划采用 1 台柴油固定泵（或汽车泵），加快混凝土的浇筑速度。其基座均采用 C20 混凝土地坪。

8. 施工现场排水布置

为确保环保及文明施工，在加工区、生活区、施工道路及材料堆场等处均为水泥硬地坪，因此，施工期间要切实做好现场排水工作，做到施工现场无积水，确保大雨期间排水畅通。为此，采取强制排水和自流排水相结合的方式，制定排水方案。

1）自然排水系统

道路、堆场排水：施工现场道路、堆场采用混凝土硬地坪，根据现场排水沟位置，道路、堆场向排水沟方向设置 0.3％的坡度，使雨水、施工排水能自然流向排水沟。

2）强制排水系统

施工现场强制排水：施工现场强制排水主要指大雨期间的排水，当自然排水不能满足排水要求时采用强制排水，强制排水期间在各窨井处布置水泵，由水泵抽水直接排出。生活污水强制排水：当化粪池污水满后，通知环卫处，由环卫处污水车排净化粪池内的污水。

3）排水系统管理

现场排水系统由施工专人负责管理，应经常检查排水系统，一旦发现排水系统有损坏情况，应立即派专人负责修补。另外应经常检查排水沟、窨井等泥沙沉淀情况，当泥沙沉淀够时，应派专人负责清理。强制排水用水泵在未使用期时应统一保管，并检查运转情况，以便强制排水时能正常运转。

9. 施工现场平面管理

1）平面管理原则

根据施工总平面设计和各分阶段施工平面布置需要，以充分保障阶段性施工重点，保证进度计划的顺利实施为目的，在工程实施前，制定详细的大型机具使用、进退场计划，主材及周转材料采购、加工、堆放、运输计划，以及各工种施工队伍进退场调整计划。同时制定以上计划的具体实施方案，严格按标准执行并进行奖罚，从而实施施工平面布置的科学、文明管理。

2）平面管理计划

由总施工负责人负责总平面的使用管理，阶段性现场总平面调整及采用调度会制度，根据工程进度、施工需要对总平面的使用进行协调和合理的调整。总平面使用的日常管理工作由施工组负责实施。施工平面管理的关键是科学的规划和周密、详细的具体计划，在工程进度计划的基础上形成主材、机械的进退场及垂直运输设备的有序运行，以确保工程进度，充分、均衡地利用平面为目标，制定出适合实际情况的总平面管理实施计划。同时将该计划输入计算机，进行动态调控管理。

3）平面管理计划的实施

根据工程进度计划的实施调整情况，分阶段发布平面管理实施计划，计划执行中，不定期召开调度会，经充分协调、研究后，发布计划调整书。施工组负责组织阶段性的和不定期的检查监督，以确保平面管理计划的实施。

10. 现场施工形象总体设计

根据现场特点及与周边环境相协调，应文明施工，特别要注重场容、场貌的管理。在施工中按照基础、结构、装饰等不同阶段进行场地统一布置管理和调整，在大门进口处设置工程概况牌、场布图及各项规章制度的宣传栏。

道路与场地畅通、整洁、无污染、不乱堆乱放及无散落物品（周转材料），场地四周排水畅通，建筑垃圾集中堆放并及时处理，四周围墙粉刷并书写宣传、工程名称等及安装路灯照明。

要做到班组落手清，“谁做谁清，随做随清”。防止尘土飞扬，污水横溢，车辆带泥运行的形象绝不能在本工程发生。对班组落手清工作项目部定期进行检查和考核，并且做好奖优罚劣工作。

砂、石、砖、灰等材料堆放应分类集中堆放成方或成堆，整齐划一并有一定的计划及监督措施。边用边清，材料不散落、不外溢、不乱倒等。施工周转材料也应集中堆放整齐，做到使用有计划，分类堆放，并作出材料标识，分门别类，统一管理。

生活卫生方面，项目部要落实卫生专职管理员和保洁员，落实卫生责任制，定期检查考核宿舍卫生，对检查结果并张榜公布。另外，项目部还设置“五小”设施，茶水亭（桶）、厕所、浴室、垃圾站、娱乐室等，方便与丰富职工的生活。

复习思考题

1. 什么叫单位工程施工组织设计？

2. 单位工程施工组织设计的编制内容包括哪些？

3. 单位工程施工组织设计编制依据包括哪些内容？
4. 工程概况的编写要求是什么？编制内容包括哪些？
5. 施工管理目标一般包括哪些内容？
6. 在单位工程施工组织设计中，施工部署的作用是什么？
7. 常用的施工进度计划的种类有哪些？
8. 施工准备工作的内容包括哪些？
9. 简述施工方案的重要性。
10. 简述施工顺序确定的原则。
11. 简述施工管理计划的编写要求。
12. 文明施工管理计划的内容有哪些？
13. 简述施工平面图的设计步骤。

第7章 建设工程施工项目管理实务

学习目标

了解建设工程施工项目目标控制的概念；熟悉施工项目现场管理的内容及要求；熟悉建设工程施工项目合同管理的内容；掌握施工项目的施工质量管理、施工进度管理、施工成本管理、建设工程职业健康安全与环境管理的内容及要求。

能力目标

具备对一般施工项目质量、成本、进度的控制和管理能力；具备建设工程职业健康安全与环境管理、施工项目合同管理和组织协调的初步能力。

7.1 建设工程施工项目管理目标与控制

建设工程施工项目管理的核心任务是项目的目标控制，没有明确目标的建设工程不是项目管理的对象。由于建设工程中的参与方有建设单位、勘察设计单位、施工单位、材料设备供应单位、工程监理单位等，因此，他们的管理目标和任务也不同，形成了建设工程项目管理的体系。

业主方的项目管理自项目开始至项目完成，通过项目策划和项目控制，使项目的费用目标、进度目标和质量目标得以实现。业主方是建设工程的总负责人、总指挥者。

7.1.1 建设工程施工项目管理目标

1. 建设项目工程总承包方项目管理的目标和任务

建设项目工程总承包方作为项目建设的一个参与方，其项目管理主要服务于项目的利益和建设项目工程总承包方本身的利益。其项目管理的目标包括项目的总投资目标和总承包方的成本目标、项目的进度目标和项目的质量目标。

建设项目工程总承包方项目管理工作涉及项目实施阶段的全过程，即设计前的准备阶段、设计阶段、施工阶段、动用前准备阶段和保修阶段。它管理的主要任务是安全管理、投资控制和总承包方的成本控制、进度控制、质量控制、合同管理、信息管理和与建设项目总承包方有关的组织和协调。

2. 施工方项目管理的目标和任务

施工方作为项目建设的一个参与方，其项目管理主要服务于项目的整体利益和施工方本身的利益。其项目管理的目标包括施工的成本目标、施工进度目标和施工质量目标。

施工方项目管理的任务包括：施工过程中的安全管理、成本管理、进度控制、质量控制、合同管理、信息管理和与施工有关的组织与协调。

施工方是承担施工任务的单位的总称谓，它可能是施工总承包方、施工总承包管理方、分包施工方、建设项目总承包的施工任务执行方或仅仅提供施工劳务的参与方。由于施工方担任的角色不同，其项目管理的任务和工作重点也会有差异。

7.1.2 施工项目目标控制的概念和任务

1. 施工项目目标控制的概念

所谓控制，是指为了实现组织的计划目标而对组织活动进行监视并纠偏矫正，以确保组织计划与实际运行状况动态适应的行为。

要对组织的一切活动实施有效的控制，必须具备下列两个基本前提：第一，计划是前提。控制的实施是以计划为依据的，其目的是为了保证计划的实现，因此，只有制定周密明确的计划，控制才可能得到有效的实施。第二，组织机构是前提。控制活动是由组织中各个管理层次、各个部门的管理人员共同协调进行的，这就要求在组织机构中必须明确划分职能范围和责任范围，这样，一旦产生偏差，就可以知道应由哪个部门承担责任和应由谁来采取纠正措施，所以，控制是离不开组织机构这一前提的。

从定义可以看出，施工项目目标控制包括：施工项目、控制目标、控制主体、实施计划、实施信息、偏差数据、纠偏措施、纠偏行为。

施工项目控制的目的是排除干扰、实现合同目标。因此可以说，施工项目目标控制是实现施工目标的手段，如果没有施工项目的目标控制，就谈不上施工项目管理，也不会有目标的实现。

2. 施工项目目标控制的依据

(1) 项目经理与企业法人之间签订的“项目管理目标责任书”。施工合同明确了施工企业应承担的施工项目总目标，“项目管理目标责任书”中规定的责任目标应依据工程施工合同中的目标制定。

(2) 国家的政策、法规、标准和定额。

(3) 生产要素市场的变化动态和发展趋势。

(4) 有关文件、资料，如设计图纸、招标文件、施工组织设计等。

(5) 国际工程项目在制定控制目标时还应依据所在国的各种条件及国际市场情况。

3. 施工项目控制目标的制定原则和程序

(1) 施工项目控制目标的制定原则：以实现工程施工合同为目标；按目标管理方法进

行目标分解和展开；将总目标落实到项目组织的每个层次以至每个执行者；充分发挥施工组织设计在制定控制目标中的作用；注意目标之间的相互制约和依存关系。

（2）施工项目控制目标的程序：第一步，认真研究施工合同中规定的施工项目控制总目标，收集制定控制目标的各种依据，为控制目标落实做好准备；第二步，施工项目经理与企业法人签订“项目管理目标责任书”，确定项目经理的控制目标；第三步，施工项目经理部编制施工组织设计，确定施工项目经理部的计划总目标；第四步，制定施工项目的阶段性控制目标和年度控制目标；第五步，按时间、部门、管理人员、劳务班组落实控制目标，明确责任；第六步，责任者提出控制措施。

4. 施工项目目标控制的任务

施工项目控制的任务是进行以项目进度控制、质量控制、成本控制和安全管理为主要内容的四大目标控制。这四项目标是施工项目的约束条件，也是施工效益的象征，尤其是安全目标，它不同于前三项目标，前三项目标是施工项目成果，安全目标是指施工过程中的人和物的安全状态。没有危险，不出事故，不造成人身伤亡和财产损失，就是安全，既指人身安全，又指财产安全。所以，安全控制既要克服人的不安全行为，又要克服物的不安全状态。施工项目目标控制的任务见表 7-1。

表 7-1　施工项目目标控制的任务

控制目标	具体控制任务
进度控制	使施工顺序合理，衔接关系适当，连续、均衡、有节奏施工，实现计划，提前完成合同工期
质量控制	使分部分项工程达到质量检验评定标准的要求，实现施工组织设计中保证施工质量的技术组织措施和质量等级，保证合同质量目标等级的实现
成本控制	实现施工组织设计的降低成本措施，降低每个分项工程的直接成本，实现项目经理部营利目标，实现公司利润目标及合同造价
安全管理	实现施工组织设计的安全设计和措施，控制劳动者、劳动手段和劳动对象目标，控制环境，实现安全目标，使人的行为安全，物的状态安全，断绝环境危险源
施工现场管理	科学组织施工，使场容场貌、料具堆放与管理、消防保卫、环境保护及职工生活均符合规定要求

5. 施工项目目标控制的措施

（1）合同措施。施工项目的控制目标根据工程合同产生，又通过“施工项目管理目标责任书”落实到项目经理部。项目经理部通过签订劳务承包合同把目标落实到劳务承包公司（或作业班组）。

（2）组织措施。组织是项目管理的载体，是目标控制的依托，是控制力的源泉。组织措施在制定目标、协调目标的实现、目标检查及纠偏等环节上都发挥着重要的作用。

（3）经济措施。经济利益是施工项目目标控制的基础和保证，它不但与施工项目经理部相关，也与施工项目经理部的每一个成员相关。目标控制中的资源配置和动态管理、劳动分配和物质激励，都对目标控制产生作用，说到底，经济措施就是节约措施。

（4）技术措施。施工项目经理部不但要对项目进行科学的管理，而且还要科学地组织项目施工。项目管理和项目施工都需要科学技术，施工项目目标控制中所用的技术措施有两类：一类是硬技术，即工艺（作业）技术；另一类是软技术，即管理技术。

7.2 施工项目进度管理实务

许多工程项目，特别是大型重点建设项目，施工工期要求十分紧迫，施工方的工程进度压力非常大，一天两班制施工，甚至 24h 连续施工。如果盲目赶工难免会导致施工质量问题和施工安全问题的发生，并且会引起施工成本增加。因此，施工进度控制不仅关系到施工进度目标能否实现，还直接关系到工程的质量和成本。在工程施工实践中，必须树立和坚持在确保工程质量和安全的前提下，控制工程的施工进度。

为了有效地控制施工进度，尽可能摆脱因进度压力而造成工程组织和管理的被动，施工方有关管理人员应深刻理解以下内容。

（1）整个建设工程项目的进度目标如何确定。

（2）影响整个建设工程项目进度目标实现的主要因素。

（3）如何正确处理工程进度和工程质量的关系。

（4）施工方在整个建设工程实现项目进度目标过程中的地位和作用。

（5）影响施工进度目标实现的主要因素。

（6）施工进度控制的基本理论、方法、措施和手段等。

7.2.1　建设工程项目进度控制的目标和任务

1. 建设工程项目总进度目标

建设工程项目总进度目标是指整个项目的进度目标，它是在项目决策阶段，对项目定义时确定的，项目管理的主要任务是在项目的实施阶段对项目的目标进行控制。建设工程项目总进度目标的控制是业主方项目管理的任务，在总进度目标控制前，应该分析和论证目标实现的可能性。在项目设施阶段，项目总进度目标包括设计前准备阶段的工作进度、设计工作进度、招标工作进度、施工前准备工作进度、工程施工和设备安装工作进度、工程物资采购工作进度、项目动用前的准备工作进度等。

2. 建设工程项目进度计划系统

建设工程进度计划系统是由多个相互关联的进度计划组成的系统，它是项目进度控制的依据。由于各种进度计划编制所需要的必要资料是在项目进展过程中逐步形成的，因此项目进度计划系统的建立和完善也有一个过程。

由于项目进度控制不同的需要和不同的用途，业主方和项目参与方可以编制多个不同的建设工程项目进度计划系统，可以按照不同的计划深度、不同的计划功能、不同的项目参与方、不同的计划周期而编制的进度计划组成的计划系统。

不同深度的计划构成的进度计划系统包括：总进度计划、项目子系统进度计划、项目子系统中的单项工程进度计划等。

不同功能的计划构成的进度计划系统包括：控制性进度规划（计划）、指导性进度控制规划（计划）、实施性（操作性）进度计划等。

按不同参与方的计划构成的进度计划系统包括：业主方编制的整个项目实施进度计划、

设计进度计划、施工和设备安装进度计划、采购和供货进度计划等。

按不同周期的计划构成的进度计划系统包括：5年建设进度计划，年度、季节、月度和旬计划等。

在建设工程项目进度计划系统中，各进度计划或各子系统进度计划编制和调整时必须注意其相互的联系和协调。

建设项目是在动态的条件下实施的，进度控制也就必须是一个动态的管理过程，它由以下环节组成。

(1) 进度目标的分析和论证，论证进度目标是否合理，目标能否实现，否则予以调整。

(2) 在收集资料和调研的基础上编制进度计划。

(3) 定期跟踪检查所编制的进度计划执行情况，若执行过程中有偏差，应采取纠偏措施并视需要调整进度计划。

3. 建设工程项目进度控制的任务

业主方进度控制的任务是控制整个项目实施阶段的进度，包括控制设计准备工作进度、设计工作进度、施工进度、物资采购进度及项目动用前准备阶段的工作进度。

设计方进度控制的任务是依据设计合同对设计进度的要求控制设计进度，设计进度计划主要是确定各个阶段的图纸出图计划。

施工方进度控制的任务是依据施工合同对施工进度的要求控制施工工作进度，这是施工方履行合同的义务。在进度计划编制方面，应根据项目特点和施工进度控制的需要，编制不同深度、不同的控制性和指导性的施工进度计划。

7.2.2 施工项目进度控制的概念和施工方进度计划的类型

1. 施工项目进度控制的概念

施工项目进度控制是指在既定的工期内，编制出最优的施工进度计划，在执行该计划的施工中，经常检查施工实际进度情况，并将其与计划进度相比较，若出现偏差，分析产生的原因和对工期的影响程度，找出必要的调整措施，修改原计划，不断地如此循环，直至工程竣工验收。施工项目进度控制的总目标是确保施工项目的合同工期的实现，或者在保证施工质量和不因此而增加施工实际成本的条件下，适当缩短工期。

2. 施工方进度计划的类型

包括施工企业的施工生产计划和建设工程项目施工进度计划。施工企业的施工生产计划，是企业计划的范畴。它是以整个施工企业为系统，依据施工任务量、企业经营的需求和资源利用的可能性等，合理安排计划周期内的施工生产活动，如年度生产计划、季度生产计划、月度生产计划和旬生产计划等。建设工程项目施工进度计划，属于工程项目管理的范畴。

7.2.3 施工进度控制的原理、程序、任务和方法

1. 施工进度控制的原理

1) 系统控制原理

系统控制包括项目施工进度规划系统和项目施工进度实施系统两部分内容。项目经理

必须按照系统控制原理，强化其控制全过程。

(1) 施工项目进度计划系统为做好项目施工进度控制工作，必须根据项目施工进度控制目标要求，制定出项目施工进度计划系统。计划系统一般包括：施工项目总进度计划，单位工程进度计划，分部、分项工程进度计划和季、月、旬等作业计划。这些计划的编制对象由大到小，内容由粗到细，将进度控制目标逐层分解，保证了计划控制目标的落实。在执行项目施工进度计划时，应以局部计划保证整体计划，最终达到施工项目进度控制目标。

(2) 施工项目进度实施组织系统为实施项目施工进度计划系统，不仅要求设计单位和承建单位必须按照计划要求进行工作，而且要求设计、承建和物资供应单位也必须密切协作和配合。同时，承建单位内部也应有施工项目经理、施工队长、班组长从上到下的严密组织，从而形成内外结合的、严密的项目施工进度实施系统。

(3) 施工项目进度控制组织系统根据施工项目进度控制机构层次，明确其进度控制职责，并建立纵向和横向两个控制系统。施工项目进度纵向控制系统，由公司领导班子和项目经理部构成；而项目施工进度横向控制系统，则由项目经理部各职能部门构成，必须加强两个控制系统的协作，提高施工项目进度控制效率。

2) 动态控制原理

施工项目进度控制随着施工活动不断向前推进，根据各方面的变化情况，进行适时的动态控制，以保证计划符合变化的情况。

3) 弹性控制原理

施工项目进度控制涉及的因素多、变化大、持续时间长，不可能十分准确地预测未来或作出绝对准确的施工项目进度安排，也不能期望项目施工进度目标会完全按照规划日程实现，在确定项目施工进度目标时，必须留有余地，以使项目施工进度控制具有较强的应变能力。

4) 信息反馈控制原理

信息反馈是施工项目进度控制的主要环节，没有信息反馈，就不能对进度计划进行有效的控制，必须加强项目施工进度的信息反馈。当项目施工进度出现偏差时，相应的信息就会反馈到项目进度控制主体，由该主体作出纠正偏差的反应，使项目施工进度朝着规划目标进行，并达到预期效果。

2. 施工进度控制的程序

施工进度控制的程序为：确定进度控制目标→编制施工进度计划→申请开工并按指令日期开工→实施进度计划→检查、控制、调整进度计划→进度控制总结并编写施工进度控制报告。

3. 施工进度控制的任务

由于施工过程中存在着许多影响进度的因素，进度控制人员必须事先对影响工程施工进度控制的各种因素进行调查分析，预测它们对工程施工进度的影响程度，确定合理的进度控制目标，编制可行的施工总进度计划、单位工程施工进度计划、分部分项工程施工进度计划和工程年、季、月实施计划，并控制其执行，按期完成整个项目、单位工程、分部分项工程的施工任务。

4. 施工项目进度控制的方法

(1) 规划是指确定施工项目总进度控制目标和分进度控制目标，并编制其进度计划。

(2) 控制是指在施工项目实施的全过程中，进行施工实际进度与施工计划进度的比较，出现偏差及时采取措施予以调整。

(3) 协调是指协调与施工进度有关的单位、部门和工作队组之间的进度关系。

7.2.4 影响施工进度的因素及施工项目进度目标的确定

1. 影响施工进度的因素

(1) 参与单位和部门因素：影响项目施工进度的单位和部门众多，包括建设单位、设计单位、总承包单位、施工单位、上级主管部门、政府有关部门、银行信贷单位、资源物资供应部门等。项目经理不仅要控制项目施工速度，而且要做好与有关单位的组织协调工作，只有这样才能有效地控制项目施工进度。

(2) 施工技术因素：主要有低估项目施工技术上的难度；没有考虑某些设计或施工问题的解决方法；对项目设计意图和技术要求，没有全部领会；采取的技术措施不当；在应用新技术、新材料和新结构方面缺乏经验，没有进行相应的科研和试验，导致盲目施工，以致出现工程质量缺陷等技术事故。

(3) 施工组织管理因素：主要有施工平面布置不合理，出现相互干扰和混乱；劳动力和机械设备的选配不当；流水施工组织不合理等。

(4) 项目投资因素：主要有因资金不足或供应不及时以至于影响项目施工进度。

(5) 项目设计变更因素：建设单位改变项目设计功能；项目设计图纸错误或变更，致使施工速度放慢或停工。

(6) 不利条件和不可预见因素：在项目施工中，可能遇到洪水、地下水、地下断层、溶洞或地面深陷等不利的地质条件；也可能出现恶劣的气候条件、自然灾害、工程事故、政治事件、工人罢工或战争等不可预见事件，这些因素都将影响项目施工进度。

2. 施工项目进度目标的确定

施工进度控制首先应确定施工进度控制目标。施工企业通过投标并中标后，与业主方签订施工合同，施工方的施工进度控制目标是以实现合同约定的竣工日期为最终目标。这个目标首先是由施工企业管理层承担的，企业管理层根据经营方针在《项目管理目标责任书》中确定项目经理部的进度控制目标。项目经理部根据这个目标在“施工项目管理实施规划”中编制施工进度计划，确定计划进度控制目标，并进行进度目标分解。

施工进度计划是进度控制的依据。对于一个群体工程，要编制两种或者三种施工进度计划，即施工总进度计划、单位工程施工进度计划、分部分项工程进度计划。

7.2.5 施工进度管理计划的编制

1. 施工项目进度计划的编制步骤（以单位工程为例）

单位工程进度计划编制步骤如下：划分施工过程，确定其施工顺序→划分施工段（施工层）→计算各施工过程在各施工段（施工层）上的工程量（劳动量）→确定各工序专业施工人数和其在各施工段（施工层）上的施工时间（施工天数）→进行工程组合并组织各分部工程流水施工→搭接各工程组合（分部工程流水线），形成初步的单位工程施工进度计划→检查、调整初始方案，形成经济合理的施工进度计划。

计算各施工过程的工程量（劳动量）是一项十分烦琐、费时很长的工作，工程量计算方法和计算规则与施工图预算或施工预算一样，只是所取尺寸应按施工图中设计尺寸确定。

计算工程量应注意以下几个问题：①各分部、分项工程的工程量计算单位应与采用的施工定额中相应项目的单位相一致，以便在计算劳动量和材料需要量时可直接套用定额，不再进行换算。②工程量计算应结合选定的施工方法和安全技术要求进行，使计算所得工程量与施工实际情况相符合。例如，挖土时是否放坡，是否加作业面，坡度大小与作业面尺寸，是否使用支撑加固，开挖方式是单独开挖、条形开挖还是整片开挖，这些都直接影响到基础土方工程量的计算。③结合施工组织要求，分区、分段、分层计算工程量，以便组织流水作业。若每层、每段上的工程量相等或相差不大时，可根据工程量总数分别除以层数、段数，可得每层、每段上的工程量。④如已编制预算文件，应合理利用预算文件中的工程量，以免重复计算。施工进度计划中的施工项目大多可直接采用预算文件中的工程量，可按施工过程（工序）的划分情况将预算文件中有关项目的工程量汇总。

2. 几种不同的施工进度计划

（1）施工总进度计划。是对整个群体工程编制的施工进度计划，由于施工的内容较多，施工工期较长，故其计划项目综合性大。其编制依据有施工合同、施工进度目标、工期定额、有关技术经济资料、施工部署与主要工程施工方案。其内容包括：编制说明、施工总进度计划表、资源需要量及供应平衡表等。用来安排各单位工程的计划开竣工日期、工期、搭接关系及其实施步骤、资源需要量及供应平衡表是根据施工总进度计划表编制的保证计划，可包括劳动力、材料、预制构件和施工机械等资源的计划。

（2）单位工程施工进度计划。是对单位工程或单体工程编制的施工进度计划的总称。由于它所包含的施工内容比较具体明确，施工期较短，故其作业性较强，是进度控制的直接依据。其编制依据主要是项目管理目标责任书、施工总进度计划和施工方案。其内容有：编制说明、进度计划图（或表）、资源需要量计划、风险分析及控制措施。

（3）近期工程施工作业进度计划。有的时候根据需要还要编制近期分部分项工程或月旬作业进度计划。

7.2.6　施工项目进度计划的实施和检查方法

1. 施工进度计划的实施

为了保证施工项目进度计划的实施，并且尽量按编制计划的时间逐步进行，保证各进度目标的实现，在施工进度计划实施过程中应进行下列工作。

（1）编制月（旬）作业计划。进度计划是通过作业计划下达给施工班组的，作业计划是保证进度计划落实与执行的关键。由于施工活动的复杂性，在编制计划时，不可能考虑到施工过程中的一切变化情况，因而不可能一次安排好未来施工活动中的全部细节，因此，还必须有更为符合当时情况、更为细致具体的短时间的计划，这就是月（旬）作业计划。在月（旬）计划中要明确本月（旬）应完成的任务及所需要的各种资源量，以提高劳动生产率和采取节约措施。

(2) 签发施工任务书。施工任务书是一份计划文件，也是一份核算文件，同时还是原始记录。编制好月（旬）作业计划以后，将每项具体任务通过签订施工任务书的方式使其进一步落实。施工任务书是向班组下达任务，实行责任承包、全面管理和原始记录的综合性文件，是计划和实施的纽带。施工任务书一般以表格的形式下达，具体包括施工班组应完成的工程项目工程量，完成任务的起止日期和施工日历进度表，资源需用量，采用的施工方法、技术组织措施、工程质量、安全和节约措施等各项指标。

(3) 做好施工进度记录，填写好施工进度统计表。在计划任务完成的过程中，各级施工进度计划的执行者都要跟踪做好施工记录，记载计划中每项工作的开始日期、工作进度和完成日期，为施工项目进度检查分析提供信息。

(4) 做好施工中的调度工作。施工中的调度是组织施工中各阶段、环节、专业和工种的互相配合及进度协调的指挥核心。调度工作是施工进度计划实施顺利进行的重要手段，其主要任务是掌握计划实施情况，协调各方面关系，采取措施，排除各种矛盾，加强各薄弱环节，实现动态平衡，保证完成作业计划和实现进度目标。

调度工作内容主要有：监督作业计划的实施、调整协调各方面的进度关系；监督检查施工准备工作；督促资源供应单位按计划供应劳动力、施工机具、运输车辆、材料构配件等，并对临时出现的问题采取调配措施；按施工平面图管理施工现场，结合实际情况进行必要的调整，保证文明施工；了解气候、水、电、气的情况，采取相应的防范和保证措施，及时发现和处理施工中出现的各种事故和意外事件；定期召开现场调度会议处理各薄弱环节。

2. 施工项目进度计划的检查方法

施工项目进度计划的检查方法就是比较检查法，常用的方法有横道图对比检查法、S曲线对比检查法、进度前锋线检查法、香蕉曲线对比检查法、网络图对比检查法等。

(1) 横道图对比检查法。当进度计划采用横道图表达时，是将检查日期内项目施工进度的实际完成情况与计划进度用不同的横线条标注在横道图中，很容易看出实际进度提前或拖后的天数。

(2) 网络图实际进度前锋线对比检查法。是指在时标网络计划图上，将计划检查时刻各项工作的实际进度所达到的前锋点连接而成的折线。当工作完成点在检查日期的左侧表示进度滞后，在右侧表示工期提前。

(3) 香蕉曲线对比检查法。绘制香蕉曲线时，首先计算网络计划的最早、最迟时间，然后依据最早时间进度计划绘制一条S曲线（S曲线是以横坐标表示时间进度，纵坐标表示单位时间内累计完成的任务量所绘制的曲线），可成为ES曲线；依据最迟时间进度计划绘制一条S曲线，可成为LS曲线。两条曲线同时开始，同时结束，在中间阶段，ES曲线上的点在LS曲线的左侧，因此，形成封闭的状如香蕉的曲线形态，称之为香蕉曲线。

一般说来，实际施工中既不宜按最早时间计算，也不宜按最迟时间计算，因为这都将造成资源运用上的不均衡。而且，按最早时间施工将使工程过早地把资金积压在未完工程上而负担过多的利息；而按照最迟时间施工则会使工程承包人缺乏回旋的余地，可能延误工期。所以，比较理想的施工进度曲线应是在两条S曲线之间的某一条曲线，而且，这条曲线的中段应尽可能呈直线形，这可以通过对各工序施工时间的调整来达到。香蕉曲线构成了理想施工进度的范围和下限，在任何时间施工的费用或进度超过了香蕉曲线的范围，都要引起注意和警惕，及早采取措施加以控制。

有关详细内容可参考本书 8.9 节的内容。

7.2.7　施工项目进度计划的检查

进度计划检查是计划执行信息的主要来源，是施工进度调整和分析的依据，是进度控制的关键步骤。进度计划的检查是将实际进度与计划进度进行对比，从而发现偏差，以便调整或修改计划。进度计划的检查通常包括以下几个方面。

1. 跟踪检查施工实际进度

对施工进度进行检查应依据施工进度计划实施记录进行，跟踪检查的时间间隔，以施工项目的类型、规模、施工条件和对进度执行要求的程度确定，一般每月、半月、旬、周检查一次。检查和收集资料的方式可采用进度报告表或定期召开进度工作汇报会方式。

2. 整理统计检查数据

对收集到的施工实际进度数据要进行必要的整理，按计划控制的工作项目进行统计，形成与计划进度具有可比性的数据、相同的量纲和形象进度。一般可以按实物工程量、工作量和劳动消耗量统计实际检查的数据，以便与相应的计划完成量对比。

3. 实际进度与计划进度对比

实际进度与计划进度对比可从不同角度得出实际进度与计划进度相一致、超前、拖后三种情况。

4. 施工项目进度检查结果的处理

有关详细内容可参考本书 8.9 节的内容。

7.2.8　施工项目进度计划的调整

施工项目进度计划的调整是根据检查结果，分析实际进度与计划进度之间产生的偏差及原因，采取积极措施予以补救，对计划进度进行适时修正，最终确保计划进度指标得以实现的过程。

在施工项目实施过程中，项目进度控制人员每天均应在项目网络进度计划图上标画出实际施工进度前锋线，检查网络进度计划执行情况。一般每周作一次检查结果分析，并向主管部门提出相应的施工进度控制报告。

主管部门应根据具体情况，及时调整网络进度计划。调整内容主要包括：从网络进度计划中删除多余的工序，在网络图上增加新的工序，调整某些工序的持续时间，以及重新计算未完工序的各项时间参数。

项目网络进度计划调整周期的长短，应视项目规模和施工阶段的不同而异。通常工期为 6 个月至 1 年的施工项目，其调整周期以两周为宜；工期为 1 年以上的施工项目，其调整周期以 1 个月为宜；对于施工高峰阶段，其调整周期应缩短至正常周期的一半；对于施工淡季，其调整周期可以增至正常周期的一倍。施工项目网络进度计划的调整，应与有关施工协调会议接合起来。在会前一至两天，项目进度控制部门应提出网络进度计划调整方案，并拟定相应的调整报告，然后由施工协调会议讨论并作出相应的决策。

网络进度计划的调整方法，应根据调整范围的大小确定。当调整范围不大时，可在原网络进度计划基础上修订，重新计算未完工序各项时间参数，并进行相应的优化；当调整范围很大时，应重新安排施工顺序，调整施工力量，编制新的项目网络进度计划，计算各项时间参数，进行网络进度计划优化，并确定出最优方案去付诸实施。

有关详细内容可参见本书第 9 章的内容。

7.3 建设工程施工质量管理实务

7.3.1 建设工程施工质量控制概述

1. 工程质量方面的有关概念

质量的概念：质量是指“一组固有特性满足要求的程度”。(GB/T 19000—ISO 9000：2000)

质量管理的概念：管理是指“指导和控制组织的彼此协调的活动”。因此，质量管理概念是“指导和控制某组织与质量有关的彼此协调的活动”。(GB/T 19000—ISO 9000：2000)

质量控制的概念：质量管理的一部分，致力于满足质量要求。(GB/T 19000—ISO 9000：2000)

质量方针：质量方针是“有组织的最高管理管理者正式颁布的、该组织总的宗旨和方针”。(GB/T 19000—ISO 9000：2000)

质量目标：“与质量有关的、所追求或作为目的的事物”。(GB/T 19000—ISO 9000：2000)

施工项目质量的概念：施工项目质量是指工程满足业主需要的，符合国家法律、法规、技术规范标准、设计文件及合同规定的综合特性。

施工项目作为一种特殊的产品，除具有一般产品共有的质量特性，如性能、寿命、可靠性、安全性、经济性等满足社会需要的使用价值及其属性外，还具有特定的内涵。

施工项目的质量特性主要表现在以下六个方面。

1) 适用性

适用性即功能，是指工程满足使用目的的各种性能，包括理化性能、结构性能、使用性能。

2) 耐久性

耐久性即正常使用寿命，是指工程在规定的工作环境中，在预期的使用年限内，在正常维护条件下不需进行大修就能完成预定功能的能力。由于建筑物本身结构类型不同、质量要求不同、施工方法不同、使用性能不同和使用环境不同的个性特点，结构的耐久性显得尤为重要。特别是对混凝土结构的环境类别、混凝土的强度等级、钢筋保护层等做了规定。

根据我国《建筑结构可靠度设计统一标准》(GB 50068—2001) 首次提出了建筑结构的设计使用年限，见表 7-2。设计使用年限是设计规定的一个时期，在这一时期内，只需正常维修（不需大修）就能完成预定功能，即房屋建筑在正常设计、正常施工、正常使用和维护下所应达到的使用年限。

表 7-2　设计使用年限

类别	设计使用年限/年	示　　例
1	5	临时性结构
2	25	易于替换的结构构件
3	50	普通房屋和构筑物
4	100	纪念性建筑和特别重要的建筑结构

3）安全性

安全性是指工程建成后在使用过程中保证结构安全、保证人身和环境免受危害的程度。建设工程产品的结构安全度、抗震、耐火及防火能力等是否达到特定的要求，都是安全性的重要标志。工程交付使用之后，必须保证人身财产和工程整体都有能力免遭工程结构被破坏及外来危害的伤害。工程组成部件，如楼梯扶手、阳台栏杆、电气产品漏电保护等，也要保证使用者的安全。

4）可靠性

可靠性是指工程在规定的时间和规定的条件下完成规定功能的能力。工程不仅要求在交工验收时要达到规定的指标，而且在一定的使用时期内要保持应有的正常功能，如工业生产用的管道要防止出现“跑、冒、滴、漏”等，这些都属可靠性的范畴。

5）经济性

经济性是指工程从规划、勘察、设计、施工到整个产品使用周期内成本和消耗的费用。工程经济性具体表现为设计成本、施工成本和使用成本三者之和。包括从征地、拆迁、勘察、设计、施工、配套设施等建设全过程的总投资和工程使用阶段的能耗、维护、保养等乃至改建更新的使用维护费用。

6）与环境的协调性

与环境的协调性是指工程与其周围生态环境协调、与所在地区经济环境协调以及与周围已建工程相协调，以适应可持续发展的要求。

2. 工程质量在形成过程中各个阶段的影响因素分析

1）工程建设各阶段对质量形成的作用与影响

可行性研究决策阶段直接影响项目的决策质量和设计质量。工程勘察设计阶段，对地基勘察的详细程度和判断是影响质量的基础，对设计基础、结构形式及构造措施都会严重影响工程质量。因此，是决定工程质量的关键环节。工程施工阶段是工程实体形成阶段，施工质量的好坏是工程质量的决定性环节。竣工验收阶段要对施工质量通过检查评定、试车运转，考核项目质量是否达到设计要求、是否符合决策阶段确定的质量目标和水平，并通过验收确保工程项目的质量。

2）影响工程质量的因素

人员素质：包括参与工程项目建设的管理人员和施工操作人员两大类。人的文化水平、技术水平、决策能力、管理能力、组织能力、作业能力、控制能力、身体素质及职业道德等都将直接和间接地对规划、决策、勘察、设计和施工的质量产生影响。所以，人员素质是影响工程质量的一个重要因素。我国建筑行业实行企业经营资质管理和各类专业从业人员持证上岗制度是保证人员素质的重要管理措施。

工程材料：是指构成工程实体的各类建筑材料、构配件、半成品等，它是工程建设的物质条件，是工程质量的基础。

机械设备：机械设备可分为两大类，第一类是组成工程实体及配套的工艺设备和各种机具，如电梯、泵机、通风设备等，它们构成了建筑设备安装工程或工业设备安装工程，完成完整的使用功能。第二类是施工过程中使用的各种机具设备，如塔吊、混凝土泵、运输车辆等，它们直接影响施工的质量。

方法：是指工艺方法、操作方法和施工方案。在工程施工中，施工方案是否合理，施工工艺是否先进，施工操作是否正确，都将对工程质量产生重大的影响。

环境条件：是指对工程质量起重要作用的环境因素，包括，工程技术环境、工程作业环境、工程管理环境和周边环境等。环境条件往往对工程质量产生特定的影响。

3. 工程质量的特点

工程质量的特点是由建设工程本身和建设生产的特点决定的。其特点有产品的固定性，生产的流动性；产品多样性，生产的单件性；产品形体庞大、高投入、生产周期长，具有风险性；产品的社会性，生产的外部约束性等特点，形成了工程质量的特点。此外，工程质量还具有影响因素多；质量波动大；质量的隐蔽性；终检的局限性和评定方法的特殊性。因此，应按照《建筑工程施工质量验收统一标准》（GB 50300—2001）规定，工程质量的检查评定及工程验收应按检验批、分项工程、分部工程、单位工程进行，坚持“验评分离、强化验收、完善手段、过程控制”的指导思想。

4. 质量管理

1）质量管理发展的三个阶段

第一阶段：质量检验阶段（20 世纪 20～40 年代），在这个阶段对质量的控制是“操作者质量管理”阶段，主要是手工作业和个体生产方式下的质量管理方式，主要是从产品中剔除不合格产品的过程，是事后控制。

第二阶段：统计质量管理阶段（20 世纪 40～50 年代），大生产的不断涌现，产品批量生产，改变了管理方式，由事后控制转向事中控制，大大提高了产品的合格率，属于事后和事中控制。

第三阶段：全面质量管理阶段（20 世纪 60 年代以后），对产品质量管理从材料、人、环境、方法、机械等因素出发，将组织管理、数理统计以及现代科学技术、社会心理学、行为科学等综合运用到质量管理中，建立和完善质量工作体系，对每个生产环节加以管理，做到全面运行和控制，事前控制、事后控制和事中控制相结合。全面质量管理的核心是“三全”管理，即全过程、全员、全企业的质量管理；全面质量管理的观点是全面质量的观点、为用户服务的观点、预防为主的观点、用数据说话的观点。全面质量管理的基本工作方法是 P（Plan）、D（Do）、C（Check）、A（Action），即 PDCA 循环法。

2）建筑工程质量管理体系

（1）质量管理的八项原则。在 ISO 9000—2000 标准中加入了八项质量管理原则，这是在近年来质量管理理论和实践的基础上提出的，是组织领导做好质量管理工作必须遵循的准则。八项质量管理原则已成为改进组织业绩的框架，可帮助组织达到持续改进。

① 以顾客为关注焦点。组织依存于顾客，因此，组织应当理解顾客当前和未来的需求，满足顾客的要求并争取超越顾客的期望，有利于掌握市场动向，提高市场占有率，提高企业经营效益。

② 领导作用。质量管理体系的建立，质量方针、质量目标的确定是由领导组织策划的，组织机构和职能分工、资源配置和管理、顾客相关要求、企业环境和技术进步、管理体系改进和提高等都是由领导决策的，因此在质量管理体系中领导的作用是非常重要的。

③ 全员参与。各级人员是组织之本，只有他们的充分参与，才能使他们的才干为组织带来收益。

④ 过程方法。将活动和相关资源作为过程进行管理，充分体现了动态管理（PDCA 循环法）的思想，从而最大化获得组织预期管理目标的实现。

⑤ 管理的系统方法。管理的系统方法是将相互关联的过程作为系统加以识别、理解和管理，有助于组织提高实现目标的有效性和效率。

⑥ 持续改进。持续改进是组织永恒的追求、永恒的目标、永恒的活动。为了满足顾客和其他相关方对质量更高期望的要求，为了赢得市场优势，必须不断地改进和提高产品及服务的质量。

⑦ 基于事实的决策方法。有效决策建立在数据和信息分析基础上，因此，应该收集各种相关信息，并对信息进行分析，最后进行决策并采取行动。

⑧ 与供方互利的关系。供方是产品和服务供应链上的第一环节，供方的过程是质量形成的组成部分，通过互利关系，可以增强组织与供方创造价值的能力，也有利于降低成本和优化资源配置，并增强对付风险的能力。

以上八项质量管理原则之间是相互联系和相互影响的。其中，以顾客为关注焦点是主要的，是满足顾客要求的核心。为了以顾客为关注焦点，必须持续改进，才能不断地满足顾客不断提高的要求。而持续改进又是依靠领导作用、全员参与和互利的供方关系完成的。所采用的方法是过程方法、管理的系统方法和基于事实的决策方法。

（2）质量管理体系文件的构成。质量管理标准所要求的质量管理体系文件由下列内容构成：①质量方针和质量目标。质量方针和质量目标一般以简单文字来表述，是企业质量管理的方向目标，应反映用户及社会对工程质量的要求及企业质量管理水平和服务承诺，也是企业质量管理经营理念的反映。②质量手册。质量手册是规定企业组织建立质量管理体系的文件，质量手册对企业质量体系作系统、完整和概要的描述。其内容一般包括：企业的质量方针、质量目标；组织机构及质量职责；体系要素或基本控制程序；质量手册的评审、修改和控制的管理办法。③程序文件。各种生产、工作和管理的程序文件是质量手册的支持性文件，是企业各职能部门为落实质量手册要求而规定的细则，企业为落实质量管理工作而建立的各项管理标准、规章制度都属于程序文件的范畴。各企业程序文件的内容及详略可视企业情况而定。一般有六个方面的程序文件。文件控制程序、质量记录管理程序、内部审核程序、不合格品控制程序、纠正措施控制程序和预防措施控制程序。④质量记录。质量记录是产品质量水平和管理体系中各项质量活动进行及结果的客观反映，对质量体系程序文件所规定的运行过程及控制测量检查的内容如实加以记录，用以证明产品质量达到合同要求及质量保证的满意程度。如在控制体系中出现偏差，则质量记录不仅需要反映偏差情况，而且应反映不足之处所采取的纠正措施及纠正效果。

(3) 企业质量管理体系的建立和运行。

① 企业质量管理体系的建立。是在确定市场及顾客需求的前提下，按照八项质量管理原则、制定企业的质量方针、质量目标、质量手册、程序文件及质量记录等体系文件，并将质量目标分解落实到相关层次、相关岗位的职能和职责中，形成企业质量管理体系的执行系统；同时还包括组织企业不同层次的员工进行培训，使体系的工作内容和执行要求为员工所了解，为形成全员参与的企业质量管理体系的运行创造条件；企业质量管理体系的建立需识别并提供实现质量目标和持续改进所需的资源，包括人员、基础设施、环境、信息等。

② 企业质量管理体系的运行。企业质量管理体系的运行是生产及服务的全过程，按质量管理体系文件所制定的程序、标准、工作要求及目标分解的岗位职责进行运作；在运作过程中，按各类体系文件的要求，监视、测量和分析过程的有效性和效率，做好文件规定的质量记录，持续收集、记录并分析过程的数据和信息，全面反映产品质量和过程符合要求，并具有可追溯的效能；按文件规定的办法进行质量管理评审和考核；落实质量管理体系的内部审核程序，有组织、有计划地开展内部质量审核活动，其目的是：评价质量管理程序的执行情况及适应性，揭露过程中存在的问题，为质量改进提供依据，检查质量体系运行的信息和向外部审核单位提供体系有效的证据。

(4) 企业质量管理体系的认证与监督。

① 企业质量管理体系认证的意义。提高供方企业的质量信誉；促进企业完善质量体系；增强国际市场竞争能力；减少社会重复检验和检查费用；有利于保护消费者利益；有利于法规的实施。

② 企业质量管理体系认证的程序。

申请和受理：具有法人资格，并已按《质量管理体系　基础和术语》(GB/T 19000—2008) 体系标准或其他国际公认的质量体系规范建立了文件化的质量管理体系，并在生产经营全过程贯彻执行的企业可提出申请，申请单位提出申请，认证机构经审查符合要求后接受申请。

审核：认证机构派出审核组对申请方质量管理体系进行检查和评定，包括文件审查、现场审核，提出审核报告。

审批与注册发证：认证机构对审核组提出的审核报告进行全面检查，符合标准后批准予以注册，发给认证证书（内容包括证书号、注册企业名称和地址、认证和质量管理体系覆盖产品的范围、评价依据及质量保证模式标准及说明、发证机构、签发人和签发日期）。

③ 获准认证后的维持与监督管理。企业质量管理体系获准认证的有效期为 3 年。获准认证后，企业应通过经常性的内部审核，维持质量管理体系的有效性，并接受认证机构对企业质量管理体系实施的监督管理。维持与监督管理的内容有企业通报、监督检查、认证

注销、认证暂停、认证撤销、复审和重新换证等。

5. 施工项目质量控制的依据、目标

施工项目质量控制是指对项目的实施情况进行监督、检查和测量，并将项目实施结果与事先制定的质量标准进行比较，判断其是否符合质量标准，找出存在的偏差，分析偏差形成原因的一系列活动。

1）质量控制的主体

质量控制的主体一是施工单位的质量控制，包括总承包单位、分包单位，综合的和专业的施工单位质量控制；二是业主、监理、设计及政府质量监督机构对工程项目质量控制。施工项目质量控制应贯穿于项目实施的全过程。

2）施工项目质量控制的依据

共同性依据：包括建设工程合同、设计文件、设计交底及图纸会审纪要、设计修改和技术变更、国家和政府有关部门颁布的与质量管理有关的法律和法规性文件（如《建筑法》、《中华人民共和国招标投标法》、《建设工程质量管理条例》等）。

专门技术法规性依据：指针对不同的行业、不同质量控制对象制定的专门技术法规文件，包括规范、规程、标准、规定等。技术标准包括现行的《建筑工程施工质量验收统一标准》（GB 50300—2001）和配套的建筑工程专业施工质量验收规范、本地区及企业自身的技术标准和规程；管理标准有：《质量管理体系　基础和术语》（GB/T 19000—2008），企业主管部门有关质量工作的规定，本企业的质量管理制度及有关质量工作的规定。另外，项目经理部与企业签订的质量责任书。

3）施工阶段施工质量控制的目标

工程施工是实现工程设计意图，形成工程实体的阶段，是最终形成工程产品质量和项目使用价值的重要阶段。建设工程项目施工阶段的质量控制是整个工程项目质量控制的关键环节，是从原材料的质量控制开始，直到完成工程竣工验收和交工后服务的系统过程，分施工准备、施工、竣工验收和回访保修四个阶段。

建设单位质量控制目标：通过对施工全过程、全面的质量监督管理，保证整个施工过程及其成果达到项目决策所确定的质量标准。

设计单位质量控制目标：通过对关键部位和重要分部分项工程施工质量验收签证、设计变更控制及纠正施工中所发现的设计问题，采纳变更设计的合理化建议等，保证竣工项目的各项施工成果与设计文件所规定的质量标准一致。

施工单位质量控制目标：根据施工合同的任务范围和质量要求，通过全过程施工质量自控，保证最终交付满足施工合同及设计文件所规定的质量标准的建设工程产品。依据《建筑工程质量管理条例》的规定，施工单位对建设工程的施工质量负责；分包单位应当按照分包合同的约定对其分包工程的质量向总包单位负责，总包单位与分包单位对分包工程的质量承担连带责任。

供货单位质量控制目标：应按照采购供货合同约定的质量标准提供货物及其质量合格证明，包括检验试验单据、产品规格和使用说明书，以及其他必要的数据和资料，并对其产品质量负责。

监理单位质量控制目标：审核施工单位的施工质量文件、报告报表，采取旁站、巡视、平行检测等形式进行施工过程质量监理；运用施工指令和结算支付控制等手段，监控施工单位的质量行为，协调施工关系，正确履行对施工质量的监督责任，以保证工程质量达到施工合同和设计文件所规定的质量标准。《建筑法》规定，建设工程监理人员认为工程施工不符合工程设计要求、施工技术标准和合同约定的，有权要求施工单位改正。

6. 质量控制的内容

质量控制的内容包括：①分解控制对象，如一道工序、一个分项工程等；②规定控制标准，即详细说明控制对象应达到的质量要求；③制定具体的控制方法，如工艺规程、控制用图表等；④明确所采取的检验方法，包括检验手段；⑤实际进行检验；⑥分析实测数据与标准之间产生差异的原因；⑦解决差异所采取的措施、方法。

7. 施工质量控制的基本环节

施工质量控制应贯彻全面、全过程质量管理的思想，运用动态控制原理，进行质量的事前控制、事中控制和事后控制。

事前控制就是在正式施工前主动质量控制，通过编制施工质量计划，明确质量目标，制定施工方案，设置质量控制点，落实质量责任，分析可能导致质量目标偏离的各种影响因素，针对这些影响因素制定有效的预防措施，防患于未然。

事中控制是指在施工质量形成的过程中，对影响施工质量的各种因素进行全面的动态控制，包括自我控制和他人控制两方面。自我控制应对操作过程施工质量及各个环节严格监控，这是第一位的；同时也应该加强建设、监理、政府等单位他人控制的力度。事中质量控制的目标是确保工序质量合格，杜绝质量事故的发生；控制的关键是坚持质量标准；控制的重点是工序质量、工作质量和对质量控制点的控制。

事后控制：事后控制也称为事后把关，防止不合格的工序或最终产品流入下道工序。事后控制包括对质量活动结果的评价、认定；对质量偏差的纠正；对不合格产品进行整改和处理。控制的重点是发现事故质量方面的缺陷，并通过分析提出施工质量改进的措施，保证工程质量处于受控状态。

以上三大环节不是互相孤立和截然分开的，它们共同构成了有机的系统过程，实质上是质量管理 PDCA 循环的具体化，在每一次滚动循环中不断提高，达到质量管理和质量控制的持续改进。

8. 施工项目质量动态控制程序

施工项目质量动态控制程序即 PDCA 循环法，PDCA 循环包括四个阶段和八个步骤。

(1) PDCA 循环的四个阶段：第一阶段是计划阶段（Plan），首先要进行的工作是计划。计划包括制定质量目标、活动计划、管理项目和措施方案。第二阶段是实施阶段 D（Do），就是将制定的计划和措施具体组织实施和执行。第三阶段是检查阶段 C（Check），就是将执行的结果与预定目标进行对比，检查计划执行情况，看是否达到了预期的效果，来验证生产运作是否按照原来的标准进行，或者原来的标准是否合理等。第四阶段是处理阶段 A（Action），是对总结的检查结果进行处理，成功的经验加以肯定，并予以标准化或制定作业指导书，便于以后工作时遵循；对于失败的教训也要总结，以免重现。对于没有解决的问题，应提到下一个 PDCA 循环中去解决。

(2) 按照 PDCA 循环工作法，可进一步将四个阶段分为八个步骤。

第一步，分析现状，找出问题。

第二步，分析各种影响因素。

第三步，找出主要的影响因素。

第四步，针对主要影响因素制定措施。制定的措施应重点说明如下问题：①为什么要制定这个措施；②制定这个措施要达到什么目的；③这个措施在哪个施工单位或者在什么地方执行；④这个措施在什么时间执行；⑤这个措施由谁来执行；⑥这个措施采用什么方法来执行。以上第一到第四步骤是四个阶段中的第一阶段，即计划阶段的工作内容。

第五步，执行施工合同各项条款的措施。这是第二阶段，即实施阶段的工作内容。

第六步，调查（检查）工作效果。施工合同下达并执行后，还要及时对执行情况进行检查，通过检查进行比较，找出成功的经验与失败的教训，也就是把实施结果同施工合同进行比较和分析，这是检查阶段的工作内容。

第七步，巩固措施，制定制度。

第八步，在项目管理过程中，不可能一次就把各种问题都解决了，一定会有许多问题没有解决或者没有得到很好的解决，对于这些问题不能回避，应本着实事求是的原则加以总结。第七、第八两个步骤是处理阶段的工作内容。

7.3.2　施工质量计划管理

建筑工程项目质量管理应贯穿项目管理的全过程，坚持“计划、实施、检查、处理(PDCA)”循环工作方法，坚持持续改进过程的质量控制。项目部应设置质量管理人员，在项目经理领导下，负责项目的质量管理工作。

1. 项目质量管理应遵循的程序

包括：明确项目质量目标→编制项目质量计划→实施项目质量计划→监督检查项目质量计划的执行情况→收集、分析、反馈质量信息并预防和改进措施。

2. 建筑工程施工项目质量计划编制的依据

包括：工程承包合同、设计图纸及相关文件；企业和项目经理部的质量管理体系文件及其要求；国家和地方相关法律、法规、技术标准、规范，有关施工操作规程；施工组织设计、专项施工方案及项目计划。

3. 建筑工程施工项目质量计划编制要求

包括：①质量计划应在项目策划过程中编制，经审批后作为对外质量保证和对内质量控制的依据；②项目质量计划是将质量保证标准、质量手册和程序文件的通用要求与项目联系起来的文件，应保持与现行质量文件要求的一致性；③项目质量计划可高于但不能低于通用质量体系文件的要求；④项目质量计划应明确所涉及的质量活动，并对其责任和权限进行分配，考虑相互间的协调性和可操作性；⑤质量计划应体现从工序、分项工程、分部工程到单位工程的过程控制，应体现资源投入到完成工程质量最终检验和试验的全过程管理与控制要求；⑥项目质量计划应由项目经理组织编写，需报企业相关质量管理部门审批后实施；⑦当现行产品技术状况发生显著变化时，应考虑改进和完善项目质量计划。

4. 施工质量计划的形式、内容

(1) 施工质量计划的形式。其形式有三种：过程施工质量计划、施工组织设计、施工项目管理实施规划。

(2) 施工质量计划的基本内容一般包括：①编制的依据；②项目概况：工程总体概况，设计概况，新成果、新技术推广应用计划，工程特点、施工难点与相应措施；③质量目标：企业理念，项目的质量目标及目标分解，项目的其他目标，关键工序和特殊过程；④项目质量管理体系；⑤项目资源管理；⑥产品实现：产品实现的策划，与顾客有关的过程，采购，管理，生产和提供服务，监视和测量装置的控制；⑦测量、分析和改进：监视和测量，不合格品控制，数据分析，改进；⑧文件和记录的控制；⑨创优措施：保证质量措施，成品保护措施，保证工期措施；⑩项目质量计划管理：编制、审核与批准，管理组织，发放范围，使用。

5. 施工质量计划的编制与审批

(1) 编制主体是施工单位，按照不同的发包模式，对其施工质量计划的控制方式也不同。当在总承包模式下，分包单位编制其分包任务工程的施工质量计划，总包单位应当对其进行指导和审核，并承担相应施工质量的连带责任。施工质量计划涵盖的范围应与施工合同范围的内容相一致。

(2) 施工质量计划的审批：施工单位的项目施工质量计划或施工组织设计文件编制后，应按照工程施工管理程序进行审批，包括施工企业内部审批和项目监理机构的审查。企业内部审批由项目经理部主持编制，报企业组织管理层审批；监理机构的审查，按照监理规范的要求，施工承包单位必须填写《施工组织设计（方案）报审表》并附施工组织设计（方案），报工程项目监理机构审查，项目监理机构应当"在工程开工前，总监理工程师应组织专业监理工程师审查施工承包单位报送的施工组织设计（方案）报审表，提出意见，并经总监理工程师审核、签认后报建设单位"。

6. 施工质量控制点的设置与管理

施工质量控制点的设置是施工质量计划的重要内容。施工质量控制点是施工质量控制的重点对象。

(1) 质量控制点的设置：应选择技术要求高、施工难度大、对工程质量影响大的或者发生质量问题时危害大的对象进行设置。如关键部位、工序、环节及隐蔽工程；施工过程中的薄弱环节或质量不稳定的工序、部位或对象；对下道工序有较大影响的上道工序；采用新技术、新工艺、新材料的部位和环节；施工质量没有把握、施工条件困难或技术难度大的工序或环节；用户反映过去出现质量问题较多的工序或环节。质量控制点的设置见表 7-3。

表 7-3　质量控制点的设置

分项工程	质量控制点
工程测量定位	标准轴线桩、水平桩、龙门板、定位轴线、标高
地基、基础（含设备基础）	基坑（槽）尺寸、标高、土质、地基承载力，基础垫层标高，基础位置、尺寸、标高，预埋件、预留洞口位置、标高、规格、数量，基础杯口弹线
砌体	砌体轴线，皮数杆，砂浆配合比，预留洞孔、预埋件的位置、数量，砌块排列

续表

分项工程	质量控制点
模板	位置、标高、尺寸，预留洞孔位置、尺寸，预埋件位置、数量，模板的承载力、刚度和稳定性，模板内部清理及湿润情况
钢筋混凝土	水泥品种、强度等级，砂石质量，混凝土配合比，外加剂比例，混凝土振捣、钢筋品种、规格、尺寸、搭接长度，钢筋焊接，机械连接，预留洞孔及预埋件规格、位置、尺寸、数量，预制构件吊装或出厂强度，吊装位置、标高、支撑长度、焊缝长度
吊装	吊装设备的起重能力、吊具、索具、地锚、吊装方案
钢结构	翻样图、放大样
焊接	焊接条件、焊接工艺
装修	视具体情况而定

(2) 质量控制点的重点控制对象：主要包括以下几方面。

人的行为：某些操作或工序，应以人为重点控制对象，如高空、高温、水下、易燃易爆、重型机械吊装作业以及操作要求高的工序和技术难度大的工序等，都应从人的生理、心理、技术能力等方面进行控制。

材料的质量和性能：是直接影响工程质量的重要因素。如钢结构中使用高强度螺栓、对用于特殊部位的焊条要重点控制材质和性能，如水泥是控制的重点，查水泥的出场合格证、强度、安定性等。

施工方法与关键操作：如预应力钢筋的张拉控制，模板稳定和组装，液压滑模中支撑杆稳定，滑升法提升量等的控制等。

施工技术参数：如混凝土外加剂掺量、水灰比、回填土含水量、砂浆饱满度、防水混凝土抗渗等级、大体积混凝土内外温差、混凝土受冻临界强度等。

技术间歇：有些工序之间必须留有必要的技术间歇时间，如各层抹灰之间、涂刷涂料之间、混凝土浇筑与拆模之间等，由于间隔时间不够，会造成质量问题。

施工顺序：对某些工序必须严格控制先后的施工顺序，如冷拉钢筋应先焊后拉、屋架安装固定，应采取对角同时施焊方法，否则会由于焊接应力导致校正好的屋架发生倾斜。

易发生或常见的质量通病：如混凝土工程的蜂窝、麻面、空洞；墙、地面、空鼓、起砂、裂缝；屋面工程的渗水、漏水等，都与工序操作有关，均应事先研究对策，提出预防措施。

新技术、新工艺和新材料的应用：由于缺乏经验，施工时应当将其作为重点进行控制，产品质量不稳定和不合格率较高的工序应列为重点，认真分析，严格控制。

特殊地基或特种结构：对于湿陷性黄土、膨胀土等特殊土地基的处理，以及大跨度结构、高耸结构等技术难度较大的施工环节和重要部位，均应予以特别的重视。

(3) 质量控制点的管理：首先，要做好施工质量控制点的事前质量预控工作，包括明确质量控制目标与控制参数；编制作业指导书和质量控制措施；制定质量检查方式及抽样数量和方法；明确检验结果的判断标准及质量记录与信息反馈要求等。其次，要向施工作业班组进行认真交底，使每一个控制点上的作业人员明白施工作业规程及质量检验评定标准，掌握施工操作要点，质量控制人员随时现场指导、检查和验收。再次，做好质量控制点的动态设置和动态跟踪管理。

7.3.3 施工质量控制的方法

施工质量控制的方法主要是审核有关技术文件、报告和进行现场检查或必要的试验等。

1. 审核有关技术文件、报告或报表

要审核的有关技术文件、报告或报表包括：有关技术资质证明文件；开工报告，并现场核实；施工方案、施工组织设计和技术措施；有关材料、半成品的质量检验报告；反映工程质量动态的统计资料或控制图表；设计变更、修改图纸和技术核定书；有关质量问题的处理报告；有关新技术、新工艺、新材料、新结构的技术核定书；有关工序、分项、分部工程质量检查报告；签署现场有关技术签证、文件等。

2. 现场质量检查

现场质量检查的内容包括开工前检查，目的是检查是否具备开工条件，开工后能否连续正常施工，能否保证工程质量；工序交接检查，对于重要的工序或对工程质量有重大影响的工序，在自检、互检的基础上，还要组织专职人员进行工序交接检查；隐蔽工程检查，凡是隐蔽工程均应检查认可后方可隐蔽；停工后复工前的检查，因处理工程质量问题或由于某种原因停工后需复工时，检查认可后方可复工；分项、分部工程完工后，应经检查认可，签署验收记录后才允许进入下一工程项目施工；产品保护检查，检查有无保护措施，或保护措施是否可靠；在施工现场的巡视、跟班检查等。

3. 现场检查的方法

1）目测法

目测法可归纳为看、摸、敲、照。看，就是根据质量标准进行外观目测。如室内抹灰工程的墙面颜色、模纹等是否符合规定；摸：就是用手感检查，如油漆光滑度，地面有无起砂；敲：就是运用工具进行音感检查，如敲击地面、墙面，通过声音虚实确定有无空鼓；照：对于难以看到或光线较暗的部位，采用镜子反射或灯光照射的方法检查。

2）实测法

实测法可归纳为靠、吊、量、套。靠：就是用直尺、塞尺检查地面、墙面、屋面的平整度；吊：用托线板、线锤吊线检查垂直度，如墙面垂直度检查；量：就是用测量工具和计量仪表检查断面尺寸、轴线、湿度、温度等的偏差；套：就是以方尺套方，辅以塞尺检查，如对阴阳角的方正、踢脚线的垂直度等检查。

3）试验法

试验法有承载力检查和物理力学性能检查。

7.3.4 质量管理的基本方法在工程中的应用

建筑工程质量管理常用的基本方法主要有以下几种。

1. 分层法

分层法又称为分类法，是将零乱的质量数据按照不同的目的加以分类，并进行加工整理和分析影响质量问题的原因的一种方法。分层法常和质量管理的其他方法结合使用，经过分层整理的数据，再利用其他方法整理成图表，更便于进行质量分析。

【例 7-1】 如一个焊工班组有 A、B、C 三位工人实施焊接作业，经抽检 60 个焊接点，发现有 18 个点不合格，占 30%。究竟问题出在哪里？根据分层调查的统计数据表 7-4 可知，主要是作业工人 C 的焊接质量影响了总体的质量水平。

表 7-4　分层调查的统计数据

作业工人	检测点数	不合格点数	个体不合格率	占不合格点数百分率
A	20	2	10%	11%
B	20	4	20%	22%
C	20	12	60%	67%
合计	60	18	—	100%

2. 排列图法

排列图法又称为主次因素分析图法，是将影响产品质量的各因素按其对质量影响程度的大小顺序排列，从而找出影响质量的主要因素。

【例 7-2】 对某模板施工精度进行抽样检测，得到 150 个不合格点数的统计数据，然后按照质量特征，将不合格点数（频数）由大到小的顺序，重新整理为表 7-5，并分别计算出累计频数和累计频率，见表 7-6。

表 7-5　某项模板施工精度的抽样检测数据

序号	检测项目	不合格点数	序号	检测项目	不合格点数
1	轴线位置	1	5	平面水平度	15
2	垂直度	8	6	表面平整度	75
3	标高	4	7	预埋实施中心位置	1
4	截面尺寸	45	8	预留孔洞中心位置	1

表 7-6　重新整理后的抽样检测数据

序号	检测项目	累计频数	频率/%	累计频率/%
1	表面平整度	75	50	50
2	截面尺寸	45	30	80
3	平面水平度	15	10	90
4	垂直度	8	5.3	95.3
5	标高	4	2.7	98
6	其他	3	2	100
合计		150	100	

影响质量的主要因素。通常将累计频率在 0%～80%之间的定为 A 类，它是影响产品质量的主要因素；在 80%～90%之间的定为 B 类，它是影响产品质量的次要因素；在 90%～100%之间的定为 C 类，它是影响产品质量的一般因素。本例中 A 类因素有表面平

整度和截面尺寸两项，因此，这两项是影响模板安装精度的主要原因。

3. 因果分析图法

因果分析图法就是从某质量问题的结果出发，层层分析，寻找产生这种结果的原因（原因分析一般从4MlE入手），直至能采取措施解决质量问题为止。

4. 直方图法

直方图法是将工序中随机抽样得到的质量数据整理后分成若干组，画出以组距为底边、以频数为高度的系列矩形连接起来的矩形图，是表示质量数据离散程度的一种图形。通过直方图可以掌握产品质量的分布状况，判断工序质量的好坏，预测施工质量的发展趋势，及时掌握工序质量变化规律。

在正常生产情况下，直方图呈正态分布形状，分布在公差范围之内。但当直方图的分布范围虽然在公差范围之内，但偏向一边，此时发生废品的可能性极大，需采取措施；当直方图的分布在公差范围内，同时偏向两边，但完全没有余地，很容易超差，应设法提高加工精度，缩小分布范围；当直方图的分布范围大大小于公差范围，产生过大的剩余精度，此时应考虑生产的经济性，可改变加工精度和缩小公差；当直方图超出公差范围时，表示已出现超出上下限的数据，说明生产过程存在质量不合格问题，需要分析原因，采取措施进行纠偏。

常见的异形直方图有折齿形、陡坡形、孤岛形、双峰形、峭壁形五种。出现异常的原因可能是生产过程存在影响质量的系统因素，或收集整理数据制作直方图的方法不当。

5. 统计分析表法

统计分析表是用来统计分析质量问题的各种统计报表，通过这些统计报表可以进行数据的收集、整理，并粗略分析影响质量的原因。统计分析表法往往与分层法同时使用，这样可以使影响质量的原因更加清楚。

7.3.5 施工质量控制要点

1. 施工准备阶段质量控制要点

施工准备阶段质量控制要点包括施工技术准备及现场施工准备两个方面。

（1）施工技术准备要点。包括：熟悉设计图纸，组织设计交底和图纸会审；进行工程项目检查验收的项目划分和编号；审核相关质量文件、细化施工技术方案和施工人员、机具的配置方案，编制施工作业指导书，绘制各种施工详图（如测量放线图、大样图及配筋、配板、配线图等），进行必要的技术交底和技术培训。

（2）现场施工准备工作的质量控制要点。①计量控制。包括施工生产时的投料计量、施工测量、检测计量以及对项目、产品或过程的测试、检验、分析计量等。应建立和完善施工现场计量管理的规章制度；明确计量控制责任者和配置必要的计量人员；严格按规定对计量机具进行维修和校验；统一计量单位，组织量值传递，保证量值统一，从而保证施工过程中计量的准确。②工程定位及标高基准控制。工程施工测量放线的质量好坏，直接影响工程产品的综合质量，并且制约着施工过程中有关工序的质量。例如，测量控制基准点或标高有误，会导致建筑物或结构的位置或高程出现差误，从而影响整体质量。因此，施工单位在开工前应编制测量控制方案，经项目经理批准后实施，对建设单位提供的原始坐标点、基准线和水准点等进行测量控制点的复核，将复核的结果上报监理工程师审核，批准后施工单位才能建立施工测量控制网，进行工程定位和标高基准的控制。③施工平面图的控制。应根据施工总进度计划的安排，规定各自占用的时间和先后顺序，并检查现场平面布置是否合理，是否有利于保证施工的正常进行。④材料构配件采购订货的控制。工程所需的原材料、半成品、构配件等将构成永久性工程的组成部分，其质量的好坏直接影响到工程产品的质量。⑤施工机械的控制。选择施工机械设备时，除应考虑施工机械的技术性能、工作效率、工作质量、可靠性及维修难易程度、能源消耗和安全、灵活性等方面对施工质量的影响外，还应考虑其数量配置对施工质量的影响与保证条件。

2. 施工阶段质量控制要点

(1) 作业技术准备状态的控制。所谓作业技术准备状态，是指各项施工准备工作在正式开展作业技术活动前是否按预先计划的安排落实到位，包括配置的人员、材料、机具、场所环境、通风、照明、安全设施等，做好作业技术准备状况的检查，有利于实际施工条件的落实，避免计划与实际“两张皮”，承诺与行动相脱离，防止在准备工作不到位的情况下贸然施工。

作业技术准备状态的控制，应着重抓好以下环节的工作：①质量控制点的设置。质量控制点是指为了保证作业过程质量而确定的重点控制对象，是关键部位或薄弱环节。设置质量控制点是保证达到施工质量要求的必要前提。②作业技术交底的控制。作业技术交底是对施工组织设计或施工方案的具体化，是更细致、更明确、更具体的技术实施方案，是工序施工或分项工程施工的具体指导文件。③进场材料构配件的质量控制。凡运到施工现场的原材料、半成品或构配件，进场时必须附有产品出厂合格证及技术说明书，同时按规定要求对其进行检验，经审查确认其质量合格后方准进场。④环境状态的控制。施工单位的质量管理体系和质量控制自检系统是否处于良好的状态，系统的组织结构、管理制度、检测制度、检测标准、人员配备等方面是否完善和明确，质量责任制是否落实等。⑤进场施工机械设备性能及工作状态的控制。保证施工现场施工机械设备的技术性能及工作状态良好。⑥施工测量及计量器具性能、精度的控制。施工单位应保证施工测量及计量器具的性能、精度处于良好的工作状态。⑦施工现场劳动组织及作业人员上岗资格的控制。要建立健全相关制度，如管理层及作业层各类人员的岗位职责、作业活动现场的安全、消防规定等，同时还要有相应措施及手段以保证制度、规定的落实和执行，从事特殊作业的人员必须持证上岗。

(2) 作业技术活动运行过程的控制。包括：①建立自检系统。施工单位应建立完善的自检体系并运转有效。②技术复核工作监控。凡涉及施工作业技术活动基准和依据的技术工作，都应严格进行专人负责的复核性检查，以避免基准失误给整个工程质量带来难以补救的或全局性的危害。③工程变更的监控。项目实施中的各种变更，必须严格按照变更的程序来处理。④质量记录资料的监控。随时收集、整理、分析反映工程质量的有关资料。

(3) 作业技术活动效果的控制。包括：①基槽（基坑）验收；②隐蔽工程验收；③工序交接验收；④检验批、分项、分部工程的验收；⑤联动试车或设备的试运转；⑥单位工程或整个工程项目的竣工验收；⑦不合格的处理；⑧成品保护。

7.3.6 施工质量验收规定

1. 工程质量检查验收的项目划分

内容详见第1.1.2小节。

2. 工程项目质量验收合格的规定

(1) 检验批合格质量的规定：分项工程包括一个或几个检验批来验收，检验批合格质量应符合下列规定：①主控项目和一般项目的质量经抽样检验合格；②具有完整的施工操作依据、质量检验记录。

主控项目的条文必须达到要求，这是保证工程安全和使用功能的重要检验项目，是对安全、卫生、环境保护和公众利益起决定性作用的检验项目，是确定该检验批主要性能的检验项目。如果达不到规定的质量指标，就会严重影响工程的安全性能。如混凝土、砂浆的强度等级是保证混凝土结构、砌体工程强度的重要性能，所以必须全部达到要求。

一般项目是除主控项目以外的检验项目，其条文也应该达到项目要求，但可对少数条文适当放宽一些，不会影响工程安全和使用功能。这些条文虽不像主控项目那样重要，但对工程安全、使用功能、工程整体的美观都是有较大影响。这些项目在验收时，绝大多数抽查处（件），其质量指标都必须达到要求，其余20%虽可以超过一定的指标，也是有限度的，通常不能超过规定值的20%，这样就对工程质量的控制更严格了。

(2) 分项工程质量验收合格应符合的规定：①分项工程所含的检验批均应符合质量合格的规定；②分项工程所含的检验批的质量验收记录应完整。

分项工程质量的验收是在检验批验收的基础上进行验收的，是一个统计过程，没有直接的验收内容，所以在验收分项工程时应注意两点：其一，是核对检验批的部位、区段是否能全部覆盖分项工程的范围，没有缺漏；其二是检验批验收记录的内容及签字人是否正确、齐全。

(3) 分部（子分部）工程质量验收合格应符合下列规定：①分部（子分部）工程所含分项工程的质量均应验收合格；②质量控制资料应完整；③地基与基础、主体结构和设备安装等分部工程有关安全及功能的检验和抽样检测结果应符合有关规定；④观感质量验收应符合质量要求。

分部（子分部）工程的验收内容、程序是相同的，在一个分部工程中只有一个子分部工程时，子分部就是分部工程。当不只有一个子分部工程时，可一个子分部一个子分部地进行质量验收，然后，应将各子分部的质量控制资料进行核查。对地基与基础、主体结构和设备安装工程等分部工程，有关安全及功能的检验和抽样检测结果的资料核查，以及观感质量评价结果需要进行综合评价。

(4) 单位（子单位）工程质量验收合格应符合下列规定：①单位（子单位）工程所含分部（子分部）工程的质量均应验收合格；②质量控制资料应完整；③单位（子单位）工程所含分部工程有关安全和功能的检测资料应完整；④主要功能项目的抽查结果应符合相

关专业质量验收规范的规定；⑤观感质量应符合要求。

单位工程质量验收也称质量竣工验收，是建筑工程投入使用前的最后一次验收，也是最重要的一次验收。参与建设的各方责任主体和有关单位及人员，应该重视这项工作，认真做好单位（子单位）工程质量的竣工验收，把好工程质量关。

单位（子单位）工程质量验收，总体上讲还是一个统计性的审核和综合性的评价，是通过核查分部（子分部）工程验收质量控制资料，有关安全、功能检测资料，进行的主要功能项目的复核及抽测，以及总体工程观感质量的现场实物质量验收。

3. 施工过程质量验收不合格的处理

施工过程质量验收是以检验批的施工质量为基本验收单元，检验批不合格可能是由于材料不合格，或施工作业质量不合格，或质量控制资料不完整等原因所致，其处理方法有如下几种。

(1) 在检验批验收时，发现存在严重缺陷的应推到重做，有一般缺陷的可通过返修或更换设备、器具消除缺陷后重新进行验收。

(2) 个别检验批发现某些项目或指标不满足要求，难以确定是否验收时，应请有资质的法定检测单位检测鉴定，当检测结果能够达到设计要求时，应予以验收。

(3) 当检测结果达不到设计要求，但经原设计单位核算仍能满足结构安全和使用功能的检验批，可予以验收。

(4) 严重质量缺陷或超过检验批范围内的缺陷，经法定检测单位鉴定以后，认为不能满足最低限度的安全储备和使用功能，则必须进行加固处理，虽然改变了外形尺寸，但能满足安全使用要求，可按技术处理方案和协商文件验收，责任方承担经济责任。

(5) 通过返修或加固处理后仍不能满足安全使用要求的分部工程、单位工程严禁验收。

4. 建筑工程质量验收程序和组织

施工项目竣工质量验收是施工质量控制的最后一个环节，是对工程质量控制结果的全面检查，是从终端把关方面进行质量控制。未经验收或验收不合格的工程，不得交付使用。

1) 竣工质量验收的依据

竣工质量验收的依据主要有国家相关法律和建设主管部门颁布的管理条例和办法；建设工程施工质量验收统一标准；专业工程施工质量验收规范；批准的设计文件、施工图纸及说明书；工程施工承包合同；其他相关文件。

2) 竣工质量验收的要求

检验批的质量按照主控项目和一般项目验收；工程质量的验收均应在施工单位自检合格的基础上进行；隐蔽工程在隐蔽前应由施工单位通知监理工程师或建设单位专业技术负责人进行验收，并应形成验收文件，验收合格后方可继续施工；参加工程施工质量验收的各方人员应具备规定资格；涉及结构安全的试块、试件以及有关资料，应按规定进行见证取样检测；对涉及结构安全、使用功能、节能、环境保护等重要分部工程应进行抽样检测；承担见证取样检测及有关结构安全、使用功能等项目的检测单位应具备相应资质；工程的观感质量由验收人员现场检查，并应共同确认。

建筑工程施工质量验收合格应符合下列要求：符合《建筑工程施工质量验收统一标准》(GB 50300—2001) 和相关专业验收规范的规定；符合工程勘察、设计文件的要求；符合合同约定。

3）竣工质量验收的程序

建设工程项目竣工验收，可分为竣工验收准备、竣工预验收和正式竣工验收三个环节。

（1）竣工验收准备：施工单位按照合同规定的范围和质量标准完成施工任务后，应自行组织有关人员进行质量检查评定，自检合格后，向监理机构提交工程竣工预验收申请报告，要求组织竣工预验收。准备内容有工程实体验收准备和相关工程档案资料的验收准备，其中设备管道安装已完成，并经试压、试车和系统联动试运行。

（2）竣工预验收：监理机构收到施工单位的工程竣工预验收申请报告后，就验收的准备情况和验收条件进行检查。对工程实体质量和工程竣工资料存在的问题或缺陷，及时提出整改意见要求整改。符合要求时，由施工单位向建设单位提交工程竣工验收报告，申请竣工验收。

申请竣工验收，必须满足如下条件：完成建设工程设计和合同约定的各项工作内容；有完整的技术档案和施工管理资料；有工程使用的主要建筑材料、构配件和设备的检验报告；有工程勘察、设计、施工、工程监理等单位分别签署的质量合格文件；有施工单位签署的工程保修书。

（3）正式竣工验收：建设单位收到工程竣工验收报告后，应由建设单位（项目）负责人组织施工（含分包单位）、设计、勘察、监理等单位负责人进行单位工程验收。

建设单位应组织勘察、设计、施工、监理等单位和其他有关方面的专家组成验收小组，负责检查验收的具体工作，并制定验收方案，建设单位应在工程竣工验收前7个工作日将验收的时间、地点、验收组名单书面通知该工程所在地的工程质量监督机构。

正式验收的过程为：①建设、勘察、设计、施工、监理单位分别汇报工程合同履行情况及工程施工各环节满足设计要求，质量符合法律、法规和强制性标准的情况；②检查审核设计、勘察、施工、监理单位的工程档案资料及质量验收资料；③实地检查工程外观质量，对工程的使用功能进行抽查；④对工程施工质量管理环节工作、工程实体质量和质保资料情况进行全面评价，形成验收组人员共同确认签署的工程竣工验收意见；⑤竣工验收合格后，建设单位应及时提出工程竣工验收报告。验收报告应附工程施工许可证、设计文件审查意见，质量检测功能性试验资料、工程质量保修书等法规规定的其他文件；⑥工程质量监督机构应对工程验收工作进行监督。

4）工程质量验收的组织

（1）检验批及分项工程应由监理工程师（建设单位项目技术负责人）组织施工单位项目专业质量（技术）负责人等进行验收。

（2）分部工程应由总监理工程师（建设单位项目负责人）组织施工单位项目负责人和技术、质量负责人等进行验收；地基与基础、主体结构分部工程的验收，勘察单位、设计单位工程项目负责人和施工单位技术、质量部门负责人也应参加相关分部工程验收。

（3）单位工程验收。单位工程完工后，施工单位应自行组织有关人员进行检查评定，验收合格后向建设单位提交工程验收申请报告。建设单位收到工程验收报告申请后，应由建设单位（项目）负责人组织施工（含分包单位）、设计、监理等单位（项目）负责人进行单位（子单位）工程验收。

单位工程有分包单位施工时，分包单位对所承包的工程项目应按标准规定的程序检查评定，总包单位应派人参加，分包工程完成后，应将工程有关资料交总包单位。

当参加验收各方对工程质量验收意见不一致时，可请当地建设行政主管部门或工程质量监督机构协调处理。

单位工程质量验收合格后，建设单位应在 15d 内将工程竣工验收报告和有关文件，报建设行政管理部门备案。

5）竣工验收备案

我国实行建设工程竣工验收备案制度，具体要求如下。

（1）建设单位应当自建设工程竣工验收合格之日起 15d 内，将建设工程竣工验收报告和规划、公安消防、环保等部门认可文件或准许使用文件，报建设主管部门或其他部门备案。

（2）备案部门在收到备案文件资料后 15d 内，对文件资料进行审查，符合要求的工程，在验收备案表上加盖“竣工验收备案专用章”，将另一份备案文件资料退建设单位存档。如审查中发现建设单位在竣工验收过程中，有违反国家有关建设工程质量管理规定的行为，应责令停止使用，重新组织竣工验收。

（3）建设单位有下列行为之一的，责令改正，处以工程合同价款 2%以上 4%以下的罚款，造成损失的依法承担赔偿责任。这些行为包括未组织竣工验收，擅自交付使用的；验收不合格，擅自交付使用的；对不合格的建设工程按照合格工程验收的。

7.3.7　工程质量问题和质量事故的分类

工程质量不合格：根据我国《质量管理体系　基础和术语》（GB/T 19000—2008）的规定，凡是工程产品没有满足某个规定的要求，就称为质量不合格，而未满足某个预期或规定用途有关的要求，称为质量缺陷。工程质量缺陷按其程度可分为严重缺陷和一般缺陷，严重缺陷是指对结构构件的受力性能或安装使用性能有决定性影响的缺陷。一般缺陷是指对结构构件受力性能或安装使用性能无决定性影响的缺陷。

质量问题和质量事故：凡是工程质量不合格，影响使用功能或工程结构安全，造成永久质量缺陷或存在重大质量隐患，甚至直接导致工程倒塌或人员伤亡，必须进行返修、加固或报废处理，按照由此造成直接经济损失的大小分为质量问题和质量事故。

工程质量事故具有成因复杂、后果严重、种类繁多，往往与安全事故共生的特点，建设工程质量事故的分类方法较多，不同专业工程类别对工程质量事故的划分等级也不相同。

1）按事故造成损失的程度划分

按照住房和城乡建设部《关于做好房屋建筑和市政基础设施工程质量事故报告和调查处理工作的通知》（建质〔2010〕111 号），根据工程质量事故造成的人员伤亡或者直接经济损失，工程质量事故可分为 4 个等级。

（1）特别重大事故，是指造成 30 人以上死亡，或者 100 人以上重伤，或者 1 亿元以上直接经济损失的事故。

（2）重大事故：是指造成 10 人以上 30 人以下死亡，或者 50 人以上 100 人以下重伤，或者5000万以上1亿元以下直接经济损失的事故。

(3) 较大事故，是指造成3人以上10人以下死亡，或者10人以上50人以下重伤，或者1000万元以上5000万元以下直接经济损失的事故。

(4) 一般事故，是指造成3人以下死亡，或者10人以下重伤，或者100万元以上1000万元以下直接经济损失的事故。

2) 按事故责任分类

(1) 指导责任事故：是指由于工程实施指导或领导失误而造成的质量事故，如片面追求施工进度，不按质量标准进行控制和检验，降低施工质量标准等。

(2) 操作责任事故：是指在施工过程中，由于实施操作者不按照规程和标准实施操作，而造成的质量事故，如浇筑混凝土时随意加水，或者振捣疏漏造成混凝土质量事故等。

(3) 自然灾害事故：是指由于突发的严重自然灾害等不可抗力造成的质量事故。如地震、台风、暴雨、雷电、洪水等对工程造成的破坏甚至倒塌。

7.3.8 施工质量问题和质量事故的处理

1. 施工质量事故处理的依据

施工质量事故处理的依据包括：①质量事故的实况资料。包括质量事故发生的时间、地点、质量事故状况的描述；质量事故发展变化的情况；有关质量事故的观测记录、事故现场状态的照片或录像；事故调查组调查研究所获得的第一手资料。②有关合同及施工合同文件。包括工程承包合同、设计委托合同、设备器材购销合同、监理合同及分包合同等。③有关的技术文件和档案。主要是设计文件、与施工有关的技术文件、档案和资料（施工方案、施工计划、施工记录、施工日志、有关建筑材料的质量证明资料、现场制备材料的质量证明文件、质量事故发生后对事故状况的观测记录、试验记录或试验报告等）。④相关的建设法律法规。主要包括《建筑法》、《建设工程质量管理条例》和与工程质量及质量事故处理有关的法规，以及勘察、设计、施工、监理等单位资质管理方面的法规，从业资格管理方面的法规，建筑市场方面的法规，建筑施工方面的法规，关于标准化管理方面的法规等。

2. 工程质量事故处理的程序

当出现工程质量事故时，应按照如下程序进行处理：进行事故调查，了解事故情况，并确定是否需要采取防护措施→分析调查结果，找出事故的主要原因→确定是否需要处理，若需处理，由施工单位确定处理方案→事故处理→检查事故处理结果是否达到要求→事故处理结论→提交处理报告。

3. 施工质量事故处理的基本要求

施工质量事故处理的基本要求包括：①质量事故的处理应达到安全可靠、不留隐患、满足生产和使用要求、施工方便、经济合理的目的；②重视消除造成事故的原因，注重综合治理；③正确确定处理的范围和正确选择处理的时间和方法；④加强事故处理的检查验收工作，认真复查事故处理的实际情况；⑤确保事故处理期间的安全。

4. 施工质量事故处理的基本方法

(1) 修补处理。当工程的某些部分质量虽然未达到规范的规定、标准或设计要求，存在一定的缺陷，但经过修补后可以达到质量标准的，又不影响使用功能或外观要求时，可采取修补的方法。如混凝土表面的蜂窝、麻面；小于0.2mm的裂缝；表层的碰伤等。

（2）加固处理。主要针对危及结构承载力的质量缺陷的处理。目的是加固补强。

（3）返工处理。当工程质量缺陷经过修补处理后仍不能满足规定的质量标准，或不具备补救可能性，则必须采取返工处理。如混凝土外加剂超量造成坍落度过大，出现离析、强度偏低、终凝时间过长；回填土压实系数不够，承载力不够；预应力筋张拉力不够等情况，这些质量问题不能用修补或加固的方法处理，因此，必须返工处理。

（4）限制使用。当工程质量缺陷按修补的方法处理后无法保证达到规定的使用要求和安全要求，而又无法返工处理的情况下，不得已时可作出卸荷及限制使用的决定。

（5）不作处理。某些工程质量问题虽然达不到规定的要求或标准，但不严重，对工程或结构的使用及安全影响很小，经分析、论证、检测单位鉴定和设计单位认可，不需专门处理。

一般有以下情况可不作处理，不影响结构安全、生产工艺和使用要求的；后道工序可以弥补的质量缺陷；法定检测单位鉴定合格的；出现的质量缺陷，经检测鉴定达不到设计要求，但经原设计单位核实，仍能满足结构安全和使用功能的。

（6）报废处理。出现质量事故的工程，均不适合上述的各种处理方法时，则必须予以报废处理。

7.3.9 施工质量事故的预防

建立健全施工质量管理体系，加强施工质量控制，就是为了预防施工质量问题和质量事故，在保证工程质量合格的基础上，不断提高工程质量。施工质量事故的预防，要从寻找和分析可能导致施工质量事故发生的原因入手，抓住影响施工质量的各种因素和施工质量形成过程的各个环节，采用针对性的预防措施。

1. 质量事故原因分析

施工质量事故发生的原因大致有以下四类。

（1）技术原因：是指引起工程质量事故是由于工程项目在设计、勘察、施工中的技术方面发生失误所致。如结构选型、荷载取值的错误；采用错误的施工方法或施工工艺；地质勘察质量低下等。

（2）管理原因：指发生质量事故是由于管理上的不妥或失误所致。如施工单位、监理单位质量管理体系不健全，检验制度不严密，质量控制不严格，质量管理措施落实不力，设备仪器管理不妥而失准，进场材料检验不严等引起质量事故。

（3）社会、经济原因：指发生的质量事故是由于经济因素及社会上存在的弊端和不正之风，造成建设中错误行为而导致的质量事故。如一些施工单位盲目追求利润降，低施工质量；投标、招标中随意压级压价，层层转包；随意修改设计图纸，甚至偷工减料。

（4）人为事故和自然灾害原因：造成质量事故是由于人为的设备事故、安全事故，导致连带发生质量事故，以及严重的自然灾害等不可抗力造成的质量事故。

2. 施工质量事故预防的具体措施

（1）严格按照基本建设程序办事。如未经地质勘查或勘查不详，或勘察结论错误而设计采用；无证设计、越级设计；无证施工、越级施工、无图施工、随意修改设计图纸施工；工程招标、投标中的不公平竞争，超常的低价中标，非法分包、转包、挂靠；对于工业项目未经过联动试车、未经竣工验收而交付使用。

（2）认真做好工程地质勘察工作。在地质勘察过程中，要设计布置钻孔位置和设定钻孔深度。当钻孔间距过大，不能全面反映地基实际情况；钻孔深度不够，难以查清地下软弱层、滑坡、墓穴、空洞等有害地质构造。地质勘察报告必须详细、准确，防止因不符合实际情况的地质资料而采用错误的基础方案，导致不均匀的地基沉降、失稳，使上部结构开裂、破坏、倒塌。

（3）做好软弱地基的处理工作。对软弱土、冲填土、杂填土、淤泥、湿陷性黄土、膨胀土、岩石出露、岩熔、古墓、洞穴等不均匀地基要进行科学的处理，地基要与上部结构对地基的承载力和变形沉降力学性能相结合，保证工程质量。

（4）进行必要的设计审查复核。我国现阶段实行设计图纸审查制度，设计文件未经审查的图纸不得施工。审查可以防止设计考虑不周；盲目套用图纸；采用不正确的结构方案，结构构造不合理；计算简图与实际受力情况不符、荷载取值过小、内力分析有误；悬挑结构未进行抗倾覆验算以及计算错误；变形缝、后浇带等设置不当而导致质量事故的发生。

（5）严把建筑材料及制品质量关。要从材料的采购订货、进场验收、质量复查、存储和使用等环节严把建筑材料的质量关，防止不合格、变质、损坏的材料及制品用在工程上。

（6）对施工人员进行必要的技术培训。人的因素往往是造成工程质量事故的重要原因，安全事故中人的因素占60％。人的因素包括不懂技术和管理，盲目蛮干，不遵守操作规程、瞎指挥、偷工减料等。因此，对参与工程建设的管理人员、特殊工种人员应持证上岗，对技术工人进行相应的技术培训是非常必要的。

（7）加强施工过程中的管理。施工人员首先要熟悉图纸，对工程的难点和关键工序、关键部位应编制施工方案并严格执行；施工中严格按照图纸和施工验收规范、操作规程进行；技术组织措施要正确，严格按照要求进行质量检查和验收。

施工管理不到位：此类问题多表现为不按图施工或未经设计单位同意擅自修改设计。例如，将绞接做成刚接，将简支梁做成连续梁，导致结构被破坏；浇筑混凝土时振捣不良，造成薄弱部位；砖砌体上下通缝、砂浆不饱满等均能导致砖墙被破坏；施工组织管理紊乱，不熟悉图纸；盲目施工；施工方案考虑不周，施工顺序颠倒；图纸未经会审，仓促施工；技术交底不清；疏于检查、验收等均可能导致质量问题。

（8）做好应对不利施工条件和各种自然灾害的预案。要根据当地气象资料的分析和预测，事先针对高温、严寒、暴雨、大风、洪水、雷电等不利条件，制定相应的施工技术措施；对不可预计的人为事故和严重的自然灾害做好应急预案，并提前做好人力、物力准备。

（9）加强施工安全与环境管理。许多施工安全和环境事故都会连带发生质量事故，加强施工安全与环境管理，也是预防施工质量事故的重要措施。

（10）使用不当。例如，未经校核验算就任意对建筑物加层；任意拆除承重结构部位；任意在结构物上开槽、打洞，削弱承重结构截面等，也会引起质量问题。

7.3.10　建设工程项目质量的政府监督

根据《建筑法》和《建设工程质量管理条例》的规定，国家实行建设工程质量监督管理制度，由政府行政主管部门对建设工程质量行使监督功能，其目的是保证建设工程质量，保证建设工程的使用安全及环境质量。政府质量监督的性质是行政执法行为，执法为了保证建设工程质量，保护人民群众生命和财产安全，维护公众利益，依据国家规律、法规和工程建设强制性标准，对责任主体和有关单位履行质量责任的行为以及工程实体质量进行的监督检查。

1. 政府质量监督的职能

（1）监督检查施工现场工程建设参与各方主体的质量行为，包括检查施工现场工程建设各方主体及有关人员的资质和资格；检查勘察、设计、施工、监理单位的质量保证体系和质量责任落实情况；检查有关质量文件、技术资料是否齐全并符合规定。

（2）监督检查工程实体的施工质量，特别是地基与基础、主体结构、主要设备安装等涉及结构安全和使用功能的施工质量。

（3）监督工程质量验收。监督建设单位组织的工程竣工验收的组织形式、验收程序以及在验收过程中的提供的有关资料和形成的质量评定文件是否符合有关规定，实体质量是否存在严重缺陷，工程质量验收是否符合国家标准。

建设行政主管部门在行使质量监督时具有以下权利：要求被检查的单位提供有关工程质量的文件和资料；进入被检查单位的施工现场进行检查；发现有影响工程质量的问题时，责令整改。建设工程质量监督管理，可以由建设行政主管部门或者有关部门委托的建设工程质量监督机构具体实施。

2. 监督机构的主要工作

监督机构的主要工作包括：对责任主体和有关机构履行质量责任的行为的监督检查；对工程实体质量的监督检查；对施工技术资料、监理资料以及检测报告等有关工程质量的文件和资料的监督检查；对工程竣工验收的监督检查；对混凝土预制构件及预拌混凝土质量的监督检查；对责任主体和有关机构违法、违规行为的调查取证和核实，提出处罚建议或按委托权限实施行政处罚；提交工程质量监督报告；随时了解和掌握本地区工程质量状况；其他内容。

3. 政府对质量监督的内容

政府对质量监督的内容包括：①受理质量监督申请。②开工前的质量监督。主要有检查参与工程建设各方的质量保证体系建立情况，包括组织机构、质量控制方案、措施及质量责任制度；审查参与建设各方的工程营业资质和相关人员职业资格证书；审查施工组织设计、质量规划等文件以及审批手续；检查建设程序规定的开工前必须办理的各项建设行政手续是否齐全完备；检查的结果记录保存。③施工期间的质量监督。包括常规检查；主要部位验收监督；质量问题查处。④竣工阶段的质量监督。主要有做好竣工验收前的质量复查；参加竣工验收会议；编制单位工程质量监督报告；建立建设工程质量监督档案。

7.4 建设工程职业健康安全与环境管理实务

企业建立并实施职业健康安全与环境管理体系，是建设工程项目管理的一项主要内容，是强化企业管理的需要，也是体现企业管理现代化的重要标志。企业实施并通过国际通行的职业健康安全和环境管理体系的认证，可向社会展示企业的良好形象，实现与国际接轨，这是开拓走向国际市场的通行证，将为企业增强国际市场竞争能力，提高企业经济效益和社会效益带来巨大影响。

7.4.1 施工安全管理体系和管理程序

1. 施工安全管理体系概述

施工安全管理体系是项目管理体系中的一个子系统，它是根据PDCA循环模式的运行方式，以逐渐提高、持续改进的思想指导企业系统地实现安全管理的既定目标。因此，施工安全管理体系是一个动态的、自我调整和完善的管理体系。

建立施工安全管理体系的重要性表现为：①能使劳动者获得安全与健康，是体现社会经济发展和社会公正、安全、文明的基本标志；②可以改善企业的安全生产规章制度不健全、管理方法不适当、安全生产状况不佳的状况；③促使企业工作环境达到安全卫生标准要求；④也是适应国内外市场经济一体化趋势的要求等。

建立施工安全管理体系的原则：①贯彻“安全第一，预防为主”的方针，使企业必须建立健全安全生产责任制和群防群治制度，确保工程施工劳动者的人身安全和财产安全；②必须适用于工程施工全过程的安全管理和控制；③必须符合国家有关法律、法规和条例的规定；④必须结合项目实际加以补充，确保工程项目的施工安全；⑤企业必须加强对施工项目的安全管理，指导、帮助项目经理部建立和实施安全管理体系。

2. 施工安全保证体系

施工安全保证体系的内涵：施工安全管理的工作目标主要是避免或减少一般安全事故和轻伤事故，杜绝重大、特大安全事故和伤亡事故的发生，最大限度地确保施工中劳动者的人身和财产安全。

1）施工安全保证体系的构成

施工安全保证体系的构成包括：施工安全的组织保证、制度保证、技术保证、投入保证和信息保证体系五项。

施工安全的组织保证体系：是指负责施工安全工作的组织管理系统，一般包括最高权力机构、专职管理机构的设置和兼职安全管理人员的配备（如企业的主要负责人，专职安全管理人员，企业、项目部主要安全管理人员以及班组长，班组安全员）。

施工安全的制度保证体系：是为了贯彻有关法律、法规、强制性标准、工程施工设计和安全技术，确保施工安全而提供制度的支持与保证体系。制度保证体系包括岗位管理制度、措施管理制度、投入和物资管理制度和日常管理制度。

施工安全的技术保证体系：施工安全是为了达到工程施工的作业环境和条件安全、施工技术安全、施工状态安全、施工行为安全和安全生产管理到位的安全目的。施工安全的技术保证，就是为以上五个方面的安全要求提供安全技术的保证，确保在施工中准确判断其安全的可靠性，对避免出现危险状况、事态作出限制和控制规定，对施工安全保险与排险措施给予规定以及对一切施工生产给予安全保证。施工安全技术保证由专项工程、专项技术、专项管理、专项治理构成。

施工安全投入保证体系：是确保施工安全应有与其要求相适应的人力、物力和财力投入，并发挥其投入效果的保证体系。

施工安全信息保证体系：施工安全工作中的信息主要有文件、标准、管理、技术、施工安全状态及事故等方面信息，它们为施工安全提供有力安全信息支持。安全信息保证体系包括信息工作条件、信息收集、信息处理和信息服务。

2）施工安全管理程序

施工安全管理程序包括：确定安全管理目标；编制安全措施计划；实施安全措施计划；对安全措施计划实施结果的验证；评价安全管理绩效并持续改进。

7.4.2 施工安全管理的任务

1. 设置施工安全管理机构

设置安全管理机构包括：①公司安全管理机构的设置。以公司法定代表人为第一责任人的安全管理机构并按照公司情况设置专门的安全生产管理部门并配备专职安全管理人员。②项目经理部安全管理机构的设置。以项目经理为第一责任人的安全管理领导小组，其成员由项目经理、技术负责人、专职安全员、工长及各班组长组成。③施工班组安全管理。班组要设置不脱产的兼职安全员，协助班组长搞好班组的安全生产管理。

2. 制定施工安全管理计划

略。

3. 施工安全管理控制

必须坚持“安全第一，预防为主”的方针。

（1）施工安全管理控制的对象主要以施工活动中的人力、物力和环境为对象。

（2）抓薄弱环节和关键部位，控制伤亡事故。薄弱环节主要是分包单位的安全管理，总包建立健全分包单位的安全教育、安全检查、安全交底等制度。伤亡事故多发生在高处坠落、物体打击、触电、坍塌、机械和起重伤害等方面。

（3）施工项目安全管理目标控制。项目的安全控制目标应按“目标管理”方法在以项目经理为首的安全管理体系内进行分解，然后制定责任制度，实现责任安全目标。

建筑施工安全管理的目标有：①安全目标包括控制和杜绝因公负伤、死亡事故的发生(负伤频率在6‰以下，死亡率为零)；一般事故频率控制目标（6‰以下）；无重大设备、火灾和中毒事故；无环境污染和严重扰民事件。②管理目标包括及时消除重大事故隐患，一般隐患整改率达到的目标（不低于95%）；扬尘、噪声、职业危害作业点合格率（应为100%）；保证施工现场达到当地省市级文明安全工地。③工作目标包括施工现场实现全员安全教育，要求特种作业人员持证上岗率达到100%，操作人员三级安全教育率为100%；按期开展安全检查活动，隐患的整改达到“五定”要求，即定整改责任人、定整改措施、定整改完成时间、定整改完成人、定整改验收人；必须把好安全生产的“七关”，即教育关、措施关、交底关、防护关、文明关、验收关、检查关；认真开展重大安全活动和施工项目的日常安全活动；安全生产达标合格率为100%，优良率为80%以上。

事故安全管理目标实施的主要内容包括“六杜绝”：杜绝因公负伤、伤亡事故；杜绝坍塌伤害事故；杜绝物体打击事故；杜绝高处坠落事故；杜绝机械伤害事故；杜绝触电事故。“三消灭”：消灭违章指挥；消灭违章作业；消灭“惯性事故”。“二控制”：控制年负伤率，负轻伤频率控制在6‰以内；控制年安全事故率。“一创建”：创建安全文明示范工地。

7.4.3 施工安全管理的范围、内容和措施

1. 安全管理的范围

安全管理的中心问题是保护生产活动中人的安全与健康，保证生产顺利进行。按照侧重点的不同，安全管理一般可分为三部分内容，即劳动保护、安全技术和劳动卫生。

(1) 劳动保护是人们在生产活动中采取的保护性措施，用以保护人体的安全和健康。劳动保护是通过政策、规程、条例、制度等形式，规范操作或管理行为，从而使劳动者的劳动安全与身体健康得到应有的法律保障。

(2) 安全技术是研究生产技术中的安全问题，主要是针对生产劳动中的不安全因素，研究控制措施来预防工伤事故的发生。

(3) 劳动卫生是研究预防有害健康劳动引起的职业中毒或职业病的问题。

2. 安全管理的内容

(1) 制定安全政策。

(2) 建立健全安全管理组织体系。

(3) 制定安全生产管理计划和实施。

(4) 进行安全生产管理业绩考核。

(5) 进行安全管理业绩总结。

3. 安全管理措施

安全管理措施是安全管理的方法与手段，管理的重点是对生产各因素状态的约束与控制。

(1) 成立安全生产管理机构。建筑施工企业应建立起各级安全检查的专门机构，负责施工生产过程中的安全检查工作。专职安全机构应按国家和建设部的有关规定进行设置，并配备适当的专、兼职安全人员，一般在公司设安全技术部，在施工项目上设专职安全员，而在工人班组设兼职安全员。

(2) 落实安全生产责任制。企业安全生产责任制的内容，概括地说就是企业各级领导、各级工程技术人员、各个职能部门以及各岗位工人在各自的职责范围内对安全工作应负的责任。

(3) 安全教育。安全教育的内容包括安全法制、安全思想、安全知识、安全技能和事故案例教育。安全法制教育主要是学习安全生产法律、法规、制度和安全纪律等，通过法制教育可以激发人们自觉地遵纪守法。安全思想教育主要从提高全员安全意识入手，使全体人员能时时讲安全，处处注意安全。安全知识教育主要从企业的基本生产概况、施工工艺方法、危险区、危险部位及各类不安全因素和有关安全生产防护的基本知识入手。安全

技能教育就是结合各种专业特点，实施安全操作、规范操作的技能培训，使施工人员熟练掌握本工种安全操作技术。事故案例教育可以使施工人员从事故教训中吸取有益的东西，预防类似事故的发生，这类教育可以定期或不定期地实施。

(4) 安全教育的形式包括：新工人三级安全教育，即对新工人或调换工种的工人，必须按规定进行公司、项目部和班组的三级安全教育和技术培训，经考核合格，方准上岗。特殊工种的安全教育，即对电工、电气焊工、起重吊装工、机械操作工、架子工等从事特殊工种作业的人员，必须经过国家有关部门进行安全教育和安全技术培训，经过考核合格并取得操作证者才能独立作业。安全生产的经常性教育，即施工企业在做好新工人入场教育、特种作业人员安全生产教育和各级领导干部、安全管理干部的安全生产培训的同时，还必须把经常性的安全教育贯穿于管理工作的全过程。并根据接受教育对象的不同特点，采取多层次、多渠道和多种方法进行。

7.4.4 施工安全管理实施

1. 建设工程安全检查

建设工程安全检查是发现不安全行为和不安全状态的重要途径，是对施工中的不安全因素进行预测、预报、预防的重要措施。施工现场安全检查可以采用定期检查、突击性检查和特殊检查的方式。安全检查的重点是查违章指挥和违章操作，以劳动条件、生产设备、现场管理、安全卫生设施以及生产人员的行为为主。

(1) 建筑工程施工安全检查的内容。以查思想、查安全责任、查制度、查安全措施、查安全防护、查设备设施、查措施、查隐患、查安全教育培训、查操作行为、查劳动防护用品使用和查整改和伤亡事故处理等内容。

(2) 建筑工程施工安全检查的主要方式。一般有专项检查、定期不定期安全检查、经常性安全检查、季节性安全检查、节假日前后安全检查、开工和复工安全检查、专业性安全检查和设备设施安全验收检查等。

(3) 安全检查的要求包括：①根据检查的内容配备力量，抽调专业人员，确定检查负责人，明确分工。②应有明确的检查目的和检查项目，内容及检查标准、重点、关键部位。对大面积或数量多的项目可采用系统的观感和一定数量的测点相结合的检查方法，检查时尽量采用检测工具、用数据说话。③对现场管理人员和操作工人不仅要检查是否有违章指挥和违章作业行为，还应该进行“应知应会”的抽查，以便了解管理人员及操作工人的安全素质，对违章指挥、违章作业行为，检查人员可以当场指出，进行纠正。④认真、详细进行检查记录，特别是对隐患的记录必须具体，如隐患的部位、危险性程度及处理意见等。采用安全检查评分表的，应记录每项扣分的原因。⑤检查中发现的隐患应该记录登记，并发出隐患整改通知书，引起对整改到位的重视，并作为整改的备查依据。对凡是有即发型事故危险的隐患，检查人员应责令其停工，被查到单位必须立即整改。⑥尽可能系统、定量地作出检查结论，进行安全评价，以利于受检单位根据安全评价标准研究对策、进行整改、加强管理。⑦检查后应对隐患整改情况进行跟踪复查，查被检单位是否按“三定”原则（定人、定期限、定措施）落实整改，经复查整改合格后，进行销案。

(4) 安全检查要根据施工生产特点，具体确定检查的项目和检查标准。①查安全思想主要是检查以项目经理为首的项目全体人员（包括作业人员）的安全生产意识和对安全生产工作的重视程度。②查安全责任主要是检查现场安全生产责任制度的建立；安全生产责任目标的分解与考核情况；安全生产责任制与责任目标是否已落实到了每一个岗位和每一个人员，并得到了确认。③查安全制度主要是检查现场各项安全生产规章制度和安全技术操作规程的建立和执行情况。④查安全措施主要是检查现场安全措施计划及各项安全专项施工方案的编制、审核、审批及实施情况；重点检查方案的内容是否全面、措施是否具体并有针对性，现场的实施运行是否与方案规定的内容相符。⑤查安全防护主要是检查现场的临边、洞口等各项安全防护设施是否到位，有无安全隐患。⑥查设备设施主要是检查现场投入使用的设备设施的采购、租赁、安装、验收、使用、维护保养等各个环节是否符合要求；设备设施的安全装置是否齐全、灵敏、可靠，有无安全隐患。⑦查教育培训主要是检查现场教育培训岗位、教育培训人员、教育培训内容是否明确、具体、有针对性；三级安全教育制度和特种作业人员持证上岗制度的落实情况是否到位；教育培训档案资料是否真实、齐全。⑧查操作行为主要是检查现场施工作业过程中有无违章指挥、违章作业、违反劳动纪律的行为发生。⑨查劳动防护用品的使用主要是检查现场劳动防护用品、用具的购置、产品质量、配备数量和使用情况是否符合安全与职业卫生的要求。⑩查伤亡事故处理主要是检查现场是否发生伤亡事故，对发生的伤亡事故是否已按照“四不放过”的原则进行了调查处理，是否已有针对性地制定了纠正与预防措施；制定的纠正与预防措施是否已得到了落实并取得实效。

2. 建筑工程安全检查的方法

建筑工程安全检查在正确使用安全检查表的基础上，可以采用“听”、“问”、“看”、“量”、“测”、“运转试验”等方法进行。

“听”。听取基层管理人员或施工现场安全员汇报安全生产情况，介绍现场安全工作经验、存在的问题、今后的发展方向。

“问”。主要是指通过询问、提问，对以项目经理为首的现场管理人员和操作工人进行的应知应会抽查，以便了解现场管理人员和操作工人的安全意识和安全素质。

“看”。主要是指查看施工现场安全管理资料和对施工现场进行巡视。例如，查看项目负责人、专职安全员、特种作业人员等的持证上岗情况；现场安全标志设置情况；劳动防护用品使用情况；现场安全防护情况；现场安全设施及机械设备安全装置配置情况等。

“量”。主要是指使用测量工具对施工现场的一些设施、装置进行实测试量。例如，对脚手架各种杆件间距的测量；对现场安全防护栏杆高度的测量；对电气开关箱安装高度的测量；对在建工程与外边电线安全距离的测量等。

“测”。主要是指使用专用仪器、仪表等监测器具对特定对象关键特性技术参数的测试，例如，使用漏电保护器测试仪对漏电保护器漏电动作电流、漏电动作时间的测试；使用地阻仪对现场各种接地装置接地电阻的测试；使用兆欧表对电机绝缘电阻的测试；使用经纬仪对塔吊、外用电梯安装垂直度的测试等。

“运转试验”。主要是指由具有专业资格的人员对机械设备进行实际操作、试验，检验其运转的可靠性或安全限位装置的灵敏性。例如，对塔吊力矩限制器、变幅限位器、起重限位器等安全装置的试验；对施工电梯制动器、限速器、上下极限限位器、门连锁装置等安全装置的试验；对龙门架超高限位器、断绳保护器等安全装置的试验。

3. 建筑施工安全检查标准介绍

《建筑施工安全检查标准》(JGJ 59—2011)，其条文共22项，检查评分表14张，安全检查内容168项，控制点535项。安全检查内容中包括保证项目（85项）和一般项目（83项）。保证项目为一票否决项目，在实施安全检查评分时，当一张检查表的保证项目中有一项不得分或保证项目小计得分不足40分时，此张检查评分表不得分。

1）《建筑施工安全检查标准》(JGJ 59—2011）中各检查表的检查项目构成

(1)《建筑施工安全检查评分汇总表》主要内容包括安全管理、文明施工、脚手架、基坑支护与模板工程、“三宝”及“四口”防护、施工用电、物料提升机与外用电梯、塔吊、起重吊装和施工机具10项，所示得分作为对一个施工现场安全生产情况的综合评价依据。

(2)《安全管理检查评分表》检查项目包括安全生产责任制、目标管理、施工组织设计、分部（分项）工程安全技术交底、安全检查、安全教育、班前安全活动、特种作业持证上岗、工伤事故处理和安全标志10项内容，其中安全生产责任制、目标管理、施工组织设计、分部（分项）工程安全技术交底、安全检查、安全教育6项内容为保证项目。

(3)《文明施工检查评分表》检查项目包括：现场围挡、封闭管理、施工场地、材料堆放、现场宿舍、现场防火、治安综合治理、施工现场标牌、生活设施、保健急救、社区服务等11项内容，其中现场围挡、封闭管理、施工场地、材料堆放、现场宿舍、现场防火6项内容为保证项目。

(4) 脚手架检查评分表分为《落地式外脚手架检查评分表》、《悬挑式脚手架检查评分表》、《门型脚手架检查评分表》、《挂脚手架检查评分表》、《吊篮脚手架检查评分表》、《附着式升降脚手架检查评分表》等6项脚手架的安全检查评分表。

(5)《基坑支护安全检查评分表》检查项目包括施工方案、临边防护、坑壁支护、排水措施、坑边荷载、上下通道、土方开挖、基坑支护变形监测和作业环境9项内容。其中，施工方案、临边防护、坑壁支护、排水措施、坑边荷载5项内容为保证项目。

(6)《模板工程安全检查评分表》检查项目包括施工方案、支撑系统、立柱稳定、施工荷载、模板存放、支拆模板、模板验收、混凝土强度、运输道路和作业环境10项内容。其中，施工方案、支撑系统、立柱稳定、施工荷载、模板存放、支拆模板6项内容为保证项目。

(7)《“三宝”、“四口”防护检查评分表》检查项目包括安全帽、安全网、安全带、楼梯口电梯井口防护、预留洞口坑井口防护、通道口防护和阳台楼板屋面等临边防护7项内容。该检查评分表中没有设置保证项目。

(8)《施工用电检查评分表》检查项目包括外电防护、接地与接零保护系统、配电箱与开关箱、现场照明、配电线路、电气装置、变配电装置和用电档案8项内容，其中外电防护、接地与接零保护系统、配电箱与开关箱、现场照明4项内容为保证项目。

(9)《物料提升机（龙门架、井架）检查评分表》是对物料提升机的设计制作、安装和使用情况的评价。检查项目包括：架体制作、限位保险装置、架体稳定、钢丝绳、楼层卸料平台防护、吊篮、安装验收、架体、传动系统、联络信号、卷扬机操作棚和避雷12项内容，其中架体制作、限位保险装置、架体稳定、钢丝绳、楼层卸料平台防护、吊篮、安装验收7项内容为保证项目。

(10)《外用电梯（人货两用电梯）检查评分表》检查项目包括安全装置、安全防护、司机、荷载、安全与拆卸、安装验收、架体稳定、联络信号、电气安全和避雷10项内容，其中，安全荷载、安全防护、司机、荷载、安装与拆卸、安装验收6项内容为保证项目。

(11)《塔吊检查评分表》检查项目包括力矩限位器、限位器、保险装置、附墙装置与夹轨钳、安装与拆卸、塔吊指挥、路基与轨道、电气安全、多塔作业和安装验收10项内容，其中力矩限位器、限位器、保险装置、附墙装置与夹轨钳、安装与拆卸、塔吊指挥6项内容为保证项目。

(12)《起重吊装安全检查评分表》是对施工现场起重吊装作业和起重吊装机械的安全评价。检查项目包括施工方案、起重机械、钢丝绳与地锚、吊点、司机与指挥、地基承载力、起重作业、高处作业、作业平台、构件堆放、警戒和操作工12项内容，其中施工方案、起重机械、钢丝绳与地锚、吊点、司机与指挥5项内容为保证项目。

(13)《施工机具检查评分表》是对施工中使用的平刨、圆盘锯、手持电动工具、钢筋机械、电焊机、搅拌机、气瓶、翻斗车、潜水泵和打桩机械10种施工机具安全状况的评价。该检查评分表中没有设置保证项目。

2）检查评分方法

(1) 汇总表分数分配：汇总表满分为100分。各分项检查表在汇总表中所占满分分值分别为：安全管理10分、文明施工20分、脚手架10分、基坑支护与模板工程10分、“三宝”、“四口”防护10分、施工用电10分、物料提升机与外用电梯10分、塔吊10分、起重吊装5分和施工机具5分。

(2) 汇总表中各分值的计算方法。

① 汇总表中各项实得分数计算方法：

在汇总表中各项项目实得分＝该分项在汇总表中应得满分值×该分项在检查评分表中实得分/100

② 汇总表中遇有缺项时，汇总表总分计算方法：

遇有缺项时汇总表总得分＝实查项目实得分值之和/实查项目应得分值之和×100

③ 检查评分表中遇有缺项时，评分表合计分计算方法：

遇有缺项时评分表总得分＝实查子项目实得分值之和/实查子项目应得分值之和×100

④ 对有保证项目的检查评分表，当保证项目中有一项项目不得分，或保证项目小计得分不足40分时，此评分表得零分。具体计算方法为：实得分与应得分之比＜66.7%（40/60＝66.7%）时，评分表得零分。

⑤ 在检查评分表中，遇有多个脚手架、塔吊、龙门架、井架时，则该项得分应为各单项实得分的算术平均值。

⑥ 多人同时对同一项目检查评分时，应按加权评分方法确定分值。权数的分配原则应为：专职安全人员的权数为0.6，其他人员的权数为0.4。

(3) 安全等级的划分原则。施工安全检查的评定结论分为优良、合格、不合格三个等级，依据是汇总表的总得分和保证项目的达标情况。

优良：汇总表得分在80分（含80分）以上；保证项目得分符合要求（即保证项目中

不得有得零分的项，或保证项目小计得分不少于 40 分，下同）。

合格：保证项目得分符合要求，汇总表得分在 70 分及以上；当有一个检查评分表未得分，汇总表得分必须在 75 分及以上；当“起重吊装”检查评分表或“施工机具”检查评分表未得分，但汇总表得分在 80 分及以上。

不合格：汇总表得分不足 70 分；当有一份检查评分表未得分，汇总表得分在 75 分以下；当“起重吊装”检查评分表或“施工机具”检查评分表未得分，汇总表得分在 80 分及其以下。

但要注意，“检查评分表未得分”与“检查评分表缺项”是不同的概念，“缺项”是指被检查工地无此项检查内容，而“未得分”是指有此项检查内容，但实得分为零分。

（4）分值的计算方法案例。

条件 1：汇总表中各项实得分数计算方法。分项实得分：

该分项在汇总表中应得分×该分项在检查评分表中实得分/100

【例 7-3】“安全管理检查评分表”实得 76 分，换算在汇总表中“安全管理”分项实得分为多少？

分项实得分＝10×76/100 分＝7.6 分

条件 2：汇总表中遇有缺项时，汇总表总分计算方法：

缺项的汇总表得分＝实查项目实得分值之和/实查项目应得分值之和×100

【例 7-4】 如工地没有塔吊，则塔吊在汇总表中有缺项，其他各分项检查在汇总表实得分为 84 分，计算该工地汇总表实得分为多少？

缺项的汇总表分＝84/90×100 分＝93.33 分

条件 3：分表中遇有缺项时，分表总分计算方法：

缺项的分表分＝实查项目实得分值之和/实查项目应得分值之和×100

【例 7-5】“施工用电检查评分表”中，“外电防护”缺项（该项应得分值为 20 分），其他各项检查实得分为 64 分，计算该分表实得多少分？换算到汇总表中应为多少分？

缺项的分表分＝64/(100－20)×100分＝80分

汇总表中施工用电分项实得分：

10×80/100 分＝8 分

条件 4：分表中遇保证项目缺项时，“保证项目小计得分不足 40 分，评分表得 0 分”，计算方法：实得分与应得分之比＜66.7%时，评分表得 0 分（40/60＝66.7%）。

【例 7-6】 如施工用电检查表中，外电防护这一保证项目缺项（该项为 20 分），另有其他“保证项目”检查实得分合计为 20 分（应得分值为 40 分），该分项检查表是否能得分？

20/40＝50%＜66.7%，则该分项检查表计 0 分。

条件 5：在各汇总表的各分项中，遇有多个检查评分表分值时，则该分项得分应为各单项实得分数的算术平均值。

【例 7-7】 某工地多种脚手架和多台塔吊，落地式脚手架实得分为 86 分、悬挑脚手架实得分为 80 分；甲塔吊实得分为 90 分、乙塔吊实得分为 85 分。计算汇总表中脚手架、塔吊实得分值为多少？

脚手架实得分：(86＋80)/2分＝83分

换算到汇总表中分值＝10×83/100分＝8.3分

塔吊实得分＝(90＋85)/2分＝87.5分

换算到汇总表中分值＝10×87.5/100分＝8.75分

7.4.5 建设工程职业健康安全事故类型及其原因

根据对全国伤亡事故的调查统计分析，主要是高处坠落、物体打击、机械伤害、触电、坍塌事故，是建筑业最常发生的五种事故，近年来已占到事故总数的80%～90%，应重点加以防范。

1. 按安全事故伤害程度分类

根据《企业职工伤亡事故分类标准》（GB 6441—1986）规定，可以分为轻伤事故、重伤事故和死亡事故三类。

轻伤，指损失1个工作日至105个工作日以下的失能伤害。

重伤，指损失工作日等于和超过105个工作日的失能伤害，重伤的失能工作日最高不超过6000工日。

死亡，指损失工作日超过6000工日，这是根据我国职工的平均退休年龄和平均年龄计算出来的。

2. 按安全事故类别分类

将安全事故划分为20类，即物体打击、车辆伤害、机械伤害、起重伤害、触电、淹溺、灼烫、火灾、高处坠落、坍塌、冒顶片帮、透水、放炮、煤气爆炸、火药爆炸、锅炉爆炸、容器爆炸、其他爆炸、中毒和窒息和其他伤害。

3. 按安全事故受伤性质分类

受伤性质是指人体受伤的类型，实质上是从医学的角度给予创伤的具体名称，常见的有：电伤、挫伤、割伤、擦伤、刺伤、撕脱伤、扭伤、倒塌压埋伤和冲击伤等。

4. 按生产安全事故造成的人员伤亡或直接经济损失分类

根据国务院令第493号《安全生产事故报告和调查处理条例》第三条把伤亡事故分为以下几种。

(1) 特别重大事故，是指造成30人以上死亡，或者100人以上重伤（包括急性工业中毒，下同），或者1亿元以上直接经济损失的事故。

(2) 重大事故，是指造成10人以上30人以下死亡，或者50人以上100人以下重伤，或者5000万元以上1亿元以下直接经济损失的事故。

(3) 较大事故，是指造成3人以上10人以下死亡，或者10人以上50人以下重伤，或者1000万元以上5000万元以下直接经济损失的事故。

(4) 一般事故，是指造成3人以下死亡，或者10人以下重伤，或者1000万元以下直接经济损失的事故。

5. 按事故的原因及性质分类

(1) 生产事故：是指在建筑产品的生产、维修、拆除过程中，操作人员违反有关施工操作规程而直接导致的安全事故。

(2) 质量问题：质量问题是指由于设计不符合规范或施工不满足要求而导致的建筑结构实体或使用功能存在瑕疵，进而引起安全事故的发生。

(3) 技术事故：是指由于工程技术原因而导致的安全事故。

(4) 环境事故：是指建筑实体在施工或使用的过程中，由于使用环境或周边环境原因而导致的安全事故。

6. 施工安全事故的原因

1) 人的不安全原因

人的不安全原因又分为人的不安全因素和人的不安全行为两大类。

(1) 人的不安全因素主要有：心理上不安全因素，是指人在心理上具有不安全的性格、气质和情绪，如懒散、粗心等。生理上的不安全因素，包括视觉、听觉等感觉器官，体能、年龄等不适合工作或作业岗位要求的影响因素。

(2) 人的不安全行为包括：操作失误、忽视安全、忽视警告；造成安全装置失效；使用不安全设备；用手代替工具操作；物体存放不当；冒险进入危险场所；攀坐不安全位置；在起吊物下作业、停留；在机器运转时进行检查、维修、保养等工作；有分散注意力行为；没有正确使用个人防护用品、用具；不安全装束；对易燃易爆等危险物品处理错误。

2) 物的不安全状态

物的不安全状态主要包括防护等装置缺乏或有缺陷；设备、设施、工具、附件有缺陷；个人防护用品缺少或有缺陷；施工生产场地环境不良，现场布置杂乱无章、视线不畅、交通阻塞、材料工具乱堆乱放；机械无防护装置、电器无漏电保护；粉尘飞扬、噪声刺耳等使劳动者生理、心理难以承受，则必然诱发安全事故。

3) 管理上的不安全意识

对物的管理失误包括：技术、设计、结构设计上有缺陷，作业现场环境有缺陷，防护用品有缺陷等；对人的管理失误包括：教育、培训、指示和对作业人员的安排等方面的缺陷；管理工作的失误包括对作业程序、操作规程、工艺过程的管理失误以及对采购、安全监控、事故防范措施的失误。

7.4.6 建设工程职业健康与环境保护控制

1. 建设工程施工环境影响因素的识别与评价

建筑工程施工应从噪声排放、粉尘排放、有毒有害物质排放、废水排放、固体废弃物处置、潜在的油品化学品泄漏，潜在的火灾爆炸和能源浪费等方面着手进行环境影响因素的识别；建筑工程施工应根据环境影响的规模、严重程度、发生的频率、持续的时间、社区关注程度和法规限定等情况对识别出的环境影响因素进行分析和评价，找出对环境有重大影响或潜在重大影响的重要环境因素，采取切实可行的措施进行控制，减少有害的环境影响，降低工程建造成本，提高环保效益。

2. 建设工程施工对环境影响的类型

施工机械作业，模板支拆，清理与修复作业，脚手架安装与拆除作业等产生的噪声排放；施工场地平整作业，土、灰、砂、石搬运及存放，混凝土搅拌作业等产生的粉尘排放；现场渣土、商品混凝土、生活垃圾、建筑垃圾、原材料运输等过程中产生的遗洒；现场油品、化学品库房、作业点产生的油品、化学品泄漏；现场废弃的涂料桶、油桶、油手套、机械维修保养废液、废渣等产生的有毒有害废弃物排放；城区施工现场夜间施工造成的光污染；现场生活区、库房、作业点等处发生的火灾、爆炸；现场食堂、厕所、搅拌站、洗车点等处产生的生活、生产污水排放；现场钢材、木材等主要建筑材料的消耗；现场用水、用电等消耗。

3. 建设工程施工现场环境保护

(1) 建筑工程施工现场必须建立环境保护、环境卫生管理和检查制度，并做好检查记录。

(2) 在城市市区范围内从事建筑施工，项目必须在工程开工 15d 前向工程所在地县级以上地方政府环境保护管理部门申请登记。

(3) 施工期间应遵照《中华人民共和国建筑施工场界噪声限值》制定降噪措施。确需夜间施工的，应办理夜间施工许可证明，并公告附近社区居民。

(4) 尽量避免或减少施工过程中的光污染。夜间室外照明灯应加设灯罩，透光方向集中施工范围，电焊作业采取遮挡措施，避免电焊弧光外泄。

(5) 施工现场污水排放要与所在地县级以上人民政府市政管理部门签署污水排放许可协议，申领《临时排水许可证》。雨水排入市政雨水管网，污水经沉淀处理后二次使用或排入市政污水管网。施工现场泥浆、污水未经处理不得直接排入城市排水设施和河流、湖泊、池塘。

(6) 施工现场存放化学品等有毒材料、油料，必须对库房进行防渗漏处理，储存和使用都要采取措施，防止渗漏，污染土层水体。施工现场设置的食堂，用餐人数在 100 人以上的应设置简易有效的隔油池，加强管理，专人负责定期掏油。

(7) 施工现场产生的固体废弃物应在所在地县级以上人民政府环卫部门申报登记，分类存放。建筑垃圾和生活垃圾应与所在地垃圾消纳中心签署环保协议，及时清运处置。有毒、有害废弃物应运送到专门的有毒有害废弃物中心消纳。

(8) 施工现场主要道路必须进行硬化处理，土方应集中堆放。裸露的场地和集中堆放的土方应采取覆盖、固化或绿化等措施。施工现场土方作业应采取防止扬尘措施。

(9) 拆除建筑物、构筑物时，应采用隔离、洒水等措施，并应在规定期限内将废弃物清理完毕。建筑物内施工垃圾的清运，必须采用相应的容器或管道运送，严禁凌空抛掷。

(10) 施工现场使用的水泥和其他易飞扬的细颗粒建筑材料应密闭存放或采取覆盖等措施。混凝土搅拌场所应采取封闭、降尘措施。

(11) 除有规定的装置外，施工现场内严禁焚烧各类废弃物，禁止将有毒有害废弃物作为土方回填。

(12) 在居民和单位密集区域进行爆破、打桩等施工作业前，项目经理部除按规定报告申请批准外，还应将作业计划、影响范围、程度及有关措施等情况向有关的居民和单位通报说明，取得协作和配合；对施工机械的噪声与振动扰民，应有相应的措施予以控制。

(13) 经过施工现场的地下管线，应由发包人在施工前通知承包人，标出位置，加以保护。

(14) 施工时发现文物、古迹、爆炸物、电缆等，应当停止施工，保护好现场，及时向有关部门报告，按照有关规定处理后方可继续施工。

(15) 施工中需要停水、停电、封路而影响环境时，必须经有关部门批准，事先告示，并设有标志。

7.4.7　安全事故应急救援预案

2002 年 11 月 1 日起实施的《中华人民共和国安全生产法》(以下简称《安全生产法》第六十九条要求建筑施工企业应当建立应急救援组织。当发生事故后，为及时组织抢救，防止事故扩大，减少人员伤亡和财产损失，建筑施工企业应按照《安全生产法》的要求编制应急救援预案。施工安全事故应急救援预案的编制包括如下八个方面的内容。

(1) 基本原则与方针。制定安全第一、预防为主、自救为主、统一指挥、分工负责的方针；以优先保护人和优先保护大多数人，优先保护贵重财产为原则。

(2) 工程项目的基本情况，包括介绍项目的工程概况和施工特点；施工现场的临时医务室及场外医疗机构；工地现场内外的消防、救助设施及人员状况；附施工消防平面布置图。

(3) 可能发生事故的预测和影响。根据施工特点和任务，分析本工程可能发生较大的事故的位置、影响范围等。

(4) 应急机构的组成、责任和分工包括：指挥机构和救援队伍的组成。明确指挥领导小组的职责，即负责本单位或项目“预案”的制定和修订。组建应急救援队伍，组织实施和演练。检查督促做好重大事故的预防和应急救援的各项准备工作。组织和实施救援行动。组织事故调查和总结应急救援工作的经验教训。明确机构分工情况，如总指挥组织指挥整个应急救援工作；安全负责人负责事故的具体处置工作；后勤负责人负责应急人员、受伤人员的生活必需品的供应工作。

(5) 报警信号与通信。写出各救援电话及有关部门、人员的联系电话或联系方式。

(6) 事故应急与救援，包括应急程序：报告联络有关人员（紧急时立刻报警、打求助电话）＋成立指挥部（组），必要时向社会发出救援请求＋实施应急救援，保护事故现场，上报有关部门等待善后处理；事故的应急救援措施，可根据本工程项目可能发生的事故列表写出事故类别、事故原因、现场救援措施等。

(7) 有关规定和要求。要写明有关的纪律，组织救援训练，学习各种制度和要求。

(8) 了解常见事故自救方法和急救常识及其他。

7.5　施工项目成本管理实务

7.5.1　施工项目成本管理概述

(1) 施工项目成本管理是在保证工程质量和满足工期要求的情况下，对项目实施过程中所发生的费用，通过计划、组织和控制等活动，把成本控制在计划范围内，从而实现预定的成本目标，并尽可能地降低成本费用的科学管理活动。

因此成本管理必须先编制施工成本计划，作为成本控制的目标值；其次，就是对施工项目所发生的各项成本进行有效的控制。

（2）施工项目成本控制是指在成本形成过程中，根据事先制定的成本目标，对企业日常发生的各项生产经营活动按照一定的原则，采用专用的控制方法，进行指导、调节、限制和监督，将各项生产费用控制在原来所规定的标准和预算之内。如果发生偏差，应及时进行分析研究，查明原因，并及时采取有效措施，不断降低成本，以保证实现规定的成本目标。

（3）编制施工项目成本计划。施工项目成本计划是以货币的形式编制施工项目在计划期内的生产费用、成本水平、成本降低率以及为成本降低所采取的主要措施和规划的书面方案，它是建立施工项目成本管理责任制、开展成本控制的基础。

① 施工项目成本计划的编制程序：根据同类项目成本计划及执行情况、项目承包合同、设计预算、施工预算等资料→预测、分析、确定目标成本→计算目标成本降低额和降低率→计算采用措施后的效果→编制成本计划草案→编制成本计划，当然在编制过程中根据反馈的意见不断调整各项内容。

② 施工项目成本计划的编制方法。

a. 按施工成本组成编制施工成本计划，施工成本构成有人工费、材料费、机械使用费、措施费和间接费。

施工项目成本是建筑施工企业为完成施工项目的建筑安装工程任务所耗费的各项生产费用的总和，包括直接成本和间接成本。其中直接成本是构成施工项目实体的费用，包括材料费用、人工费、机械使用费、其他直接费；间接成本是为组织和管理施工项目而发生在该项目上的管理性费用。

施工项目成本控制既不是造价控制，更不是业主所进行的投资控制。要达到控制成本的目的，必须对工资、折旧费、材料价值进行有效的控制。

b. 按子项目组成编制施工成本计划。应该按照单项工程→单位工程→分部工程→分项工程的程序依次将项目总成本进行分解。

c. 按工程进度编制施工成本计划，按照施工进度将施工成本逐层分解。

以上三种编制施工成本计划的方法并不是相互独立的，往往是将它们结合起来使用。这种施工成本计划的方法是成本的构成，具体编制的时候还需采用定额估算法、直接估算法、施工预算法、定率估算法。

在项目施工期间，施工项目成本能否降低，有无经济效益，只取决于该项工程的成本控制。为了确保施工项目成本必盈不亏，关键在于抓住成本控制，加强项目成本控制力度。

从上述可见，施工项目成本控制的目的在于降低项目成本，提高经济效益。然而，施工项目成本的降低，除了大力控制成本支出以外，还必须增加工程预算收入，即所谓“开源节流”，因为只有一手抓收入，一手抓支出，增收节支同时并举，才能增加企业的经济效益，提高施工项目成本管理水平。

7.5.2 施工项目成本控制

1. 施工项目成本控制的依据

施工项目成本控制的依据有工程承包合同、施工成本计划、进度报告、工程变更等。

2. 施工成本控制的步骤

（1）比较。按照某种确定的方式将施工成本计划值与实际值逐项比较，以发现施工成本是否超支。

(2) 分析。在比较的基础上，对比较的结果进行分析，以确定偏差的严重性及偏差产生的原因。这一步骤是施工成本控制的核心，其主要目的是找出偏差的原因，从而采取有针对性的措施，减少或避免相同原因的再次发生或减少由此造成的损失。

(3) 预测。根据项目实施情况估算整个项目完成时的施工成本。

(4) 纠偏。当工程项目的实际施工成本出现了偏差，应当根据实际情况、偏差分析和预测的结果，采取适当的措施，以期达到施工成本尽可能小的目的。

(5) 检查。是指对工程的进展进行跟踪和检查，及时了解工程进展状况及纠偏措施的执行情况和效果。

3. 施工项目成本控制的原则

(1) 开源与节流相结合的原则。降低项目成本，需要一方面增加收入，另一方面节约支出。因此，在成本控制中，也应该坚持开源与节流相结合的原则。要求做到每发生一笔金额较大的成本费用，都要查一查有无与其相对应的预算收入，是否支大于收，在经常性的分部分项工程成本核算和月度成本核算中，也要进行实际成本与预算收入的对比分析，以便从中找出成本节超的原因，纠正项目成本的不利偏差，提高项目成本的降低水平。

(2) 全面控制原则。包括：①项目成本的全员控制。项目成本是一项综合性很强的指标，它涉及项目组织中各个部门、单位和班组的工作业绩，也与每个职工的切身利益有关。因此，项目成本的高低需要大家关心，施工项目成本管理（控制）也需要项目建设者群策群力，仅靠项目经理和专业成本管理人员及少数人的努力是无法收到预期效果的。项目成本的全员控制，包括各部门、各单位的责任制和班组经济核算等，防止成本控制人人有责又都人人不管的局面。②项目成本的全过程控制。自施工准备开始，经过工程施工，到竣工交付使用后的保修期结束，其中的每一项经济业务，都要纳入成本控制的范围，防止疏漏，成本控制松紧不一。

(3) 中间控制原则。施工准备阶段的成本控制，只是根据上级要求和施工组织设计的具体内容来确定成本目标、编制成本计划、制订成本控制的方案，为今后的成本控制做好准备。而竣工阶段的成本控制，由于成本盈亏已经基本定局，即使发生了偏差，也已来不及纠正。因此，把成本控制的重心放在基础、结构、装饰等主要施工阶段上是十分必要的。

(4) 目标管理原则。目标管理是贯彻执行计划的一种方法，它把计划的方针、任务、目的和措施等逐一加以分解，提出进一步的具体要求，并分别落实到执行计划的部门、单位甚至个人。目标管理的内容包括：目标的设定和分解、目标的责任到位和执行、检查目标的执行结果、评价目标和修正目标、形成目标管理的 P（计划）、D（实施）、C（检查）、A（处理）循环。

(5) 节约原则。节约人力、物力、财力的消耗是提高经济效益的核心，也是成本控制的一项最主要的基本原则。节约要从三方面入手：①严格执行成本开支范围、费用开支标准和相关财务制度，对各项成本费用的支出进行限制和监督。②要提高施工项目的科学管理水平，优化施工方案，提高生产效率，节约人、财、物的消耗。③采取预防成本失控的技术组织措施，制止可能发生的浪费。

(6) 例外管理原则。在工程项目建设过程的诸多活动中，有许多活动是例行的，如施工任务单和限额领料单的控制程序等，通常是通过制度来保证其顺利进行的。但也有一些不经常出现的问题，称之为“例外”问题。这些“例外”问题，往往是关键性问题，对成本目标的顺利完成影响很大，必须予以高度重视。例如，在成本管理中常见的成本盈亏异常现象，即盈余或亏损超过了正常的比例，本来是可以控制的成本，突然发生了失控现象，某些暂时的节约，但有可能对今后的成本带来隐患（如减少平时机械维修费的节约，可能会造成未来的停工修理和更大的经济损失）等，都应该视为“例外”问题而进行重点检查，深入分析，并采取相应积极的措施加以纠正。

(7) 责、权、利相结合的原则。在项目施工过程中，项目经理、工程技术人员、业务管理人员及各单位和生产班组都负有一定的成本控制责任，从而形成整个项目的成本控制责任网络。各部门、各单位、各班组在肩负成本控制责任的同时，还应享有成本控制的权力，即在规定的权力范围内可以决定某项费用能否开支、如何开支和开支多少等问题，以行使对项目成本的实质性控制。最后，项目经理还要对各部门、各单位、各班组在成本控制中的成绩进行定期的检查和考评，并与工资分配紧密挂钩，有奖有罚。

4. 施工成本控制的方法——成本过程控制方法和偏差分析方法

1) 施工成本的过程控制方法

(1) 人工费的控制：实行“量价分离”的方法，将作业用工及零星用工按定额工日的一定比例综合确定用工数量与单价，通过劳务合同进行控制。

(2) 材料费的控制：同样按照“量价分离”原则，控制材料用量和材料价格。材料用量的控制在保证符合设计要求和质量标准的前提下，合理使用材料，通过定额管理、计量管理等手段有效控制材料物资的消耗，具体方法如下：①定额控制。对于有消耗定额的材料，以消耗定额为依据，实行限额发料制度。在规定限额内分期分批领用，超过限额领用的材料，必须先查明原因，经过一定审批手续方可领料。②指标控制。对于没有消耗定额的材料，则实行计划管理和按指标控制的办法。根据以往项目的实际耗用情况，结合具体施工项目的内容和要求，制定领用材料指标，据以控制发料。超过指标的材料，必须经过一定的审批手续方可领用。③计量控制。准确做好材料物资的收发计量检查和投料计量检查。④包干控制。在材料使用过程中，对部分小型及零星材料（如钢钉、钢丝等）根据工程量计算出所需材料量，将其折算成费用，由作业者包干控制。

材料价格的控制：材料价格主要由材料采购部门控制。由于材料价格是由买价、运杂费、运输中的合理损耗等所组成，因此控制材料价格，主要是通过掌握市场信息，应用招标和询价等方式控制材料、设备的采购价格。

施工项目的材料物资，包括构成工程实体的主要材料和构配件，以及有助于工程实体形成的周转使用材料和低值易耗品。材料物资的价值，约占建筑安装工程造价的60%～70%。由于材料物资的供应渠道和管理方式各不相同，所以控制的内容和所采取的控制方法也将有所不同。

(3) 施工机械使用费的控制：合理选择施工机械设备，合理使用施工机械设备对成本控制具有十分重要的意义，尤其是高层建筑施工。据统计，高层建筑地面以上部分的总费用中，垂直运输机械费用占6%～10%。因此在选择起重运输机械时，首先应根据工程特点和施工条件确定采取何种不同起重运输机械的组合方式，首先应满足施工需要，同时还要考虑到费用的高低和综合经济效益。

施工机械使用费主要由台班数量和台班单价两方面决定，为有效控制施工机械使用费的支出，主要从以下几个方面进行控制：①合理安排施工生产，加强设备租赁计划管理，减少因安排不当引起的设备闲置；②加强机械设备的调度工作，尽量避免窝工，提高现场设备利用率；③加强现场设备的维修保养，避免因不正当使用造成机械设备的停置；④做好机上人员与辅助生产人员的协调与配合，提高施工机械台班产量。

(4) 施工分包费用的控制：分包工程价格的高低，必然对项目经理部的施工项目成本产生一定的影响。因此，项目经理部应在确定施工方案的初期就要确定需要分包的工程范围。对分包费用的控制，主要是要做好分包工程的询价、订立平等互利的分包合同、建立稳定的分包关系网络、加强施工验收和分包结算等工作。

2) 赢得值（挣值）法成本控制方法

赢得值法（Earned Value Management，EVM）作为一项先进的项目管理技术，是美国国防部于 1967 年首次确立的。到目前为止国际上先进的工程公司已普遍采用赢得值法进行工程项目的费用、进度综合分析控制。基本参数有三项，即已完工作预算费用、计划工作预算费用和已完工作实际费用。

(1) 赢得值法的三个基本参数。

已完工作预算费用：已完工作预算费用（Budgeted Cost for Work Performed，BCWP)，是指在某一时间已经完成的工作（或部分工作），以批准认可的预算为标准所需要的资金总额。由于业主正是根据这个值为承包人完成的工作量支付相应的费用，也就是承包人获得（挣得）的金额，故称赢得值或挣值。

已完工作预算费用（BCWP）＝已完成工作量×预算单价

计划工作预算费用：计划工作预算费用（Budgeted Cost for Work Scheduled，BCWS)，即根据进度计划，在某一时刻应当完成的工作（或部分工作），以预算为标准所需要的资金总额，一般来说，除非合同有变更，BCWS 在工程实施过程中应保持不变。

计划工作预算费用（BCWS）＝计划工作量×预算单价

已完工作实际费用：已完工作实际费用（Actual Cost for Work Performed，ACWP)，即到某一时刻为止，已完成的工作（或部分工作）所实际花费的总金额。

已完工作实际费用（ACWP）＝已完成工作量×实际单价

(2) 赢得值法的四个评价指标。在这三个基本参数的基础上，可以确定赢得值法的四个评价指标，它们都是时间的函数。

费用偏差（Cost Variance，CV)：

费用偏差（CV）＝已完工作预算费用（BCWP）－已完工作实际费用（ACWP）

当费用偏差（CV）为负值时，即表示项目运行超出预算费用；当费用偏差（CV）为正值时，表示项目运行节支，实际费用没有超出预算费用。

进度偏差（Schedule Variance，SV)：

进度偏差（SV）＝已完工作预算费用（BCWP）－计划工作预算费用（BCWS）

当进度偏差（SV）为负值时，表示进度延误，即实际进度落后于计划进度；当进度偏差（SV）为正值时，表示进度提前，即实际进度快于计划进度。

费用绩效指数（Cost Performance Index，CPI）：

费用绩效指数（CPI）=已完工作预算费用（BCWP）/已完工作实际费用（ACWP）

当费用绩效指数CPI<1时，表示超支，即实际费用高于预算费用；当费用绩效指数CPI>1时，表示节支，即实际费用低于预算费用。

进度绩效指数（Schedule Performance Index，SPI）：

进度绩效指数（SPI）=已完工作预算费用（BCWP）/计划工作预算费用（BCWS）

当进度绩效指数SPI<1时，表示进度延误，即实际进度比计划进度拖后；当进度绩效指数SPI>1时，表示进度提前，即实际进度比计划进度快。

费用（进度）偏差反映的是绝对偏差，结果很直观，有助于费用管理人员了解项目费用出现偏差的绝对数额，并依此采取一定措施，制定或调整费用支出计划和资金筹措计划。但是绝对偏差有其不容忽视的局限性。

3）成本偏差分析方法

常用的成本偏差分析方法有横道图法、表格法和曲线法。

（1）横道图法。用横道图法进行费用偏差分析，是用不同的横道标识已完工作预算费用（BCWP）、计划工作预算费用（BCWS）和已完工作实际费用（ACWP），横道的长度与其金额大小成正比例。横道图法能够准确表达出费用的绝对偏差，而且能一眼感受到偏差的严重性。但这种方法反映的信息量少，一般在项目的较高管理层应用。

（2）表格法。是进行偏差分析最常用的一种方法。它将项目编号、名称、各项费用参数以及费用偏差数综合归纳到一张表格中，并且直接在表格中进行比较。

用表格法进行偏差分析具有如下优点：①灵活、适用性强。可根据实际需要设计表格，进行增减项。②信息量大。可以反映偏差分析所需的资料，从而有利于费用控制人员及时采取针对性措施，加强控制。③表格处理可借助于计算机，从而节约大量数据处理所需的人力，并大大提高速度。

（3）曲线法。在项目实施过程中，以上三个参数可以形成三条曲线，即计划工作预算费用（BCWS）、已完工作预算费用（BCWP）、已完工作实际费用（ACWP）曲线。通过曲线判断费用、进度变化情况。

4）成本偏差原因分析与纠偏措施

（1）成本偏差原因分析：费用偏差产生的原因有以下几种：①物价上涨原因。包括：人工涨价、材料涨价、设备涨价、利率和汇率变化。②设计原因。包括：设计错误或漏项、设计标准变化、设计保守、图纸提供不及时等。③业主原因。包括：增加内容、投资规划不当、组织不落实、建设手续不全、协调不佳、未及时提供建设场所等。④施工原因。包括：施工方案不当、材料代用、施工质量有问题、赶进度、工期拖延等。⑤客观原因。包括：自然因素、基础处理、社会原因、法规变化等。

（2）成本纠偏措施：①寻找新的、更好更省的、效率更高的设计方案；②重新选择供应商，但会产生供应风险，选择需要时间；③改变实施过程；④变更工程范围；⑤索赔，例如向业主、承（分）包商、供应商索赔以弥补费用超支。

7.5.3　施工项目成本控制的主要任务

1. 施工前期成本控制的任务

(1) 工程投标阶段成本控制的主要任务：是编制适合本企业施工管理水平、施工能力的报价。主要包括：①根据工程概况、招标文件及建筑市场和竞争对手的情况，进行成本预测，提出投标决策意见；②中标以后，应根据项目的建设规模组建与之相适应的项目经理部，同时以标书为依据确定项目的成本目标，并下达给项目经理部。

(2) 施工准备阶段成本控制的任务：①根据设计图纸和有关技术资料，对施工方法、施工顺序、机械设备类型、技术组织措施等制定科学先进、经济合理的施工方案。②根据企业下达的成本目标，以分部分项工程实物工程量为基础，根据劳动定额、材料消耗定额和技术组织措施的节约计划，在优化的施工方案指导下编制明细而具体的成本计划，并按照部门、施工队和班组的分工进行分解，作为部门、施工队和班组的责任成本。③根据项目建设时间的长短和参加建设人数的多少编制间接费用预算，并对预算进行明细分解，明确项目经理部有关部门（或业务人员）责任成本，为成本控制和绩效考评提供依据。

2. 施工阶段成本控制的任务

(1) 加强施工任务单和限额领料单的管理，特别要做好每一个分部分项工程完成后的验收及实耗人工、实耗材料的数量核对，以保证施工任务单和限额领料单的结算资料绝对正确，为成本控制提供真实可靠的数据。

(2) 将施工任务单和限额领料单的结算资料与施工预算进行核对，计算分部分项工程的成本差异，分析差异产生的原因并采取有效的纠偏措施。

(3) 做好月度成本原始资料的收集和整理，正确计算月度成本，分析月度预算成本与实际成本的差异。

(4) 在月度成本核算的基础上，实行责任成本核算。

(5) 经常检查对外经济合同的履约情况。

(6) 定期检查各责任部门和责任者的成本控制情况，检查成本控制责、权、利的落实情况。

3. 竣工验收阶段成本控制的任务

(1) 精心安排，尽快完成工程竣工收尾工作。

(2) 及时办理工程结算。在办理工程结算以前，要求项目造价员和成本员进行一次认真全面的核对。

(3) 重视竣工验收工作，顺利交付使用。

(4) 在工程保修期间应由项目经理指定保修工作的责任者，并责成保修责任者根据实际情况提出保修计划（包括费用计划），并以此作为控制保修费用的依据。

7.5.4　施工项目成本管理的主要措施

1. 组织措施

施工成本控制是全员的活动，如实行项目经理责任制，落实施工成本管理的组织机构和人员，明确各级施工成本管理人员的任务和职能分工、权利和责任；编制施工成本控制工作计划，要做好物资采购规划，通过生产要素的优化配置、合理使用、动态管理，有效控制实际成本；加强施工定额管理和施工任务单管理，控制活劳动和物化劳动的消耗；加强施工调度，避免因施工计划不周和盲目调度造成窝工损失、机械利用率降低、物料积压等而使施工成本增加。组织措施是其他各类措施的前提和保障，而且一般不需要增加什么费用，运用得当可以收到良好的效果。

2. 技术措施

技术措施包括进行技术经济分析，确定最佳的施工方案；结合施工方法，进行材料使用的比选，在满足功能要求的前提下，通过代用、改变配合比、使用添加剂等方法降低材料消耗的费用；确定最合适的施工机械、设备使用方案；降低材料的库存成本和运输成本等。

技术措施不仅对解决施工成本管理过程中的技术问题是不可缺少的，而且对纠正施工成本管理目标偏差也有相当重要的作用。因此，运用技术纠偏措施的关键，一是要能提出多个不同的技术方案，二是要对不同的技术方案进行技术经济分析。

3. 经济措施

经济措施包括编制资金使用计划；确定、分解施工成本管理目标；及时准确地记录、收集、整理、核算实际发生的成本；对各种变更，及时做好增减账，及时落实业主签证，及时结算工程款；通过偏差分析和未完工程预测，可发现一些潜在的问题将引起未完工程施工成本增加，对这些问题应以主动控制为出发点，及时采取预防措施。

4. 合同措施

合同措施控制施工成本，应贯穿整个合同周期，包括从合同谈判开始到合同终结的全过程。首先，是选用合适的合同结构，对各种合同结构模式进行分析、比较，在合同谈判时，要争取选用适合于工程规模、性质和特点的合同结构模式。其次，在合同的条款中应仔细考虑一切影响成本和效益的因素，特别是潜在的风险因素。通过对引起成本变动的风险因素的识别和分析，采取必要的风险对策，如通过合理的方式，增加承担风险的个体数量，降低损失发生的比例，并最终使这些策略反映在合同的具体条款中。在合同执行期间，合同管理的措施既要密切关注对方合同执行的情况，以寻求合同索赔的机会；同时也要密切关注自己履行合同的情况，以防止被对方索赔。

7.6 建设工程施工项目合同管理实务

合同管理是工程项目管理的重要内容之一。施工合同管理是对工程施工合同的签订、履行、变更和解除等进行筹划和控制的过程，其主要内容有：根据项目特点和要求确定施工承发包模式和合同结构、选择合同文本、确定合同计价和支付方法、合同履行过程中的管理与控制、合同索赔和反索赔等。

7.6.1 施工项目合同管理概述

1. 合同的概念

合同是平等主体的自然人、法人、其他经济组织（包括中国的和外国的）之间建立、变更、终止民事法律关系的协议。

2. 订立合同应遵循的原则

(1) 平等原则。合同当事人的法律地位平等，即享有民事权利和承担民事义务的资格是平等的，一方不得将自己的意志强加给另一方。

(2) 自愿原则。合同当事人依法享有自愿订立合同的权利，不受任何单位和个人的非法干预。

(3) 公平原则。合同当事人应当遵循公平的原则确定各方的权利和义务。在合同的订立和履行中，合同当事人应当正当行使合同权利和履行合同义务，兼顾他人利益。

(4) 诚实信用原则。诚实信用的原则是社会公德的体现，符合商业道德的要求。合同是在双方诚实信用基础上签订的，合同目标的实现必须依靠合同相关各方真诚的合作。如果双方都缺乏诚实信用，或在合同签订和实施中出现“信任危机”，则合同不可能顺利实施。

(5) 合同的法律原则。合同是在一定的法律背景条件下签订和实施的，签订和执行合同绝不仅仅是当事人之间的事情，它可能涉及社会公共利益和社会的经济秩序，因此，合同的签订和实施必须符合合同的法律原则。

3. 合同的形式和内容

(1) 合同的形式。我国《合同法》规定：当事人订立合同，有书面形式、口头形式和其他形式。建设工程合同应当采取书面形式订立。

(2) 合同的内容是指由合同当事人约定的合同条款，这是合同自由的重要体现。当事人订立合同，其目的就是要设立、变更、终止民事权利义务关系，必然涉及彼此具体的权利和义务。合同的内容一般包括以下条款：①当事人的名称或者姓名和住所；②标的；③数量；④质量；⑤价款或者报酬；⑥履行期限、地点和方式；⑦违约责任；⑧解决争议的方法等。

7.6.2　建设工程的主要合同关系

1. 业主的主要合同关系

业主为实现工程总目标，必须将建设工程的勘察、设计、施工、设备和材料供应、建设过程的咨询与管理等工作委托出去，与有关单位签订如下各种合同。

(1) 建设监理合同。是建设单位（委托人）与监理人签订，委托监理人承担工程监理业务而明确双方权利义务关系的协议。

(2) 建设工程勘察合同。是在建设工程勘察阶段，合同当事人双方就查明、分析、评价建设场地的地质地理环境特征和岩土工程条件而签订的合同。

(3) 建设工程设计合同。是在建设工程设计阶段，合同当事人双方就建设工程所需的技术、经济、资源、环境等条件进行综合分析、论证而签订的合同。

(4) 建设工程施工合同。即业主与工程承包商签订的工程施工协议。由一个或几个承包商承包或分别承包土建、装饰、机械设备安装、电气安装等工程施工。

(5) 供应（采购）合同。对由业主负责提供的材料和设备，必须与有关的材料和设备供应单位签订供应（采购）合同。

(6) 咨询合同。是委托人与咨询服务的提供者之间就咨询服务的内容、咨询服务方式等签订的明确双方权利义务关系的协议。

(7) 贷款合同。即业主与金融机构签订的合同，由后者向业主提供资金保证。

2. 承包商的主要合同关系

承包商是工程施工的具体实施者，是工程承包合同的执行者。承包商通过投标接受业主的委托，签订工程承包合同。承包商在必要时也会将许多专业工作分包出去。因此，承包商也有自己复杂的合同关系。

(1) 分包合同。对于一些大的工程，承包商常与其他承包商合作才能完成总包合同责任。承包商可将从业主那里承接到的工程中的某部分工程或工作分包给另一承包商来完成，并与之签订分包合同。分包商仅完成总承包商的分包工程，向承包商负责，与业主无合同关系。承包商仍向业主承担全部工程责任，负责工程的管理和所属各分包商工作之间的协调，以及各分包商之间合同责任界面的划分，同时承担协调失误造成损失的责任，向业主承担工程风险。

(2) 供应合同。承包商为工程建设所进行的必要的材料和设备的采购和供应，必须与供应商签订供应合同。

(3) 运输合同。承包商为解决材料和设备的运输问题而与运输单位签订的合同。

(4) 加工合同。承包商将建筑构配件、特殊构件加工任务委托给加工承揽单位而签订的合同。

(5) 租赁合同。在建设工程中，承包商采用租赁方式取得许多施工设备、运输设备、周转材料的使用权，与租赁单位签订的协议。

(6) 保险合同。承包商按施工合同要求对工程进行保险，与保险公司签订保险合同。

7.6.3 建设工程合同的类型

1. 按承发包的工程范围划分

(1) 建设工程总承包合同。发包人将工程建设的全过程，即从工程立项到交付使用全部发包给一个承包人的合同。

(2) 建设工程承包合同。发包人将建设工程中勘察、设计、施工等每一项分别发包给一个承包人的合同。

(3) 分包合同。经合同约定和发包人认可，从工程承包人承包的工程中承包部分工程而订立的合同。

2. 按工程建设阶段划分

按工程建设阶段划分可分为建设工程勘察合同、建设工程设计合同、建设工程施工合同、工程监理合同等。

3. 按付款方式划分

(1) 总价合同。总价合同分为可调总价合同和固定总价合同。其中，固定总价合同是最典型的合同类型。固定总价合同要求总价被承包人接受后，除了业主要求建设项目有重大变更以外，一般不允许进行合同价格的调整。这类合同，承包人承担全部的工程量和材料价格等风险，一般适合工期较短（一般不超过一年），工程要求明确的项目。

(2) 单价合同。单价合同是指承包人按规定承担报价的风险，即对报价（主要是单价）的正确性和适宜性负责，业主承担工程量变化风险的合同。在合同履行中需要注意的问题是双方对实际工程量计量的确认。它可分为固定单价合同和可调单价合同。①固定单价合同的合同单价固定，不因物价变化而调整，承包人承担物价上涨的风险。②可调单价合同的单价可以随市场物价指数的变化而进行调整。

(3) 成本加酬金合同。成本加酬金合同是由发包人向承包人支付工程项目的实际成本，并按事先约定的某一种方式支付酬金的合同类型。在这种合同中，发包人承担实际发生的一切费用，承担项目的全部风险。而承包人由于无风险，其报酬往往较低。这类合同的缺点是发包人对工程总造价不易控制，承包人也往往不注意降低项目成本。

目前流行的主要有如下几种形式：成本加固定费用合同、成本加一定比例费用合同、成本加奖金合同、成本加保证最大酬金合同、工时及材料补偿合同等。

7.6.4　建设工程施工合同

建设工程施工合同是指发包人和承包人为完成商定的建设工程项目的建筑、安装任务，明确相互之间权利义务关系的协议。

1. 建设工程施工合同的特点

建设工程施工合同是建设工程合同的主要合同，它除了建设工程合同的基本特征外，还有以下特点。

(1) 合同主体的严格性。合同的主体必须具有履约能力。发包人一般只能是经过批准进行工程项目建设的法人，承包人必须具备法人资格并拥有从事勘察、设计、施工等工作的资质。无营业执照或无承包资质的单位不得作为建设工程施工合同的主体，资质等级低的单位不能越级承包建设工程。

(2) 合同的特殊性。施工合同的标的是各类建筑产品，而建筑产品和其他产品相比具有固定性、形体庞大、生产的流动性、单件性、生产周期长等特点，这些特点决定了施工合同的特殊性。

(3) 合同内容繁杂性。由于施工合同的特殊性，合同涉及的方面多，涉及多种主体以及他们之间的经济、法律关系，这些关系都要求施工合同内容尽量详细，导致了施工合同内容的繁杂。

(4) 合同履行期限的长期性。由于工程建设的工期一般较长，再加上必要的施工准备时间和办理竣工结算及保修期的时间，决定了施工合同的履行期限具有长期性。

(5) 合同形式的特殊要求。考虑到建设工程的重要性和复杂性，在建设过程中经常会发生影响合同履行的纠纷，因此，建设工程施工合同应当采取书面形式。

(6) 合同监督的严格性。由于施工合同的履行对国家的经济发展、人民的工作和生活都有重大的影响，国家对施工合同实施非常严格的监督。在施工合同的订立、履行、变更、终止全过程中，除了要求合同当事人对合同进行严格的管理外，合同的主管机关（工商行政管理机构）、建设行政主管机关、金融机构等都要对施工合同进行严格的监督。

2. 建设工程施工合同的作用

(1) 明确了承发包人双方在施工中的权利和义务。施工合同一经签订即具有法律效力。承包人和发包人应当认真履行各自的义务，任何一方违反合同规定的内容，都必须承担相应的法律责任。

(2) 有利于对施工的管理。合同当事人对工程施工的管理应当以施工合同为依据。

(3) 有利于建筑市场的培育和发展。

(4) 进行监理的依据和推行监理制度的需要。建设监理制度是工程建设专业化、社会化的结果，在这一制度中，建设方、施工方、监理方三者之间的关系是通过工程建设监理合同和施工合同来确定的。

3. 建设工程施工合同文本

(1)《建设工程施工合同（示范文本）》简介：建设工程施工合同文本由《协议书》、《通用条款》和《专用条款》三部分及三个附件组成，三个附件分别是《承包人承揽工程项目一览表》、《发包人供应材料设备一览表》和《工程质量保修书》。

《协议书》是《施工合同文本》中总纲性的文件，规定了合同当事人双方最主要的权利和义务，规定了组成合同的文件及合同当事人对履行合同义务的承诺，并且合同当事人在该文件上签字盖章，具有很高的法律效力。

《通用条款》是根据《合同法》、《建筑法》、《建设工程施工合同管理办法》等法律、法规对承发包双方的权利义务作出的规定，具有很强的通用性，基本适用于各类建设工程。除双方协商一致对其中的某些条款作了修改、补充或取消外，双方都必须履行。

《专用条款》是对《通用条款》中规定的内容的确认和具体化，它的条款应与《通用条款》相一致，但主要是空格，由合同双方根据工程实际情况和工程项目的具体特点，经协商达成一致的内容。在《通用条款》中讲得较笼统的、普遍的或者不够明确的问题，在专用条款中要作出确认和补充。

(2) 施工合同文件的组成及解释顺序。组成建设工程施工合同的文件包括：①施工合同协议书；②中标通知书；③投标书及其附件；④施工合同专用条款；⑤施工合同通用条款；⑥标准、规范及有关技术文件；⑦图样；⑧工程量清单；⑨工程报价单或预算书。

在合同履行过程中，双方有关工程的签证（恰商）、变更等书面协议或文件也构成对双方有约束力的合同文件，将其视为协议书的组成部分。上述合同文件原则上应能够互相解释、互相说明。当合同文件中出现不一致时，上面的顺序就是合同的优先解释顺序。当合同文件出现含糊不清或当事人有不同理解时，按照合同争议的解决方式处理。

(3) 建设工程施工合同文本的主要条款，本书略去。有兴趣的读者可参考有关文献。

7.6.5 建设工程监理合同

建设工程监理，是指具有相应资质的工程监理企业，接受建设单位的委托，承担其项目管理工作，并代表建设单位对承包单位的建设行为进行监督管理的专业化服务活动。

工程监理企业是指取得企业法人营业执照，具有工程监理资质证书的、依法从事工程监理业务活动的经济组织。

监理合同的形式，我国《合同法》第二百七十六条规定："建设工程实行工程监理的，发包方应当与监理人采用书面形式订立委托监理合同”。

监理合同的类型，按照建设工程实施阶段不同可分为以下几种。

(1) 建设前期监理合同。监理单位主要从事建设项目的可行性研究并参与设计任务书的编制。

(2) 设计监理合同。主要审查或评选设计方案；设计文件审查；选择勘察、设计单位，参与勘察、设计合同签署和监督其合同的实施；审查概、预算等。

(3) 招标监理合同。负责招标文件准备；参与或代理招标、评标、决标；参与中标单位签订工程承包合同。

(4) 施工监理合同。监理单位对施工全过程实施监督，负责审查施工组织设计、施工方案；监督施工单位严格按照规范、标准、设计图纸施工；审查技术变更、控制工程进度、工程质量和投资控制；检查施工安全和防护设施；施工质量检验、计量工程量、审查工程进度款、签发付款凭证；检查验收材料、构配件、工序等工程质量；收集、整理合同文件和各种技术档案；工程质量事故的处理等。

1. 建设工程监理合同文本的组成

根据《建设工程委托监理合同（示范文本）》(GF-2000—0202) 由建设工程委托监理合同、标准条件和专用条件三部分组成。

(1) 建设工程委托监理合同是总的纲领性的文件，是监理合同标准的格式文件。其主要内容是当事人双方确认的委托监理工程的概况（工程名称、地点、规模、总投资等），合同文件的组成，合同签订、生效和完成时间，合同主体的基本情况等，合同经当事人双方具体编写规定的内容并签字盖章后，即发生法律效力。

(2) 标准条件，其性质属于通用条件或共性条件，共四十九条。标准条件适用于各个建设工程项目的监理委托，是所有的工程监理师应遵守的基本内容。其具体内容如下：①词语定义、适用语言和法规。②监理人义务。③委托人义务。④监理人权利。⑤委托人权利。⑥监理人责任。⑦委托人责任。⑧合同生效、变更与终止。⑨监理报酬。⑩其他。⑪争议的解决。

(3) 专用条件是适用于具体特定工程监理的条件，相对于标准条件，具有特殊性。在签订具体工程项目的委托监理合同的同时需要使之更加的具体、准确，便于执行。通过专用条件中具体、特殊的规定，使标准条件和专用条件中相同的序号共同组成一条内容完整、具体明确的条款。

2. 文件的组成

文件包括：①监理投标书及中标通知书；②监理合同协议书；③合同标准条件；④合同专用条件；⑤在实施过程中双方共同签署的补充与修正文件。

3. 建设监理合同的内容

1) 词语定义、适用范围和法规

2) 当事人双方的权利和义务

(1) 监理单位的义务：按合同约定，派出监理工作需要的监理机构及监理人员，尽职尽责地提供监理服务，圆满地完成监理义务；为委托人提供与其水平相适应的咨询意见，公正地维护各方的合法权益；做好与本工程、本合同业务有关的资料的保密工作；使用委托人提供的设施和物品属委托人的财产，在合同期内或合同终止后归还剩余工作用品。

（2）委托人义务：支付预付款；做好工程的外部协调工作；免费提供工程资料及有关单位的名录；就有关事宜及时作出书面决定；选定合适的常驻代表；将监理单位的权利及职能分工及时通知第三方；免费提供约定的设施；提供职员和服务人员。

（3）监理人权利。①获取监理酬金和奖励的权利。②工程监督管理的权利，包括选择工程总承包人的建议权；选择工程分包人的认可权；对工程建设有关事项的建议权；对工程设计中的技术问题的建议权；对工程施工组织设计和技术方案的审批权；对工程建设有关协作单位的组织协调权；开工令、停工令、复工令等发布权；工程上使用的材料和施工质量的检验权；工程施工进度的检查、监督权、签认权；工程款支付的审核和签认权，以及工程结算的复核确认权与否决权；作出工程变更的权利；争议的调解和举证的权利等。③终止合同的权利。如果由于业主违约拖欠应付监理单位的酬金，或由于非监理方责任而使监理服务暂停的期限超过半年以上，监理单位可按照终止合同规定的程序，向业主发出终止合同的通知，以保护自己的合法权益。如通知发出后 14 日内未得到答复，第二次通知后 42 日内仍未得到业主答复即可终止合同，或者自行暂停或继续暂停执行全部或部分监理任务。

（4）委托人权利。选定工程总承包人，以及与其订立合同的权利。①对工程规模、设计标准、规划设计、生产工艺设计和设计使用功能要求的认定权，以及对工程设计变更的审批权。②委托监理工程重大事项的决定权，如监理人调换总监理工程师须事先经委托人同意。③对监理人履行合同的监督和控制权。

3）违约责任

（1）一般违约责任。在合同责任期内，如果监理人未按合同中的要求尽职尽责地服务，或委托人未履行对监理人的承诺时，均应向对方承担赔偿责任，赔偿的累计数额不应超过专用条款中规定的最大赔偿限额，对监理人一方，其赔偿总额不应超出监理酬金总额（除去税金）。

（2）不合理索赔的违约责任。当一方向另一方提出的索赔要求不成立时，提出索赔的一方应补偿由此所导致的对方支出的各种费用。

（3）违约责任的免除。监理人对第三方违反合同规定的质量要求和完工时限，不承担责任，因不可抗力导致监理合同不能全部或部分履行，监理人不承担责任。

4）争议的解决

因违反或终止合同而引起的对于对方损失和损害的赔偿，双方应当协商解决，如未能达成一致，提交主管部门协调，如仍未能达成一致时，根据双方约定提交仲裁机关仲裁，或向人民法院起诉。

4. 建设工程委托监理合同的订立和履行

1）建设监理合同的订立

签订监理合同时，应遵守一般经济合同签订的法定程序。在签订合同前，要做好充分的前期考察工作，一方面是即将成为合作伙伴的主体之间的考察，签约双方应对对方的资格、资信及履约能力等情况进行充分的调查了解，另一方面是监理人对建设项目的考察。

(1) 合同主体的考察。包括：①业主对监理单位的资格考察。②监理单位对业主的考查。

(2) 监理单位对工程项目的考察。

(3) 起草合同。

(4) 认真审查合同内容。签订合同，应注意的事项：①对照示范文本，完善合同缺陷。②努力争取自己的合法权益。③保证签约前作最后一次核查。核查的重点是：合同审查所发现的问题是否都有了落实解决；不利的、苛刻的条款是否都已作了修改，以及经过修改或补充的合同条文与原来合同条款之间是否有矛盾和不一致等。④签订合同。

2) 建议监理合同的履行

委托人和和监理人都应严格按合同的约定履行各自的义务，以使对方实现自己的权利。

7.7 施工项目的组织协调实务

7.7.1 组织协调的概念

施工项目的组织协调是以一定的组织形式、手段和方法，对项目管理中产生的各种不畅关系进行疏通，对产生的干扰和障碍予以排除的活动。在项目实施过程中，项目经理是协调的中心和沟通的桥梁，需要进行各式各样的协调工作，协调作为一种管理方法已贯穿于整个项目管理的全过程。在各式各样的协调中，组织协调具有独特的地位，它是其他协调有效性的保证，只有通过积极的组织协调才能实现整个系统全面协调的目的。

项目中之所以产生关系不畅就是因为有干扰，施工项目中的干扰来自多个方面。

(1) 人为的干扰因素。包括决策失误、计划不周、指挥不当、控制协调不力、责任不清、行为有误等。总之，人是管理的主体，人为干扰是最主要的干扰。

(2) 材料的干扰因素。包括供应不及时，供应品种、规格、数量、质量不符合要求，价格不合理，材料试验中出现问题，材料使用不当等。

(3) 机械设备干扰因素。包括选用决策不当，供应不及时，操作中出现问题，出现机械故障，维修不当，利用率低，效率不高，更新不及时，收费不合理等。

(4) 工艺技术干扰因素。包括施工方案设计不周，对施工方案实施不力，工艺方法选用和使用不当，在操作中出现问题，执行技术标准、工艺规程不力，检查不及时，没有设计和执行好管理点。

(5) 资金方面干扰因素。包括资金不到位，其中又包括到位时间不及时和数量不足，也有在结算、索赔中发生矛盾而影响施工的。

(6) 环境干扰因素。包括技术环境，如地质、水文、气象等；工程管理环境，如质量体系、管理制度不符合要求；劳动环境，如劳动组合不优，劳动工具不足或使用不当，工作面狭窄；社会环境，如环保、环卫、交通、治安、绿化、文物保护等干扰；还有行政环境、政治环境等干扰。

7.7.2 施工项目组织协调的范围

组织协调范围包括内部关系的协调、近外层关系的协调和远外层关系的协调。

(1) 内部关系包括项目经理部内部关系、项目经理部与企业的关系、项目经理部与作业层的关系。

(2) 近外层关系是指与承包人有直接的合同关系和间接合同关系，包括与发包人、监理工程师、供应人、分包人、贷款人、保险人等的关系。近外层关系的协调应作为项目管理组织协调的重点。

(3) 远外层关系是与承包人虽无直接或间接合同关系，但却有着法律、法规和社会公德等约束的关系，包括承包人与政府、环保、交通、环卫、绿化、文物、消防等单位的关系。

7.7.3 组织协调的内容

(1) 人际关系的协调。包括施工项目组织内部的人际关系和施工项目组织与关联单位的人际关系。

(2) 组织关系的协调。包括协调项目经理部与企业管理层及劳务作业层之间的关系。

(3) 供求关系的协调。包括企业物资供应部门与项目经理部及生产要素供需单位之间的关系。

(4) 协作配合关系的协调。包括近外层关系协调、远外层关系单位的协作配合，内部各部门、上下级、管理层与作业层之间的关系。

(5) 约束关系的协调。包括法律、法规的约束关系的协调和合同约束关系的协调。

7.7.4 施工项目内部关系的组织协调

(1) 施工项目内部人际关系的协调。主要是依据各项制度，通过做好思想工作，加强教育培训，提高人员素质等方法来实现。要人尽其才、用人所长、责任分明、实事求是地对每个人的效绩进行评价和激励，在调解人与人之间的矛盾时要注意方式、方法，重在疏导。

(2) 施工项目内部组织关系的协调。施工项目中的组织形成了系统，系统内部各部分构成一定的分工协作和信息沟通关系。组织关系协调可以使组织运转正常，发挥组织的作用。组织关系的协调环节如下：①以职能划分组织机构，明确每个机构的职责。②以制度明确各机构在工作中的相互关系。③建立信息沟通制度，制定工作流程图。④根据矛盾冲突的具体情况及时灵活地加以解决，防止矛盾冲突扩大化。

(3) 施工项目内部需求关系的协调。施工中人力资源、材料、机械设备、动力等需求，实际上是施工项目的资源保证。需求关系协调的环节如下：①要抓计划环节，满足人、财、物的需求；②抓住瓶颈环节，对需求进行平衡；③加强调度工作，排除障碍。

7.7.5 施工项目近外层关系的组织协调

(1) 项目经理部与业主关系的协调。项目经理部与业主之间的关系从招投标开始，中间经过施工准备、施工中的检查与验收、进度款支付、工程变更、进度协调、交工验收等，关系非常密切。处理两者之间的关系主要是洽谈、签订和履行合同，有了纠纷，也以合同为依据解决。

（2）施工项目经理部与监理单位关系的协调。在工程项目实施过程中，监理工程师不仅要履行监理职能，同时也要履行协调职能。监理工程师在很大程度上是施工项目部与发包人之间关系的协调者，因此，项目经理部必须处理好与监理工程师之间的关系，应坚持相互信任、相互支持、相互尊重、共同负责的原则，以施工合同为准，确保施工质量。同时要按照《建设工程监理规范》的规定，接受其监督和相关管理。

（3）施工项目经理部与设计单位关系的协调。施工项目经理部与设计单位同是承包单位，两者均与业主订有合同，但两者之间没有合同关系，共同为业主服务决定了施工方与设计方的密切关系，这种关系是图纸供应关系、设计与施工技术关系等。这些关系主要发生在设计交底、图纸会审、设计变更洽商、地基处理、隐蔽工程验收和竣工验收等活动中，故应针对活动要求处理好协作关系。

（4）施工项目经理部与物资供应单位之间关系的协调。施工项目经理部与物资供应单位之间关系的协调分合同供应与市场供应两种关系。合同供应关系是指项目资源的需求以合同的形式与供应单位就资源供应数量、规格、质量、时间、配套服务等事项进行明确，减少资源采购风险，提高资源利用率。市场供应关系是指项目所需资源直接从市场通过价格、质量、服务等的对比择优获取。

（5）施工项目经理部与公共单位关系的协调。包括与道路、市政管理、自来水、煤气、热力、供电等单位的关系。由于项目建设与这些单位的关系密切，它们往往与业主有合同关系，故应加强计划协调，主要是进行质量保证、施工协作、进度衔接等方面的协调。

（6）施工项目经理部与分包单位关系的协调。在与分包单位关系协调方面，应注意选好具备相应营业资质等级及施工能力的分包单位，落实好总、分包之间的责任，处理好总包与分包之间的经济利益，解决好总包、分包之间的纠纷，按合同办事。

7.7.6 施工项目部与远外层关系的组织协调

施工项目经理部与远外层相关部门不存在合同关系，所以与远外层关系的协调主要应以法律、法规和社会公德等公共原则为主，在确保自己工作合法性的基础上，相互支持、密切配合，公平、公正地处理工作关系，提高工作效率。

7.8 施工项目现场管理实务

根据《建设工程施工现场管理规定》中的“文明施工管理”和《建设工程项目管理规范》中“项目现场管理”的规定，以及各省市有关建设工程文明施工管理的要求，施工单位应规范施工现场，创造良好生产、生活环境，保障职工的安全与健康，做到文明施工、安全有序、整洁卫生、不扰民、不损害公众利益。内容包括进行现场文明建设；规范场容，保持作业环境整洁卫生；创造有序生产条件；减少对居民和环境的不利影响。

7.8.1 现场围挡设置

（1）施工现场设置钢制大门，大门高度不得低于4m，大门上应有企业标识。

（2）施工现场的围挡必须沿工地四周连续设置，不得有缺口。并且围挡要坚固、平稳、严密、整洁、美观。

(3) 围挡的高度：市区主要路段不宜低于 2.5m，一般路段不低于 1.8m。

(4) 围挡材料应选用砌体、金属板材等硬质材料，禁止使用彩条布、竹笆等易变形材料。

(5) 建设工程外侧周边使用密目式安全网（2000 目/100cm^2）进行防护。

7.8.2 现场封闭管理

(1) 施工现场出入口设专职门卫人员，加强对现场材料、构件、设备的进出的监督管理。

(2) 为加强出入现场人员的管理，施工人员应佩戴工作卡。

(3) 出入大门口的形式，各地区各企业可按各自的实际情况确定。

7.8.3 施工场地布置

(1) 施工现场大门内必须设置明显的五牌一图，即工程概况牌、安全生产制度牌、文明施工制度牌、环境保护制度牌、消防保卫制度牌及施工现场平面图。标明工程项目名称、建设单位、设计单位、施工单位、监理单位、工程概况及开工、竣工日期。

(2) 对于环境保护和易发生伤亡事故处，应设置明显的安全警示标牌。

(3) 设置施工现场安全“五标志”，即指令标志（佩戴安全帽、系安全带等）、禁止标志（禁止通行、严禁抛物等）、警告标志（当心落物、小心坠落等）、电力安全标志（禁止合闸、当心用电等）和提示标志（安全通道、火警、盗警、急救中心电话等）。

(4) 现场主要运输道路尽量采用循环方式设置或有车辆调头的位置，保证道路通畅。

(5) 现场道路也应进行硬化处理，有条件的可采用混凝土路面，无条件的可采用其他硬化路面，以免现场扬尘，雨后泥泞。

(6) 施工现场必须有良好的排水设施，保证排水畅通。

(7) 现场内的施工区、办公区和生活区要分开设置，保持安全距离，并设标志牌。办公区和生活区应根据实际条件进行绿化。

(8) 各类临时设施必须根据施工总平面图布置，而且要整齐、美观。办公和生活用的临时设施宜采用轻体保温或隔热的活动房，既可多次周转使用，降低临设成本，又可达到整洁美观的效果。

(9) 施工现场临时用电线路的布置按照施工组织设计进行架设，严禁任意拉线接电。

(10) 工程施工的废水、泥浆应经流水槽或管道流到工地集水池统一沉淀处理，不得随意排放和污染施工区域以外的河道、路面。

7.8.4 现场材料和工具的堆放

(1) 施工现场的材料、构件、工具必须按施工平面图规定的位置堆放，不得侵占场内道路及安全防护等设施。

(2) 各种材料、构件堆放应按品种、分规格整齐堆放，并设置明显标牌。

(3) 施工作业区的垃圾不得长期堆放，要随时清理，做到每天工完场清。

（4）易燃易爆物品不能混放，要有集中存放的库房。班组使用的零散易燃易爆物品，必须按有关规定存放。

（5）对于楼梯间、休息平台、阳台临边等地方不得堆放物料。

7.8.5　施工现场安全防护布置

（1）施工临边、洞口交叉、高处作业及楼板、屋面、阳台等临边防护，必须采用密目式安全立网全封闭，作业层要另加防护栏杆和 18cm 高的踢脚板。

（2）通道口设防护棚，防护棚应为不小于 5cm 厚的木板或两道相距 50cm 的竹笆，两侧应沿栏杆架用密目式安全网封闭。

（3）预留洞口用木板全封闭防护，对于短边超过 1.5m 长的洞口，除封闭外，四周还应设有防护栏杆。

（4）电梯井口设置定型化、工具化、标准化的防护门，在电梯井内每隔两层（不大于10m）设置一道安全平网。

（5）楼梯边设 1.2m 高的定型化、工具化、标准化的防护栏杆，18cm 高的踢脚板。

（6）垂直方向交叉作业，应设防护隔离棚或其他设施防护。

7.8.6　施工现场防火布置

（1）施工现场应根据工程实际情况，订立消防制度或消防措施。

（2）按照不同作业条件和消防有关规定，合理配备消防器材，符合消防要求。消防器材设置点要有明显标志，夜间设置红色警示灯，消防器材应垫高设置，周围 2m 内不准乱放物品。

（3）当建筑施工高度超过 30m（或当地规定）时，为防止单纯依靠消防器材灭火不能满足要求，应配备有足够的消防水源和自救的用水量。扑救电气火灾不得用水，应使用干粉灭火器。

（4）在容易发生火灾的区域施工或储存、使用易燃、易爆器材时，必须采取特殊的消防安全措施。

（5）现场动火，必须经有关部门批准，设专人管理。五级及以上风禁止使用明火。

（6）坚决执行现场防火“五不走”的规定，即交接班不交代不走、用火设备火源不熄灭不走、用电设备不拉闸不走、可燃物不清干净不走和发现险情不报告不走。

7.8.7　施工现场临时用电布置

（1）施工现场临时用电配电线路。①按照 TN—S 系统要求配备五芯电缆、四芯电缆和三芯电缆；②按要求架设临时用电线路的电杆、横担、瓷夹、瓷瓶等，或电缆埋地的地沟；③对靠近施工现场的外电线路，设置木质、塑料等绝缘体的防护设施。

（2）配电箱、开关箱。①按三级配电要求，配备总配电箱、分配电箱、开关箱、三类标准电箱。开关箱应符合一机、一箱、一闸、一漏、一锁。三类电箱中的各类电器应是合格品。②按两级保护的要求，选取符合容量要求和质量合格的总配电箱和开关箱中的漏电保护器。

(3) 接地保护装置，施工现场保护零线的重复接地应不少于三处。

7.8.8 施工现场生活设施布置

(1) 职工生活设施要符合卫生、安全、通风、照明等要求。

(2) 职工的膳食、饮水供应等应符合卫生要求。炊事员必须有卫生防疫部门颁发的体检合格证。生、熟食分别存放，炊事员要穿白工作服，要保护食堂卫生并定期清扫。

(3) 施工现场应设置符合卫生要求的厕所，有条件的应设水冲式厕所。现场应保持卫生，不得随地大小便。

(4) 生活区应设置满足使用要求的淋浴设施和管理制度。

(5) 生活垃圾要及时清理，不能与施工垃圾混放，并设专人管理。

(6) 职工宿舍要考虑到季节性的要求，冬季应有保暖、防煤气中毒措施；夏季应有消暑、防虫叮咬措施，保证施工人员睡眠良好。

(7) 宿舍内床铺及各种生活用品要放置整齐，通风良好，并要符合安全疏散要求。

(8) 生活设施的周围环境要保持良好的卫生条件，周围道路畅通，院区平整，并要设置垃圾箱和污水池，不得随意乱泼乱倒。

7.8.9 施工现场综合治理

(1) 项目部应做好施工现场安全保卫工作，建立治安保卫制度和责任分工，并有专人负责管理。

(2) 施工现场在生活区域内适当设置职工业余生活场所，以便施工人员工作后能劳逸结合。

(3) 现场不得焚烧有毒、有害物质，该类物质必须按有关规定进行处理。

(4) 现场施工必须采取不扰民措施，要设置防尘和防噪声设施，做到噪声不超标。

(5) 为适应现场可能发生的意外伤害，现场应配备相应的保健药箱和一般常用药品及应急救援器材，以便保证及时抢救，不扩大伤势。

(6) 为保障施工作业人员的身心健康，应在流行病发生季节及平时、定期开展卫生防疫的宣传教育工作。

(7) 施工作业区的垃圾不得长期堆放，要随时清理，做到每天工完场清。

(8) 施工现场应设置密闭式垃圾站，施工垃圾、生活垃圾应分类存放。

复习思考题

1. 简述施工项目控制目标的制定原则和程序。
2. 简述施工项目目标控制的具体任务。
3. 简述施工项目进度控制的概念。
4. 进度计划的检查通常包括哪几个方面？
5. 简述施工项目进度的比较方法。
6. 简述施工项目质量的定义及其质量特性。
7. 简述施工项目质量控制的定义、质量管理的内容和方法。

8. 简述施工阶段质量控制要点；质量问题和质量事故的分类。
9. 简述施工项目安全管理概念、内容及方法。
10. 简述安全管理的范围和措施。
11. 如何进行施工安全事故应急救援预案的编制？
12. 简述施工项目成本控制的概念及原则。
13. 施工阶段如何进行成本控制？
14. 简述施工项目组织协调的概念及其范围。
15. 施工项目组织协调包括哪些内容？
16. 施工项目部内部关系的组织协调包括哪些方面？
17. 施工项目部与近外层关系的组织协调包括哪些内容？
18. 施工项目部与远外层关系的组织协调包括哪些内容？

第 8 章 建设工程进度计划实施中的监测与调整方法

学习目标

了解实际进度监测与调整的系统过程；熟悉实际进度与计划进度的比较方法和进度计划的调整方法。

能力目标

能进行实际进度与计划进度的比较、分析和进度计划的调整。

8.1 实际进度监测与调整的系统过程

确定建设工程进度目标，编制一个科学、合理的进度计划是监理工程师实现进度控制的首要前提。但是在工程项目的实施过程中，由于外部环境和条件的变化，进度计划的编制者很难事先对项目在实施过程中可能出现的问题进行全面的估计。气候的变化、不可预见事件的发生以及其他条件的变化均会对工程进度计划的实施产生影响，从而造成实际进度偏离计划进度，如果实际进度与计划进度的偏差得不到及时纠正，势必影响进度总目标的实现。为此，在进度计划的执行过程中，必须采取有效的监测手段对进度计划的实施过程进行监控，以便及时发现问题，并运用行之有效的进度调整方法来解决问题。

8.1.1 实际进度监测的系统过程

在建设工程实施过程中，监理工程师应经常地、定期地对进度计划的执行情况进行跟踪检查，发现问题后，及时采取措施加以解决。进度监测系统过程如图 8-1 所示。

1. 进度计划执行中的跟踪检查

对进度计划的执行情况进行跟踪检查是计划执行信息的主要来源，是进度分析和调整的依据，也是进度控制的关键步骤。跟踪检查的主要工作是定期收集和反映工程实际进度的有关数据，收集的数据应当全面、真实、可靠，不完整或不正确的进度数据将导致判断不准确或决策失误。为了全面、准确地掌握进度计划的执行情况，监理工程师应认真做好以下三方面的工作。

1）定期收集进度报表资料

进度报表是反映工程实际进度的主要方式之一，进度计划执行单位应按照进度监理制度规定的时间和报表内容，定期填写进度报表，监理工程师通过收集进度报表资料掌握工程实际进展情况。

2）现场实地检查工程进展情况

派监理人员常驻现场，随时检查进度计划的实际执行情况，这样可以加强进度监测工作，掌握工程实际进度的第一手资料，使获取的数据更加及时、准确。

3）定期召开现场会议

定期召开现场会议，监理工程师通过与进度计划执行单位的有关人员面对面的交谈，既可以了解工程实际进度状况，同时也可以协调有关方面的进度关系。

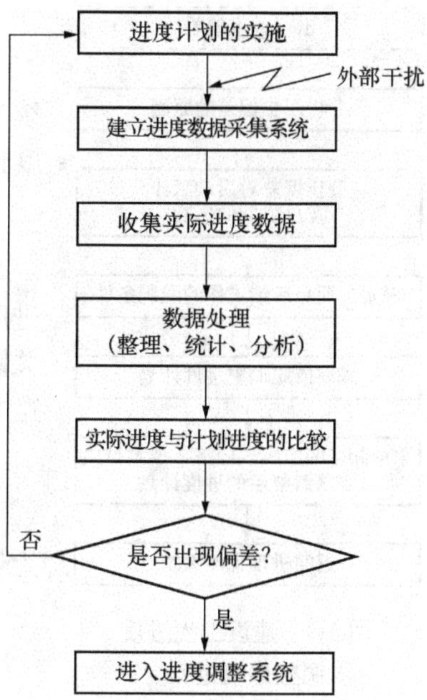

图 8-1　建设工程进度检测系统过程

一般说来，进度控制的效果与收集数据资料的时间间隔有关。究竟多长时间进行一次进度检查，这是监理工程师应当确定的问题。如果不经常地、定期地收集实际进度数据，就难以有效地控制实际进度。进度检查的时间间隔与工程项目的类型、规模、监理对象及有关条件等多方面因素相关，可视工程的具体情况，每月、每半月或每周进行一次检查。在特殊情况下，甚至需要每日进行一次进度检查。

2. 实际进度数据的加工处理

为了进行实际进度与计划进度的比较，必须对收集到的实际进度数据进行加工处理，形成与计划进度具有可比性的数据。例如，对检查时段实际完成工作量的进度数据进行整理、统计和分析，确定本期累计完成的工作量、本期已完成的工作量占计划总工作量的百分比等。

3. 实际进度与计划进度的对比分析

将实际进度数据与计划进度数据进行比较，可以确定建设工程实际执行状况与计划目标之间的差距。为了直观反映实际进度偏差，通常采用表格或图形进行实际进度与计划进度的对比分析，从而得出实际进度比计划进度超前、滞后还是一致的结论。

8.1.2　进度调整的系统过程

在建设工程实施进度监测过程中，一旦发现实际进度偏离计划进度，即出现进度偏差时，必须认真分析产生偏差的原因及其对后续工作和总工期的影响，必要时采取合理、有效的进度计划调整措施，确保进度总目标的实现。进度调整的系统过程如图 8-2 所示。

1. 分析进度偏差产生的原因

通过实际进度与计划进度的比较，发现进度偏差时，为了采取有效措施调整进度计划，必须深入现场进行调查，分析产生进度偏差的原因。

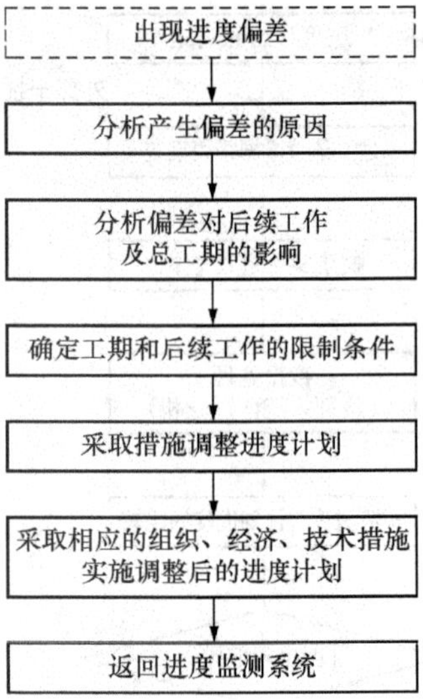

图 8-2　建设工程进度调整系统过程

2. 分析进度偏差对后续工作和总工期的影响

当查明进度偏差产生的原因之后，要分析进度偏差对后续工作和总工期的影响程度，以确定是否应采取措施调整进度计划。

3. 确定后续工作和总工期的限制条件

当出现的进度偏差影响到后续工作或总工期而需要采取进度调整措施时，应当首先确定可调整进度的范围，主要指关键节点、后续工作的限制条件以及总工期允许变化的范围。这些限制条件往往与合同条件有关，需要认真分析后确定。

4. 采取措施调整进度计划

采取进度调整措施，应以后续工作和总工期的限制条件为依据，确保要求的进度目标得到实现。

5. 实施调整后的进度计划

进度计划调整之后，应采取相应的组织、经济、技术措施，并继续监测其执行情况。

8.2 实际进度与计划进度的比较方法

实际进度与计划进度的比较是建设工程进度监测的主要环节。常用的进度比较方法有横道图比较法、S 曲线比较法、香蕉曲线比较法、前锋线比较法和列表比较法。

8.2.1　横道图比较法

横道图比较法是指将项目实施过程中检查实际进度收集到的数据，经加工整理后直接用横道线平行绘于原计划的横道线处，进行实际进度与计划进度的比较。采用横道图比较法，可以形象、直观地反映实际进度与计划进度的比较情况。

例如，某工程项目基础工程的计划进度和截止到第 9 周末的实际进度如图 8-3 所示，其

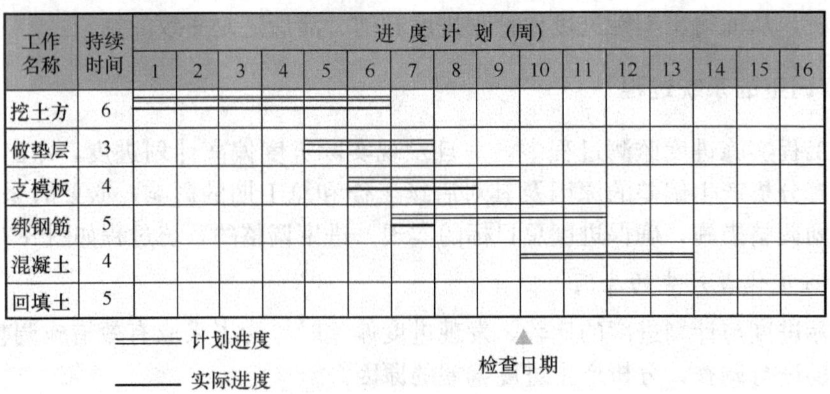

图 8-3　某基础工程实际进度与计划进度比较图

中双线条表示该工程计划进度，粗实线表示实际进度。从图中实际进度与计划进度的比较可以看出，到第 9 周末进行实际进度检查时，挖土方和做垫层两项工作已经完成；支模板按计划也应该完成，但实际只完成 75%，任务量拖欠 25%；绑扎钢筋按计划应该完成 60%，而实际只完成 20%，任务量拖欠 40%。

根据各项工作的进度偏差，进度控制者可以采取相应的纠偏措施对进度计划进行调整，以确保该工程按期完成。

图 8-3 所表达的比较方法仅适用于工程项目中的各项工作都是均匀进展的情况，即每项工作在单位时间内完成的任务量都相等的情况。事实上，工程项目中各项工作的进展不一定是匀速的，根据工程项目中各项工作的进展是否匀速，可分别采用以下两种方法进行实际进度与计划进度的比较。

1. 匀速进展横道图比较法

匀速进展是指在工程项目中，每项工作在单位时间内完成的任务量都是相等的，即工作的进展速度是均匀的。此时，每项工作累计完成的任务量与时间成直线关系，如图 8-4 所示。完成的任务量可以用实物工程量、劳动消耗量或费用支出表示，为了便于比较，通常用上述物理量的百分比表示。

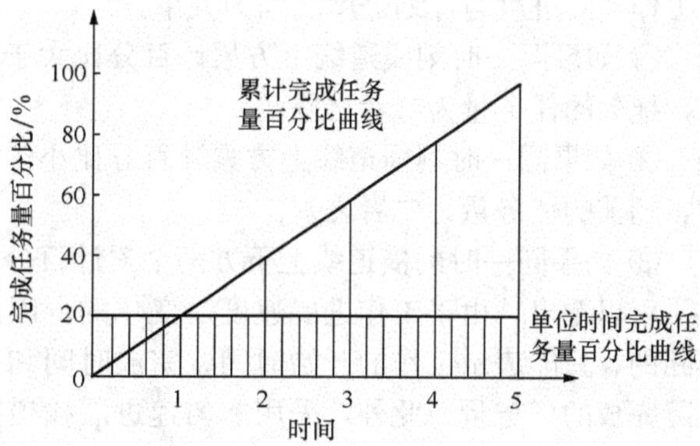

图 8-4　工作匀速进展时任务量与时间关系曲线

采用匀速进展横道图比较法时，其步骤如下。

（1）编制横道图进度计划。

（2）在进度计划上标出检查日期；如图 8-4 所示为工作匀速进展时任务量与时间的关系曲线。

（3）将检查收集到的实际进度数据经加工整理后按比例用涂黑的粗线标于计划进度的下方，如图 8-5 所示。

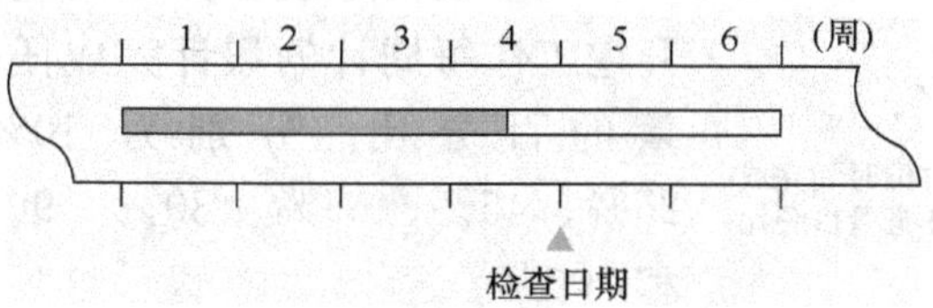

图 8-5　匀速进展横道图比较图

（4）对比分析实际进度与计划进度。

① 如果涂黑的粗线右端落在检查日期左侧，表明实际进度拖后。

② 如果涂黑的粗线右端落在检查日期右侧，表明实际进度超前。

③ 如果涂黑的粗线右端与检查日期重合，表明实际进度与计划进度一致。

必须指出，该方法仅适用于工作从开始到结束的整个过程中，其进展速度均为固定不变的情况。如果工作的进展速度是变化的，则不能采用这种方法进行实际进度与计划进度的比较；否则，会得出错误的结论。

2. 非匀速进展横道图比较法

当工作在不同单位时间里的进展速度不相等时，累计完成的任务量与时间的关系就不可能是直线关系。此时，应采用非匀速进展横道图比较法进行工作实际进度与计划进度的比较，非匀速进展横道图比较法在用涂黑粗线表示工作实际进度的同时，还要标出其对应时刻完成任务量的累计百分比，并将该百分比与其同时刻计划完成任务量的累计百分比相比较，判断工作实际进度与计划进度之间的关系。

采用非匀速进展横道图比较法时，其步骤如下。

（1）编制横道图进度计划。

（2）在横道线上方标出各主要时间工作的计划完成任务量累计百分比。

（3）在横道线下方标出相应时间工作的实际完成任务量累计百分比。

（4）用涂黑粗线标出工作的实际进度，从开始之日标起，同时反映出该工作在实施过程中的连续与间断情况。

（5）通过比较同一时刻实际完成任务量累计百分比和计划完成任务量累计百分比，判断工作实际进度与计划进度之间的关系。

① 如果同一时刻横道线上方累计百分比大于横道线下方累计百分比，表明实际进度拖后，拖欠的任务量为二者之差。

② 如果同一时刻横道线上方累计百分比小于横道线下方累计百分比，表明实际进度超前，超前的任务量为二者之差。

③ 如果同一时刻横道线上下方两个累计百分比相等，表明实际进度与计划进度一致。

可以看出，由于工作进展速度是变化的，因此，在图中的横道线，无论是计划的还是实际的，只能表示工作的开始时间、完成时间和持续时间，并不表示计划完成的任务量和实际完成的任务量。此外，采用非匀速进展横道图比较法，不仅可以进行某一时刻（如检查日期）实际进度与计划进度的比较，而且还能进行某一时间段实际进度与计划进度的比较。当然，这需要实施部门按规定的时间记录当时的任务完成情况。

【例 8-1】 当某工程项目中的基槽开挖工作按施工进度计划安排需要 7 周完成，每周计划完成的任务量百分比如图 8-6 所示。

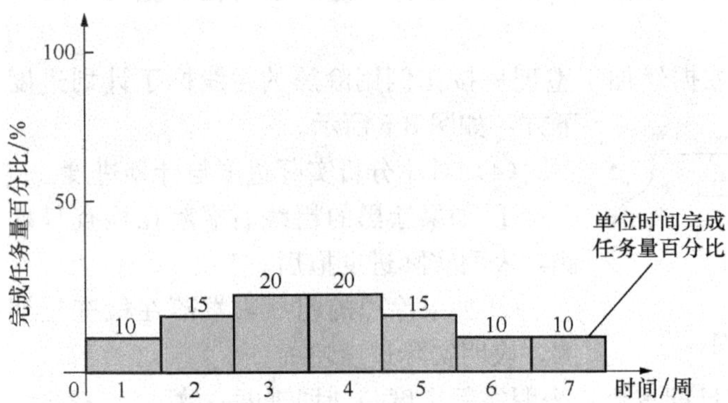

图 8-6　基槽开挖工作进展时间与完成任务量关系图

（1）编制横道图进度计划，如图 8-7 所示。

（2）在横道线上方标出基槽开挖工作每周计划累计完成任务量的百分比，分别为 10%、25%、45%、65%、80%、90%和 100%。

（3）在横道线下方标出第 1 周至检查日期（第 4 周）每周实际累计完成任务量的百分比，分别为 8%、22%、42%、60%。

（4）用涂黑粗线标出实际投入的时间。如图 8-7 所示，该工作实际开始时间晚于计划开始时间，在开始后连续工作，没有中断。

（5）比较实际进度与计划进度。从图 8-7 中可以看出，该工作在第一周实际进度比计划进度拖后 2%，以后各周末累计拖后分别为 3%、3%和 5%。

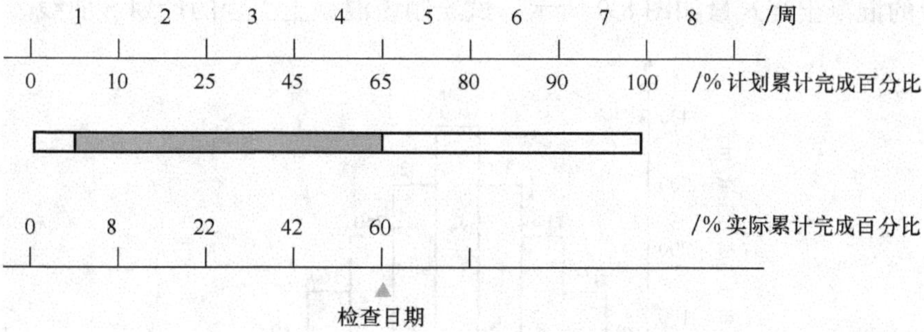

图 8-7　非匀速进展横道图比较法

横道图比较法虽有记录和比较方法简单、形象直观、易于掌握、使用方便等优点，但由于其以横道图计划为基础，带有不可克服的局限性。在横道图计划中，各项工作之间的逻辑关系表达不明确，关键工作和关键线路无法确定。一旦某些工作实际进度出现偏差时，难以预测其对后续工作和工程总工期的影响，也就难以确定相应的进度计划调整方法。因此，横道图比较法主要用于工程项目中某些工作实际进度与计划进度的局部比较。

8.2.2　S 曲线比较法

S 曲线比较法是以横坐标表示时间，纵坐标表示累计完成任务量，绘制一条按计划时间累计完成任务量的 S 曲线；然后将工程项目实施过程中各检查时间实际累计完成任务量的 S 曲线也绘制在同一坐标系中，进行实际进度与计划进度比较的一种方法。

从整个工程项目实际进展全过程看，单位时间投入的资源量一般是开始和结束时较少，中间阶段较多。与其相对应，单位时间完成的任务量也呈同样的变化规律，如图 8-8（a）所示。而随工程进展累计完成的任务量则应呈 S 形变化，如图 8-8（b）所示。由于其形似英文字母“S”，S 曲线因此而得名。

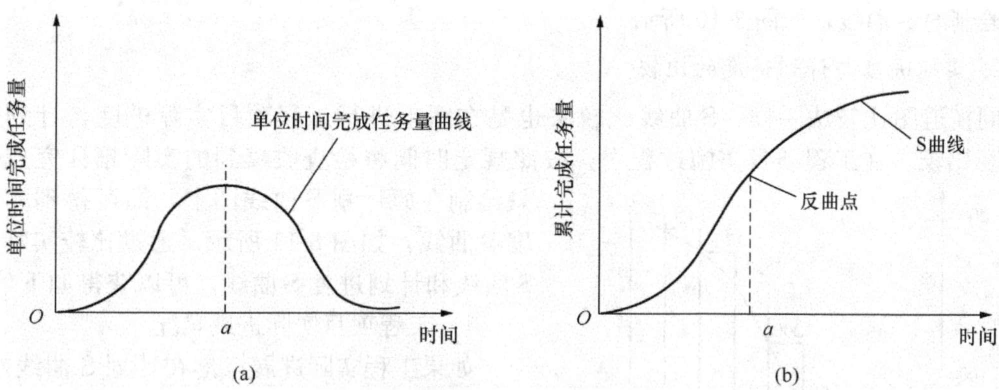

图 8-8　时间与完成任务量关系曲线

1. S 曲线的绘制方法

下面以一简例说明 S 曲线的绘制方法。

【例 8-2】　某混凝土工程的浇筑总量为 $2000m^3$，按照施工方案，计划 9 个月完成，每月计划完成的混凝土浇筑量如图 8-9 所示，试绘制该混凝土工程的计划 S 曲线。

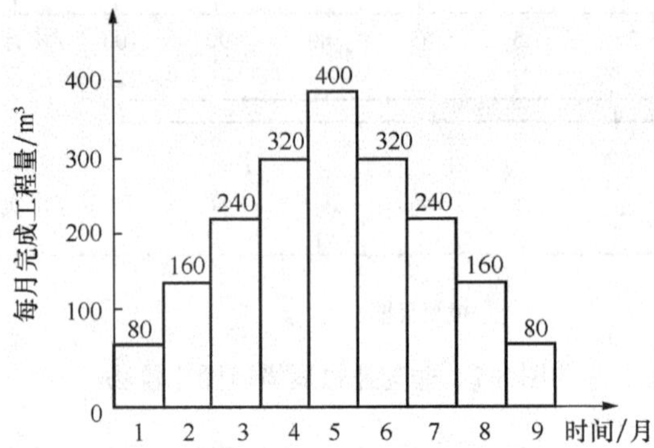

图 8-9　每月完成工程量图

【解】根据已知条件有：

(1) 确定单位时间计划完成任务量。在本例中，将每月计划完成混凝土浇筑量列于表 8-1中。

表 8-1　完成工程量汇总表

时间/月	1	2	3	4	5	6	7	8	9
每月完成量	80	160	240	320	400	320	240	160	80
累计完成量	80	240	480	800	1200	1520	1760	1920	2000

(2) 计算不同时间累计完成任务量。依次计算每月计划累计完成的混凝土浇筑量，结果列于表 8-1 中。

(3) 根据累计完成任务量绘制 S 曲线。在本例中，根据每月计划累计完成混凝土浇筑量而绘制的 S 曲线，如图 8-10 所示。

2. 实际进度与计划进度的比较

同横道图比较法一样，S 曲线比较法也是在图上进行工程项目实际进度与计划进度的直观比较。在工程项目实施过程中，按照规定时间将检查收集到的实际累计完成任务量绘制在原计划 S 曲线图上，即可得到实际进度 S 曲线，如图 8-11 所示。通过比较实际进度 S 曲线和计划进度 S 曲线，可以获得如下信息。

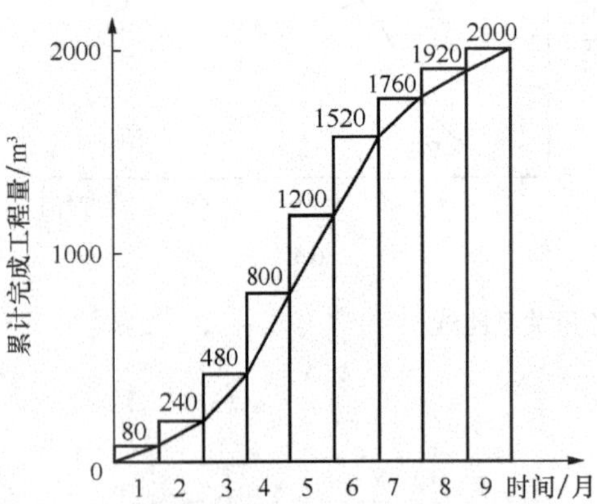

图 8-10　S 曲线图

1) 工程项目实际进展状况

如果工程实际进展点落在计划 S 曲线左侧，表明此时实际进度比计划进度超前，如图 8-11 中的 a 点；如果工程实际进展点落在 S 计划曲线右侧，表明此时实际进度拖后，如图 8-11 中的 b 点；如果工程实际进展点正好落在计划 S 曲线上，则表示此时实际进度与计划进度一致。

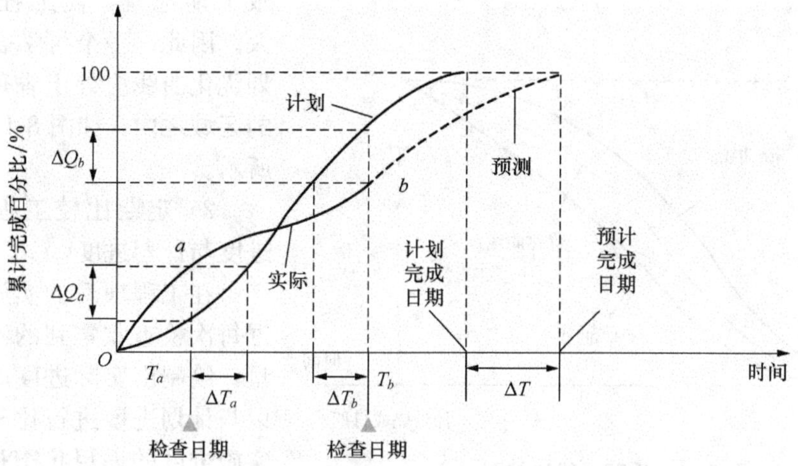

图 8-11　S 曲线比较图

2）工程项目实际进度超前或拖后的时间

在 S 曲线比较图中可以直接读出实际进度比计划进度超前或拖后的时间。如图 8-11 所示，ΔT_a 表示 T_a 时刻实际进度超前的时间；ΔT_b 表示 T_b 时刻实际进度拖后的时间。

3）工程项目实际超额或拖欠的任务量

在 S 曲线比较图中也可直接读出实际进度比计划进度超额或拖欠的任务量。如图 8-11 所示，ΔQ_a 表示 T_a 时刻超额完成的任务量，ΔQ_b 表示 T_b 时刻拖欠的任务量。

4）后期工程进度预测

如果后期工程按原计划速度进行，则可做出后期工程计划 S 曲线如图 8-11 中虚线所示，从而可以确定工期拖延预测值 ΔT。

8.2.3　香蕉曲线比较法

香蕉曲线是由两条 S 曲线组合而成的闭合曲线。由 S 曲线比较法可知，工程项目累计完成的任务量与计划时间的关系，可以用一条 S 曲线表示。对于一个工程项目的网络计划来说，如果以其中各项工作的最早开始时间安排进度而绘制 S 曲线，称为 ES 曲线；如果以其中各项工作的最迟开始时间安排进度而绘制 S 曲线，称为 LS 曲线。两条 S 曲线具有相同的起点和终点，因此，两条曲线是闭合的。在一般情况下，ES 曲线上的其余各点均落在 LS 曲线的相应点的左侧。该闭合曲线形似“香蕉”，故称为香蕉曲线，如图 8-12 所示。

1. 香蕉曲线比较法的作用

香蕉曲线比较法能直观地反映工程项目的实际进展情况，并可以获得比 S 曲线更多的信息。其主要作用如下所述。

1）合理安排工程项目进度计划

如果工程项目中的各项工作均按其最早开始时间安排进度，将导致项目的投资加大；而如果各项工作都按其最迟开始时间安排进度，则一旦受到进度影响因素的干扰，又将导

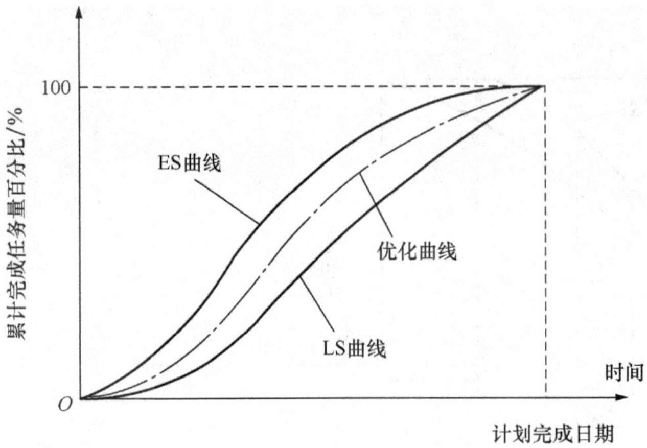

图 8-12　香蕉曲线比较图

致工期拖延，使工程进度风险加大。因此，一个科学合理的进度计划优化曲线应处于香蕉曲线所包络的区域之内，如图 8-12 中的点画线所示。

2）定期比较工程项目的实际进度与计划进度

在工程项目的实施过程中，根据每次检查收集到的实际完成任务量，绘制出实际进度 S 曲线，便可以与计划进度进行比较。工程项目实施进度的理想状态是任一时刻工程实际进展点应落在香蕉曲线图的范围之内。如果工程实际进展点落在 ES 曲线的左侧，表明此刻实际进度比各项工作按其最早开始时间安排的计划进度超前；如果工程实际进展点落在 LS 曲线的右侧，则表明此刻实际进度比各项工作按其最迟开始时间安排的计划进度拖后。

3）预测后期工程进展趋势

利用香蕉曲线可以对后期工程的进展情况进行预测。例如，在图 8-13 中，该工程项目在检查日实际进度超前。检查日期之后的后期工程进度安排如图中虚线所示，预计该工程项目将提前完成。

2. 香蕉曲线的绘制方法

香蕉曲线的绘制方法与 S 曲线的绘制方法基本相同，所不同之处在于香蕉曲线是以工作按最早开始时间安排进度和按最迟开始时间安排进度分别绘制的两条 S 曲线组合而成。其绘制步骤如下。

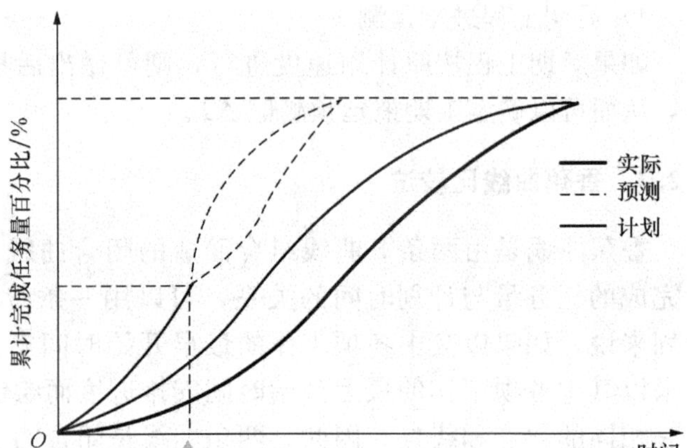

图 8-13　工程进展趋势预测图

（1）以工程项目的网络计划为基础，计算各项工作的最早开始时间和最迟开始时间。

（2）确定各项工作在各单位时间的计划完成任务量。分别按以下两种情况考虑。

① 根据各项工作按最早开始时间安排的进度计划，确定各项工作在各单位时间内的计划完成任务量。

② 根据各项工作按最迟开始时间安排的进度计划，确定各项工作在各单位时间的计划完成任务量。

（3）计算工程项目总任务量，即对所有工作在各单位时间计划完成的任务量累加求和。

（4）分别根据各项工作按最早开始时间、最迟开始时间安排的进度计划，确定工程项目在各单位时间计划完成的任务量，即将各项工作在某一单位时间内计划完成的任务量求和。

（5）分别根据各项工作按最早开始时间、最迟开始时间安排的进度计划，确定不同时间累计完成的任务量或任务量的百分比。

（6）绘制香蕉曲线。分别根据各项工作按最早开始时间、最迟开始时间安排的进度计划而确定的累计完成任务量或任务量的百分比描绘各点，并连接各点得到 ES 曲线和 LS 曲线，由 ES 曲线和 LS 曲线组成香蕉曲线。

在工程项目实施过程中，根据检查得到的实际累计完成任务量，按同样的方法在原计划香蕉曲线图上绘出实际进度曲线，便可以进行实际进度与计划进度的比较。

【例 8-3】 某工程项目网络计划如图 8-14 所示，图中箭线上方括号内数字表示各项工作计划完成的任务量，以劳动消耗量表示；箭线下方数字表示各项工作的持续时间（周）。试绘制香蕉曲线。

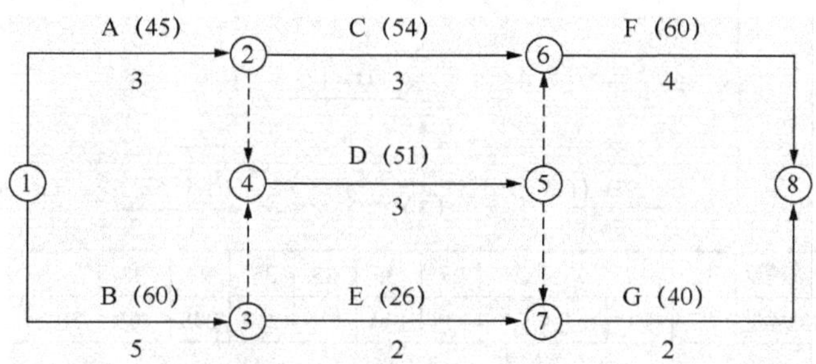

图 8-14　某工程项目网络计划

【解】 假设各项工作均为匀速进展，即各项工作每周的劳动消耗量相等。

（1）确定各项工作每周的劳动消耗量.

工作 A：45÷3＝15　　工作 B：60÷5＝12

工作 C：54÷3＝18　　工作 D：51÷3＝17

工作 E：26÷2＝13　　工作 F：60÷4＝15

工作 G：40÷2＝20

（2）计算工程项目劳动消耗总量 Q。

$$Q=45+60+54+51+26+60+40=336$$

（3）根据各项工作按最早开始时间安排的进度计划，确定工程项目每周计划劳动消耗量及各周累计劳动消耗量，如图 8-15 所示。

（4）根据各项工作按最迟开始时间安排的进度计划，确定工程项目每周计划劳动消耗量及各周累计劳动消耗量，如图 8-16 所示。

（5）根据不同的累计劳动消耗量分别绘制 ES 曲线和 LS 曲线，得到香蕉曲线，如图 8-17所示。

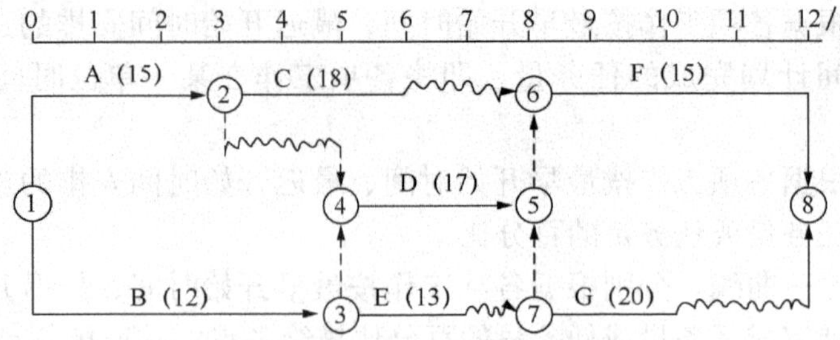

每周劳动消耗量	27	27	27	30	30	48	30	17	35	35	15	15
累计劳动消耗量	27	54	81	111	141	189	219	236	271	306	321	336

图 8-15　按工作最早开始时间安排的进度计划及劳动消耗量

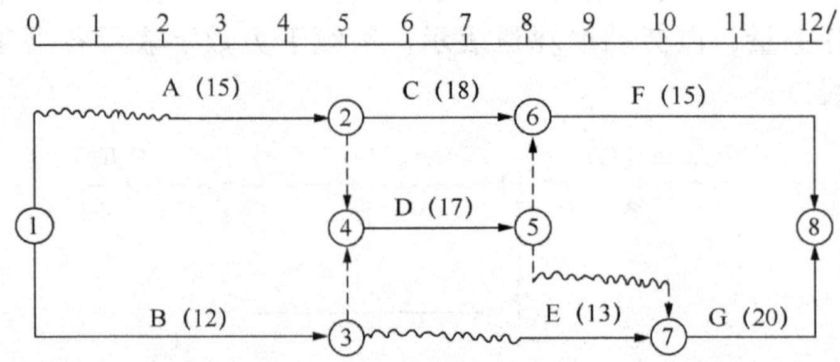

每周劳动消耗量	12	12	27	27	27	35	35	35	28	28	35	35
累计劳动消耗量	12	24	51	78	105	140	175	210	238	266	301	336

图 8-16　按工作最迟开始时间安排的进度计划及劳动消耗量

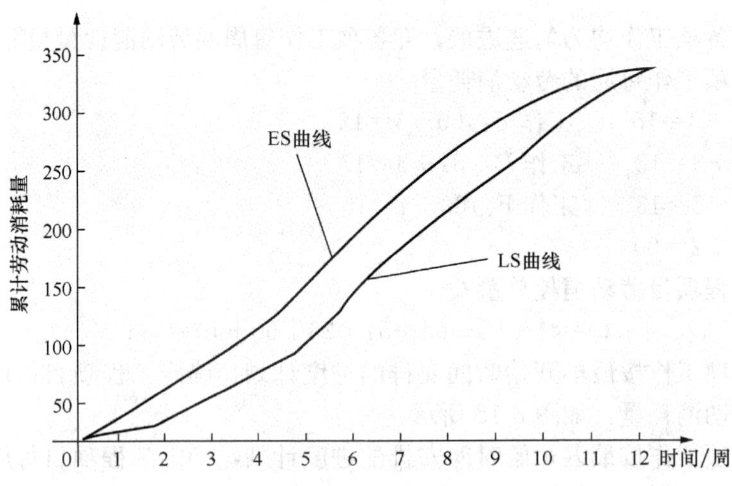

图 8-17　累计劳动消耗量分别绘制 ES 曲线和 LS 曲线

8.2.4　前锋线比较法

前锋线比较法是通过绘制某检查时刻工程项目实际进度前锋线，进行工程实际进度与计划进度比较的方法，它主要适用于时标网络计划。所谓前锋线，是指在原时标网络计划上，从检查时刻的时标点出发，用点画线依次将各项工作实际进展位置点连接而成的折线。前锋线比较法就是通过实际进度前锋线与原进度计划中各工作箭线交点的位置来判断工作实际进度与计划进度的偏差，进而判定该偏差对后续工作及总工期影响程度的一种方法。

采用前锋线比较法进行实际进度与计划进度的比较，其步骤如下。

1. 绘制时标网络计划图

工程项目实际进度前锋线是在时标网络计划图上标示，为清楚起见，可在时标网络计划图的上方和下方各设一时间坐标。

2. 绘制实际进度前锋线

一般从时标网络计划图上方时间坐标的检查日期开始绘制，依次连接相邻工作的实际进展位置点，最后与时标网络计划图下方坐标的检查日期相连接。

工作实际进展位置点的标定方法有两种。

1）按该工作已完任务量比例进行标定

假设工程项目中各项工作均为匀速进展，根据实际进度检查时刻该工作已完任务量占其计划完成总任务量的比例，在工作箭线上从左至右按相同的比例标定其实际进展位置点。

2）按尚需作业时间进行标定

当某些工作的持续时间难以按实物工程量来计算而只能凭经验估算时，可以先估算出检查时刻到该工作全部完成尚需作业的时间，然后在该工作箭线上从右向左逆向标定其实际进展位置点。

3. 进行实际进度与计划进度的比较

前锋线可以直观地反映出检查日期有关工作实际进度与计划进度之间的关系。对某项工作来说，其实际进度与计划进度之间的关系可能存在以下三种情况。

(1) 工作实际进展位置点落在检查日期的左侧，表明该工作实际进度拖后，拖后的时间为二者之差。

(2) 工作实际进展位置点与检查日期重合，表明该工作实际进度与计划进度一致。

(3) 工作实际进展位置点落在检查日期的右侧，表明该工作实际进度超前，超前的时间为二者之差。

4. 预测进度偏差对后续工作及总工期的影响

通过实际进度与计划进度的比较确定进度偏差后，还可根据工作的自由时差和总时差预测该进度偏差对后续工作及项目总工期的影响。由此可见，前锋线比较法既适用于工作实际进度与计划进度之间的局部比较，又可用来分析和预测工程项目整体进度状况。

值得注意的是，以上比较是针对匀速进展的工作。对于非匀速进展的工作，比较方法较复杂，此处不再详述。

【例 8-4】 某工程项目前锋线比较如图 8-18 所示；该计划执行到第 6 周末检查实际进度时，发现工作 A 和 B 已经全部完成，工作 D、E 分别完成计划任务量的 20%和 50%，工作 C 尚需 3 周完成，试用前锋线法进行实际进度与计划进度的比较。

【解】 根据第 6 周末实际进度的检查结果绘制前锋线，如图 8-18 中点画线所示。通过

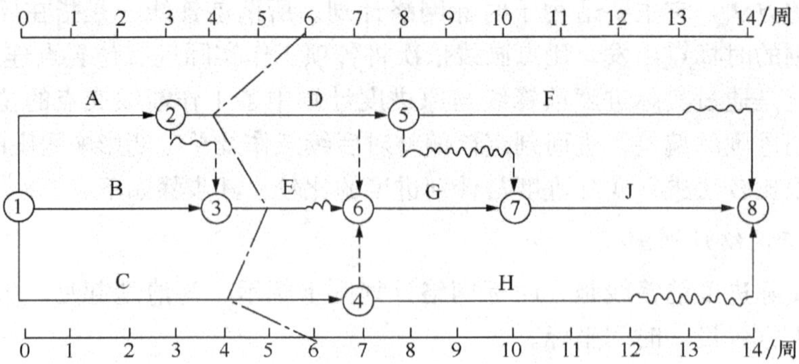

图 8-18 某工程前锋线比较图

比较可以得出以下几点。

(1) 工作 D 实际进度拖后 2 周，将使其后续工作 F 的最早开始时间推迟 2 周，并使总工期延长 1 周。

(2) 工作 E 实际进度拖后 1 周，既不影响总工期，也不影响其后续工作的正常进行。

(3) 工作 C 实际进度拖后 2 周，将使其后续工作 G、H、J 的最早开始时间推迟 2 周。由于工作 G、J 开始时间的推迟，从而使总工期延长 2 周。

综上所述，如果不采取措施加快进度，该工程项目的总工期将延长 2 周。

8.2.5 列表比较法

当工程进度计划用非时标网络图表示时，可以采用列表比较法进行实际进度与计划进度的比较。这种方法是记录检查日期应该进行的工作名称及其已经作业的时间，然后列表计算有关时间参数，并根据工作总时差进行实际进度与计划进度比较的方法。

采用列表比较法进行实际进度与计划进度的比较，其步骤如下。

(1) 对于实际进度检查日期应该进行的工作，根据已经作业的时间，确定其尚需作业时间。

(2) 根据原进度计划计算检查日期应该进行的工作从检查日期到原计划最迟完成时尚余时间。

(3) 计算工作尚有总时差，其值等于工作从检查日期到原计划最迟完成时间尚余时间与该工作尚需作业时间之差。

(4) 比较实际进度与计划进度，可能有以下几种情况。

① 如果工作尚有总时差与原有总时差相等，说明该工作实际进度与计划进度一致。

② 如果工作尚有总时差大于原有总时差，说明该工作实际进度超前，超前的时间为二者之差。

③ 如果工作尚有总时差小于原有总时差，且仍为非负值，说明该工作实际进度拖后，拖后的时间为二者之差，但不影响总工期。

④ 如果工作尚有总时差小于原有总时差，且为负值，说明该工作实际进度拖后，拖后的时间为二者之差，此时工作实际进度偏差将影响总工期。

【例 8-5】 某工程项目进度计划如图 8-18 所示。该计划执行到第 10 周末检查实际进度时，发现工作 A、B、C、D、E 已经全都完成，工作 F 已进行 1 周，工作 G 和工作 H 均已进行 2 周，试用列表比较法进行实际进度与计划进度的比较。

【解】 根据工程项目进度计划及实际进度检查结果，可以计算出检查日期应进行工作的尚需作业时间、原有总时差及尚有总时差等，计算结果见表 8-2。通过比较尚有总时差和原有总时差，即可判断目前工程实际进展状况。

表 8-2　例 8-5 的计算结果

工作代号	工作名称	检查计划时尚需作业周数	到计划最迟完成时尚余周数	原有总时差	尚有总时差	情况判断
5—8	F	4	4	1	0	拖后 1 周，但不影响工期
6—7	G	1	0	0	−1	拖后 1 周，影响工期 1 周
4—8	H	3	4	2	1	拖后 1 局，但不影响工期

8.3 进度计划实施中的调整方法

8.3.1 分析进度偏差对后续工作及总工期的影响

在工程项目实施过程中，当通过实际进度与计划进度的比较，发现有进度偏差时，需要分析该偏差对后续工作及总工期的影响，从而采取相应的调整措施对原进度计划进行调整，以确保工期目标的顺利实现。进度偏差的大小及其所处的位置不同，对后续工作和总工期的影响程度是不同的，分析时需要利用网络计划中工作总时差和自由时差的概念进行判断。分析步骤如下。

1. 进度偏差的工作是否为关键工作

如果出现进度偏差的工作位于关键线路上，即该工作为关键工作，则无论其偏差有多大，都将对后续工作和总工期产生影响，必须采取相应的调整措施；如果出现偏差的工作是非关键工作，则需要根据进度偏差值与总时差和自由时差的关系作进一步分析。

2. 偏差是否超过总时差

如果工作的进度偏差大于该工作的总时差，则此进度偏差必将影响其后续工作和总工期，必须采取相应的调整措施；如果工作的进度偏差未超过该工作的总时差，则此进度偏差不影响总工期。至于对后续工作的影响程度，还需要根据偏差值与其自由时差的关系作进一步分析。

3. 偏差是否超过自由时差

如果工作的进度偏差大于该工作的自由时差，则此进度偏差将对其后续工作产生影响，此时应根据后续工作的限制条件确定调整方法；如果工作的进度偏差未超过该工作的自由时差，则此进度偏差不影响后续工作，因此，原进度计划可以不作调整。进度偏差的分析判断过程如图 8-19 所示。通过分析，进度控制人员可以根据进度偏差的影响程度，制订相应的纠偏措施进行调整，以获得符合实际进度情况和计划目标的新进度计划。

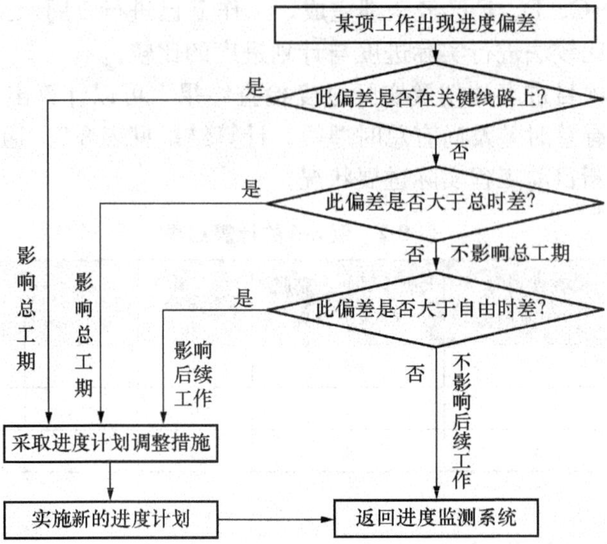

图 8-19　进度偏差对后续工作和总工期影响分析过程图

8.3.2　进度计划的调整方法

当实际进度偏差影响到后续工作、总工期而需要调整进度计划时，其调整方法主要有两种。

1. 改变某些工作间的逻辑关系

当工程项目实施中产生的进度偏差影响到总工期，且有关工作的逻辑关系允许改变、可以改变关键线路和超过计划工期的非关键线路上的有关工作之间的逻辑关系，达到满足工期的目的。例如，将顺序进行的工作改为平行作业、搭接作业以及分段组织流水作业等，都可以有效地缩短工期。

【例 8-6】 某工程项目基础工程包括挖基槽、做垫层、砌基础、回填土四个施工过程，且施工过程的持续时间分别为 21d、15d、18d 和 9d，如果采取顺序作业方式进行施工，其总工期为 63d。为缩短该基础工程总工期，如果在工作面及资源供应允许的条件下，基础工程划分为工程量大致相等的三个施工段组织流水作业，试绘制该基础工程流水网络计划，并确定其计算工期。

【解】 该基础工程流水作业网络计划如图 8-20 所示。通过组织流水作业，使得工程的计算工期由 63d 缩短为 35d。

2. 缩短某些工作的持续时间

缩短某些工作的持续时间的方法是不改变工程项目中各项工作之间的逻辑关系，而通过采取增加资源投入、提高劳动效率等措施来缩短某些工作的持续时间，使工程进度加快，以保证按计划工期完成该工程项目。这些被压缩持续时间的工作是位于关键线路和超过计划工期的非关键线路上的工作。同时，这些工作又是其持续时间可被压缩的工作。这种调整方法通常可以在网络图上直接进行。其调整方法视限制条件及对其后续工作的影响程度

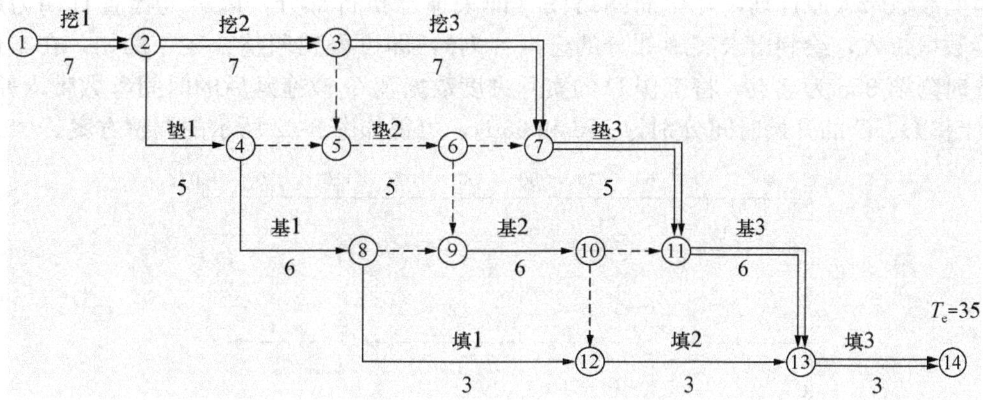

图 8-20　某基础工程流水施工网络计划

的不同而有所区别，一般可分为以下三种情况。

1）网络计划中某项工作进度拖延的时间已超过其自由时差但未超过其总时差

如前所述，此时该工作的实际进度不会影响总工期，而只对其后续工作产生影响。因此，在进行调整前，需要确定其后续工作允许拖延的时间限制，并以此作为进度调整的限制条件。该限制条件的确定常常较复杂，尤其是当后续工作由多个平行的承包单位负责实施时更是如此。后续工作如不能按原计划进行，在时间上产生的任何变化都可能使合同不能正常履行，而导致蒙受损失的一方提出索赔。因此，寻求合理的调整方案，把进度拖延对后续工作的影响减小到最低程度，是监理工程师的一项重要工作。

【例 8-7】 某工程项目双代号时标网络计划如图 8-21 所示，该计划执行到第 35 天下班时刻检查时，其实际进度如图中前锋线所示。试分析目前实际进度对后续工作和总工期的影响，并提出相应的进度调整措施。

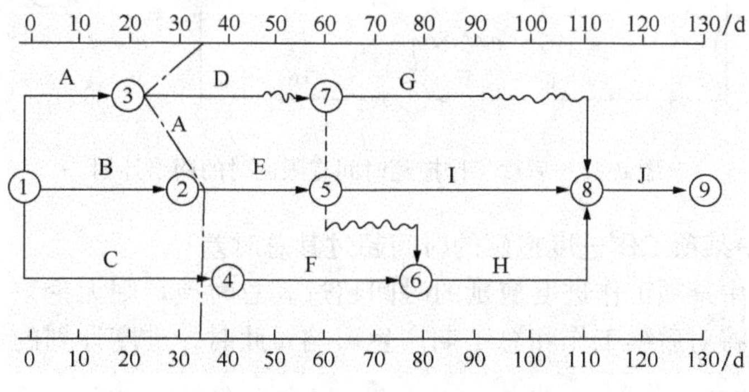

图 8-21　某工程项目双代号时标网络计划

【解】 从图 8-21 中可以看出，目前只有工作 D 的开始时间拖后 15d，而影响其后续工作 G 的最早开始时间，其他工作的实际进度均正常。由于工作 D 的总时差为 30d，故此时工作 D 的实际进度不影响总工期。

该进度计划是否需要调整，取决于工作 D 和 G 的限制条件。

(1) 后续工作拖延的时间无限制。如果后续工作拖延的时间完全被允许时，可将拖延后的时间参数带入原计划，并化简网络图（即去掉已执行部分，以进度检查日期为起点，将实际数据带入，绘制出未实施部分的进度计划），即可得到调整方案。例如，在本例中，以检查时刻第 35d 为起点，将工作 D 的实际进度数据及 G 被拖延后的时间参数带入原计划（此时工作 D、G 的开始时间分别为 35d 和 65d），可得如图 8-22 所示的调整方案。

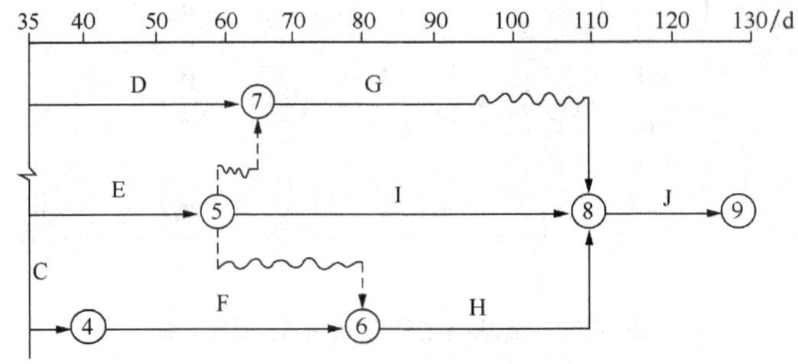

图 8-22　后续工作拖延时间无限制时的网络计划

（2）后续工作拖延的时间有限制。如果后续工作不允许拖延或拖延的时间有限制时，需要根据限制条件对网络计划进行调整，寻求最优方案。在本例中，如果工作 G 的开始时间不允许超过第 60d，则只能将其紧前工作 D 的持续时间压缩为 25d，调整后的网络计划如图 8-23 所示。如果在工作 D、G 之间还有多项工作，则可以利用工期优化的原理确定应压缩的工作，得到满足 G 工作限制条件的最优调整方案。

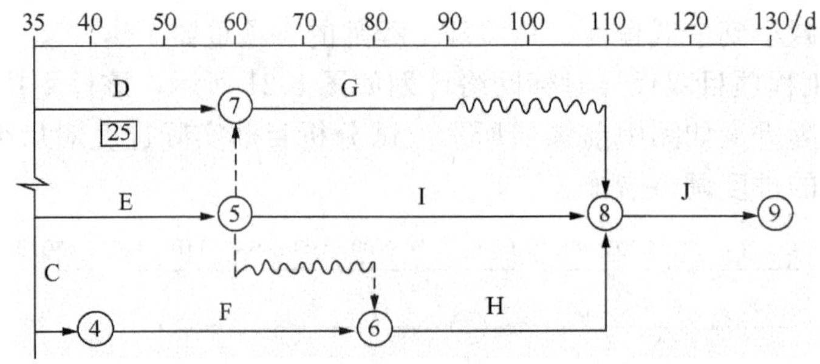

图 8-23　后续工作拖延时间有限制时的网络计划

2）网络计划中某项工作进度拖延的时间超过其总时差

如果网络计划中某项工作进度拖延的时间超过其总时差，则无论该工作是否为关键工作，其实际进度都将对后续工作和总工期产生影响。此时，进度计划的调整方法又可分为以下三种情况。

（1）项目总工期不允许拖延。如果工程项目必须按照原计划工期完成，则只能采取缩短关键线路上后续工作持续时间的方法来达到调整计划的目的。

【例 8-8】　仍以如图 8-21 所示网络计划为例，如果在计划执行到第 40d 下班时刻检查时，其实际进度如图 8-24 中前锋线所示，试分析目前实际进度对后续工作和总工期的影响，并提出相应的进度调整措施。

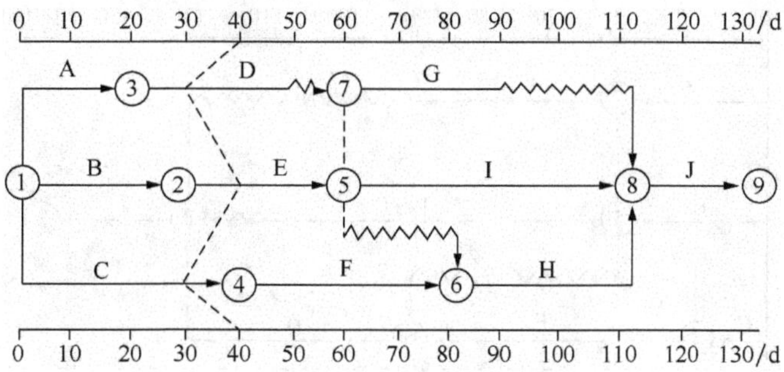

图 8-24　某工程实际进度前锋线

【解】 从图中可看出：

① 工作 D 实际进度拖后 10d，但不影响其后续工作，也不影响总工期。

② 工作 E 实际进度正常，既不影响后续工作，也不影响总工期。

③ 工作 C 实际进度拖后 10d，由于其为关键工作，故其实际进度将使总工期延长 10d，并使其后续工作 F、H 和 J 的开始时间推迟 10d。

如果该工程项目总工期不允许拖延，则为了保证其按原计划工期 130d 完成，必须采用工期优化的方法，缩短关键线路上后续工作的持续时间。现假设工作 C 的后续工作 F、H 和 J 均可以压缩 10d，通过比较，现假设压缩工作 H 的持续时间所需付出的代价最小，故将工作 H 的持续时间由 30d 缩短为 20d。调整后的网络计划如图 8-25 所示。

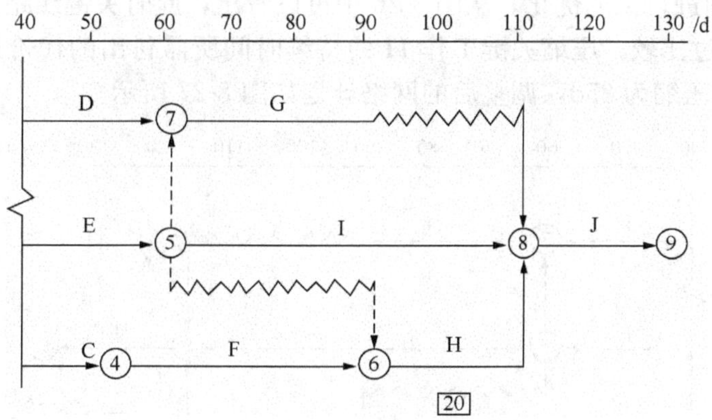

图 8-25　调整后工期不拖延的网络计划

(2) 项目总工期允许拖延。如果项目总工期允许拖延，则此时只需以实际数据取代原计划数据，并重新绘制实际进度检查日期之后的简化网络计划即可。

【例 8-9】 以图 8-24 所示前锋线为例，如果项目总工期允许拖延，此时只需以检查日期第 40d 为起点，用其后各项工作尚需作业时间取代相应的原计划数据，绘制出网络计划如图 8-26 所示。方案调整后，项目总工期为 140d。

(3) 项目总工期允许拖延的时间有限。如果项目总工期允许拖延，但允许拖延的时间有限。则当实际进度拖延时间超过此限制时，也需要对网络计划进行调整，以便满足要求。

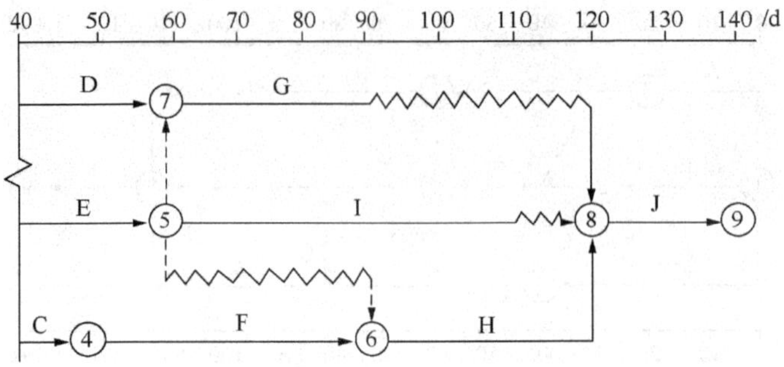

图 8-26 调整后拖延工期的网络计划

具体的调整方法是以总工期的限制时间作为规定工期，对检查日期之后尚未实施的网络计划进行工期优化，即通过缩短关键线路上后续工作持续时间的方法来使总工期满足规定工期的要求。

【例 8-10】 仍以如图 8-24 所示前锋线为例，如果项目总工期只允许拖延至 135d，则可按以下步骤进行调整。

① 绘制化简的网络计划，如图 8-26 所示。

② 确定需要压缩的时间。从图 8-26 中可以看出，在第 40d 检查实际进度时发现总工期将延长 10d，该项目至少需要 140d 才能完成。而总工期只允许延长至 135d，故需将总工期压缩 5d。

③ 对网络计划进行工期优化。从图 8-26 中可以看出，此时关键线路上的工作为 C、F、H 和 J。现假设通过比较，压缩关键工作 H 的持续时间所需付出的代价最小，故将其持续时间由原来的 30d 压缩为 25d，调整后的网络计划如图 8-27 所示。

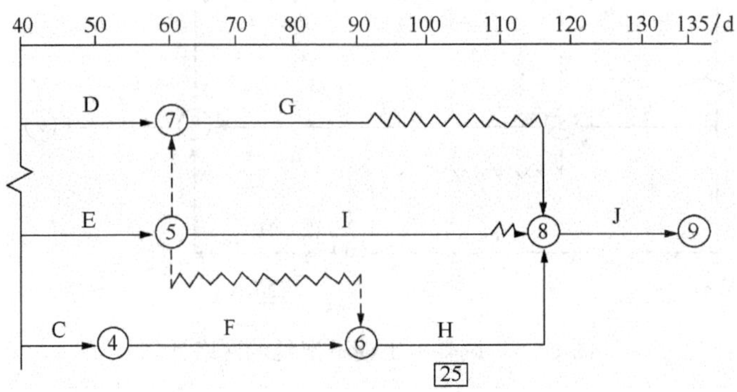

图 8-27 总工期拖延时间有限时的网络计划

以上三种情况均是以总工期为限制条件调整进度计划的。值得注意的是，当某项工作实际进度拖延的时间超过其总时差而需要对进度计划进行调整时，除需考虑总工期的限制条件外，还应考虑网络计划中后续工作的限制条件，特别是对总进度计划的控制更应注意这一点。因为在这类网络计划中，后续工作也许就是一些独立的合同段。时间上的任何变化，都会带来协调上的麻烦或者引起索赔。因此，当网络计划中某些后续工作对时间的拖延有限制时，同样需要以此为条件，按前述方法进行调整。

3）网络计划中某项工作进度超前

监理工程师对建设工程实施进度控制的任务就是在工程进度计划的执行过程中，采取必要的组织协调和控制措施，以保证建设工程按期完成。在建设工程计划阶段所确定的工期目标，往往是综合考虑了各方面因素而确定的合理工期。因此，时间上的任何变化，无论是进度拖延还是超前，都可能造成其他目标的失控。例如，在一个建设工程施工总进度计划中，由于某项工作的进度超前，致使资源的需求发生变化，而打乱了原计划对人、材、物等资源的合理安排，亦将影响资金计划的使用和安排；特别是当多个平行的承包单位进行施工时，由此引起后续工作时间安排的变化，势必给监理工程师的协调工作带来许多麻烦。因此，如果建设工程实施过程中出现进度超前的情况，进度控制人员必须综合分析进度超前对后续工作产生的影响，并同承包单位协商，提出合理的进度调整方案，以确保工期总目标的顺利实现。

复习思考题

1. 简述建设工程进度监测的系统过程。
2. 简述建设工程进度调整的系统过程。
3. 监理工程师如何掌握建设工程实际进展状态？
4. 建设工程实际进度与计划进度的比较方法有哪些？各有何特点？
5. 匀速进展与非匀速进展横道图比较法的区别是什么？
6. 利用 S 曲线比较法可以获得哪些信息？
7. 香蕉曲线是如何形成的？其作用有哪些？
8. 实际进度前锋线如何绘制？
9. 如何分析进度偏差对后续工作及总工期的影响？
10. 进度计划的调整方法有哪些？如何进行调整？

第 9 章　建设工程施工阶段进度控制

学习目标

了解物资供应计划及其编制方法，设计阶段进度控制的任务、目标；熟悉施工阶段进度控制目标的确定方法，施工进度计划的编制方法，施工进度实施中的检查方式和方法，监理工程师控制物资供应进度的工作内容；掌握施工进度控制的工作内容，施工进度计划的调整方法及其相应措施，工程延期事件的处理程序、原则和方法。

能力目标

能进行常见工程施工阶段进度控制工作。

9.1 设计阶段进度控制概述

9.1.1　设计阶段进度控制的意义

1. 设计进度控制是建设工程进度控制的重要内容

建设工程进度控制的目标是建设工期，而工程设计作为工程项目实施阶段的一个重要环节，其设计周期又是建设工期的组成部分。因此，为了实现建设工程进度总目标，就必须对设计进度进行控制。

工程设计工作涉及众多因素，包括规划、勘察、地理、地质、水文、能源、市政、环境保护、运输、物资供应、设备制造等。设计本身又是多专业的协作产物，它必须满足使用要求，同时也要讲究美观和经济效益，并考虑施工的可能性。为了对上述诸多复杂的问题进行综合考虑，工程设计要划分为初步设计和施工图设计两个阶段，特别复杂的工程设计还要增加技术设计阶段。这样，工程项目的设计周期往往很长，有时需要经过多次反复才能定案。因此，控制工程设计进度，不仅对建设工程总进度的控制有着很重要的意义，同时通过确定合理的设计周期，也使工程设计的质量得到了保证。

2. 设计进度控制是施工进度控制的前提

在建设工程实施过程中，必须是先有设计图纸，然后才能按图施工。只有及时供应图纸，才可能有正常的施工进度；否则，设计就会拖施工的后腿。在实际工作中，由于设计进度缓慢和设计变更多，使施工进度受到牵制的情况时有发生。为了保证施工进度不受影响，应加强设计进度控制。

3. 设计进度控制是设备和材料供应进度控制的前提

建设工程所需要的设备和材料是根据设计而来的。设计单位必须提出设备清单，以便进行加工或购买。由于设备制造需要一定的时间，因此，必须控制设计工作的进度，才能保证设备加工的进度。材料的加工和购买也是如此。

这样，在设计和施工两个实施环节之间就必须有足够的时间，以便进行设备与材料的加工和采购。因此，必须对设计进度进行控制，以保证设备和材料供应的进度，进而保证施工进度。

9.1.2　设计阶段进度控制工作程序

建设工程设计阶段进度控制的主要任务是出图控制，也就是通过采取有效措施使工程设计者如期完成初步设计、技术设计、施工图设计等各阶段的设计工作，并提交相应的设计图纸及说明。为此，监理工程师要审核设计单位的进度计划和各专业的出图计划，并在设计实施过程中，跟踪检查这些计划的执行情况，定期将实际进度与计划进度进行比较，进而纠正或修订进度计划。若发现进度拖后，监理工程师应督促设计单位采取有效措施加快进度。图 9-1 是三阶段设计的进度控制工作流程图。

9.1.3　设计进度控制分阶段目标

建设工程设计主要包括设计准备、初步设计、技术设计、施工图设计等阶段，为了确保设计进度控制总目标的实现，应明确每一阶段的进度控制目标。

1. 设计准备工作时间目标

设计准备工作阶段主要包括：规划设计条件的确定、设计基础资料的提供以及委托设计等工作，它们都应有明确的时间目标。设计工作能否顺利进行，以及能否缩短设计周期，与设计准备工作时间目标的实现关系极大。

1）确定规划设计条件

规划设计条件是指在城市建设中，由城市规划管理部门根据国家有关规定，从城市总体规划的角度出发，对拟建项目在规划设计方面所提出的要求。规划设计条件的确定按下列程序进行。

(1) 由建设单位持建设项目的批准文件和确定的建设用地通知书，向城市规划管理部门申请确定拟建项目的规划设计条件。

(2) 城市规划管理部门提出规划设计条件征询意见表，以了解有关部门是否有能力承担该项目的配套建设（如供电、供水、供气、排水、交通等），以及存在的问题和要求等。建设单位按照城市规划管理部门的要求，分别向有关单位征询意见，由各有关单位签注意

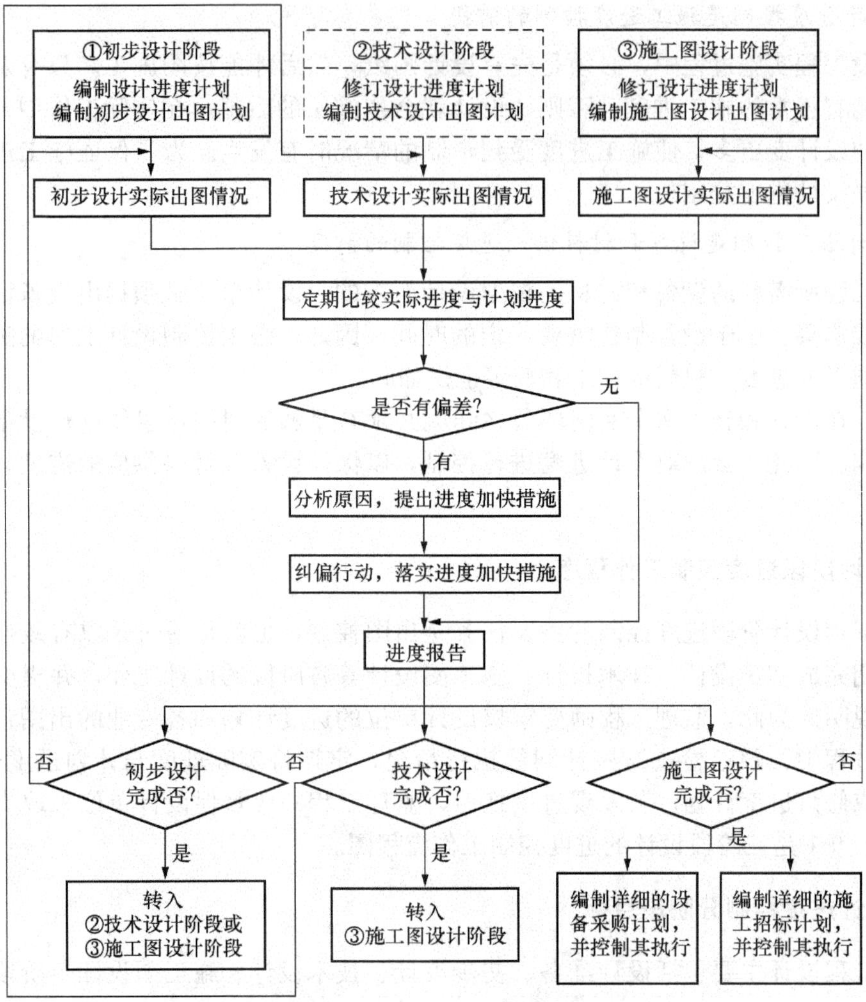

图 9-1 建设工程设计阶段进度控制工作流程图

见和要求，必要时由建设单位与有关单位签订配套项目协议。

（3）将征询意见表返回城市规划管理部门，经整理确定后，再向建设单位发出规划设计条件通知书。如果有人防工程，还须另发人防工程设计条件通知书。规划设计条件通知书一般包括下列内容：工程位置及附图，用地面积，建设项目的名称、建筑面积、高度、层数，建筑高度限额及容积率限额，绿化面积比例限额，机动车停车场位和地面车位比例，自行车场车位数，其他规划设计条件，注意事项等。

2）提供设计基础资料

建设单位必须向设计单位提供完整、可靠的设计基础资料，它是设计单位进行工程设计的主要依据。设计基础资料一般包括下列内容：经批准的可行性研究报告，城市规划管理部门发给的“规划设计条件通知书”和地形图，建筑总平面布置图，原有的上下水管道图、道路图、动力和照明线路图，建设单位与有关部门签订的供电、供气、供热、供水、雨污水排放方案或协议书，环保部门批准的建设工程环境影响审批表和城市节水部门批准的节水措施批件，当地的气象、风向、风荷、雪荷及地震级别，水文地质和工程地质勘察报告，对建筑物的采光、照明、供电、供气、供热、给排水、空调及电梯的要求，建筑构配件的适用要求，各类设备的选型、生产厂家及设备构造安装图纸，建筑物的装饰标准及要求，对“三废”处理的要求，建设项目所在地区其他方面的要求和限制（如机场、港口、文物保护等）。

3）选定设计单位、商签设计合同

设计单位的选定可以采用直接指定、设计招标及设计方案竞赛等方式。为了优选设计单位，保证工程设计质量，降低设计费用，缩短设计周期，应当通过设计招标选定设计单位。而设计方案竞赛的主要目的是用来获得理想的设计方案，同时也有助于选择理想的设计单位，从而为以后的工程设计打下良好的基础。当选定设计单位之后，建设单位和设计单位应就设计费用及委托设计合同中的一些细节进行谈判、磋商，双方取得一致意见后即可签订建设工程设计合同。在该合同中，要明确设计进度及设计图纸提交时间。

2. 初步设计、技术设计工作时间目标

初步设计应根据建设单位所提供的设计基础资料进行编制。初步设计和总概算经批准后，便可作为确定建设项目投资额、编制固定资产投资计划、签订总包合同及贷款合同、实行投资包干、控制建设工程拨款、组织主要设备订货、进行施工准备及编制技术设计（或施工图设计）文件等的主要依据。技术设计应根据初步设计文件进行编制，技术设计和修正总概算经批准后，便成为建设工程拨款和编制施工图设计文件的依据。

为了确保工程建设进度总目标的实现，并保证工程设计质量，应根据建设工程的具体情况，确定出合理的初步设计和技术设计周期。在该时间目标中，除了要考虑设计工作本身及进行设计分析和评审所花的时间外，还应考虑设计文件的报批时间。

3. 施工图设计工作时间目标

施工图设计应根据批准的初步设计文件（或技术设计文件）和主要设备订货情况进行编制，它是工程施工的主要依据。

施工图设计是工程设计的最后一个阶段，其工作进度将直接影响建设工程的施工进度，进而影响建设工程进度总目标的实现。因此，必须确定合理的施工图设计交付时间，确保建设工程设计进度总目标的实现，从而为工程施工的正常进行创造良好的条件。

9.1.4　设计进度控制分专业目标

以上是设计进度控制分阶段目标，为了有效地控制建设工程设计进度，还可以将各阶段设计进度目标具体化，进行进一步分解。例如，可以将初步设计工作时间目标分解为方案设计时间目标和初步设计时间目标；将施工图设计时间目标分解为基础设计时间目标、结构设计时间、装饰设计时间目标及安装图设计时间目标等。这样，设计进度控制目标便构成了一个从总目标到分目标的完整的目标体系。

9.1.5　影响设计进度的因素

建设工程设计工作属于多专业协作配合的智力劳动，在工程设计过程中，影响其进度的因素有很多，归纳起来，主要有以下几个方面。

1. 建设意图及要求改变的影响

建设工程设计是本着业主的建设意图和要求而进行的，所有的工程设计必然是业主意图的体现。因此，在设计过程中，如果业主改变其建设意图和要求，就会引起设计单位的设计变更，必然会对设计进度造成影响。

2. 设计审批时间的影响

建设工程设计是分阶段进行的，如果前一阶段（如初步设计）的设计文件不能顺利得到批准，必然会影响到下一阶段（如施工图设计）的设计进度。因此，设计审批时间的长短，在一定条件下将影响到设计进度。

3. 设计各专业之间协调配合的影响

如前所述，建设工程设计是一个多专业、多方面协调合作的复杂过程，如果业主、设计单位、监理单位等各单位之间，以及土建、电气、通信等各专业之间没有良好的协作关系，必然会影响建设工程设计工作的顺利实施。

4. 工程变更的影响

当建设工程采用CM法实行分段设计、分段施工时，如果在已施工的部分发现一些问题而必须进行工程变更的情况下，也会影响设计工作进度。

5. 材料代用、设备选用失误的影响

材料代用、设备选用的失误将会导致原有工程设计失效而重新进行设计，这也会影响设计工作进度。

9.1.6 设计单位的进度控制

为了履行设计合同，按期提交施工图设计文件，设计单位应采取有效措施，控制建设工程设计进度。

（1）建立计划部门，负责设计单位年度计划的编制和工程项目设计进度计划的编制。

（2）建立健全设计技术经济定额，并按定额要求进行计划的编制与考核。

（3）实行设计工作技术经济责任制，将职工的经济利益与其完成任务的数量和质量挂钩。

（4）编制切实可行的设计总进度计划、阶段性设计进度计划和设计进度作业计划。在编制计划时，加强与业主、监理单位、科研单位及承包商的协作与配合，使设计进度计划积极可靠。

（5）认真实施设计进度计划，力争设计工作有节奏、有秩序、合理搭接地进行。在执行计划时，要定期检查计划的执行情况，并及时对设计进度进行调整，使设计工作始终处于可控状态。

（6）坚持按基本建设程序办事，避免“边设计、边准备、边施工”的“三边”设计。

（7）不断分析总结设计进度控制工作经验，逐步提高设计进度控制工作水平。

9.1.7 监理单位的进度监控

监理单位受业主的委托进行工程设计监理时，应落实项目监理班子中专门负责设计进度控制的人员，按合同要求对设计工作进度进行严格监控。

对于设计进度的监控应实施动态控制。在设计工作开始之前，首先应由监理工程师审查设计单位所编制的进度计划的合理性和可行性。在进度计划实施过程中，监理工程师应定期检查设计工作的实际完成情况，并与计划进度进行比较分析。一旦发现偏差，就应在分析原因的基础上提出纠偏措施，以加快设计工作进度。必要时，应对原进度计划进行调整或修订。

在设计进度控制中，监理工程师要对设计单位填写的设计图纸进度表（见表 9-1）进行核查分析，并提出自己的见解。从而将各设计阶段的每一张图纸（包括其相应的设计文件）的进度都纳入监控之中。

表 9-1 设计图纸进度表

<table>
<tr><td>工程项目名称</td><td colspan="3"></td><td>项目编号</td><td></td></tr>
<tr><td>监理单位</td><td colspan="3"></td><td>设计阶段</td><td></td></tr>
<tr><td>图纸编号</td><td></td><td>图纸名称</td><td></td><td>图纸版本</td><td></td></tr>
<tr><td colspan="2">图纸设计负责人</td><td colspan="2"></td><td>制表日期</td><td></td></tr>
<tr><td>设计步骤</td><td colspan="3">监理工程师批准的计划完成时间</td><td colspan="2">实际完成时间</td></tr>
<tr><td>草图</td><td colspan="3"></td><td colspan="2"></td></tr>
<tr><td>制图</td><td colspan="3"></td><td colspan="2"></td></tr>
<tr><td>设计单位自审</td><td colspan="3"></td><td colspan="2"></td></tr>
<tr><td>监理工程师审核</td><td colspan="3"></td><td colspan="2"></td></tr>
<tr><td>发出</td><td colspan="3"></td><td colspan="2"></td></tr>
<tr><td colspan="6">偏差原因分析：</td></tr>
<tr><td colspan="6">措施及对策：</td></tr>
</table>

9.1.8 建筑工程管理方法

建筑工程管理（Construction Management，CM）方法是近年来在国外推行的一种系统工程管理方法，其特点是将工程设计分阶段进行，每阶段设计好之后就进行招标施工，并在全部工程竣工前，可将已完部分工程交付使用。这样，不仅可以缩短工程项目的建设工期，还可以使部分工程分批投产，以提前获得收益。建筑工程管理方法与传统的项目实施程序的比较如图 9-2 所示。

CM 的基本指导思想是缩短工程项目的建设周期，它采用快速路径（Fast-Track）的生产组织方式，特别适用于那些实施周期长、工期要求紧迫的大型复杂建设工程。建设工程采用 CM 承发包模式，在进度控制方面的优势主要体现在以下几个方面。

(1) 由于采取分阶段发包，集中管理，实现了有条件的“边设计、边施工”，使设计与施工能够充分地搭接，有利于缩短建设工期。

(2) 监理工程师在建设工程设计早期即可参与项目的实施，并对工程设计提出合理化建议，使设计方案的施工可行性和合理性在设计阶段就得到考虑和证实，从而可以减少施工阶段因修改设计而造成的实际进度拖后。

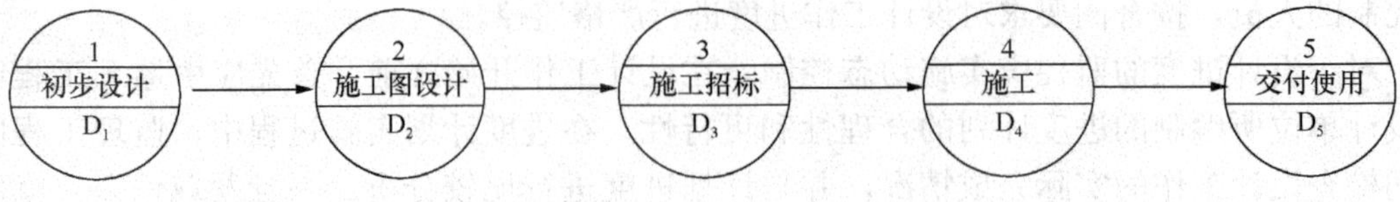

(a) 传统的项目实施程序

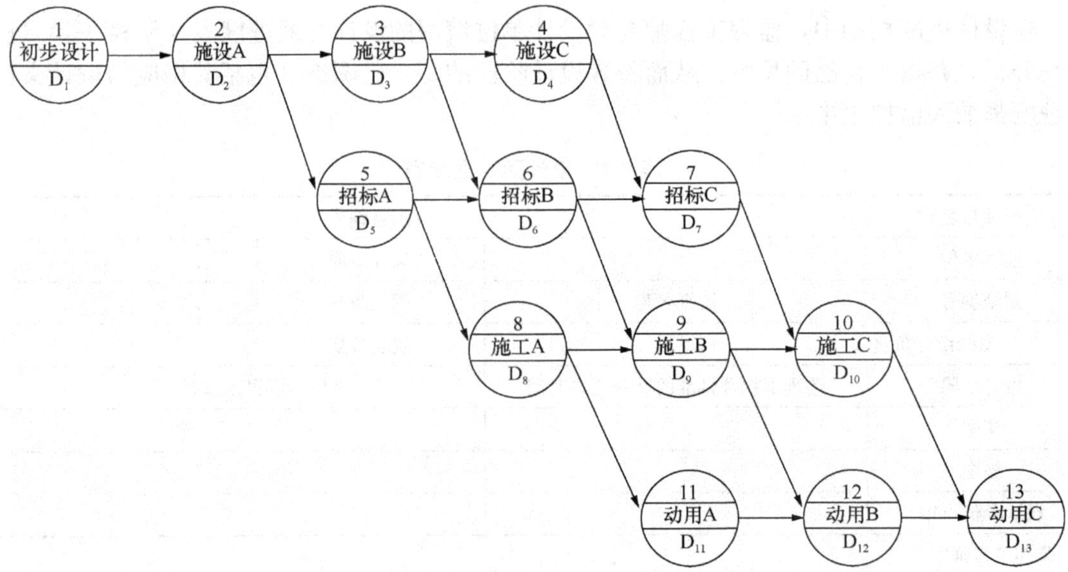

(b) 建筑工程管理方法

图 9-2　建筑工程管理方法与传统的项目实施程序的比较

（3）为了实现设计与施工以及施工与施工的合理搭接，建筑工程管理方法将项目的进度安排看作一个完整的系统工程，一般在项目实施早期即编制供货期长的设备采购计划，并提前安排设备招标、提前组织设备采购，从而可以避免因设备供应工作的组织和管理不当而造成的工程延期。

当采用建筑工程管理方法时，监理工程师不仅要负责设计方面的管理与协调工作，同时还有施工方面的监理职能。因此，监理工程师必须采取有效措施，使工程设计与施工能协调地进行，避免出现因设计进度拖延而导致施工进度受影响的不正常情况，最终确保建设工程进度总目标的实现。

9.2 施工阶段进度控制目标的确定

9.2.1　施工项目进度控制概述

1. 影响进度的因素

工程项目施工是一个复杂的运作过程，涉及面广，影响因素多，任何一个方面出现问题都可能对工程项目的施工进度产生影响。为此应分析了解这些影响因素，尽可能加以控制，通过有效的进度管理来弥补和减少这些不利因素产生的影响。

影响施工项目进度的因素主要有如下几方面。

(1) 参与单位和有关部门的影响。在工程建设过程中参与单位有建设单位、勘察设计单位、监理单位、施工单位（施工总承包及总承包管理单位）、材料供应单位、政府有关部门等，项目经理不仅要控制项目的施工速度，还要做好有关单位的组织协调工作。

(2) 施工技术因素。主要有施工技术难度估计不够；对设计图纸及设计意图不了解；施工方法，技术措施不当；盲目赶工出现质量事故。

(3) 施工组织管理因素。施工平面图布置不合理，出现相互干扰和混乱；劳动力和施工机械设备选择不当；流水施工组织不合理。

(4) 项目投资因素。因资金不足及供应不及时影响项目施工进度。

(5) 项目设计变更因素。建设单位变更项目设计功能；设计图纸质量差，错、漏、碰、缺多；图纸变更程序不当等都会影响工程进度。

(6) 不利条件和不可预见因素。遇见地下水降水、柔软地基处理、恶劣的气候条件及自然灾害、重大的工程质量、安全事故等事件，都会对工程进度有较大影响。

2. 进度控制的措施

施工项目进度控制的措施主要有组织措施、技术措施、合同措施、经济措施和管理信息措施等，各类措施中的主要内容见表 9-2 所示。

表 9-2　施工项目进度控制措施

措施种类	措　施　内　容
组织措施	1. 建立施工项目进度实施和控制的组织系统和机构 2. 订立进度控制工作制度：检查时间、方法，召开协调会议时间、参加人员等 3. 落实各层次进度控制人员、具体任务和工作岗位职责 4. 确定施工项目进度目标，建立进度控制的目标体系
技术措施	1. 尽可能采用先进施工技术方法和新材料、新工艺、新技术，保证进度目标实现 2. 落实施工方案，在发生问题时，适时调整工作之间的逻辑关系，加快施工进度
合同措施	以合同形式保证工期进度的实现： 1. 保持总进度目标与合同总工期相一致 2. 分包合同工期与总包合同工期相一致 3. 供货、构件加工等合同规定提供服务的时间与有关进度控制目标相一致
经济措施	1. 落实实现进度目标的资金 2. 签订并实施关于工期和进度的经济承包责任制 3. 建立并实施关于工期和进度的奖惩制度
管理信息措施	1. 建立进度控制的监测、分析、调整、反馈信息系统和信息管理工作制度 2. 随时监控施工过程的信息流，实现连续、动态的全过程进度目标控制

3. 进度控制原理

施工项目进度控制是以现代科学管理原理作为其理论基础的，主要有系统原理、动态控制原理、信息反馈原理、弹性原理、封闭循环原理和网络计划技术原理等。

1）系统原理

系统原理就是用系统的观点来剖析和管理施工项目进度控制活动。进行施工项目进度控制应建立施工项目进度计划系统、施工项目进度组织系统。

（1）施工项目进度计划系统。施工项目进度计划系统是施工项目进度实施和控制的依据。施工项目进度计划包括施工项目总进度计划、单位工程进度计划、分部分项工程进度计划、材料计划、劳动力计划、季度和月（旬）作业计划等。这些计划形成了一个进度控制目标体系。该体系是按工程系统构成、施工阶段和部位逐层分解，编制对象从大到小，范围由总体到局部，层次由高到低，内容由粗到细的完整的计划系统。在执行施工项目进度计划时，应以局部计划保证整体计划，最终达到施工项目进度控制的目标。

（2）施工项目进度实施组织系统。施工项目进度实施组织系统是实现施工项目进度计划的组织保证。施工项目的各级负责人组成了施工项目进度组织系统。这个组织系统既要严格执行进度计划要求、落实和完成各自的职责和任务，又要随时检查、分析计划的执行情况，当发现实际进度与计划进度发生偏离时，应及时采取有效措施进行调整、解决。

2）动态控制原理

动态控制原理是对工程施工进度目标的实现，是一个随着项目的进展以及相关因素的变化不断进行调整的动态控制过程。施工项目按计划实施，但面对不断变化的客观实际，施工活动的轨迹往往会产生偏差。当实际进度与计划进度偏离时，控制系统就要作出应有的反应。分析偏差产生的原因，采取相应的措施，调整原来计划，使施工活动在新的起点上按调整后的计划继续运行；当新的干扰因素影响施工进度时，新一轮调整、纠偏又开始了。施工项目进度控制活动就这样循环往复进行，直至预期计划目标实现。

3）信息反馈原理

信息反馈是工程施工进度控制的主要环节，施工的实际进度通过信息反馈给基层施工项目进度控制的管理人员，在分工的职责范围内，经过对其加工处理，再将信息逐级向上反馈，直到进度控制主体，进度控制主体整理统计各方面的信息，经比较分析作出决策，调整进度计划，仍使其符合预定工期目标。若不应用信息反馈原理，不断地进行信息反馈，则无法进行计划控制。施工项目进度控制的过程就是信息反馈的过程。

4）弹性原理

在施工项目进度控制中应用弹性原理，首先，表现在编制施工项目进度计划时，要考虑影响进度的各类因素出现的可能性及其影响程度，进度计划必须保持充分弹性，要有预见性；其次，是在施工项目进度控制中具有应变性，当遇到工期拖延时，能够利用进度计划的弹性、缩短有关工作的时间、改变工作之间的逻辑关系、增减施工内容、增减工程量、改进施工工艺或施工方案等有效措施，对进度计划作出相应调整，缩短剩余计划工期，达到预期的计划目标。

5）封闭循环原理

封闭循环原理是指由计划、实施、检查、比较、分析、纠偏等环节组成的过程形成了一个封闭循环回路，而施工项目进度控制的全过程就是在许多这样的封闭循环中得到有效的调整、修正与纠偏，最终实现总进度目标。

6）网络计划技术原理

在施工项目进度的控制中，利用网络计划技术原理编制进度计划，根据收集的实际进度信息，比较和分析进度计划，又利用网络计划的工期优化、工期与成本优化和资源优化的理论调整计划。网络计划技术原理是施工项目进度控制的完整的计划管理和分析计算理论基础。

4. 进度控制目标体系

施工项目进度控制总目标是依据施工项目总进度计划确定的。之后对总进度目标层层分解，形成实施进度控制的相互制约的目标体系。

9.2.2　施工进度控制目标体系

保证工程项目按期建成交付使用，是建设工程施工阶段进度控制的最终目的。为了有效地控制施工进度，首先要将施工进度总目标从不同角度进行层层分解，形成施工进度控制目标体系，从而作为实施进度控制的依据。

建设工程不但要有项目建成交付使用的确切日期这个总目标，还要有各单位工程交工动用的分目标以及按承包单位、施工阶段和不同计划期划分的分目标。各目标之间相互联系，共同构成建设工程施工进度控制目标体系。其中，下级目标受上级目标的制约，下级目标保证上级目标，最终保证施工进度总目标的实现。

1. 按项目组成分解，确定各单位工程开工及动用日期

各单位工程的进度目标在工程项目建设总进度计划及建设工程年度计划中都有体现。建设工程项目的组成分解：项目、单项工程、单位工程（子单位工程）、分部工程（子分部工程）、分项工程、检验批，在施工阶段应进一步明确各单位工程的开工和交工动用日期，以确保施工总进度目标的实现。

2. 按承包单位分解，明确分工条件和承包责任

在一个单位工程中有多个承包单位参加施工时，应按承包单位将单位工程的进度目标分解，确定出各分包单位的进度目标，列入分包合同，以便落实分包责任，并根据各专业工程交叉施工方案和前后衔接条件，明确不同承包单位工作面交接的条件和时间。

3. 按施工阶段分解，划定进度控制分界点

根据工程项目的特点，应将其施工分成几个阶段，如土建工程可分为地基与基础工程、主体结构工程和室内外装修工程阶段。每一阶段的起止时间都要有明确的标志。特别是不同单位承包的不同施工段之间，更要明确划定时间分界点，以此作为形象进度的控制标志，从而使单位工程动用目标具体化。

4. 按计划期分解，组织综合施工

将工程项目的施工进度控制目标按年度、季度、月（或旬）进行分解，并用实物工程量、货币工作量及形象进度表示，将更有利于监理工程师明确对各承包单位的进度要求。同时，还可以据此监督其实施，检查其完成情况。计划期愈短，进度目标愈细，进度跟踪就愈及时，发生进度偏差时也就更能有效地采取措施予以纠正。这样，就形成一个有计划、

有步骤协调施工、长期目标对短期目标自上而下逐级控制、短期目标对长期目标自下而上逐级保证、逐步趋近进度总目标的局面，最终达到工程项目按期竣工交付使用的目的。

9.2.3 施工项目进度计划的审核与实施

1. 进度计划的审核

项目经理应对施工项目进度计划进行审核，主要审核内容有如下几方面。

(1) 项目总目标和所分解的子目标的内在联系是否合理；进度安排能否满足施工合同中工期的要求；是否符合开竣工日期的规定；分期施工是否满足分批交工的需要和配套交工的要求。

(2) 施工进度中的内容是否全面，有无遗漏项目，能否保证施工质量、安全需求。

(3) 施工程序和作业顺序安排是否正确合理。

(4) 各类资源供应计划是否能保证进度计划的实现，供应是否均衡。

(5) 总分包之间和各专业之间在施工时间和位置的安排上是否合理，有无干扰。

(6) 总分包之间的进度计划是否相互协调，专业分工与计划的衔接是否明确、合理。

(7) 对实施进度计划的风险是否分析清楚，是否有相应的防范对策和应变预案。

(8) 各项保证进度计划实现的措施是否周到、可行、有效。

2. 进度计划的实施

进度计划的实施就是按照进度计划开展施工活动，落实并完成计划。施工进度计划逐步实施的过程就是项目施工逐步完成的过程。为保证各项施工活动按进度计划所确定的顺序和时间进行，保证各阶段目标和总目标的实现，项目部应做好以下工作。

(1) 编制月（旬）作业计划。

(2) 签发施工任务书。

(3) 做好施工进度记录。

(4) 做好施工调度工作。

施工调度是指掌握计划实施情况，组织施工中各阶段、各环节、各专业和各工种的互相配合，协调各方面关系，采取措施，排除各种干扰、矛盾，加强薄弱环节，发挥生产指挥作用，实现连续、均衡、顺利施工，完成各项作业计划，实现进度目标。施工调度的具体工作有如下几方面。

(1) 执行施工合同中对进度、开工及延期开工、暂停施工、工期延误、工程竣工的承诺。

(2) 控制进度措施的落实应具体到执行人，并明确目标、任务、检查方法和考核办法。

(3) 监督检查施工准备工作、作业计划的实施，协调各方面的进度关系。

(4) 督促资源供应单位按计划供应劳动力、施工机具、材料构配件、运输车辆等，并对临时出现的问题及时采取措施。

(5) 由于工程变更引起资源需求的数量变更和品种变化时，应及时调整供应计划。

(6) 按施工平面图管理施工现场，遇到问题作必要的调整，保证文明施工。

(7) 及时了解气候和水、电供应情况，采取相应的防范和调整措施。

(8) 及时发现和处理施工中各种事故和意外事件。

(9) 协助分包人解决项目进度控制中的相关问题。

(10) 定期、及时召开现场调度会议，贯彻项目各方负责人的决策，发布调度令。

(11) 当发包人提供的资源供应进度发生变化，不能满足施工进度要求时，应督促发包人执行原计划，并对造成的工期延误及经济损失进行索赔。

9.3 施工阶段进度控制的内容

9.3.1 施工阶段进度控制的工作流程

施工阶段进度控制的工作流程如图 9-3 所示。

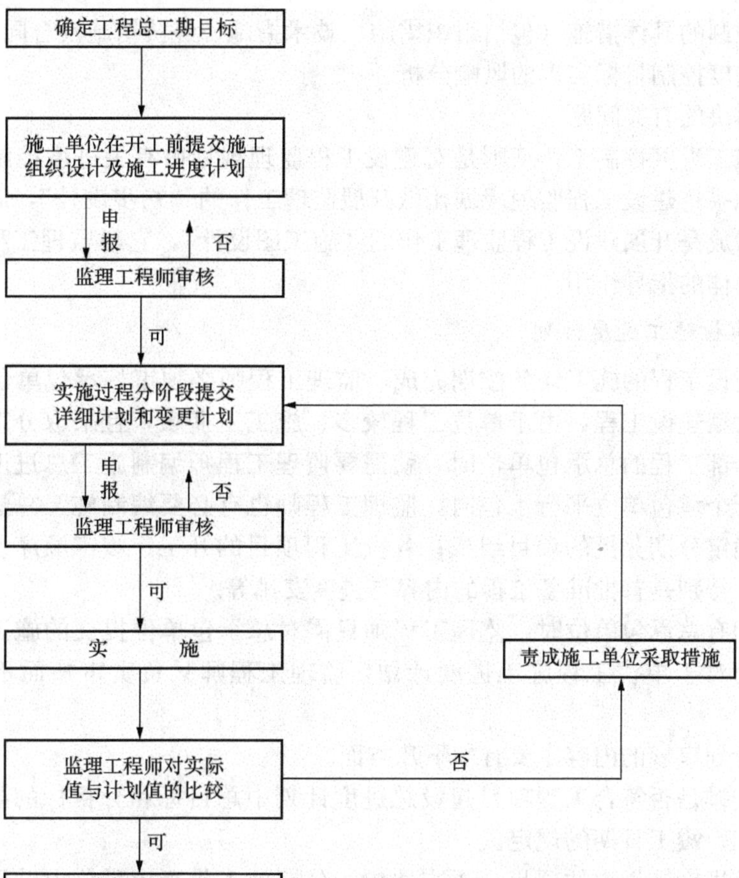

图 9-3　施工阶段进度控制工作流程

9.3.2 施工阶段进度控制的工作内容

施工阶段进度控制工作从审核承包单位提交的施工进度计划开始，直至建设工程保修期满为止，其工作内容主要有如下几项。

1. 编制施工进度控制工作细则

施工进度控制工作细则是在建设工程监理规划的指导下，由项目监理班子中进度控制部门的监理工程师负责编制的更具有实施性和操作性的监理业务文件。其主要内容包括如下几方面。

(1) 施工进度控制目标分解图。

(2) 施工进度控制的主要工作内容和深度。

(3) 进度控制人员的职责分工。

(4) 与进度控制有关各项工作的时间安排及工作流程。

(5) 进度控制的方法（包括进度检查周期、数据采集方式、进度报表格式、统计分析方法等)。

(6) 进度控制的具体措施（包括组织措施、技术措施、经济措施及合同措施等)。

(7) 施工进度控制目标实现的风险分析。

(8) 尚待解决的有关问题。

事实上，施工进度控制工作细则是对建设工程监理规划中有关进度控制内容的进一步深化和补充。如果将建设工程监理规划比做开展监理工作的“初步设计”，施工进度控制工作细则就可以看成是开展建设工程监理工作的“施工图设计”，它对监理工程师的进度控制实务工作起着具体的指导作用。

2. 编制或审核施工进度计划

为了保证建设工程的施工任务按期完成，监理工程师必须审核承包单位提交的施工进度计划。对于大型建设工程，由于单位工程较多、施工工期长，且采取分期分批发包，又没有一个负责全部工程的总承包单位时，就需要监理工程师编制施工总进度计划；或者当建设工程由若干个承包单位平行承包时，监理工程师也有必要编制施工总进度计划。施工总进度计划应确定分期分批的项目组成；各批工程项目的开工、竣工顺序及时间安排；全场性准备工程，特别是首批准备工程的内容与进度安排等。

当建设工程有总承包单位时，监理工程师只需对总承包单位提交的施工总进度计划进行审核即可。而对于单位工程施工进度计划，监理工程师只负责审核而不需要编制进度计划。

施工进度计划审核的内容主要有如下几方面。

(1) 进度安排是否符合工程项目建设总进度计划中总目标和分目标的要求，是否符合施工合同中开工、竣工日期的规定。

(2) 施工总进度计划中的项目是否有遗漏，分期施工是否满足分批动用的需要和配套动用的要求。

(3) 施工顺序的安排是否符合施工工艺的要求。

(4) 劳动力、材料、构配件、设备及施工机具、水、电等生产要素的供应计划是否能保证施工进度计划的实现，供应是否均衡，需求高峰期是否有足够能力实现计划供应。

(5) 总包、分包单位分别编制的各项单位工程施工进度计划之间是否相协调，专业分工与计划衔接是否明确合理。

(6) 对于业主负责提供的施工条件（包括资金、施工图纸、施工场地、采供的物资等），在施工进度计划中安排得是否明确、合理，是否有造成因业主违约而导致工程延期和费用索赔的可能存在。

如果监理工程师在审查施工进度计划的过程中发现问题，应及时向承包单位提出书面修改意见（也称整改通知书），并协助承包单位修改，其中重大问题应及时向业主汇报。

应当说明，编制和实施施工进度计划是承包单位的责任。承包单位之所以将施工进度计划提交给监理工程师审查，是为了听取监理工程师的建设性意见。因此，监理工程师对施工进度计划的审查或批准，并不解除承包单位对施工进度计划的任何责任和义务。此外，对监理工程师来讲，其审查施工进度计划的主要目的是为了防止承包单位计划不当，以及为承包单位保证实现合同规定的进度目标提供帮助。如果强制地干预承包单位的进度安排，或支配施工中所需要劳动力、设备和材料，将是一种错误行为。

尽管承包单位向监理工程师提交施工进度计划是为了听取建设性的意见，但施工进度计划一经监理工程师确认，即应当视为合同文件的一部分，它是以后处理承包单位提出的工程延期或费用索赔的一个重要依据。

3. 按年、季、月编制工程综合计划

在按计划期编制的进度计划中，监理工程师应着重解决各承包单位施工进度计划之间、施工进度计划与资源（包括资金、设备、机具、材料及劳动力）保障计划之间及外部协作条件的延伸性计划之间的综合平衡与相互衔接问题。并根据上期计划的完成情况对本期计划作必要的调整，从而作为承包单位近期执行的指令性计划。

4. 下达工程开工令

监理工程师应根据承包单位和业主双方关于工程开工的准备情况，选择合适的时机发布工程开工令。工程开工令的发布，要尽可能及时，因为从发布工程开工令之日算起，加上合同工期后即为工程竣工日期。如果开工令发布拖延，就等于推迟了竣工时间，甚至可能引起承包单位的索赔。

为了检查双方的准备情况，监理工程师应参加由业主主持召开的第一次工地会议。业主应按照合同规定，做好征地拆迁工作，及时提供施工用地，同时还应当完成法律及财务方面的手续，并及时向承包单位支付工程预付款。承包单位应当将开工所需要的人力、材料及设备准备好，同时还要按合同规定为监理工程师提供监理工作的各种条件。

5. 协助承包单位实施进度计划

监理工程师要随时了解施工进度计划执行过程中所存在的问题，并帮助承包单位予以解决，特别是承包单位无力解决的内外关系协调问题。

6. 监督施工进度计划的实施

监督施工进度计划的实施是建设工程施工进度控制的经常性工作。监理工程师不仅要及时检查承包单位报送的施工进度报表和分析资料，同时还要进行必要的现场实地检查，核实所报送的已完项目的时间及工程量，杜绝虚报现象。

在对工程实际进度资料进行整理的基础上，监理工程师应将其与计划进度相比较，以判定实际进度是否出现偏差。如果出现进度偏差，监理工程师应进一步分析此偏差对进度控制目标的影响程度及其产生的原因，以便研究对策、提出纠偏措施。必要时还应对后期工程进度计划做适当的调整。

7. 组织现场协调会

监理工程师应每月、每周定期组织召开不同层级的现场协调会议，以解决工程施工过程中的相互协调配合问题。在每月召开的工地例会上通报工程项目建设的重大变更事项，协商其后果处理，解决各个承包单位之间以及业主与承包单位之间的重大协调配合问题；在每周召开的管理层协调会上，通报各自进度状况、存在的问题及下周的安排，解决施工中的相互协调配合问题。通常包括：各承包单位之间的进度协调问题；工作面交接和阶段成品保护责任问题；场地与公用设施利用中的矛盾问题；某一方面断水、断电、断路、开挖要求对其他方面影响的协调问题以及资源保障、外协条件配合问题等。

在平行、交叉施工单位多，工序交接频繁且工期紧迫的情况下，现场协调会甚至需要每日召开。在会上通报和检查当天的工程进度，确定薄弱环节，部署当天的赶工任务，以便为次日正常施工创造条件。

对于某些未曾预料的突发变故或问题，监理工程师还可以通过发布紧急协调指令，督促有关单位采取应急措施维护施工的正常秩序。

8. 签发工程进度款支付凭证

监理工程师应对承包单位申报的已完分项工程量进行核实，在质量监理人员检查验收后，签发工程进度款支付凭证。

9. 审批工程延期

造成工程进度拖延的原因有两个方面：一是由于承包单位自身的原因；二是由于承包单位自身以外的原因。前者所造成的进度拖延，称为工程延误；而后者所造成的进度拖延称为工程延期。

(1) 工程延误。当出现工程延误时，监理工程师有权要求承包单位采取有效措施加快施工进度。如果经过一段时间后，实际进度没有明显改进，仍然拖后于计划进度，而且明显影响工程按期竣工时，监理工程师应要求承包单位修改进度计划，并提交给监理工程师重新确认。

监理工程师对修改后的施工进度计划的确认，并不是对工程延期的批准，而只是要求承包单位在合理的状态下施工。因此，监理工程师对进度计划的确认，并不能解除承包单位应负的一切责任，承包单位需要承担赶工的全部额外开支和误期损失赔偿。

(2) 工程延期。如果由于承包单位自身以外的原因造成工期拖延，承包单位有权提出延长工期的申请。监理工程师应根据合同规定，审批工程延期时间。经监理工程师核实批准的工程延期时间，应纳入合同工期，作为合同工期的一部分，即新的合同工期应等于原定的合同工期加上监理工程师批准的工程延期时间。

监理工程师对于施工进度的拖延，是否批准为工程延期，对承包单位和业主都十分重要。如果承包单位得到监理工程师批准的工程延期，不仅可以不赔偿由于工期延长而支付的误期损失费，而且还要由业主承担由于工期延长所增加的费用。因此，监理工程师应按照合同的有关规定，公正地区分工程延误和工程延期，并合理地批准工程延期时间。

10. 向业主提供进度报告

监理工程师应随时整理进度资料，并做好工程记录，定期向业主提交工程进度报告。

11. 督促承包单位整理技术资料

监理工程师要根据工程进展情况，督促承包单位及时整理有关技术资料。

12. 签署工程竣工报验单、提交质量评估报告

当单位工程达到竣工验收条件后，承包单位在自行预验的基础上提交工程竣工报验单，申请竣工验收。监理工程师在对竣工资料及工程实体进行全面检查、验收合格后，签署工程竣工报验单，并向业主提出质量评估报告。

13. 整理工程进度资料

在工程完工以后，监理工程师应将工程进度资料收集起来，进行归类、编目和建档，以便为今后其他类似工程项目的进度控制提供参考。

14. 工程移交

监理工程师应督促承包单位办理工程移交手续，颁发工程移交证书。在工程移交后的保修期内，还要处理验收后质量问题的原因及责任等争议问题，并督促责任单位及时修理。当保修期结束且再无争议时，建设工程进度控制的任务即告完成。

9.4 施工阶段施工进度计划的编制

9.4.1 工程进度计划的表现形式

工程进度计划通常有三种表现形式，即横道图、斜线图和网络图。

1. 横道图

横道图是以时间为横坐标，以各施工过程或分项工程、工序为纵坐标，按一定的施工先后顺序和工艺流程，用带时间比例的水平横道线来表示相应的施工过程或工序持续时间的施工进度计划图表。这种图的表示特点是由两大部分组成，左面部分是以施工过程和分项工程或工序为主要内容的表格，包括了各工序相应的工程量、定额和劳动量等计算数据；右半部分是指示图表，它是由左面表格中的有关数据计算得到的，横道线的长短表示施工期限的长短，线所在的位置代表施工过程，线上可以用数字标出劳动力的数量。

利用横道图来编制施工进度计划，有着编制容易、简单明了、直观易懂、便于检查和计算资源的优点。但是，作为一种计划管理的工具，横道图也有它的缺点。首先，各施工过程、分项工程或工序之间的逻辑关系不明确；施工日期和地点的关系无法表示。其次，工程数量的实际分布情况不具体，无法从图上计算和优化及寻找计划的潜力。鉴于横道图的这些缺点对改进和加强施工进度管理是不利的，所以它只宜用于编制集中性工程进度计划、材料的供应计划或比较简单的工程进度计划。

2. 斜线图

斜线图又称垂直图，其基本原理是：以纵坐标表示施工工期，以横坐标表示里程，而

各分部、分项工程的施工进度则相应地以不同形式的斜线来表示。在斜线图中，各分部、分项工程之间的相互关系，施工的紧凑程度和施工速度都十分清楚，工程的分布情况和施工日期一目了然。它消除了横道图的缺点，从斜线图中可直接找出任何一天各施工队伍的施工地点和应完成的工程量。因此，斜线图是编制道路、隧道等线形工程施工进度计划的一种较好形式。

斜线图虽然消除了横道图的一些缺点，但作为计划管理的一种方法，它仍存在着不能定量地反映某施工过程提前或推迟完成对整个进度计划的影响程度，不能明确表达出关键工序或关键线路，不能使用电子计算机，计划编制和修改的工作量较大等不足。这样就使计划的管理人员无法抓住完成进度计划的主要矛盾。如图 9-4 所示为一斜线施工进度图。

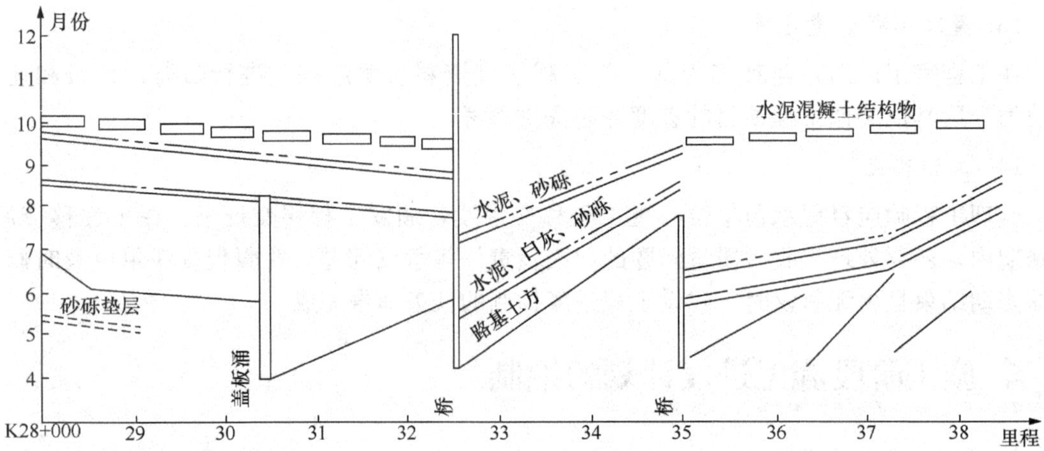

图 9-4　斜线施工进度图

3. 网络图

有关内容详见第 3 章。

9.4.2　施工总进度计划的编制

施工总进度计划是施工组织设计的重要组成部分，是施工总体方案在时间序列上的反映，可用于合理确定各单位工程施工的先后顺序、施工期限、开工和竣工日期，以及各单位工程之间搭接关系和搭接时间，综合平衡各施工阶段的工作量、不同时期的资源量以及投资分配。它是工程从开工一直到竣工为止，各个主要环节的总的进度安排，起着控制构成工程总体的各个单位工程或各个施工阶段工期的作用。

1. 编制施工总进度计划的依据

(1) 施工图设计等技术资料。

(2) 施工合同文件中确定工程施工的开、竣工日期，即合同工期或指令工期。

(3) 有关的定额，预算定额或施工定额。

(4) 各单位工程的施工方案、方法和工期。

(5) 施工中可能配备的人力、机具设备，以及施工准备工作中所取得的有关工程所在地的自然条件和技术经济资料，如有关气象、水文、资源供应等。

2. 编制施工总进度计划时应注意的问题

1）关于工期

(1) 工期是否充裕。

(2) 除整个工期外，在部分工程的工期上有无问题。

(3) 施工中，有哪些卡脖子的问题。

2）有关占用土地的问题

(1) 业主向有关部门办理的手续是否已全部办好。

(2) 尚未解决的问题预计何时能得到解决。

(3) 土地方面未解决的问题对整个工期的影响。

3）关于现场条件

(1) 通向现场的道路是否有问题。

(2) 现场施工用道路有无问题。

(3) 作业时间是否受到限制。

(4) 施工是否受到水文、气象的限制。

(5) 供电、供水方面有无问题。

4）关于施工方法

(1) 除了设计图纸上提出的施工方法和设备，能否找到更有利的施工方案。

(2) 选择的施工方法是否受到其他方面限制。

5）关于施工组织

(1) 施工现场管理人员的资格、经验和人数是否已不存在问题。

(2) 是否用分包形式。

(3) 分包单位在经验、技术和人员等方面是否满足要求。

(4) 设计图纸和说明书是否完备，晚交图纸是否影响施工。

(5) 补偿自然灾害和其他不可抗力造成损失的规定条款。

(6) 关于工程地质、水文的异常现象，现场实际情况与图纸、说明书不符时，合同规定解决的条款。

(7) 对设计变更、停工、窝工及变更工期等，费用由谁负担。

3. 编制施工总进度计划的基本原则

(1) 保证拟建工程在合同规定的期限内完成。

(2) 保证施工的连续性和均衡性。

(3) 保证投资分配的合理性。

4. 施工总进度计划的编制步骤和方法

1）计算工程量

根据批准的工程项目一览表，按单位工程分别计算其主要实物工程量，不仅是为了编制施工总进度计划，而且还为了编制施工方案和选择施工运输机械，初步规划主要施工过程的流水施工，以及计算人工、施工机械及建筑材料的需要量。因此，工程量只需粗略地计算即可。

工程量的计算可按初步设计（或扩大初步设计）图纸和有关额定手册或资料进行。常用的定额、资料有如下几种。

（1）每1万元、每10万元投资工程量、劳动量及材料消耗扩大指标。

（2）概算指标和扩大结构定额。

（3）已建成的类似建筑物、构筑物的资料。

对于工业建设工程来说，计算出的工程量应填入工程量汇总表，如表9-3所示。

表9-3　工程量汇总

序号	工程量名称	单位	合计	生产车间			仓库运输			管网				生活福利		大型临设		备注
				××车间			仓库	铁路	公路	供电	供水	排水	供热	宿舍	文化福利	生产	生活	

2）确定各单位工程的施工期限

各单位工程的施工期限应根据合同工期确定，同时还要考虑建筑类型、结构特征、施工方法、施工管理水平、施工机械化程度及施工现场条件等因素。如果在编制施工总进度计划时没有合同工期，则应保证计划工期不超过工期定额。

3）确定各单位工程的开竣工时间和相互搭接关系

确定各单位工程的开竣工时间和相互搭接关系主要应考虑以下几点。

（1）同一时期施工的项目不宜过多，以避免人力、物力过于分散。

（2）尽量做到均衡施工，使劳动力、施工机械和主要材料的供应在整个工期范围内达到均衡。

（3）尽量提前建设可供工程施工使用的永久性工程，以节省临时工程费用。

（4）急需和关键的工程先施工，以保证工程项目如期交工。对于某些技术复杂、施工周期较长、施工困难较大的工程，亦应安排提前施工，以利于整个工程项目按期交付使用。

（5）施工顺序必须与主要生产系统投入生产的先后次序相吻合。同时还要安排好配套工程的施工时间，以保证建成的工程能迅速投入生产或交付使用。

（6）应注意季节对施工顺序的影响，使施工季节不导致工期拖延，不影响工程质量。

（7）安排一部分附属工程或零星项目作为后备项目，用以调整主要项目的施工进度。

（8）注意主要工种和主要施工机械能连续施工。

4）编制初步施工总进度计划

施工总进度计划应安排全工地性的流水作业。全工地性的流水作业安排应以工程量大、工期长的单位工程为主导，组织若干条流水线，并以此带动其他工程。

施工总进度计划既可以用横道图表示，也可以用网络图表示。如果用横道图表示，则常用的格式见表9-4，采用网络计划技术控制工程进度更加有效，所以人们更多地开始采用网络图来表示施工总进度计划。特别是电子计算机的广泛应用，为网络计划技术的推广和普及创造了更加有利的条件。

表 9-4　施工总进度计划

序号	单位工程名称	建筑面积/m²	结构类型	工程造价/万元	施工时间/月	施工进度计划										
						第一年				第二年				第三年		
						Ⅰ	Ⅱ	Ⅲ	Ⅳ	Ⅰ	Ⅱ	Ⅲ	Ⅳ	Ⅰ	Ⅱ	

5）编制正式施工总进度计划

初步施工总进度计划编制完成后，要对其进行检查。主要是检查总工期是否符合要求，资源使用是否均衡且其供应是否能得到保证。如果出现问题，则应进行调整。调整的主要方法是改变某些工程的起止时间或调整主导工程的工期。如果是网络计划，则可以利用电子计算机分别进行工期优化、费用优化及资源优化。当初步施工总进度计划经过调整符合要求后，即可编制正式的施工总进度计划。

正式的施工总进度计划确定后，应据此编制劳动力、材料、大型施工机械等资源的需用量计划，以便组织供应，保证施工总进度计划的实现。

9.4.3　单位工程施工进度计划的编制

单位工程施工进度计划是在既定施工方案的基础上，根据规定的工期和各种资源供应条件，对单位工程中的各分部分项工程的施工顺序、施工起止时间及衔接关系进行合理安排的计划。其编制的主要依据有：施工总进度计划、单位工程施工方案、合同工期或定额工期、施工定额、施工图和施工预算、施工现场条件、资源供应条件和气象资料等。

1. 单位工程施工进度计划的编制程序

单位工程施工进度计划的编制程序如图 9-5 所示。

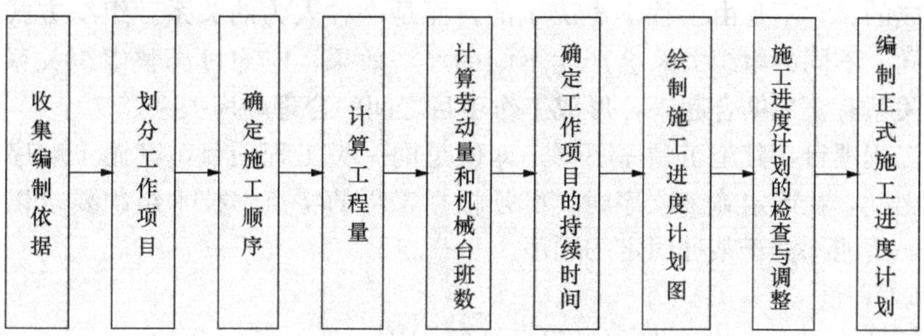

图 9-5　单位工程施工进度计划编制程序

2. 单位工程施工进度计划的编制方法

1）划分工作项目

工作项目是包括一定工作内容的施工过程，它是施工进度计划的基本组成单元。工作项目内容的多少，划分的粗细程度，应该根据计划的需要来决定。对于大型建设工程，经常需要编制控制性施工进度计划，此时工作项目可以划分得粗一些，一般只明确到分部工程即可。例如，在装配式单层厂房控制性施工进度计划中，只列出土方工程、基础工程、预制工程、安装工程等各分部工程项目。如果编制实施性施工进度计划，工作项目就应划分得细一些。在一般情况下，单位工程施工进度计划中的工作项目应明确到分项工程或更具体，以满足指导施工作业、控制施工进度的要求。例如，在装配式单层厂房实施性施工进度计划中，应将基础工程进一步划分为挖基础、做垫层、砌基础、回填土等分项工程。

由于单位工程中的工作项目较多，应在熟悉施工图纸的基础上，根据建筑结构特点及已确定的施工方案，按施工顺序逐项列出，以防止漏项或重项。凡是与工程对象施工直接有关的内容均应列入计划，而不属于直接施工的辅助性项目和服务性项目则不必列入。例如，在多层混合结构住宅建筑工程施工进度计划中，应将主体工程中的脚手架，砌砖墙，现浇圈梁、梁及板混凝土，安装预制楼板和灌缝等施工过程列入。而完成主体工程中的砂浆及混凝土，制作、搅拌运输，以及楼板的预制和运输等项目，既不是在建筑物上直接完成，也不占用工期，则不必列入计划之中。

另外，有些分项工程在施工顺序上和时间安排上是相互穿插进行的，或者是由同一专业施工队完成的，为了简化进度计划的内容，应尽量将这些项目合并，以突出重点。例如，防潮层施工可以合并在砌筑基础项目内，安装门窗框可以并入砌墙工程。

2）确定施工顺序

确定施工顺序是为了按照施工技术和合理的组织关系，解决各工作项目之间在时间上的先后和搭接问题，以达到保证质量、安全施工、充分利用空间、争取时间、实现合理安排工期的目的。

一般说来，施工顺序受施工工艺和施工组织两方面的制约。当施工方案确定之后，工作项目之间的工艺关系也就随之确定。如果违背这种关系，将不可能施工，或者导致工程质量事故和安全事故的出现，或者造成返工浪费。

工作项目之间的组织关系是由于劳动力、施工机械、材料和构配件等资源的组织和安排需要而形成的。它不是由工程本身决定的，而是一种人为的关系。组织方式不同，组织关系也就不同。不同的组织关系会产生不同的经济效果，应通过调整组织关系，并将工艺关系和组织关系有机地结合起来，形成工作项目之间的合理顺序关系。

不同的工程项目，其施工顺序不同。即使是同一类工程项目，其施工顺序也难以做到完全相同。因此，在确定施工顺序时，必须根据工程的特点、技术组织要求以及施工方案等进行研究，不能拘泥于某种固定的顺序。

3）计算工程量

工程量的计算应根据施工图和工程量计算规则，针对所划分的每一个工作项目进行。当编制施工进度计划时已有预算文件，且工作项目的划分与施工进度计划一致时，可以直接套用施工预算的工程量，不必重新计算。若某些项目有出入，但出入不大时，应结合工程的实际情况进行某些必要的调整。计算工程量时应注意以下问题。

（1）工程量的计算单位应与现行定额手册中所规定的计量单位相一致，以便计算劳动力、材料和机械数量时直接套用定额，而不必进行换算。

（2）要结合具体的施工方法和安全技术要求计算工程量。例如，计算柱基土方工程量时，应根据所采用的施工方法（单独基坑开挖、基槽开挖还是大开挖）和边坡稳定要求（放边坡还是加支撑）进行计算。

(3) 应结合施工组织的要求，按已划分的施工段分层分段进行计算。

4) 计算劳动量和机械台班数

当某工作项目是由若干个分项工程合并而成时，则应分别根据各分项工程的时间定额（或产量定额）及工程量，按公式（9-1）计算出合并后的综合时间定额（或综合产量定额）。

$$H=\frac{Q_1H_1+Q_2H_2+\cdots+Q_iH_i+\cdots+Q_nH_n}{Q_1+Q_2+\cdots+Q_i+\cdots+Q_n} \tag{9-1}$$

式中：H——综合时间定额（工日/m^3，工日/m^2，工日/t，……）；

Q_i——工作项目中第 i 个分项工程的工程量；

H_i——工作项目中第 i 个分项工程的时间定额。

根据工作项目的工程量和所采用的定额，即可按式（9-2）或式（9-3）计算出各工作项目所需要的劳动量和机械台班数。

$$P=Q\cdot H \tag{9-2}$$

或为

$$P=Q/S \tag{9-3}$$

式中：P——工作项目所需要的劳动量（工日）或机械台班数（台班）；

Q——工作项目的工程量（m^3，m^2，t，……）；

S——工作项目所采用的人工产量定额（m^3/工日，m^2/工日，t/工日，……）或机械台班产量定额（m^3/台班，m^2/台班，t/台班，……）。

其他符号同上。

零星项目所需要的劳动量可结合实际情况，根据承包单位的经验进行估算。

由于水、暖、电、卫等工程通常由专业施工单位施工，因此，在编制施工进度计划时，不计算其劳动量和机械台班数，仅安排其与土建施工相配合的进度。

5) 确定工作项目的持续时间

根据工作项目所需要的劳动量或机械台班数，以及该工作项目每天安排的工人数或配备的机械台数，即可按式（9-4）计算出各工作项目的持续时间。

$$D=\frac{P}{R\cdot B} \tag{9-4}$$

式中：D——完成工作项目所需要的时间，即持续时间（d）；

R——每班安排的工人数或施工机械台数；

B——每天工作班数。

其他符号同前。

在安排每班工人数和机械台数时，应综合考虑以下问题。

(1) 要保证各个工作项目上工人班组中每一个工人拥有足够的工作面（不能少于最小工作面），以达到高效率并保证施工安全。

(2) 要使各个工作项目上的工人数量不低于正常施工时所必需的最低限度（不能小于最小劳动组合），以达到最高的劳动生产率。

由此可见，最小工作面限定了每班安排人数的上限，而最小劳动组合限定了每班安排人数的下限。对于施工机械台数的确定也是如此。

每天的工作班数应根据工作项目施工的技术要求和组织要求来确定。例如，浇筑大体积混凝土，要求不留施工缝连续浇筑时，就必须根据混凝土工程量决定采用双班制或三班制。

以上是根据安排的工人数和配备的机械台班数来确定工作项目的持续时间。但有时根据组织要求（如组织流水施工时），需要采用倒排的方式来安排进度，即先确定各工作项目的持续时间，然后以此来确定所需要的工人数和机械台数。此时，需要把式（9-4）变换成式（9-5）。利用该公式即可确定各工作项目所需要的工人数和机械台数。

$$R=\frac{P}{D\cdot B} \tag{9-5}$$

如果根据上式求得的工人数或机械台数已超过承包单位现有的人力、物力，除了寻求其他途径增加人力、物力外，承包单位应从技术上和施工组织上采取积极措施加以解决。

6）绘制施工进度计划图

绘制施工进度计划图，首先应选择施工进度计划的表达形式。目前，常用来表达建设工程施工进度计划的方法有横道图和网络图两种形式。横道图比较简单，而且非常直观，多年来被人们广泛地用于表达施工进度计划。

7）施工进度计划的检查与调整

当施工进度计划初始方案编制好后，需要对其进行检查与调整，使进度计划更加合理，进度计划检查的主要内容包括如下几项。

（1）各工作项目的施工顺序、平行搭接和技术间歇时间是否合理。

（2）总工期是否满足合同规定。

（3）主要工种的工人是否能满足连续、均衡施工的要求。

（4）主要机具、材料等的利用是否均衡和充分。

在上述四个方面中，首要的是前两方面的检查，如果不满足要求，必须进行调整。只有在前两个方面均达到要求的前提下，才能进行后两个方面的检查与调整。前者是解决可行与否的问题，而后者则是优化的问题。

9.4.4 年度、季度、月进度计划的编制

在总进度计划和单位工程进度计划编制完成后，可根据需要编制年、月、季度施工进度计划。年、月、季度进度计划的编制，要以总进度计划和单位工程进度计划为依据，即年、月、季度施工进度计划受总进度计划和单位工程进度计划的控制。在编制年、月、季度进度计划时，施工过程的划分可以是单项工程、单位工程或分部分项工程，可视具体需要而定。首先，在年进度计划中应反映本年度施工的各单项工程的形象进度控制指标，同时也应突出组织顺序上的联系，即各工程项目的施工顺序，其中主要包括大型机械的转移顺序和主要施工队伍的转移顺序等。

1. 年度进度计划的主要作用

（1）统一安排全年内正在施工和将要开工工程的施工，确定年度施工任务。

（2）确定各项年度生产指标，即在年度内要完成哪些单位工程、分部工程、分项工程，或部分工程项目。

(3) 根据年度、季节、气候的不同，合理安排施工进度。

注意在编制年度进度计划时，应处理好下列关系：一般工程受重点工程的制约，下级计划受上级计划的制约，计划内短期安排受整个计划工期的制约。

2. 月、季度施工进度计划

编制月、季度进度计划的目的在于确定月、季度施工任务，以及它们包括哪些施工内容，预计要完成到什么部位，工作量和工程量是多少，由谁来完成，相互间如何配合等。这些内容确定后可以具体地指导施工作业，即相关的施工专业队伍（班组）如何实现流水作业，以及施工顺序如何等。那么，在月、季度施工进度计划中应反映出如下内容。

(1) 在本月、季度计划施工的分部、分项工程。

(2) 各分部、分项工程在本月、季度计划完成的工程数量，应提出在本月、季度施工的各分部、分项工程的形象进度控制指标。

(3) 本月、季度计划完成的工程投资额。

9.4.5 利用横道图编制施工进度计划

利用横道图编制工程施工进度计划的步骤：

(1) 划分施工过程。根据需要把工程划分成单项工程、单位工程或分部分项工程，直至具体的工序，并按项目实施的先后顺序列入图表的竖轴栏目中。

(2) 逐项计算各个项目的工程数量、劳动量或作业量。

(3) 将能够利用的工期，即指令工期、合同工期或计划工期，根据情况按年、月、日表示在横轴上。

(4) 计算出完成各个单项工程、单位工程、分部分项工程或工序所需的持续时间。

(5) 在指令工期、合同工期或计划工期内全部工程能够完成时，按照计算所得的各个项目的持续时间，在横轴上按比例逐一用横道线绘出。如果按计算所得的各个项目的持续时间安排进度计划的工期超出指令工期、合同工期或计划工期时，则应对各个项目的持续时间分别给予必要压缩，这时可以通过增加劳动力人数、机械台数或改变施工组织方法来解决，在指令工期、合同工期或计划工期内完成。通常采用三种方法来进行安排。

① 顺行法。按照施工顺序，首先确定临时工程、准备工作等最先开始工作的开工日期，然后根据工程量计算出所需持续时间，这样就可定出最先开始工作的完成日期。然后按照施工顺序，搭接关系用同样方法定出各项工程项目或工序的开始与完工日期。同时开始的工作可平行列入。

② 逆行法。与顺行法相反，从完工之日开始，按同样的方法确定各个项目或工序的完成和开始日期。

③ 重点法。按照季节、工程现场条件与工程要求，重点作出某些主体工程项目或工序的开工和完成日期，将这些时间在全工期内固定起来，再将前后或平行的各个项目或工序的开始和完成时间确定下来。

9.5 工程施工进度计划的实施与检查

9.5.1 工程施工进度计划的实施

工程施工进度计划的实施就是施工活动的进展，也就是利用施工进度计划指导和控制施工活动、落实和完成进度计划。工程施工进度计划逐步实施的进程就是工程施工建造的逐步完成过程。为了保证工程施工进度计划的实施，并且尽量按审批好的计划时间逐步进行，保证各进度目标的实现并按期交付使用，应做好如下工作。

1. 施工项目进度计划的贯彻

为了保证工程施工进度计划实施过程中的各项施工活动能够顺利开展，施工前必须编制可行的进度计划，建立进度控制人员组织机构，正式下达和认真贯彻施工进度计划，其具体要求如下。

(1) 检查施工总进度计划、单位工程施工进度计划和分部分项工程施工进度计划等，使之形成严密的计划保证系统。这些进度计划都是为了完成一个总的进度目标而分别编制的，各项进度计划之间必须协调一致，计划的目标必须是层层分解、互相衔接，组成一个严密的计划实施的保证系统。监理工程师应该检查进度计划体系和进度计划执行情况，以确保进度按合同完成。

(2) 层层签订施工承包合同或下达施工任务书。公司经理、施工项目经理、施工队长和施工班组长之间要层层签订施工承包合同，按进度计划要求的各项工期控制目标，明确规定各项施工合同的工期、相互承担的经济责任、权限和利益；或采用层层下达施工任务书的方法，将施工作业计划下达给各施工作业班组，明确各自的具体施工任务、技术措施、质量安全要求等内容，各施工班组必须保证按施工作业计划完成规定的施工任务。

(3) 进行全面的施工进度计划交底，做到进度人人重视、人人贯彻执行。施工进度计划的实施是全体参与施工人员的共同责任，要使有关施工人员明确各项计划的目标、任务、实施方案和措施，使施工管理人员与施工操作人员协调一致，并使计划要求成为每个施工人员的自觉行动。为此。计划实施前要层层进行全面技术交底工作，充分发动施工人员的主动性，发挥全体人员的聪明才智，以确保施工任务的顺利完成。

2. 工程施工进度计划的实施

建筑工程施工进度计划一般由施工单位编制完成，并经施工单位的公司技术部门审核同意后，在工程开工前，随施工组织设计一起报监理工程师审查，待监理工程师审查确认后即可付诸实施。

施工单位按已批准的施工组织设计，组织劳动力、工程材料、构配件、施工机具等生产要素，按监理工程师确认的施工进度计划施工。施工单位在执行施工进度计划的过程中，应接受监理工程师的监督与检查，而监理工程师应定期向建设单位报告工程进展情况。

工程施工进度计划的逐步实施过程就是施工项目建造的逐步完成过程，其实施程序和要求如下。

(1) 分阶段编制月（旬）作业计划。根据单位工程或分部分项工程施工进度计划的要求、实际进度情况和各项施工条件，在各月之前分阶段地编制各月（旬）的作业计划，使月（旬）作业计划更加具体、更加切实可行。在月（旬）作业计划中要明确规定本月（旬）应完成的施工任务，所需要的各种资源数量，要达到的质量和安全要求，提高劳动生产率和节约的措施等内容。

(2) 签发施工任务书。根据本月（旬）的作业计划，将各施工任务通过签发施工任务书的方式进一步落实到各施工班组。施工任务书是向施工班组下达施工任务、实行责任承包、全面管理和记录施工原始资料的综合性文件，是施工进度计划与计划实施的纽带。施工班组必须按照施工任务书的要求按时完成任务，才能保证施工进度计划的正常实施。

(3) 施工进度计划的实施。在工程施工进度计划的实施过程中，为了真实地记录施工的全过程，有效地控制施工实际进度，确保按计划工期保质、保量、安全地完成施工任务，各级施工的组织者要做好以下工作。

① 认真做好施工记录，填写好施工进度统计表。在施工计划完成过程中，各级进度计划的执行人员和专职统计员都要跟踪做好各项施工记录，真实地记载施工进度计划中的每一项工作的开始时间、工作进度情况和完成日期，并填写好有关的统计图表，为施工项目进度检查分析提供准确的信息。

② 做好施工过程中的协调工作。协调是施工项目组织施工过程中处理各个施工阶段、环节、专业和工种之间的互相配合关系、协调施工进度的指挥中心，是确保施工进度计划顺利实施的重要手段。协调工作的主要任务是：掌握施工进度计划实施过程中的真实情况，调整各方面的协作配合关系，积极采取各种措施及时排除施工中出现的或可能出现的各种问题，确保施工项目的实际进度与计划进度始终处于动态平衡状态，保证各项施工作业计划的完成和计划进度目标的实现。

协调工作的主要内容有如下几方面。

a. 监督作业计划的实施，协调各方面的配合与进度衔接关系。

b. 监督检查施工准备工作。

c. 检查督促劳动力、施工机具、材料、构件、加工件等资源供应单位的工作，对临时出现的问题协调解决。

d. 按施工平面图管理施工现场，并结合现场的实际情况进行必要的调整，保证现场布置整洁有序，文明施工，道路畅通。

e. 随时掌握气象、水电供应情况，并及时采取相应的防范和保证措施。

f. 及时发现和正确处理施工中出现的各种安全质量事故和意外事件，加强各种薄弱环节，积极预防可能发生的问题。

g. 定期召开现场协调工作会议，及时贯彻施工项目主管领导和上级主管部门的决策，发布调度命令。

9.5.2　工程施工进度计划的检查

在施工项目进度实施的过程中，由于影响工程进度的因素很多，经常会改变进度实施的正常状态，而使实际进度出现偏差。为了有效地进行施工进度控制，监理工程师和施工单位进度控制人员必须经常地、定期地跟踪检查施工实际进度情况，收集有关施工进度情况的数据资料，进行统计整理和对比分析，确定施工实际进度与计划进度之间的关系，提出工程施工进度控制报告。

1. 施工进度计划检查的主要内容

1）跟踪检查施工实际进度，收集有关施工进度的信息

跟踪检查施工项目的实际进度是进度控制的关键，其目的是收集有关施工进度的信息。而检查信息的质量直接影响施工进度控制的质量和效果。

（1）跟踪检查的时间周期。跟踪检查的时间周期一般与施工项目的类型、规模、施工条件和对进度要求的严格程度等因素有关。通常可以确定每月、半月、旬或周进行一次；若在施工中遇到天气、资源供应等不利因素的影响时，跟踪检查的时间周期应缩短，检查次数应相应增加，甚至每天检查一次。

（2）收集信息资料的方式和要求。收集信息资料一般采用进度报表方式和定期召开进度工作汇报会的形式。为了确保数据信息资料的准确性，监理和施工进度控制人员要经常深入到施工现场去查看施工项目的实际进度情况，经常地、定期地、准确地测量和记录反映施工实际进度状况的信息资料。

2）整理统计信息资料，使其具有可比性

将收集到的有关实际进度的数据资料进行必要的整理，并按计划控制的工作项目进行统计，形成与施工计划进度具有可比性的数据资料、相同的单值和形象进度类型。通常采用实物工程量、工作量、劳动消耗量或累计完成任务量的百分比等数据资料进行整理和统计。

3）施工实际进度与计划进度对比，确定偏差数量

工程施工的实际进度与计划进度进行比较时，常用的比较方法有横道图比较法、S形曲线比较法，另外还有香蕉形曲线比较法、前锋线比较法、普通网络计划的分割线比较法和列表比较法等。实际进度与计划进度之间的关系有一致、超前、拖后等三种情况，对于超前或拖后的偏差，还应计算出检查时的偏差量。

4）根据施工实际进度的检查结果，提出进度控制报告

进度控制报告的内容包括实际进度与计划进度的检查比较结果、有关施工进度的现状和发展趋势。施工单位应定期向监理工程师提供有关进度控制的报告，同时也是提供给项目经理、业务职能部门的进度情况汇报。

（1）施工进度控制报表。工程施工进度报表不仅是监理工程师实施施工进度控制的依据，同时也是监理工程师签发工程进度款支付凭证的依据。一般情况下，施工进度报表格式由监理单位提供给施工单位，施工单位按时填写完毕后提交给监理工程师核查。报表的内容根据施工对象及承包方式的不同而有所区别，但一般应包括工作的开始时间、完成时间、持续时间、逻辑关系、实物工程量，以及工作时差的利用情况等。施工单位应当准确地填写施工进度报表，监理工程师就能从中了解到建筑工程施工的实际进展情况。

（2）召开工地协调例会。在施工过程中，总监理工程师根据施工情况每周主持召开工地例会或不定期召开协调会议。工地例会的主要内容是检查分析施工进度计划完成情况，提出下一阶段施工进度目标及其落实措施。施工单位应汇报上周的施工进度计划执行情况，工程有无延误。如有工程延误，应说明延误的原因。提出下周的施工进度计划安排。通过

这种面对面的交谈，监理工程师可以从中了解到施工进度是否正常，发现施工进度计划执行过程中存在的潜在问题，以便及时采取相应的措施加以预防。

2. 工程进度计划的检查方法

工程进度计划的检查方法较多，如标牌法、实际记录法、工程进度曲线法、网络计划管理技术法等。下面主要介绍后两种方法。

1）工程进度曲线法

使用横道图比较实际进度与计划进度，为了清楚地表明进度提前或拖期的情况，不仅需要画出计划进度与实际进度的横道线，而且需要在线条上方或下方以数字表明完成的工程数量及占计划的百分数。该方法缺点是难以清晰地反映出进度差距。

绘制工程进度曲线可以克服横道图的这一缺点，准确地管理工程进度。它以横轴为工期，纵轴为工程进度参数（工程量、资源用量、工程成本、施工强度）的累计量，分别绘制计划与实际完成的工程管理曲线，如图 9-6 所示。

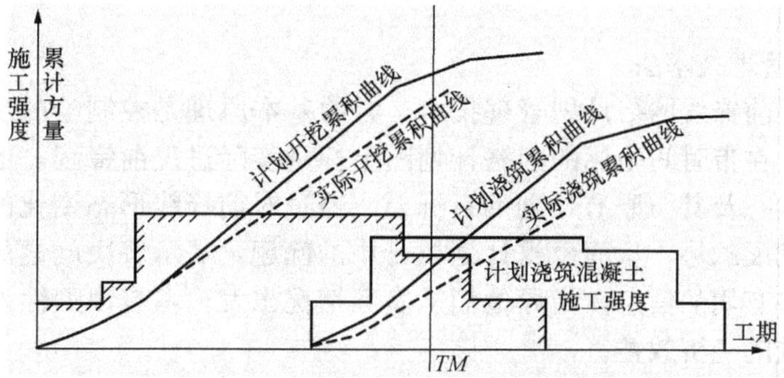

图 9-6　按横道图绘制的工程管理曲线

这种工程曲线具有直观上对比计划参数与实际完成参数差距的优点，可以准确地反映工程动态。它常绘在横道图进度计划的下方，与横道图配合使用。

横道图和工程进度曲线虽可用于施工管理，但它仍难以准确表示某项作业拖期对其他作业和整个工程的影响，也不能及时采用电子计算机进行跟踪和调整，因此网络计划已成为一种新的替代方法，广泛用来对工程进行动态管理，采用网络计划管理技术，也可绘制工程进度曲线作为管理工具。

工程进度曲线的绘制步骤如下：

① 确定工程进度计划（横道图或网络计划）。

② 按计划绘制计划参数的累计曲线。

③ 按实际进度绘制相应参数的累计曲线。

实际进度累计曲线与计划进度累计曲线的差值，即为两者偏离的幅度。

工程管理曲线的形状，大致分二种情况。

第一种：计划参数均匀不变，生产能力正常发挥，每天完成的工程量不变，则工程管理曲线如图 9-7（a）所示。它是一条直线，其斜率则为工程施工强度。施工强度不变，这是一种少有的理想情况。

第二种：一般由于工程初期准备工作，或结尾时的清理工作以及其他情况，工程施工强度曲线通常经历曲线斜率逐步增加，在中期维持一定水平，到后期逐步减少的过程。如图 9-7（b）所示的管理曲线，大致呈 S 形，开始曲线斜率逐步增加，到顶时达到最大值，然后曲线为斜率不变的直线段，到最后，由于施工强度逐步减少，曲线斜率逐步减小到完工时为止。当然这也是一条理想的工程管理曲线，计划人员要尽量争取达到 S 形曲线。

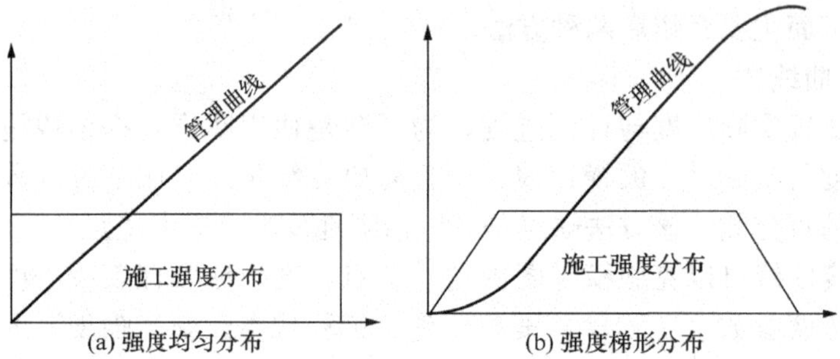

图 9-7　施工强度分布及工程量累积曲线

2）网络计划管理技术法

这里主要介绍前锋线网络计划管理技术，它的基本原理是控制论的反馈调节原理。在计划执行过程中，在带时间坐标的网络计划图上标画实际进度前锋线，形象地描述出进度计划的实际执行状态及其与原有计划的目标差，通过对前锋线形态变化的分析，进而预测未来的进度及其发展趋势，从而暴露计划执行中的问题，揭示解决问题的最佳途径，为计划管理者提供许多有用的信息，指导他们从实际情况出发，富有预见性地采取最恰当的反馈措施，争取最佳的经济效益。

9.5.3　实际进度与计划进度的对比

施工进度检查的主要方法是对比分析法。将经过整理的实际施工进度数据与计划施工进度数据进行比较，从中分析是否出现施工进度偏差。如果没有出现施工进度偏差，则按原施工进度计划继续执行；如果出现施工进度偏差，则应分析进度偏差的大小。

通过检查分析，如果施工进度偏差比较小，应在分析其产生原因的基础上采取有效措施，如组织措施或技术措施，主要是解决矛盾，排除不利于进度的障碍，继续执行原进度计划；如果经过分析，确实不能按原计划实现时，再考虑对原计划进行必要的调整或修改，即适当延长工期，或改变施工速度，或改变施工内容。

施工进度计划的不变是相对的，改变是绝对的。施工进度计划的调整一般是不可避免的，但应当慎重，尽量减少重大的计划性调整。

9.5.4　监理工程师在进度控制中的作用

建筑工程施工进度控制是监理工程师质量、进度、投资三大控制内容之一。监理工程师受业主的委托在工程施工阶段实施监理时，其进度控制的总的任务就是编制和审核施工进度计划，在满足工程建设总进度计划要求的基础上，对其执行情况加以动态控制，以保证工程项目实际工期在计划工期内，并按期竣工交付使用。监理工程师通常并不直接编制进度计划，但监理工程师对进度计划具有重要的影响力，这种影响力主要体现在三个方面：

一是协助业主编制控制性计划；二是审核承包商的进度计划；三是监督施工单位进度计划的实施。监理工程师在进度控制中的工作主要作用如下。

1. 进度计划的编制与分解

对于规模较大的工程，监理工程师要协助业主编制进度计划，也要编制指导监理工作的监理进度计划，以便能更好地指导整个工程的进度计划，对进度计划要进行分解，即确定计划中要表达的施工过程的内容，划分的粗细程度应根据计划的性质决定，既不能太粗也不宜太细。业主的一级进度计划中反映的是项目各个大项的里程碑控制点安排，细度较粗；监理的二级进度计划是项目的总体目标计划，是项目实施和控制的依据，既要对承包单位的三级进度计划有切实的指导作用，又不能过于约束承包单位的计划编制和承包单位发挥各自施工优势的机会，如承包单位的劳动力充足且技术熟练，施工机具充足，有类似工程施工经验等，因此该计划的细度应根据项目的性质适度编制；三级进度计划是各个承包单位的分标段总体目标进度计划，细度要高于二级计划的细度，且在可能的情况下尽量细化。

2. 对承包商编制进度计划的审查

承包商在投标书中制定了所投项目的进度计划，但这是业主授标的依据。承包商应根据现场情况制定详细的施工计划。承包商递交的施工进度计划，取得监理工程师批准后，即成为指导整个工程进度的合同目标计划，是施工工程中双方共同遵守的合同文件之一。由于该计划是以后修正计划比较的基础，同时也是处理以后可能出现的工期延误分析和索赔分析的依据之一，因此，目标进度计划很重要，监理工程师在审核、批准时一定要谨慎、仔细。

目标进度计划审查的主要内容如下。

(1) 审查计划作业项目是否齐全，有无漏项。

(2) 各工序作业的逻辑关系是否正确、合理，是否符合施工程序。

(3) 各项目的完工日期是否符合合同规定的各个中间完工日期（主要进度控制里程碑）和最终完工日期。

(4) 计划的施工效率和施工强度是否合理可行，是否满足连续性、均衡性的要求，与之相应的人员、设备和材料以及费用等资源是否合理，能否保证计划的实施。

(5) 与外部环境是否有矛盾，如与业主提供的设备条件和供货时间有无冲突，与其他标承包商的施工有无干扰。

监理工程师在审查过程中发现的问题，应及时向承包商提出，并协助承包商修改目标进度计划。

3. 加强对进度计划的控制与检查

计划执行情况的控制与检查，要求监理工程师在建筑工程施工过程中不断收集工程的信息，检查工程实际施工进度执行情况，找出进度偏差的原因，通过督促承包商改进施工方法或修改施工进度计划，最终实现合同目标。监理工程师主要从三个方面做好工作：一是抓好对计划完成情况的检查，正确估测完成的实际量，计算已完成计划的百分率；二是分析比较，将已完成的百分率及已过去的时间与计划进行比较，每月组织召开一次计划分析会，发现问题，分析原因，及时提出纠正偏差的措施，必要时进行计划调整，以使计划适应变化了的新条件，以保证计划的时效性，从而保证整个项目工期目标的实现；三是认真搞好计划的考核、工程进度动态通报和信息反馈，为领导决策和项目宏观管理协调提供依据。

9.6 工程延期

如前所述，在建设工程施工过程中，其工期的延长分为工程延误和工程延期两种。虽然它们都是使工程拖期，但由于性质不同，因而业主与承包单位所承担的责任也就不同。如果是属于工程延误，则由此造成的一切损失由承包单位承担。同时，业主还有权对承包单位行使误期违约罚款。如果是属于工程延期，则承包单位不仅有权要求延长工期，而且还有权向业主提出赔偿费用的要求以弥补由此造成的额外损失。因此，监理工程师是否将施工过程中工期的延长批准为工程延期，对业主和承包单位都十分重要。

9.6.1 工程延期的申报与审批

1. 申报工程延期的条件

由于以下原因导致工程拖期，承包单位有权提出延长工期的申请，监理工程师应按合同规定，批准工程延期时间。

(1) 监理工程师发出工程变更指令而导致工程量增加。

(2) 合同所涉及的任何可能造成工程延期的原因，如延期交图、工程暂停、对合格工程的剥离检查及不利的外界条件等。

(3) 异常恶劣的气候条件。

(4) 由业主造成的任何延误、干扰或障碍，如未及时提供施工场地、未及时付款等。

(5) 除承包单位自身以外的其他任何原因。

2. 工程延期的审批程序

当工程延期事件发生后，承包单位应在合同规定的有效期内以书面形式通知监理工程师（即工程延期意向通知），以便于监理工程师尽早了解所发生的事件，及时作出一些减少延期损失的决定。

当延期事件具有持续性，承包单位在合同规定的有效期内不能提交最终详细的申述报告时，应先向监理工程师提交阶段性的详情报告。监理工程师应在调查核实阶段性报告的基础上，尽快作出延长工期的临时决定。临时决定的延期时间不宜太长，一般不超过最终批准的延期时间。

待延期事件结束后，承包单位应在合同规定的期限内向监理工程师提交最终的详情报告。监理工程师应复查详情报告的全部内容，然后确定该延期事件所需要的延期时间。

如果遇到比较复杂的延期事件，监理工程师可以成立专门小组进行处理。对于一时难以作出结论的延期事件，即使不属于持续性的事件，也可以采用先作出临时延期的决定，然后再作出最后决定的办法。这样既可以保证有充足的时间处理延期事件，又可以避免由于处理不及时而造成的损失。

监理工程师在作出临时工程延期批准或最终工程延期批准之前，均应与业主和承包单位进行协商。

3. 工程延期的审批原则

监理工程师在审批工程延期时应遵循下列原则。

1）合同条件

监理工程师批准的工程延期必须符合合同条件。也就是说，导致工期拖延的原因确实属于承包单位自身以外的，否则不能批准为工程延期。这是监理工程师审批工程延期的一条根本原则。

2）影响工期

发生延期事件的工程部位，无论其是否处在施工进度计划的关键线路上，只有当所延长的时间超过其相应的总时差而影响到工期时，才能批准工程延期。如果延期事件发生在非关键线路上，且延长的时间并未超过总时差时，即使符合批准为工程延期的合同条件，也不能批准工程延期。

应当说明，建设工程施工进度计划中的关键线路并非固定不变，它会随着工程的进展和情况的变化而转移。监理工程师应以承包单位提交的、经自己审核后的施工进度计划（不断调整后）为依据来决定是否批准工程延期。

3）实际情况

批准的工程延期必须符合实际情况。为此，承包单位应对延期事件发生后的各类有关细节进行详细记载，并及时向监理工程师提交详细报告。与此同时，监理工程师也应对施工现场进行详细考察和分析，并做好有关记录，以便为合理确定工程延期时间提供可靠依据。

9.6.2　工程延期的控制

发生工程延期事件，不仅影响工程的进展，而且会给业主带来损失。因此，监理工程师应做好以下工作，以减少或避免工程延期事件的发生。

1. 选择合适的时机下达工程开工令

总监理工程师在下达工程开工令之前，应充分考虑业主的前期准备工作是否充分。特别是征地、拆迁问题是否已解决，设计图纸能否及时提供，以及付款方面有无问题等，以避免由于上述问题缺乏准备而造成工程延期。

2. 提醒业主履行施工承包合同中所规定的职责

在施工过程中，监理工程师应经常提醒业主履行自己的职责，提前做好施工场地及设计图纸的提供工作，并能及时支付工程进度款，以减少或避免由此而造成的工程延期。

3. 妥善处理工程延期事件

当延期事件发生以后，监理工程师应根据合同规定进行妥善处理。既要尽量减少工程延期时间及其损失，又要在详细调查研究的基础上合理批准工程延期时间。

此外，业主在施工过程中应尽量减少干预、多协调，以避免由于业主的干扰和阻碍而导致延期事件的发生。

9.6.3 工程延误的处理

如果由于承包单位自身的原因造成工期拖延，而承包单位又未按照监理工程师的指令改变延期状态时，通常可以采用下列手段进行处理。

1. 拒绝签署付款凭证

当承包单位的施工活动不能使监理工程师满意时，监理工程师有权拒绝承包单位的支付申请。因此，当承包单位的施工进度拖后且又不采取积极措施时，监理工程师可以采取拒绝签署付款凭证的手段制约承包单位。

2. 误期损失赔偿

拒绝签署付款凭证一般是监理工程师在施工过程中制约承包单位延误工期的手段，而误期损失赔偿则是当承包单位未能按合同规定的工期完成合同范围内的工作时对其的处罚。如果承包单位未能按合同规定的工期和条件完成整个工程，则应向业主支付投标书附件中规定的金额，作为该项违约的损失赔偿费。

3. 取消承包资格

如果承包单位严重违反合同，又不采取补救措施，则业主为了保证合同工期有权取消其承包资格。例如，承包单位接到监理工程师的开工通知后，无正当理由推迟开工时间，或在施工过程中无任何理由要求延长工期，施工进度缓慢，又无视监理工程师的书面警告等，都有可能受到取消承包资格的处罚。

取消承包资格是对承包单位违约的严厉制裁。因为业主一旦取消了承包单位的资格，承包单位不但要被驱逐出施工现场，而且还要承担由此而造成的业主的损失费用。这种惩罚措施一般不轻易采用，而且在作出这项决定前，业主必须事先通知承包单位，并要求其在规定的期限内做好辩护准备。

9.7 物资供应进度控制

建设工程物资供应是实现建设工程投资、进度和质量三大目标控制的物质基础。正确的物资供应渠道与合理的供应方式可以降低工程费用，有利于投资目标的实现；完善合理的物资供应计划是实现进度目标的根本保证；严格的物资供应检查制度是实现质量目标的前提。因此保证建设工程物资及时而合理地供应，乃是监理工程师必须重视的问题。

9.7.1 物资供应进度控制概述

1. 物资供应进度控制的含义

建设工程物资供应进度控制是指在一定的资源（人力、物力、财力）条件下，为实现工程项目一次性特定目标而对物资的需求进行计划、组织、协调和控制的过程。其中，计划是将建设工程所需物资的供给纳入计划轨道，进行预测、预控，使整个供给有序地进行；组织是划清供给过程中诸方的责任、权力和利益，通过一定的形式和制度，建立高效率的组织保证体系，确保物资供应计划的顺利实施；协调主要是针对供应的不同阶段，沟通不同单位和部门之间的情况，协调其步调，使物资供应的整个过程均衡而有节奏地进行；控制是对物资供应过程的动态管理，需要经常地、定期地将实际供应情况与计划进行对比，发现问题，及时进行调整，使物资供应计划的实施始终处在动态循环控制过程中，以确保建设工程所需物资按时供给，最终实现供应目标。

根据建设工程项目的特点，在物资供应进度控制中应注意以下几个问题。

(1) 由于建设工程的特殊性和复杂性，从而使物资的供应存在一定的风险性。因此，要求编制周密的计划并采用科学的管理方法。

(2) 由于建设工程项目的局部的系统性和整体的局部性，要求对物资的供应建立保证体系，并处理好物资供应与投资、进度、质量之间的关系。

(3) 物资的供应涉及众多不同的单位和部门，因而给物资供应管理工作带来一定的复杂性，这就要求与有关的供应部门认真签订合同，明确供求双方的权利和义务，并加强各单位、各部门之间的协调。

2. 物资供应进度控制目标

建设工程物资供应是一个复杂的系统过程，为了确保这个系统过程的顺利实施，必须首先确定这个系统的目标（包括系统的分目标），并为此目标制定不同时期和不同阶段的物资供应计划，用以指导实施。

物资供应的总目标就是按照物资需求适时、适地、按质、按量以及成套齐备地提供给使用部门，以保证项目投资目标、进度目标和质量目标的实现。为了总目标的实现，还应确定相应的分目标。目标一经确定，应通过一定的形式落实到各有关的物资供应部门，并以此作为考核和评价其工作的依据。对物资供应进行控制，必须确保以下事项。

(1) 按照计划所规定的时间供应各种物资。如果供应时间过早，将会增大仓库和施工场地的使用面积；如果供应时间过晚，则会造成停工待料，影响施工进度计划的实施。

(2) 按照规定的地点供应物资。对于大中型建设工程，由于单位工程多，施工场地范围大，如果卸货地点不适当，则会造成二次搬运，增加费用。

(3) 按规定的质量标准（包括品种与规格）供应物资。特别要避免质量、品种及规格不符合标准要求。如果标准低，则会降低工程质量；而标准高则会增加材料费，增大投资额。

(4) 按规定的数量供应物资。如果数量过多，则会造成超储积压，占用流动资金；如果数量过少，则会出现停工待料，影响施工进度，延误工期。

(5) 按规定的要求使所需物资齐全、配套、零配件齐备，符合工程需要。成套齐备地供应施工机械和设备，充分发挥其生产效率。

事实上，物资供应进度与工程实施进度是相互衔接的。建设工程实施过程中经常遇到的问题，就是由于物资的到货日期推迟而影响施工进度。而且在大多数情况下，引起到货日期推迟的因素是不可避免的，也是难以控制的。但是，如果控制人员随时掌握物资供应的动态信息，并能及时地采取相应的补救措施，就可以避免因到货日期推迟所造成的损失或者把损失减少到最低程度。

为了有效地解决好以上问题，必须认真确定物资供应目标（总目标和分目标），并合理制定物资供应计划。在确定目标和编制计划时，应着重考虑以下因素。

(1) 能否按施工进度计划的需要及时供应材料，这是保证建设工程顺利实施的物质基础。

(2) 资金能否得到保证。

(3) 物资的需求是否超出市场供应能力。

(4) 物资可能的供应渠道和供应方式。

(5) 物资的供应有无特殊要求。

(6) 已建成的同类或相似建设工程的物资供应目标和计划实施情况。

(7) 其他，如市场条件、气候条件、运输条件等。

9.7.2 物资供应进度控制的工作内容

1. 物资供应计划的编制

建设工程物资供应计划是对建设工程施工及安装所需物资的预测和安排，是指导和组织建设工程物资采购、加工、储备、供货和使用的依据。其根本作用是保障建设工程的物资需要，保证建设工程按施工进度计划组织施工。

编制物资供应计划的一般程序分为：准备阶段和编制阶段。准备阶段主要是调查研究，收集有关资料，进行需求预测和购买决策。编制阶段主要是核算需要、确定储备、优化平衡，审查、评价和上报或交付执行。

在编制物资供应计划的准备阶段，监理工程师必须明确物资的供应方式。按供应单位划分，物资供应可分为：建设单位采购供应、专门物资采购部门供应、施工单位自行采购或共同协作分头采购供应。

物资供应计划按其内容和用途分类，主要包括：物资需求计划、物资供应计划、物资储备计划、申请与订货计划、采购与加工计划和国外进口物资计划。

通常，监理工程师除编制建设单位负责供应的物资计划外，还需对施工单位和专门物资采购供应部门提交的物资供应计划进行审核。因此，负责物资供应的监理人员应具有编制物资供应计划的能力。

1) 物资需求计划的编制

物资需求计划是指反映完成建设工程所需物资情况的计划。它的编制依据主要有：施工图纸、预算文件、工程合同、项目总进度计划和各分包工程提交的材料需求计划等。

物资需求计划的主要作用是确认需求，施工过程中所涉及的大量建筑材料、制品、机具和设备，确定其需求的品种、型号、规格、数量和时间。它为组织备料、确定仓库与堆场面积和组织运输等提供依据。

物资需求计划一般包括一次性需求计划和各计划期需求计划。编制需求计划的关键是确定需求量。

(1) 建设工程一次性需求量的确定。一次性需求计划，反映整个工程项目及各分部、分项工程材料的需用量，亦称工程项目材料分析。主要用于组织货源和专用特殊材料、制品的落实。其计算程序可分为以下三步。

① 根据设计文件、施工方案和技术措施计算或直接套用施工预算中建设工程各分部、分项的工程量。

② 根据各分部、分项的施工方法套取相应的材料消耗定额，求得各分部、分项工程各种材料的需求量。

③ 汇总各分部、分项工程的材料需求量，求得整个建设工程各种材料的总需求量。

(2) 建设工程各计划期物资需求量的确定。计划期物资需求量一般是指年、季、月度物资需求计划，主要用于组织物资采购、订货和供应。主要依据已分解的各年度施工进度计划，按季、月作业计划确定相应时段的需求量。其编制方式有两种：计算法和卡段法。计算法是根据计划期施工进度计划中的各分部、分项工程量，套取相应的物资消耗定额，求得各分部、分项工程的物资需求量，然后再汇总求得计划期各种物资的总需求量。卡段法是根据计划期施工进度的形象部位，从工程项目一次性计划中摘出与施工计划相应部位的需求量，然后汇总求得计划期各种物资的总需求量。

物资需求量计划的参考格式如表 9-5 和表 9-6 所示。

表 9-5　材料需求量计划的参考格式

序号	材料名称	规格	需要量		需要时间	备注
			单位	重量		

表 9-6　机械需求量计划的参考格式

序号	机械名称	机械类型（规格）	需要量		使用起止时间	备注
			单位	数量		

2) 物资储备计划的编制

物资储备计划是用来反映建设工程施工过程中所需各类材料储备时间及储备量的计划。它的编制依据是物资需求计划、储备定额、储备方式、供应方式和场地条件等。材料储备计划如表 9-7 所示。它的作用是为保证施工所需材料的连续供应而确定的材料合理储备。

表 9-7　材料储备计划

序号	材料名称	规格质量	计量单位	全年计划需求量	平均日耗量	储备天数			储备量	
						合计	经常储备	保险储备	最高	最低

3) 物资供应计划的编制

物资供应计划是反映物资的需要与供应的平衡、挖潜利用，是安排供应的计划。它的编制依据是需求计划、储备计划和货源资料等。它的作用是组织指导物资供应工作。

物资供应计划的编制，是在确定计划需求量的基础上，经过综合平衡后，提出申请量和采购量。因此，供应计划的编制过程也是一个平衡过程，包括数量、时间的平衡。在实际工作中，首先考虑的是数量的平衡，因为计划期的需用量还不是申请量或采购量，即不是实际需用量，还必须扣除库存量，考虑为保证下一期施工所必需的储备量。因此，供应计划的数量平衡关系是：期内需用量减去期初库存量，再加上期末储备量。经过上述平衡，如果出现正值时，说明本期不足，需要补充；反之，如果出现负值，说明本期多余，可供外调。

建设工程材料的储备量，主要由材料的供应方式和现场条件决定，一般应保持 35d 的用量。有时可以在施工现场不储备，例如在单层工业厂房施工过程中，预制构件采用随运随吊的吊装施工方案时，不需要储备现场，用多少供多少。材料供应计划的参考格式如表 9-8所示。

表 9-8　材料供应计划

序号	材料名称	规格质量	计量单位	需求量				期初库存	节约量	平衡结果			
				合计	工程用料	储备需求	其他需求			多余	不足		
											数量	单价	金额
甲	乙	丙	丁	1	2	3	4	5	6	7	8	9	10

4）申请、订货计划的编制

申请、订货计划是指向上级要求分配材料的计划和分配指标下达后组织订货的计划。它的编制依据是有关材料供应政策法令、预测任务、概算定额、分配指标、材料规格比例和供应计划。它的主要作用是根据需求组织订货。

物资供应计划确定后，即可以确定主要物资的申请计划，如表 9-9 所示。

表 9-9　主要物资的申请计划

物资名称	规格质量	计量单位	××××年申请计划						备注
			合计	上半年	下半年	其中：分项申请数			
						维修	机械制造	基本建设	
甲	乙	丙	1	2	3	4	5	6	7

订货计划通常采用卡片形式，以便把不同自然属性（如规格、质量、技术条件、代用材料）和交货条件反映清楚。订货卡片填好后，按物资类别汇入订货明细表，如表 9-10 所示。

表 9-10　订货明细表

材料名称	规格	技术要求	计量单位	合计	第　季			第　季			使用地点或到站	收货人
					月	月	月	月	月	月		

国外进口材料计划也使用订货卡片，正常情况下要求中、英文对照填写。制造周期长的关键大型设备在初步设计审批以后安排，一般设备可按工程项目年度计划与设备清单安排订货。

5）采购、加工计划的编制

采购、加工计划是指向市场采购或专门加工订货的计划。它的编制依据是需求计划、市场供应信息、加工能力及分布。它的作用是组织和指导采购与加工工作。加工、订货计划要附加工详图，加工计划如表 9-11 所示。

表 9 - 11　加工计划

<table>
<tr><th rowspan="3">序号</th><th rowspan="3">构件
名称
规格</th><th rowspan="3">数量
（件）</th><th rowspan="3">折合
体积（m^3）、
面积（m^2）、
重量（t）</th><th colspan="4">××建设单位</th><th colspan="4">××建设单位</th></tr>
<tr><th colspan="2">××单位工程</th><th colspan="2">××单位工程</th><th colspan="2">××单位工程</th><th colspan="2">××单位工程</th></tr>
<tr><th>件数</th><th>折合
体积（m^3）、
面积（m^2）、
重量（t）</th><th>件数</th><th>折合
体积（m^3）、
面积（m^2）、
重量（t）</th><th>件数</th><th>折合
体积（m^3）、
面积（m^2）、
重量（t）</th><th>件数</th><th>折合
体积（m^3）、
面积（m^2）、
重量（t）</th></tr>
<tr><td>甲</td><td>乙</td><td>1</td><td>2</td><td>3</td><td>4</td><td>5</td><td>6</td><td>7</td><td>8</td><td>9</td><td>…</td></tr>
<tr><td></td><td></td><td></td><td></td><td></td><td></td><td></td><td></td><td></td><td></td><td></td><td></td></tr>
</table>

6）国外进口物资计划的编制

国外进口物资计划是指需要从国外进口物资又得到动用外汇的批准后，填报进口订货卡，通过外贸谈判并签约。它的编制依据是设计选用进口材料所依据的产品目录、样本。它的主要作用是组织进口材料和设备的供应工作。

首先应编制国外材料、设备、检验仪器、工具等的购置计划，然后再编制国外引进主要设备到货计划，如表 9-12 和表 9-13 所示。在国际招标采购的机电设备合同中，买方（业主）都要求供方按规定的形式，逐月递交一份进度报告，列出所有设计、制造、交付等工作的进度状况。

表 9-12　国外材料、设备、检验仪器、工具购置计划

序号	主要材料设备及工器具名称	规格型号	单位	数量	金额/万元	资金来源	备注

表 9-13　国外引进主要设备到货计划

<table>
<tr><th rowspan="2">序号</th><th rowspan="2">主要设备名称</th><th colspan="2">数量/（台件/t）</th><th rowspan="2">发货港口</th><th rowspan="2">发货日期</th><th rowspan="2">到港日期</th><th rowspan="2">备注</th></tr>
<tr><th>合计</th><th>其中超限设备</th></tr>
<tr><td></td><td></td><td></td><td></td><td></td><td></td><td></td><td></td></tr>
</table>

2. 物资供应计划实施中的动态控制

1）物资供应进度监测与调整的系统过程

物资供应计划经监理工程师审批后便开始执行，在计划执行过程中，应不断将实际供应情况与计划供应情况进行比较，找出差异，及时调整与控制计划的执行。在物资供应计划执行过程中，内外部条件的变化可能对其产生影响。例如，施工进度的变化（提前或拖延）、设计变更、价格变化、市场各供应部门突然出现的供货中断以及一些意外情况的发生，都会使物资供应的实际情况与计划不符。因此，在物资供应计划的执行过程中，进度控制人员必须经常地、定期地进行检查，认真收集反映物资供应实际状况的数据资料，并将其与计划数据进行比较，一旦发现实际与计划不符，要及时分析产生问题的原因并提出相应的调整措施。物资供应进度监测与调整的系统过程如图 9-8 所示。

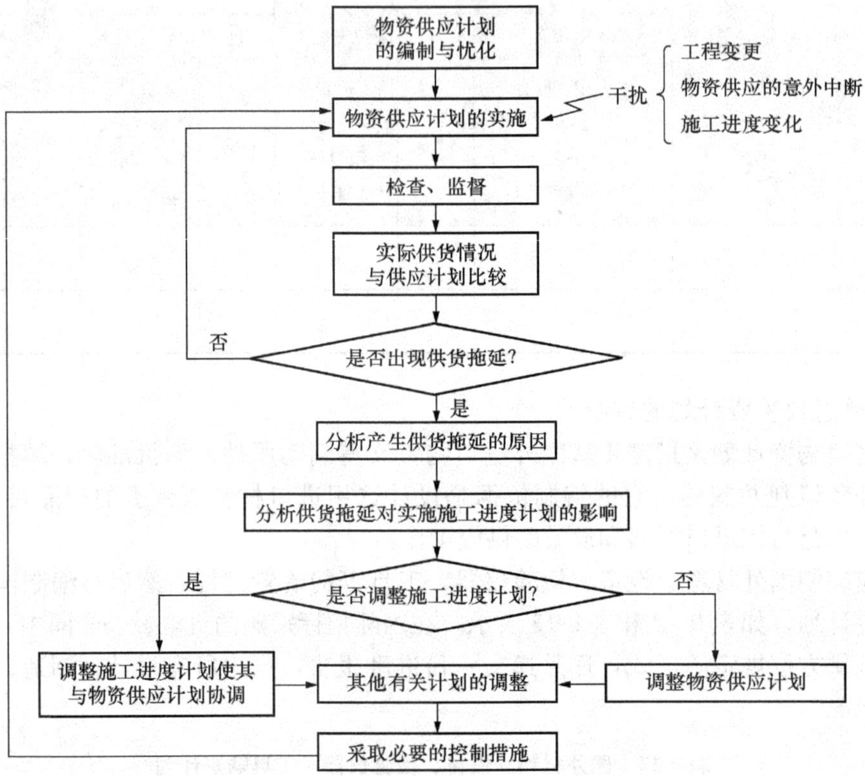

图 9-8　物资供应进度监测与调整的系统过程

2）物资供应计划实施中的检查与调整

（1）物资供应计划的检查。物资供应计划实施中的检查通常包括定期检查（一般在计划期中、期末）和临时检查两种。通过检查收集实际数据，在统计分析和比较的基础上提出物资供应报告。控制人员在检查过程中的一项重要工作就是获得真实的供应报告。

在物资供应计划实施过程中进行检查的重要作用如下。

① 发现实际供应偏离计划的情况，以利进行有效的调整和控制。

② 发现计划脱离实际的情况，据此修订计划的有关部分，使之更切合实际情况。

③ 反馈计划执行结果，作为下一期决策和调整供应计划的依据。

由于物资供应计划在执行过程中发生变化的可能性始终存在，且难以预估。因此，必须加强计划执行过程中的跟踪检查，以保证物资可靠、经济、及时地供应到现场。一般地，对重要的设备要经常地、定期地进行实地检查，如亲临设备生产厂，亲自了解生产加工情况，检查核对工作负荷，已供应的原材料，已完成的供货单，加工图纸，制作过程以及实际供货状况。

例如，美国凯撒工程公司（Kaiser Engineers）将设备采购的检查方式分成 9 类，根据其重要程度，对各类材料设备分别采取不同的跟踪检查方式。如对第 1～4 类材料基本上采取电话联系的方式进行检查；对第 5～8 类，需经常定期地亲自对供应情况进行检查和监督；对第 9 类，则需派专人常驻设备制造厂进行现场监督。

物资供应过程经检查后，需提出供应情况报告，主要是对报告期间实际收到材料数量与材料订购数量以及预计的数量进行比较，从中发现问题，预测其对后期工程实施的影响，并根据存在的问题，提出相应的补救措施。

(2) 物资供应计划的调整。在物资供应计划的执行过程中，当发现物资供应过程的某一环节出现拖延现象时，其调整方法与进度计划的调整方法类似，一般采取以下措施进行处理。

① 如果这种拖延不致影响施工进度计划的执行，则可采取措施加快供货过程的有关环节，以减少此拖延对供货过程本身的影响；如果这种拖延对供货过程本身产生的影响不大，则可直接将实际数据代入，并对供应计划作相应的调整，不必采取加快供货进度的措施。

② 如果这种拖延将影响施工进度计划的执行，则应首先分析这种拖延是否允许（通常的判别条件是受影响的施工活动是否处在施工进度计划的关键路上或是否影响到分包合同的执行）。若允许，则可采用（1）中所述调整方法进行调整；若不允许，则必须采取措施加快供应速度，尽可能避免此拖延对执行施工进度计划产生的影响。如果采取加快供货速度的措施后，仍不能避免对施工速度的影响，则可考虑同时加快其他工作施工进度的措施，并尽可能将此拖延对整个施工进度的影响降低到最低程度。

3. 监理工程师控制物资供应进度的工作内容

监理工程师受业主的委托，对建设工程投资、进度和质量三大目标进行控制的同时，需要对物资供应进行控制和管理。根据物资供应的方式不同，监理工程师的主要工作内容也有所不同，其基本内容包括如下几方面。

1) 协助业主进行物资供应的决策

(1) 根据设计图纸和进度计划确定物资供应要求。

(2) 提出物资供应分包方式及分包合同清单，并获得业主认可。

(3) 与业主协商提出对物资供应单位的要求以及在财务方面应负的责任。

2) 组织物资供应招标工作

(1) 组织编制物资供应招标文件，招标文件的内容一般包括如下内容。

① 投标须知。

② 招标物资清单和技术要求及图纸。

③ 主要合同条款。

④ 规定的投标书格式。

⑤ 包装及运输方面的要求。

(2) 受理物资供应单位的投标文件。

① 对投标文件进行技术评价。监理工程师可受业主的委托参与投标文件的技术评价。

② 对投标文件进行商务评价。监理工程师也可受业主的委托对物资供应单位的投标文

件进行商务评价。商务评价一般应考虑以下因素。

a. 材料、设备价格。

b. 包装费及运费。

c. 关税。

d. 价格政策（固定价格还是变动价格）。

e. 付款条件。

f. 交货时间。

g. 材料、设备的重量和体积。

（3）推荐物资供应单位及进行有关工作。

① 向业主推荐优选的物资供应单位。投标文件评审后，监理工程师可作为评标委员会成员之一与其他成员一起将优选的物资供应单位推荐给业主，经其认可后即可发包。

② 主持召开物资供应单位的协商会议。监理工程师主持召开物资供应单位的协商会议，进行有关合同的谈判工作。

③ 帮助业主拟定并认真履行物资供应合同。在协商谈判的基础上，监理工程师帮勘业主拟定正式合同条文。业主与物资供应单位双方签字生效后，付诸实施。

3）编制、审核和控制物资供应计划

（1）编制物资供应计划。监理工程师编制由业主负责（或业主委托监理单位负责）的物资供应计划，并控制其执行。

（2）审核物资供应计划。物资供应单位或施工承包单位编制的物资供应计划必须经监理工程师审核，并得到认可后才能执行。物资供应计划审核的主要内容包括以下几方面。

① 供应计划是否能按建设工程施工进度计划的需要及时供应材料和设备。

② 物资的库存量安排是否经济、合理。

③ 物资采购安排在时间上和数量上是否经济、合理。

④ 由于物资供应紧张或不足而使施工进度拖延现象发生的可能性。

（3）监督检查订货情况，协助办理有关事宜

① 监督、检查物资订货情况。

② 协助办理物资的海运、陆运、空运以及进出口许可证等有关事宜。

（4）控制物资供应计划的实施。

① 掌握物资供应全过程的情况。监理工程师要监测从材料、设备订货到材料、设备到达现场的整个过程，及时掌握动态，分析是否存在潜在的问题。

② 采取有效措施保证急需物资的供应。监理工程师对可能导致建设工程拖期的急需材料、设备采取有效措施，促使其及时运到施工现场。

③ 审查和签署物资供应情况分析报告。在物资供应过程中，监理工程师要审查和签署物资供应单位的材料设备供应情况分析报告。

④ 协调各有关单位的关系。在物资供应过程中，由于某些干扰因素的影响，要进行有关计划的调整。监理工程师要协调涉及的建设、设计、材料供应和施工等单位之间的关系。

复习思考题

1. 确定建设工程施工进度控制目标的依据有哪些?
2. 监理工程师施工进度控制工作包括哪些内容?
3. 单位工程施工进度计划的编制程序和方法包括哪些内容?
4. 影响建设工程施工进度的因素有哪些?
5. 监理工程师检查实际施工进度的方式有哪些?
6. 施工进度计划的调整方法有哪些?
7. 承包商申报工程延期的条件是什么?
8. 监理工程师审批工程延期时应遵循什么原则?
9. 监理工程师如何减少或避免工程延期事件的发生?
10. 如何处理工程延误?
11. 确定物资供应进度目标时应考虑哪些问题?
12. 物资供应计划按其内容和用途，可划分为哪几种?
13. 物资供应出现拖延时，应采取哪些处理措施?
14. 监理工程师控制物资供应进度的工作内容包括哪些?

实训项目

根据具体工程项目，编制该项目施工进度控制计划，深度达到具有针对性和可操作性。若施工过程中出现了工期延误，可采用改变施工方案、选择施工设备或赶工等措施。

主要参考文献

编写委员会．2012．建筑工程管理与实务：全国一级建造师执业资格考试用书［M］．3版．北京：中国建筑工业出版社．

编写委员会．2012．建设工程项目管理：全国一级建造师执业资格考试用书［M］．3版．北京：中国建筑工业出版社．

丛培经．2006．工程项目管理［M］．3版．北京：中国建筑工业出版社．

李汉平．2012．建设工程监理概论［M］．西安：西安交通大学出版社．

鲁辉．2005．施工项目管理［M］．北京：高等教育出版社．

孙晓霞．2012．建筑工程法规［M］．北京：科学出版社．

危道军．2005．建筑施工组织［M］．北京：中国建筑工业出版社．

中国建设监理协会．2009．建设工程监理概论［M］．北京：知识产权出版社．

中国建设监理协会．2009．建设工程进度控制［M］．北京：中国建筑工业出版社．